Nachhaltiger Unternehmenserfolg in turbulenten Umfeldern

Schriften zur Unternehmensplanung

Herausgegeben von Franz Xaver Bea, Alfred Kötzle und Erich Zahn

Band 69

PETER LANG

Frankfurt am Main · Berlin · Bern · Bruxelles · New York · Oxford · Wien

Meike Tilebein

Nachhaltiger Unternehmenserfolg in turbulenten Umfeldern

Die Komplexitätsforschung und ihre Implikationen für die Gestaltung wandlungsfähiger Unternehmen

PETER LANG
Europäischer Verlag der Wissenschaften

Bibliografische Information Der Deutschen Bibliothek
Die Deutsche Bibliothek verzeichnet diese Publikation in der Deutschen Nationalbibliografie; detaillierte bibliografische Daten sind im Internet über <http://dnb.ddb.de> abrufbar.

Zugl.: Stuttgart, Univ., Diss., 2004

D 93
ISSN 0175-8985
ISBN 3-631-53720-4

www.peterlang.de

Geleitwort

Unternehmen, die in turbulenten Umfeldern operieren, stehen vor Herausforderungen, die sich mit tradierten, effizienz-fokussierten Handlungsmustern offenbar nicht länger hinreichend bewältigen lassen. Sie müssen im Interesse nachhaltiger Erfolge in hohem Maße wandlungsfähig sein, indem sie sich immer wieder im Einklang mit Veränderungen ihrer Umfelder ko-evolutiv erneuern. Das schließt die Kunst der Balance zwischen „Exploitation" bestehender und „Exploration" neuer Geschäfte, zwischen Effizienz und Innovation ein. Wie lässt sich dieser Spagat meistern und welches Theoriematerial bietet dabei Gestaltungshilfen? Das traditionelle Maschine-Modell der Organisation, das sich über lineare Beziehungen, Gleichgewichtsstreben und Statik definiert, ist hier kaum geeignet. Gesucht sind Systeme, die nicht vorbestimmt sind, sondern emergente Fähigkeiten besitzen, aufgrund derer sie mit ihren Umfeldern koevolvieren. Solche Eigenschaften besitzen „komplexe adaptive Systeme" wie natürliche Organismen und Ökosysteme. Es stellt sich daher die Frage, ob derartige Systeme nicht geeignetere Vorbilder für ein Modell der Organisation bieten können.

Komplexe adaptive Systeme sind Gegenstand der noch relativ jungen Komplexitätsforschung, die sich als interdisziplinäre Strukturwissenschaft versteht und Erkenntnisse u.a. aus der Chaostheorie, der Evolutionstheorie, der Spieltheorie und der Informatik integriert. Zielsetzung der Arbeit von Frau Tilebein ist es, den Beitrag auszuloten, welchen die Komplexitätsforschung zur Erklärung von Wandlungsfähigkeit und zur Gestaltung wandlungsfähiger Unternehmen leisten kann. Dazu arbeitet Frau Tilebein zunächst relevante Erklärungs- und Gestaltungsansätze der Komplexitätsforschung systematisch heraus und leistet dann einen konstruktiv-kritischen Transfer dieser theoretisch fundierten Erkenntnisse auf das „Idealmodell des wandlungsfähigen Unternehmens". Auf diese Weise zeigt sie mögliche Beiträge der Komplexitätsforschung für das Verständnis und die Gestaltung der Wandlungsfähigkeit von Unternehmen auf. Die Arbeit hat einen sehr hohen wissenschaftlichen Anspruch. Sie setzt sich damit deutlich von oberflächlichen, vornehmlich assoziationsträchtigen, an Erkenntnissen der Komplexitätsforschung angelehnten Ratschlägen in der populärwissenschaftlichen Managementliteratur ab.

Stuttgart, im Juli 2005 — Prof. Dr. Erich Zahn

Vorwort

Die vorliegende Arbeit entstand im Rahmen der Grundlagenforschung zum Sonderforschungsbereich 467 „Wandlungsfähige Unternehmensstrukturen für die variantenreiche Serienproduktion“ der DFG. Sie spiegelt meine Faszination für Systembetrachtungen, die meinen akademischen Werdegang von Anbeginn prägte, zuerst in meinem Studium der Technischen Kybernetik und seitdem in meiner Tätigkeit als wissenschaftliche Mitarbeiterin am Lehrstuhl für Allgemeine Betriebswirtschaftslehre und Betriebswirtschaftliche Planung (LfP) der Universität Stuttgart, an dem Systemdenken eine lange Tradition hat.

Dem Lehrstuhlinhaber, meinem akademischen Lehrer und Doktorvater Prof. Dr. Erich Zahn, der mich in sein Team aufnahm und mich ermutigte, interdisziplinär zu forschen, gilt mein ganz besonderer Dank. Er hat meine Beschäftigung mit komplexen adaptiven Systemen inspiriert, wohlwollend gefördert und stets mit hilfreichen Diskussionen und konstruktiv-kritischen Anregungen begleitet und damit maßgeblich zum Gelingen dieser Arbeit beigetragen. Ein herzlicher Dank gilt auch Prof. Dr. Thomas Fischer und Prof. Dr. Michael Reiß für ihre Unterstützung und die Übernahme der Mitberichte.

Beste Voraussetzungen für das Entstehen meiner Arbeit verdanke ich den Kolleginnen und Kollegen am LfP und im Sonderforschungsbereich, denen ich für die gute Zusammenarbeit danke. Für die tatkräftige Unterstützung meiner Dissertationsschrift als wissenschaftliche Hilfskräfte bedanke ich mich bei Kristina Schlauch, Michael Klingebiel und Julia Schröder. Meinem Kollegen Michael Nowak danke ich für die kritische Durchsicht der Arbeit, und ganz besonderer Dank gebührt meinem Kollegen Florian Kapmeier für die engagierte Begleitung meiner Dissertation mit vielen wertvollen Anregungen und ungezählten guten Diskussionen.

Zu den positiven Rahmenbedingungen, unter denen meine Arbeit entstand, hat auch meine Familie beigetragen. Meinem Mann Dr. Jörg Saatkamp danke ich für viele motivierende und kritische Diskussionen, und meinen Kindern Karoline und Torben Saatkamp für ihr Verständnis, ihre große Selbständigkeit und ihre Unterstützung beim Balancieren von Familie und Forschung.

Meine Arbeit beschreibt nicht nur, wie Neues am besten in einer schmalen Zone zwischen Ordnung und Chaos entstehen kann, sie kann zugleich auch als ein Beleg für diese zentrale Erkenntnis der Komplexitätsforschung dienen. Entsprechend möchte ich an dieser Stelle außer den bereits Genannten auch allen anderen aus meinem näheren und weiteren Umfeld Dank aussprechen, die den Entstehungsprozess dieser Arbeit ordnungs- oder auch zuweilen chaosstiftend begleitet haben. Beides ist wichtig – auf die Balance kommt es an.

Leinfelden-Echterdingen, im Juli 2005 Meike Tilebein

Inhaltsverzeichnis

Abkürzungsverzeichnis

AGN	Agenten
BSC	Balanced Scorecard
bspw.	beispielsweise
bzw.	beziehungsweise
d.h.	das heißt
DBW	Die Betriebswirtschaft
DIV	Diversität
dt.	deutsch
ESS	evolutionär stabile Strategie
et al.	und andere
EXT	externe Verknüpfungen
F&E	Forschung und Entwicklung
f.	folgende
ff.	fortfolgende
FIT	Selektionsmechanismen bzw. Fitnesslandschaften
Hrsg.	Herausgeber
i.d.R.	in der Regel
IEEE	Institute of Electrical and Electronic Engineers
INT	interne Verknüpfungen
lat.	lateinisch
McK	McKinsey
MIT	Massachusetts Institute of Technology
MKM	Agentenmerkmale
PAT	Substrukturen bzw. Patches
S.	Seite
SFB	Sonderforschungsbereich
sog.	so genannte
SWOT	Strengths, Weaknesses, Opportunities, Threats
u.a.	und andere
u.a.	unter anderem
u.U.	unter Umständen
usw.	und so weiter
v.	von
VÄR	Veränderungsregeln
vgl.	vergleiche
VHR	Verhaltensregeln
vs.	versus
WiSt	Wirtschaftswissenschaftliches Studium
WISU	Das Wirtschaftsstudium
z.B.	zum Beispiel
z.T.	zum Teil
ZfB	Zeitschrift für Betriebswirtschaft
zfbf	Zeitschrift für betriebswirtschaftliche Forschung
ZfO	Zeitschrift für Führung und Organisation
ZWF	Zeitschrift für wirtschaftlichen Fabrikbetrieb

Abbildungsverzeichnis

Zusammenfassung

In Zeiten hoher Umfeldturbulenz können sich Unternehmen immer weniger auf bewährte Handlungsmuster verlassen. Kurzfristig erscheint einzig das Streben nach größtmöglicher Effizienz erfolgversprechend. Langfristig muss es jedoch abseits des Effizienzdenkens Experimentier- und Entwicklungsmöglichkeiten geben, um auch unter nicht vorhersehbaren zukünftigen Wettbewerbsbedingungen erfolgreich sein zu können. Dieses Dilemma zwischen Effizienz und Effektivität gewinnt in Zeiten großer Wettbewerbsdynamik an besonderer Aktualität. Mit dem bestehenden Konzept des wandlungsfähigen Unternehmens ist die Idealvorstellung eines Unternehmens verbunden, welches dieses Dilemma lösen soll. Hierfür, für die Klärung der Bedingungen und Voraussetzungen nachhaltigen Erfolgs auch unter turbulenten Umfeldbedingungen, fehlt es allerdings noch an theoretisch fundiertem Wissen, da sich die vorhandenen Erklärungsansätze zu Unternehmenserfolg für turbulente Umfelder nur bedingt eignen.

Es gibt jedoch Systeme, welche zugleich effizient und effektiv und damit langlebig sind, weil sie die Fähigkeit besitzen, sich emergent immer wieder im Einklang mit ihrer Umwelt zu wandeln und sich weiter zu entwickeln. Ökosysteme sind Beispiele für diese Art von Systemen, die komplexe adaptive Systeme genannt werden. Die Erkundung dieser Systeme durch die Komplexitätsforschung bildet eine interdisziplinäre Strukturwissenschaft, in die Erkenntnisse u.a. aus der Systemtheorie, der Evolutionstheorie, der Spieltheorie und der Informatik einfließen. Das Ziel der vorliegenden Arbeit ist es, die in den verschiedenen Forschungszweigen erarbeiteten Gestaltungsgrundsätze komplexer adaptiver Systeme zusammenzuführen und sie systematisch auf Unternehmen anwendbar zu machen. Dazu werden im ersten Schritt multidisziplinäre Grundlagen der Unternehmens-, System- und Komplexitätsforschung erarbeitet, der zweite Schritt besteht anschließend im interdisziplinären Transfer von Erkenntnissen zu komplexen adaptiven Systemen auf Unternehmen und insbesondere auf das Idealmodell des wandlungsfähigen Unternehmens.

Den Ausgangspunkt auf Seiten der Unternehmensforschung bildet die Betrachtung der verschiedenen theoretischen Erklärungsansätze für Unternehmenserfolg. Deren Defizite vor dem Hintergrund turbulenten Wettbewerbs führen zur Darstellung des idealen wandlungsfähigen Unternehmens. Den Ausgangspunkt auf Seiten der Systemforschung bildet ein fokussierter Überblick über die systemtheoretischen Grundlagen der Komplexitätsforschung und ihrer bestehenden interdisziplinären Einflüsse auf Konzepte von Unternehmensdynamik und -steuerung.

Darauf aufbauend werden die zentralen Erkenntnisse aus verschiedenen Strömungen der Komplexitätsforschung zum Aufbau, zum Verhalten und zur Entwicklung komplexer adaptiver Systeme eingehend erörtert. Im Mittelpunkt des Interesses steht der Rand des Chaos, ein Zustand komplexer adaptiver Systeme, in dem sie über größtmögliche Verhaltenskomplexität und weitestgehende Entwicklungsmöglichkeiten verfügen und damit Effizienz und Effektivität bestmöglich vereinen. Auf Basis der untersuchten Merkmale, Eigenschaften und Funktionsprinzipien von Systemen am Chaosrand wird ein generisches Modell komplexer adaptiver Systeme und ihrer Gestaltungsmöglichkeiten konzipiert. Dieses Modell bildet die Grundlage für den anschließenden interdisziplinären Transfer.

Unter Verwendung des generischen Modells wird ein Ordnungsrahmen entwickelt, der die Systematisierung und Bewertung von Übertragungsansätzen der Komplexitätsforschung auf Unternehmen erlaubt. Mit Hilfe dieses Instrumentariums werden

vorhandene Transferansätze analysiert und deren Stärken und Schwächen herausgearbeitet. Besonders auffällig ist, dass bestehende Transferansätze entweder auf Effizienz oder auf Effektivität abzielen und somit das volle Potential komplexer adaptiver Systeme und das gesamte Spektrum ihrer Gestaltungsmöglichkeiten noch nicht ausschöpfen.
Aufbauend auf diese Erkenntnisse und zur Überwindung dieser Defizite werden Implikationen für das wandlungsfähige Unternehmen abgeleitet, die zum einen die Grundannahmen des Idealmodells betreffen und diese zum Teil revidieren, und die zum anderen die Gestaltung des wandlungsfähigen Unternehmens auf seinen verschiedenen Ebenen zum Gegenstand haben. Für diese wird aufgezeigt, wie die aus Sicht der Komplexitätsforschung notwendigen Bedingungen für nachhaltigen Erfolg durch gleichzeitige Effizienz und Effektivität umgesetzt werden können.

Die hier abgeleiteten Erkenntnisse bedürfen noch weiterer Konkretisierung. Mit dem in dieser Arbeit entwickelten generischen Modell komplexer adaptiver Systeme und dem Ordnungsrahmen für den Transfer auf Unternehmen wurde ein Integrationsinstrumentarium geschaffen, mit dem sich auch künftige Fortschritte in Erklärungs- und Gestaltungswissen zum nachhaltigen Erfolg einordnen und verbinden lassen.

Abstract

In times of increasingly turbulent competition, sources for sustainable success become blurred and firms cannot rely on proven patterns of action any more. An improvement of efficiency often seems the only way to achieve at least short term success. In the long run however firms can be successful only if they are given chances for experiments and to pursue sometimes inefficient paths of development to meet the unknown challenges of the future. It is this old dilemma of efficiency and effectiveness that becomes especially urgent in the presence of turbulences. The model of the transformable enterprise strives to overcome this dilemma. However, it is still an active field of research and especially the reasons and prerequisites for the sustainable success of transformable enterprises are yet to be identified, as given concepts of competitive advantage and sustainable success fail in the face of turbulent business environments.

In other disciplines, systems are known that combine efficiency and effectiveness and that are sustainable and capable of emergent change, adaptation and evolution in harmony with their changing environments. Ecosystems are good examples for these kinds of systems that are called complex adaptive systems. Complexity science is a new field of science with origins in e.g. systems theory, evolutionary biology, game theory and information science, following an interdisciplinary approach in studying such complex adaptive systems. This thesis focuses on the question what complexity science can contribute to the understanding of systems that exhibit both effectiveness and efficiency and how the interdisciplinary findings of complexity science can be interpreted for and transferred into enterprises in order to achieve sustainable success.

In the fist step the theoretical foundations from multiple disciplines like management science, systems theory and complexity science are provided. The second step then deals with the interdisciplinary transfer of the findings from complexity science into firms and in particular into the model of the transformable enterprise.
As a starting point in management science, the different concepts for gaining and sustaining competitive advantage and success are investigated and the model of the ideal transformable enterprise is introduced. As a starting point in systems theory, the origins and precursors of complexity science and their impact on models of management and theories of the firm are explained.
In the following the interdisciplinary knowledge on the features and processes of complex adaptive systems undergoes thorough examination. Thereby the edge of chaos is of special interest. This term characterizes a state of complex adaptive systems in which they exhibit utmost complexity in behavior together with greatest potential for further development and thus combine efficiency and effectiveness the best possible way. From the findings of complexity science the characteristic features and underlying principles of systems on the edge of chaos are identified and a generic conceptual model of complex adaptive systems and their design levers is developed.
This generic model of complex adaptive systems serves as a core part of a framework for the analysis and evaluation of concepts transferring ideas from complexity science into management science that is designed in the next step. Applying this framework, existing transfer concepts and their strengths and shortcomings are examined. Especially noticeable is the fact that all of them employ only a few out of the identified design levers and that they focus either on efficiency or on effectiveness.

None of them so far aims at both and none of them thus makes use of the full potential of complex adaptive systems.
Finally the results of this investigation and the generic model of complex adaptive systems are used to derive instructions for the design of transformable enterprises which, from a complexity perspective, combine efficiency and effectiveness and have potential for sustainable success. The ideal model of the transformable enterprise is revisited which, according to the findings of this thesis, has to be adjusted in certain points. Design aspects for each level of the transformable enterprise are discussed, including the full spectrum of the identified design levers for complex adaptive systems.

These design implications are of general kind and not yet ready for implementation, but the generic theoretical model of complex adaptive systems and the framework for its application to firms developed in this thesis provide a conceptual instrument for the interdisciplinary evaluation, combination and integration of future specific findings on sustainable success.

1 Einführung

1.1 Problemstellung

> *„Beyond management and organization [...] is the enormous growth in our knowledge of the sciences. This has led to a proliferation of sub-fields and yet the dynamic, global, complexity of the world we live in is crying out for holistic effective solutions. One important way to close this gap is the bridge provided by serious interdisciplinary work. However our existing University structures and our historical definitions of what constitutes a 'discipline' seems increasingly out of tune with the needs of the future. Our biggest challenges may well be for those of us in Universities to open our minds [...]"*[1]

Wettbewerb ist seinem Wesen nach ein dynamisches Phänomen und verlangt auf Seiten der Unternehmen eine korrespondierende Dynamik.[2] Spätestens seit SCHUMPETERS Überlegungen zur schöpferischen Zerstörung von Wirtschaftssystemen durch unternehmerische Aktivität[3] ist zudem offenkundig, dass die dynamischen Veränderungen von Märkten nicht notwendigerweise kontinuierlich und absehbar verlaufen. Dennoch erscheinen die meisten Unternehmen bis heute für den Umgang mit derartiger Wettbewerbsdynamik nicht gut gerüstet. Konfrontiert mit dem aktuellen fundamentalen offenen Wandel in den Wettbewerbslandschaften vieler Branchen mit rapiden, diskontinuierlichen und unvorhersehbaren Veränderungen wichtiger Rahmenbedingungen, welche allgemein unter dem Oberbegriff „turbulentes Umfeld"[4] subsumiert werden, sind viele Unternehmen offenbar außerstande, ein treffendes und tragfähiges Antwortverhalten zu generieren, das ihnen auch unter derart erschwerten Bedingungen langfristigen Erfolg ermöglicht. Die überkommenen Erklärungsmuster für Unternehmenserfolg begründen hier allenfalls noch kurzlebige Wettbewerbsvorteile, die jedoch zunehmender Erosion ausgesetzt sind. Aber auch die mit hohen Erwartungen an eine neue Art von Unternehmensdynamik verknüpften vermeintlichen Vorzeigeunternehmen der ‚New Economy' sind vielfach jäh vom gewohnten Erfolgspfad abgestürzt.[5]

Erfolg im Sinne langfristigen Überlebens und Prosperierens können in turbulenten Wettbewerbsumfeldern offensichtlich nur noch solche Unternehmen haben, die in der Lage sind, sich permanent im Einklang mit der Veränderung ihrer Umfelder zu wandeln und externe Veränderungsprozesse sogar selber mit zu betreiben.[6] Um diese Fähigkeit zur Veränderung kreisen vielfältige aktuelle Forschungsarbeiten und Publikationen, welche die Basis für Erfolg in dynamischen Wettbewerbslandschaften bspw. an netzwerkartigen Unternehmensformen, an dynamischen Fähigkeiten oder an strategischer Flexibilität festmachen[7], um nur einige der in der Diskussion befind-

1 Scott Morton (2001), S. 25.

2 Vgl. Zahn/Foschiani (2001), S. 413 oder Zahn (2000b), S. 155.

3 Vgl. Schumpeter (1950), S. 134ff.

4 Vgl. Buchner (2002), S. 93.

5 Vgl. Zahn (2001b), S. 14.

6 Vgl. Klimecki/Laßleben/Thomae (2000), S. 65.

7 Für Überblicke zu den verschiedenen Themenkomplexen vgl. bspw. Zahn/Foschiani (2002b), Zahn (2003) und Zahn/Schön (2003).

lichen Themenkomplexe aufzuführen. Die daraus gewonnenen Erkenntnisse liefern punktuell wichtige Hinweise für eine veränderungstaugliche Unternehmensgestaltung. Ziel muss es jedoch sein, über einzelne Aspekte, kurzfristige Effizienzmaßnahmen und Management-Moden hinaus ein umfassendes Konzept der Unternehmensgestaltung zu erarbeiten, das eine tragfähige Basis für aktuellen wie für zukünftigen Erfolg in turbulenten Wettbewerbsumfeldern darstellt. Dieses Konzept muss grundlegende Voraussetzungen dafür schaffen, dass Markterfordernisse und Unternehmensfähigkeiten in Resonanz geraten können und Veränderungen auf beiden Seiten jeweils adäquate Antworten erfahren.

Hier setzt das Konzept der Wandlungsfähigkeit an, das als gedankliches Konstrukt die beschriebenen Unternehmenseigenschaften beinhaltet. Wandlungsfähigkeit wird somit zu einem zentralen Erfordernis von Unternehmen in turbulenten Wettbewerbsumfeldern. Die Erforschung der Wandlungsfähigkeit von Unternehmen steht angesichts der Vielfalt der involvierten Gesichtspunkte jedoch noch in ihren Anfängen. Zwar sind die Grundlagen gelegt; so sind auf Beschreibungsebene Anforderungen formuliert und z.T. Erklärungsansätze vorhanden. Wissenschaftlich fundiertes Gestaltungswissen ist jedoch noch rar.[8] Auf lange Sicht wandlungs- und damit überlebensfähige Unternehmen gibt es aber auch in der Realität offenbar noch kaum: Die durchschnittliche Lebensdauer eines Unternehmens beträgt keine 20 Jahre[9], und die jüngste Vergangenheit zeigt, dass auch denjenigen Unternehmen, die für einzelne Aspekte der Wandlungsfähigkeit immer wieder als vorbildliche Prototypen genannt werden, zuweilen kein dauerhafter Erfolg beschieden ist.[10]

Wandlungsfähige Systeme, die sich über lange Zeiten auch unter widrigen Bedingungen erhalten, (Zer-)Störungen abwehren und sich dabei im Einklang mit ihrer Umwelt weiterentwickeln, sind jedoch aus anderweitigen Forschungsgebieten wie bspw. der Evolutionsbiologie bekannt. Sie sind unter dem Oberbegriff 'komplexe adaptive Systeme' in den letzten Jahren Gegenstand der interdisziplinären Komplexitätsforschung geworden, die sich als eine neue Art allgemeiner Strukturwissenschaft[11] um die Erforschung der gemeinsamen Gestaltungsprinzipien und Mechanismen bemüht, welche der scheinbar unerschöpflichen Fähigkeit derartiger komplexer adaptiver Systeme zu immer wieder neuen Innovations- und Anpassungsleistungen zugrunde liegen. Hier liegt ein erfolgversprechender Ausgangspunkt für interdisziplinäre Forschungsvorhaben, wie sie die eingangs zitierten Zeilen fordern.

Auch die Komplexitätsforschung befindet sich noch nicht im Entwicklungsstadium einer gefestigten Theorie, doch liegen mittlerweile eine Reihe zentraler Erkenntnisse vor. In Form assoziationsstarker Metaphern wie bspw. „Surfing the Edge of Chaos"[12] haben bereits einige dieser Forschungsergebnisse Eingang vornehmlich in die US-

---

[8] Für ein umfassendes Konzept von Determinanten der Wandlungsfähigkeit vgl. Gagsch (2002).

[9] Vgl. de Geus (1997), S. 112.

[10] Prominente Beispiele hierfür sind die Unternehmen ABB, vgl. bspw. Schmitt/Werres (2002), und Enron, vgl. bspw. Kulesza (2002). Vgl. auch Fußnote 151.

[11] Strukturwissenschaften bilden in formal-abstrakter Weise Gesetzmäßigkeiten ab, die damit unabhängig vom jeweiligen Anwendungsgebiet in verschiedenen Disziplinen gelten, erlauben jedoch zugleich die interdisziplinäre Übertragung von inhaltlichen Ähnlichkeiten, vgl. Scheurer (1997a), S. 231 und die dort angeführte Literatur.

[12] Pascale/Milleman/Gioja (2000).

amerikanische populäre Managementliteratur gefunden.[13] Hinsichtlich eines fundierten interdisziplinären Transfers komplexitätstheoretischer Erkenntnisse auf Unternehmen besteht allerdings, obwohl sich die Komplexitätsforschung zunehmend auch in der wissenschaftlichen Wirtschaftsliteratur niederschlägt, noch erheblicher Bedarf an weiteren Forschungsanstrengungen.[14] Diesen wird Potential zugesprochen, einen wesentlichen Lösungsbeitrag zu Fragen der Langlebigkeit und des fortdauernden Erfolgs von Unternehmen leisten zu können. Mit dieser Motivation möchte die vorliegende Arbeit eine komplexitätswissenschaftlich begründete umfassende Perspektive auf die Wandlungsfähigkeit von Unternehmen und deren Gestaltung eröffnen.

1.2 Zielsetzung und Aufbau der Arbeit

Zielsetzung der vorliegenden Arbeit ist es, den Beitrag auszuloten, welchen die Komplexitätsforschung zu der Erklärung von Wandlungsfähigkeit und der Gestaltung wandlungsfähiger Unternehmen leisten kann. Dazu ist

- das Konzept der Wandlungsfähigkeit von Unternehmen als Ansatz einer Symbiose markt- und ressourcenorientierter Erklärungsansätze zur Erzielung dauerhaften Erfolgs vorzustellen,
- systemtheoretisches Grundlagenwissen als Basis der Komplexitätsforschung und dessen Einfluss auf bisherige Vorstellungen von Unternehmensdynamik zu erörtern,
- eine fundierte Auseinandersetzung mit der Komplexitätsforschung zu leisten und deren Bestand an zentralen Erkenntnissen zu komplexen adaptiven Systemen aufzuarbeiten und zu integrieren,
- das Spektrum von Transfermöglichkeiten dieser Erkenntnisse auf die Unternehmensgestaltung zu untersuchen, zu systematisieren und zu bewerten und
- auf dieser Grundlage das Konzept des wandlungsfähigen Unternehmens zu begutachten und um Gestaltungshinweise zu ergänzen, welche die aus der Perspektive der Komplexitätsforschung erforderlichen Voraussetzungen für Wandlungsfähigkeit erfassen.

Dieser Zielsetzung folgend ist die Arbeit in fünf Hauptkapitel unterteilt, deren erste drei sich der Aufarbeitung multidisziplinärer Grundlagen widmen, während die folgenden beiden den interdisziplinären Transfer zum Inhalt haben.

Kapitel 2 als erstes Hauptkapitel befasst sich mit den verschiedenen theoretischen Ansätzen für die Erklärung anhaltenden Unternehmenserfolgs und zeigt deren Grundideen und Defizite auf. Die Outside-in-Perspektive des Market-based View, der zufolge die Wettbewerbskräfte den Unternehmenserfolg entscheidend beeinflussen, und die Inside-out-Perspektive des Resource-based View, der zufolge unternehmensinterne Eigenschaften erfolgsbestimmend sind, bilden das Fundament für die

---

[13] Auch die Zentren der Komplexitätsforschung liegen vornehmlich in den USA, hervorzuheben sind hier insbesondere das Santa Fe Institute in Santa Fe, New Mexico, sowie das New England Complex Systems Institute in Cambridge, Massachusetts.

[14] Das zunehmende Interesse und den aktuellen Forschungsbedarf bezüglich komplexitätstheoretischer Erkenntnisse für Unternehmen belegen auch Zeitschriften-Sonderausgaben zu diesem Thema und Neugründungen wie „Complexity", erstmals 1996 erschienen, oder die seit 1999 existierende Zeitschrift „Emergence. A Journal of Complexity Issues in Organizations and Management". In jüngerer Zeit ist auch in im deutschsprachigen Raum vermehrtes Interesse an diesem Themengebiet festzustellen, vgl. bspw. Stüttgen (2002), Kappelhoff (2002) oder Schreyögg (2002).

Darstellung neuerer Varianten, die insbesondere auch vor dem Hintergrund ausgeprägter Wettbewerbsdynamik entsprechend dynamische Erklärungsbeiträge aus Markt- oder Ressourcensicht liefern. Ausführliche Würdigung erfährt im Weiteren das Konzept der Wandlungsfähigkeit, das als umfassender Erklärungsansatz eine Symbiose der verschiedenen Perspektiven bildet. Aus dem aktuellen Stand der Forschung zum Modell des wandlungsfähigen Unternehmens, den Defiziten bestehender Erklärungsansätze zum Unternehmenserfolg und den Überlegungen zu möglichen Lösungsbeiträgen der Komplexitätsforschung werden die detaillierten Forschungsfragen der Arbeit abgeleitet.

In den Kapiteln 3 und 4 werden sukzessive die systemtheoretischen Grundlagen und zentralen Erkenntnisse der Komplexitätsforschung erarbeitet. Im Rahmen der Grundlagenbetrachtung in Kapitel 3 werden dabei zunächst zentrale Begriffe und Konzepte der Systemanalyse eingeführt. Anhand einfacher Beispiele aus den Naturwissenschaften und der Mathematik können reguläre und irreguläre Verhaltensweisen und Strukturen von Systemen verdeutlicht und die ihnen zugrunde liegenden Wirkprinzipien beschrieben werden. Dabei wird auch jeweils aufgezeigt, inwiefern die hier behandelten Aspekte von gleichgewichtigen, von chaotischen und von selbstorganisierenden gleichgewichtsfernen Systemen sich in Konzepten zu Dynamik, Steuerung und Erfolg von Unternehmen wiederfinden.
Eingehend werden daran anschließend in Kapitel 4 komplexe adaptive Systeme thematisiert. Basierend auf dem aktuellen Stand der interdisziplinären, unter anderem von Biologie, Spieltheorie und Informatik getriebenen Forschung zu diesem Thema stehen hier die grundlegenden allgemeinen Eigenschaften derartiger Systeme im Mittelpunkt der Betrachtungen, die starke Parallelen zu den Eigenschaften des idealen wandlungsfähigen Unternehmens aufweisen. Von besonderem Interesse sind dabei die gemeinsamen Gestaltungsmerkmale komplexer adaptiver Systeme, deren Zustandekommen und deren Auswirkungen anhand unterschiedlicher in der Komplexitätsforschung gängiger Beispielsysteme ausführlich erörtert werden. Auf Basis dieser Erkenntnisse der Komplexitätsforschung wird ein allgemeines Modell komplexer adaptiver Systeme und ihrer Gestaltungsmöglichkeiten entwickelt.

Hierauf aufsetzend werden in Kapitel 5 die Möglichkeiten der Übertragung der Gestaltungsmerkmale komplexer adaptiver Systeme auf Unternehmen untersucht. Dieses Kapitel befasst sich zunächst allgemein mit den Möglichkeiten und Grenzen interdisziplinären Transfers. Daraufhin werden etablierte Konzepte und Forschungsrichtungen in den Wirtschaftswissenschaften untersucht, die bereits Ähnlichkeiten und Parallelen zu einzelnen Gesichtspunkten der Gestaltung komplexer adaptiver Systeme aufweisen. Im Mittelpunkt dieses Kapitel steht jedoch die Analyse und Bewertung von Transferansätzen, die explizit und detailliert die Übertragung von Gestaltungsprinzipien komplexer adaptiver Systeme auf das Objekt ‚Unternehmen' vornehmen. Das dabei aufgedeckte breite Spektrum von Einzelaspekten der Gestaltung bedarf zur weiteren Verwendung einer Systematisierung. Hierzu wird auf Basis des in Kapitel 4 erarbeiteten generischen Modells komplexer adaptiver Systeme ein Ordnungsrahmen entwickelt, mit dessen Hilfe sich die verschiedenen Übertragungsansätze analysieren lassen und anhand dessen sie einer Bewertung zugeführt werden.

In Kapitel 6 werden die im Kapitel 4 gewonnenen allgemeinen Gestaltungsprinzipien komplexer adaptiver Systeme und die Erkenntnisse aus den in Kapitel 5 untersuchten spezifischen Transferansätzen zusammengeführt und auf das Idealmodell des wandlungsfähigen Unternehmens aus Kapitel 2 fokussiert. Basierend auf dem allgemeinen Modell komplexer adaptiver Systeme aus Kapitel 4 werden hier Schlussfolgerungen für das Idealmodell und die Gestaltung wandlungsfähiger Unternehmen gezogen und Empfehlungen entwickelt, wie die interdisziplinär gewonnenen Erkenntnisse der Komplexitätsforschung sich in Strukturen und Prozessen auf den verschiedenen Ebenen des wandlungsfähigen Unternehmens niederschlagen könnten. Damit werden die Bedingungen dargestellt, die aus komplexitätstheoretischer Perspektive unabdingbare Grundvoraussetzungen für die Wandlungsfähigkeit von Unternehmen bilden.

Abschließend werden in Kapitel 7 die zentralen Aussagen der Arbeit noch einmal aufgegriffen und resümiert.

Abbildung 1.1 illustriert den Aufbau der Arbeit und stellt die beschriebene grobe Argumentationsstruktur im Überblick dar. Die dabei verwendeten Symbole sollen im weiteren Verlauf der Arbeit als ‚Wegweiser' dienen.

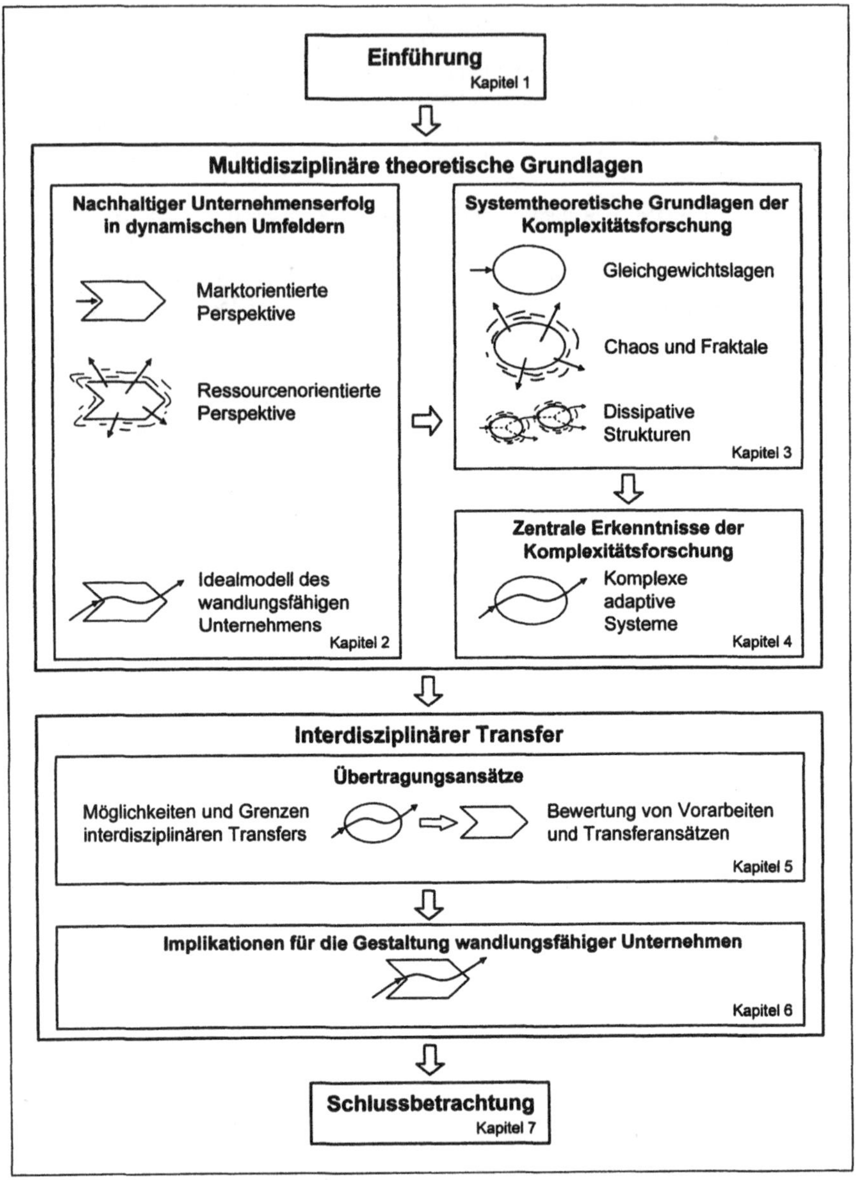

Abbildung 1.1: Aufbau der Arbeit
Quelle: eigene Darstellung

2 Erklärungsansätze und Forschungsfragen zu dauerhaftem Unternehmenserfolg

In den zurückliegenden Jahren wird ein immer stärkerer Wandel in den Wettbewerbslandschaften vieler Branchen verzeichnet, der mit zunehmender Unsicherheit bezüglich wichtiger Rahmenbedingungen und schwindender Prognostizierbarkeit der Zukunft einhergeht und in seiner gegenwärtigen Ausprägung allgemein als ‚turbulent' empfunden wird.[15] Unternehmenserfolg ist in den aktuellen stark dynamischen Wettbewerbsumfeldern einem ständigen Zerfallsprozess ausgesetzt. Dauerhaften Erfolg können hier nur solche Unternehmen erzielen, die sich nicht auf die Konservierung ihrer vermeintlich erfolgsbegründenden Attribute konzentrieren, sondern im Gegenteil zu permanenter Erneuerung in der Lage sind.[16] Dauerhafter Unternehmenserfolg erscheint in dieser Perspektive somit eher als eine Aneinanderreihung kurzlebiger Erfolge und basiert auf einem kontinuierlichen Strom von Wettbewerbsvorteilen, der sich aus immer neuen Erfolgsquellen speisen muss.[17]
Von dieser Problematik ausgehend soll, nach einer Klärung wichtiger Begriffe in Kapitel 2.1, im Folgenden in Kapitel 2.2 näher auf die theoretischen Grundlagen zur Erklärung von Unternehmenserfolg eingegangen werden. Deren Defizite im Lichte turbulenten Wettbewerbs führen zum Konzept des wandlungsfähigen Unternehmens in Kapitel 2.3 und motivieren zugleich die in Kapitel 2.4 dargestellten Forschungsfragen der vorliegenden Arbeit.

2.1 Begriffsklärungen

Um die verschiedenen Erklärungsansätze für Unternehmenserfolg vor dem Hintergrund turbulenter Umfelder einordnen zu können, sind zunächst die Termini ‚turbulente Umfelder' sowie ‚Unternehmenserfolg' begrifflich abzugrenzen. Mit den nachfolgenden Begriffsklärungen wird dabei kein umfassender Überblick, sondern eine Arbeitsdefinition als Basis für die weiteren Ausführungen angestrebt.

2.1.1 Dynamische Unternehmensumfelder

In allgemeinster Definition umfasst das Unternehmensumfeld alle natürlichen und technologischen Rahmenbedingungen sowie selbständige handlungsfähige soziale bzw. soziotechnische Einheiten wie Personen, Gruppen, Unternehmen oder Institutionen, die den Zielerreichungsgrad eines Unternehmens beeinflussen.[18] Die Umfeldveränderungen, mit denen sich viele Unternehmen gegenwärtig konfrontiert sehen, sind durch eine zuvor nicht gekannte Komplexität und Dynamik gekennzeichnet, die vermehrt diskontinuierliche Entwicklungen und entsprechende Unsicherheit bezüglich zukünftiger Rahmensetzungen des Unternehmenshandelns mit sich bringen.[19] Während die Dimension ‚Komplexität' die Anzahl und die Verschiedenheit der entscheidungsrelevanten externen Faktoren sowie ihre Verteilung über verschiedene

---

[15] Vgl. Meier (2003), S. 153.

[16] Diese Erneuerung muss nicht nur Produkte, Dienstleistungen und Prozesse, sondern auch Strukturen und Strategien umfassen, vgl. Zahn (2000b), S. 155.

[17] Vgl. Zahn/Foschiani (2001), S. 413.

[18] Vgl. Buchner (2002), S. 88.

[19] Vgl. bspw. Holtbrügge (2000), S. 101, Herbst/Gagsch (1999), S. 43 oder Zahn (2000b), S. 156ff.

Umfeldsegmente erfasst, gibt die Dimension ‚Dynamik' als zeitliche Variable Häufigkeit, Ausmaß, Richtung und Tragweite von Veränderungen in den Faktoren sowie die Unregelmäßigkeit der Veränderungsmuster wieder.[20] Beide Dimensionen zusammen spannen ein Portfolio möglicher Umfeldbedingungen von Unternehmen auf, in dem die Kombination aus hoher Komplexität mit hoher Dynamik auch als ‚turbulentes Umfeld' charakterisiert wird.[21]
Konkrete Ausprägungen dieser Wettbewerbsrealität lassen sich in verschiedensten Segmenten des Unternehmensumfelds festmachen, wobei im Allgemeinen unterschieden wird in ein generelles Umfeld mit politisch-rechtlichen, sozio-kulturellen, technologischen, ökologischen und ökonomischen Aspekten sowie in ein unternehmensspezifisches Aufgabenumfeld.[22] In jedem dieser einander gegenseitig beeinflussenden Umfelder sind dramatische Umwälzungen zu verzeichnen, welche die Turbulenz prägen.[23] Exemplarisch sei hier auf den allgemeinen Trend zur Globalisierung und Deregulierung verwiesen, die neue Absatz- und Beschaffungsmärkte und damit neue Arenen des Wettbewerbs schaffen. Zugleich erschwert bspw. die wachsende Zahl der zu berücksichtigenden verschiedenen Anspruchsgruppen unternehmerische Entscheidungen.[24] Bestehende Branchengrenzen sind in Auflösung begriffen, neue Branchen entstehen, und Unternehmen können sich im herrschenden „Hyperwettbewerb"[25] nicht länger auf die bisher bekannten Regeln des Wettbewerbs verlassen. Wissen wird zu einem dominierenden Wettbewerbsfaktor, und nicht nur in Produkten, sondern auch in Unternehmensprozessen kommt der Informationstechnik eine zentrale Rolle zu.[26] Entsprechend schnell veralten Prozesstechnologien und verkürzen sich die Produktlebenszyklen.[27] Diese und andere Entwicklungen stellen Unternehmen vor die Herausforderung, trotz zunehmender Unsicherheit über die zu erwartenden Handlungskonsequenzen immer schneller agieren und reagieren zu müssen.[28]

Bereits bei DUNCAN (1972) wird empirisch festgestellt, dass dabei weniger die Komplexität, als vielmehr die unvorhersehbare dynamische Veränderung der Umfeldaspekte ganz entscheidend zur Unsicherheit bei der Entscheidungsfindung in Unter-

---

20 Vgl. Duncan (1972), S. 314ff., der allerdings auch ein unternehmensinternes Umfeld in die Faktorenbetrachtung einbezieht, sowie Buchner (2002), S. 91f. und die dort aufgeführte Literatur.

21 Vgl. Buchner/Krause/Weigand (1998), S. 453, Buchner (2002), S. 97 oder Burmann (2001), S. 171f. Bereits 1965 prägten Emery und Trist den Begriff ‚turbulent fields' für komplexe Umwelten, in denen dynamische Veränderungen große Unsicherheit verursachen, vgl. dieselben (1965), S. 26.

22 Vgl. Schreyögg (1993), Sp. 4237-4241 und ähnlich Staehle (1999), S. 624ff., Zahn (1986), S. 14 sowie Zahn/Schmid (1996), S. 82f.

23 Die folgenden Aspekte sind lediglich beispielhaft zu sehen. Für umfassende Charakterisierungen verschieden turbulenter Umfelder und zu spezifischen Turbulenzszenarien vgl. Buchner (2002), S. 111ff. oder Gagsch (2002), S. 50ff.

24 Vgl. bspw. Zahn/Tilebein (1998), S. 49.

25 Hyperwettbewerb entsteht aus der Dynamik der häufigen, z.T. aggressiven strategischen Manöver einer Vielzahl von Wettbewerbern, wodurch ein permanentes Ungleichgewicht herrscht, vgl. D'Aveni (1995), S. 13f. Zur weiteren Charakterisierung von Hyperwettbewerb vgl. ausführlich D'Aveni (1995) oder Chakravarthy (1997), S. 75ff.

26 Vgl. bspw. Zahn (1998), S. 41ff. oder Zahn/Schön (2003), S. 167f.

27 Vgl. Zahn/Tilebein (1998), S. 49.

28 Bleicher charakterisiert die zunehmende Diskrepanz zwischen benötigter und verfügbarer Reaktionszeit als ‚Zeitschere', vgl. Bleicher (1996), S. 36-38. Andere Autoren widersprechen jedoch der Annahme zunehmender Turbulenz bzw. zunehmenden Hyperwettbewerbs, so z.B. Mintzberg (1994) oder McNamara/Vaaler/Devers (2003).

nehmen beiträgt.[29] Es darf vermutet werden, dass dieser Befund auch heute noch zutrifft, da weder organisationale Trägheit noch menschliches Entscheidungsverhalten sich wesentlich geändert haben und auch die Fortschritte der technischen Informationsverarbeitung eher auf dem Gebiet der Komplexitätsbewältigung durch die Verarbeitung immer größerer Datenmengen liegen. Angesichts sprunghafter, diskontinuierlicher zeitlicher Entwicklungen kann die Informationstechnologie jedoch noch keine Lösungen anbieten, da hier Prognosemodelle oder Erfahrungswerte nicht mehr sinnvoll einsetzbar sind.[30]

In der vorliegenden Arbeit werden daher die Begriffe ‚turbulentes Umfeld' und ‚dynamisches Umfeld' synonym für den Sachverhalt stark veränderlicher komplexer Rahmenbedingungen verwendet. Da es Ziel dieser Arbeit ist, grundlegende Gestaltungshinweise zu erarbeiten, die unabhängig von einer konkreten Umfeldsituation oder Umfelddynamik Unternehmen einen Wandel im Einklang mit ihren Umfeldveränderungen ermöglichen, werden an dieser Stelle keine spezifischen Turbulenzszenarien erarbeitet, sondern es wird davon ausgegangen, dass Unternehmen mit turbulenten Umfeldern, im Sinne von zugleich komplexen und dynamischen Rahmenbedingungen gleich welcher Art, konfrontiert sind.[31] Deren unternehmens- und situationsspezifische, schnell und unvorhersehbar sich ergebende Veränderungen bedeuten eine permanente Bedrohung für gegenwärtigen Unternehmenserfolg und verleihen der Suche nach tragfähigen Erfolgsgrundlagen neue Dringlichkeit.

2.1.2 Unternehmenserfolg

Obwohl der Erfolg unternehmerischen Handelns im Fokus betriebswirtschaftlicher Forschung und Praxis steht, unterliegt dabei der Erfolgsbegriff allgemein und in seiner Operationalisierung unterschiedlichen Konzeptionen. Den verschiedenen Ansätzen zur generellen Erfassung des Unternehmenserfolgs liegen jeweils unterschiedliche Sichtweisen von Unternehmen zugrunde, so sind ökonomisch-theoretische Ansätze in der Regel auf Rentabilitäten bzw. Gewinne ausgerichtet, während viele sozio-biologische Ansätze die Überlebensfähigkeit als Beurteilungskriterium hervorheben.[32] Im Folgenden seien beispielhaft aufgrund seiner beherrschenden Position der Zielansatz und aufgrund seines inhaltlichen Bezugs zur Wandlungsfähigkeit der Systemansatz genannt.

Der Systemansatz stellt die langfristige Überlebensfähigkeit des Unternehmens in den Mittelpunkt des Erfolgsbegriffs. Zu deren Beurteilung ist nicht allein das System ‚Unternehmen'[33] mit den darin ablaufenden Prozessen und mit seinen Zielen zu betrachten, sondern ebenso die Beziehungen zwischen diesem System und seiner Umwelt, wobei diese Beziehungen sowohl die Anpassung des Unternehmens an die Umwelt erfordern als auch ein aktives Management dieser Umwelt beinhalten können.[34] Erfolg wird in dieser Sichtweise als Maßgröße für die Fähigkeiten gesehen,

[29] Vgl. Duncan (1972), S. 324f.

[30] Vgl. bspw. Reinhart et al. (1999), S. 21.

[31] Für verschiedene Turbulenzszenarien vgl. dagegen Buchner (2002), S. 96ff. oder Gagsch (2002), S. 54ff.

[32] Zur Gegenüberstellung unterschiedlicher Ansätze vgl. Fritz (1992), S. 218ff., Freiling (2000), S. 17 oder Jenner (1999), S. 238ff. und die dort angegebene Literatur.

[33] Zur Betrachtung von Unternehmen als (soziotechnische) Systeme vgl. Ulrich (1970), S. 135ff. sowie Gagsch (2002), S. 7ff. Zur einer allgemeinen Definition des Systembegriffs vgl. Kapitel 3.1.1.

[34] Vgl. bspw. Probst (1987), S. 59 sowie Jenner (1999), S. 239.

Ressourcen zu erwerben und zu sichern, die Stabilität des Unternehmenssystems zu gewährleisten und erfolgreich mit der Umwelt zu interagieren. Problematisch stellt sich bei dieser umfassenden und abstrakten Erfolgsdefinition jedoch die zur Unternehmenssteuerung erforderliche Operationalisierung und Messung des Erfolgs dar.[35]

In der Messbarkeit des Erfolgs besteht dagegen die Stärke des Zielansatzes. Dieser sieht Unternehmen als zweckgerichtete Systeme mit eindeutigen und identifizierbaren Zielen an.[36] Unter Erfolg wird dann allgemein das Ergebnis einer Aktivität im Sinne eines Ziels verstanden. Obwohl als oberstes Ziel der Unternehmensführung zumeist die Sicherung der langfristigen Überlebensfähigkeit angegeben wird, wird der Erfolgsbegriff nicht in diesem Sinn und zudem nicht einheitlich verwendet.[37] Zumeist wird mit dem Begriff ‚Unternehmenserfolg' die Vorstellung eines finanziellen Unternehmensergebnisses verbunden, ausgedrückt in absoluten (Gewinn bzw. Verlust) oder relativen Erfolgsmaßen (Rentabilität).[38] Dieses traditionelle, an finanziellen Zielkriterien wie Gewinn oder Rentabilitätsmaßen ausgerichtete betriebswirtschaftliche Erfolgsverständnis ist jedoch schon seit längerem der Kritik ausgesetzt, die zwei wesentliche Argumente anführt:

Zum einen ist eine rein auf finanziellen Zielen beruhende Erfolgsbetrachtung, selbst wenn sie im Rahmen eines detaillierten Kennzahlensystems vorliegt, stets vergangenheitsbezogen und lässt daher nur eingeschränkte Rückschlüsse auf die gegenwärtige Lage des Unternehmens zu. Dies führte bereits in der Vergangenheit zu einer verstärkten Beachtung von Erfolgspotentialen als Vorsteuergrößen des Erfolgs.[39]

Zum anderen wird die eindimensionale Ausrichtung der Erfolgsbetrachtung an ökonomischen Ergebnissen der Vielschichtigkeit unternehmerischer Zielsetzungen u.U. nicht gerecht.[40] Insbesondere die vom Systemansatz betonten langfristigen, unternehmenspolitischen oder strategischen Ziele werden häufig vernachlässigt.[41] Unternehmen, die ihre Steuerungsentscheidungen ausschließlich von finanziellen Erfolgskriterien abhängig machen, laufen daher Gefahr, langfristige Bestands- und Wachstumsziele zugunsten kurzfristig realisierbarer Gewinne zu vernachlässigen. Diese Schwächen der traditionellen Erfolgsmaßstäbe offenbaren sich in besonderem Maße unter den Bedingungen turbulenter Umfelder, in denen gegenwärtige Wettbewerbsvorteile als Erfolgsquellen schnellem Verfall ausgesetzt sind: „In short, financial measures are inadequate for guiding and evaluating organization's trajectories through competitive environments. They are lagging indicators that fail to capture much of the value that has been created or destroyed by the actions of managers in the most recent accounting period."[42]

---

[35] Vgl. Jenner (1999), S. 239.

[36] Vgl. Jenner (1999), S. 238f.

[37] Vgl. Welge/Al-Laham (2003), S. 123 und Küpper (1989),Sp. 433.

[38] Vgl. Koch (1993), Sp. 554, Fries (1991), S. 7, Corsten (1995), S. 231, Wöhe/Döring (1993), S. 47 oder Schierenbeck (2003), S. 62ff.

[39] Vgl. Fischer (2000), S. 72ff oder Welge/Al-Laham (2003), S. 123ff.

[40] Vgl. Fritz (1992), S. 217 oder Brunner/Sprich (1998), S. 30f.

[41] Vgl. Fritz (1992), S. 222. Die Erhaltung und erfolgreiche Weiterentwicklung des Unternehmens kann jedoch auch als Hauptziel des Unternehmens aufgefasst werden, das Voraussetzung für die Erfüllung von konkreteren Zielen der verschiedenen Anspruchsgruppen ist, vgl. Hahn (1999), S. 4. In dieser Perspektive ergänzen sich System- und Zielansatz.

[42] Kaplan/Norton (1997b), S. 7. Zu strategischen Trajektorien vgl. Stimpert/Wassermann/Jayaram (1998).

Vor dem Hintergrund dieser Kritik entstanden seit Mitte der 1980er Jahre Performance Measurement-Konzepte[43], die in der Tradition des Zielansatzes stehen, dabei aber einen mehrdimensionalen Erfolgsbegriff zugrunde legen, der zum Teil auch Aspekte des Systemansatzes aufgreift. Unter diesen neuen Ansätzen der Leistungsbeurteilung hat insbesondere die Balanced Scorecard (BSC)[44] große Verbreitung erlangt und zu einer entscheidenden Erweiterung des vorherrschenden Erfolgsbegriffs beigetragen.[45]

Die BSC ermöglicht es Unternehmen, wie bisher kurzfristig finanzielle Ergebnisse zu ermitteln, zugleich aber ihren Fortschritt beim Aufbau von Fähigkeiten zu verfolgen, die sich ggf. erst in fernerer Zukunft ergebniswirksam niederschlagen werden.[46] Hierzu werden in das Kennzahlensystem neben vergangenheitsorientierten finanziellen Erfolgsgrößen auch Kennzahlen zu gegenwarts- und zukunftsorientierten Zielen des Unternehmens aufgenommen. In der generischen Fassung enthält die BSC neben der Finanz-Perspektive daher die Markt-/Kunden-Perspektive und die interne Geschäftsprozess-Perspektive, welche die aktuelle Leistungsfähigkeit des Unternehmens abbilden, sowie die Entwicklungs-, Lern- oder Wachstumsperspektive, die über Potentiale für zukünftigen Erfolg Auskunft gibt. Die Kennzahlen dieser Perspektiven stehen nicht unverbunden nebeneinander, sondern bilden eine in die Zukunft gerichtete Argumentationskette[47]: „Briefly summarized, balanced scorecards tell you the knowledge, skills, and systems that employees will need (their learning and growth) to innovate and build the right strategic capabilities and efficiencies (the internal processes) that deliver specific value to the market (the customers), which will eventually lead to higher shareholder value (the financials)."[48]
Die BSC mit ihrem erweiterten Erfolgsbegriff hat sich mittlerweile zu einem probaten und verbreiteten Werkzeug zur Abbildung und Implementierung von Unternehmensstrategien entwickelt.[49] Zwar unterstützt sie durch die Explizierung und argumentative Verknüpfung strategischer Ziele auch einen strategischen Lernprozess,[50] zur eigentlichen Strategieformulierung jedoch ist sie weniger geeignet.[51] Die grundlegende Frage, wo die Quellen von Wettbewerbsvorteilen liegen und auf welche Aspekte ein Unternehmen zur Sicherung seiner Wettbewerbsfähigkeit und seines Erfolgs setzen sollte, beantwortet sie somit nicht, sondern sie hilft bei der Abbildung und Umsetzung der gewonnenen Einsichten. Angesichts turbulenter Umfelder ist diese Frage jedoch ständig von neuem zu stellen und ein Unternehmen selbst in Bezug auf Strukturen, Systeme und Strategien immer wieder neu zu erfinden.[52]

Der vorliegenden Arbeit liegt ein Erfolgsbegriff zugrunde, der sowohl die gegenwärtige Effizienz und Leistungsfähigkeit eines Unternehmens als auch dessen Zukunfts-

---

[43] Vgl. Gleich (2002), S. 447ff.

[44] Vgl. zu diesem Konzept ursprünglich Kaplan/Norton (1992) sowie ausführlich Kaplan/Norton (1997a).

[45] Vgl. bspw. Kaplan/Norton (2001), S. 41.

[46] Vgl. Kaplan/Norton (1996), S. 18.

[47] Vgl. Kaplan/Norton (1996), S. 20.

[48] Kaplan/Norton (2000), S. 169.

[49] Vgl. bspw. Kaplan/Norton (1997c), S. 10, Brabänder/Hilcher (2001), S. 259 und Krey (2003).

[50] Vgl. Norton/Kappler (2000), S. 22 sowie Kaplan/Norton (1996), S. 20.

[51] Vgl. Kaplan/Norton (1997c), S. 10. Da eine BSC vornehmlich der Strategiedarstellung und -umsetzung, nicht aber der Strategiebildung dient, können damit verschiedenste Strategieansätze unterstützt werden, vgl. ebenda.

[52] Vgl. bspw. Zahn (2000b), S. 155.

fähigkeit beinhaltet. Aufgrund der Fokussierung der angestrebten generellen Gestaltungsempfehlungen auf wandlungsfähige Unternehmen erfahren jedoch diejenigen zukunftsgerichteten Erfolgsaspekte besondere Beachtung, die im Zusammenhang mit der Überlebens- und Anpassungsfähigkeit von Unternehmen stehen.

2.2 Bestehende Ansätze zur Erklärung von Wettbewerbsvorteilen und Unternehmenserfolg

Durch die zunehmende Turbulenz in den relevanten Umfeldbedingungen der Unternehmen sind deren Wettbewerbsvorteile und damit die Basis für Unternehmenserfolg einem permanenten Verfall ausgesetzt. Unternehmen begegnen der Kurzlebigkeit ihrer Erfolgsquellen mit zwei unterschiedlichen Ansätzen:

Zum einen wird versucht, der Veränderungsdynamik durch eine Verkürzung der Kontrollintervalle und entsprechend häufigere Eingriffsmöglichkeiten Rechnung zu tragen. Mit dieser Akzeptanz der Flüchtigkeit von Wettbewerbsvorteilen ist eine klare Tendenz zur Fokussierung auf schnell zu realisierende Erfolge verbunden, die häufig in unternehmensinterner Effizienzverbesserung gesucht werden. Die in den vergangenen Jahren unternommenen Anstrengungen zu einer effizienteren Wertschöpfung konzentrierten sich dabei vornehmlich auf eine Optimierung bestehender Strukturen und Prozesse.[53] So wurden bspw. im Rahmen eines Lean Management unternehmensweite ‚Verschlankung' betrieben oder mit Business Process Reengineering die Unternehmensaktivitäten konsequent an den bestehenden Geschäftsprozessen ausgerichtet.[54] Die erfolgreiche Umsetzung dieser und ähnlicher Ansätze war geeignet, den Unternehmen temporär operative Fitness zu verschaffen, ihnen ein marktgerechtes Leistungsangebot zu gestatten und den Wettbewerbsdruck zu mildern. Zumeist wurden jedoch damit keine Wettbewerbsvorteile geschaffen, sondern eher Nachholbedarf erfüllt und die betroffenen Unternehmen überhaupt in die Lage versetzt, weiterhin am Wettbewerb teilzunehmen.[55] Effizienz ist somit zwar eine Vorbedingung für die Erzielung von Wettbewerbsvorteilen, kann aber, selbst als unternehmensübergreifende „Supereffizienz"[56], vor dem Hintergrund permanenter Umfeldveränderungen in der Regel keine an sich dauerhaft verteidigungsfähige Vorteilsposition begründen.

Zum anderen stellt demgegenüber der zweite Ansatzpunkt die langfristige Überlebensfähigkeit von Unternehmen in den Mittelpunkt und sucht die Tragfähigkeit von Erfolgsgrundlagen zu ergründen. Damit rückt neben der Erringung temporärer Vorteilspositionen die Schaffung zukunftsfähiger Potentiale in den Vordergrund, die Nachhaltigkeit von Wettbewerbsvorteilen und Erfolg wird zu einem wichtigen Kriterium für unternehmerische Fitness[57] und zu einer zentralen Forschungsfrage.

Im Folgenden sollen neben zwei bereits ‚klassischen' Positionen zu der Frage der Erzielung von Wettbewerbsvorteilen, dem Market-based View und dem Resource-based View, vor allem neuere Erkenntnisse behandelt werden, die Aspekte der bei-

---

[53] Vgl. Porter (1996), S. 62f.

[54] Vgl. bspw. Zahn/Tilebein (1998), S. 49, Hüning/Morath (2002), S. 11ff. und Saatkamp (2002), S. 179ff.

[55] Vgl. Zahn/Tilebein (1998), S. 50.

[56] Vgl. Hammer (2002), S. 41f.

[57] Vgl. Merry (2000), S. 38.

den vorgenannten Positionen integrieren und angesichts turbulenter Umfelder vor allem diejenigen Prozesse und Kompetenzen als Quellen dauerhafter Wettbewerbsvorteile identifizieren, die ein Unternehmen zu schnellen Antworten auf unvorhersehbare Veränderungen in ungewisser Zukunft und damit zu eigenem Wandel befähigen.

2.2.1 Grundlegende Perspektiven auf die Generierung von Unternehmenserfolg

Basis der Ansätze zur Erklärung von Unternehmenserfolg sind die beiden unterschiedlichen Perspektiven des marktorientierten Ansatzes (Market-based View), der Erfolg aus unternehmensexternen und branchenspezifischen Kräftekonstellationen erklärt, und des ressourcenorientierten Ansatzes (Resource-based View), der als Erfolgsquellen unternehmensinterne Fähigkeiten im weitesten Sinne ausmacht. Beide Ansätze werden nachfolgend in ihren Grundzügen skizziert.

2.2.1.1 Market-based View

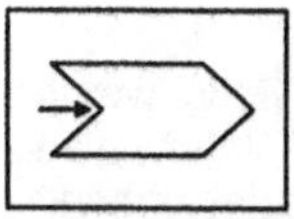

Der marktorientierte Ansatz führt Wettbewerbsvorteile auf eine günstige Positionierung des Unternehmens in Bezug auf eine gegebene Markt- bzw. Branchenstruktur zurück. Seine Wurzeln hat dieser Ansatz im Structure-Conduct-Performance-Paradigma der Industrieökonomik, das ursprünglich aus einer mikroökonomischen Perspektive heraus die Leistung von Unternehmen bzw. einer Branche in Abhängigkeit vom Verhalten der involvierten Akteure und dieses wiederum in Abhängigkeit von den in einem Markt relevanten Strukturparametern erklärt.[58] Zentraler determinierender Faktor ist in dieser Modellvorstellung die bestehende Branchenstruktur. Die sich daraus für unternehmensindividuelle Handlungen ergebenden Implikationen betreffen vornehmlich die Herstellung einer möglichst guten Passung (fit) zwischen Unternehmen und Branchenstruktur.

Auf Grundlage dieser Überlegungen wurde von PORTER das dominierende Strategiemodell der 1980er Jahre entwickelt. Basis der geschickten Positionierung eines Unternehmens in einer Branche ist darin die gründliche Analyse der Branchenstruktur, zu deren Erfassung PORTER mit der Verhandlungsstärke der Lieferanten, der Substitutionsbedrohung durch Ersatzprodukte, der Bedrohung durch Markteintritte neuer Anbieter, der Verhandlungsstärke der Abnehmer sowie der Rivalität innerhalb der Branche fünf zentrale Wettbewerbskräfte identifiziert. Mit deren spezifischen Ausprägungen sind dann in diesem Erklärungsmodell sowohl die grundlegenden Mechanismen und Spielregeln des Wettbewerbs als auch die prinzipiell möglichen strategischen Handlungsoptionen individueller Unternehmen vorgegeben, die PORTER als generische Strategien bezeichnet.[59] Mit einer strategisch günstigen Positionierung innerhalb dieser Rahmenbedingungen kann danach ein Unternehmen – und sei es auch nur in einer Nische, auf die es seine Aktivitäten konzentriert – durch Nut-

---

[58] Vgl. zum Structure-Conduct-Performance-Paradigma grundlegend Mason (1939) und darauf aufbauend Bain (1956) und zum Konzept der Industrieökonomik insbesondere Porter (1981), S. 609ff. sowie bspw. Welge/Al-Laham (2003), S. 38ff.

[59] Vgl. Porter (1985), S. 4ff.

zung der Marktkräfte oder deren Abschirmung nachhaltig verteidigungsfähige Wettbewerbsvorteile erzielen.[60]

Während die klassische Industrieökonomik in der Branchenstruktur als externes Faktum die alleinige Ursache und Determinante für das Verhalten der unternehmerischen Akteure sieht, das somit lediglich ein Antwortverhalten auf äußere Parameterkonstellationen darstellt, erweitert das PORTERsche Modell diese einseitige Sichtweise und weist auch Einflüsse spezifischer Unternehmensstrategien auf die Branchenstruktur aus. Diese Wechselwirkungen sind jedoch nicht Gegenstand dynamischer Betrachtungen, und so lässt sich festhalten, dass der Market-based View im Wesentlichen die Marktstruktur als gegeben und die Unternehmensaktivitäten als gestaltbar begreift. Dass diese Sichtweise damit eher für Branchen mit geringer Veränderungsdynamik geeignet ist, bzw. in dynamischen Branchen lediglich temporäre Wettbewerbsvorteile zu begründen vermag, liegt auf der Hand. Eine günstige Positionierung eines Unternehmens durch Optimierung in Bezug auf eine Momentaufnahme der herrschenden Rahmenbedingungen kann in turbulenten Umfeldern somit nicht der alleinige Schlüssel zu nachhaltigem Erfolg sein.[61]

2.2.1.2 Resource-based View

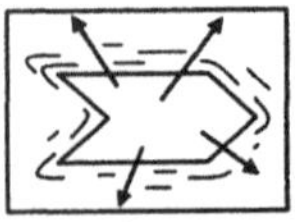

Als ressourcenorientierter Ansatz (Resource-based View) werden verschiedene Ansätze und Konzepte subsumiert, die Unterschiede im Unternehmenserfolg auf die Unvollkommenheit der Faktormärkte zurückführen und damit Wettbewerbsvorteile eines Unternehmens aus dessen spezifischer Ausstattung mit einzigartigen Ressourcen und (Kern-) Kompetenzen[62] erklären. Mit dieser Grundannahme wird der Resource-based View zuweilen als kontradiktorisch[63], häufig jedoch eher als komplementär[64] zum Market-based View gesehen.

Der Ansatz, ein Unternehmen als ein Bündel von Ressourcen zu begreifen, geht bereits auf PENROSE[65] zurück, erlangte jedoch erst in den 1990er Jahren mit zunehmender Kritik am PORTERschen Strategiemodell breitere Aufmerksamkeit.[66] Während der Market-based View von einer homogenen Ressourcenausstattung der Unternehmen ausgeht, bilden im Resource-based View gerade die Ressourcenasymmetrien zwischen Unternehmen, die aufgrund verschiedenster Isolationsmechanismen auch langfristig nicht vollständig abbaubar sind[67], den Kern der Argumentation. Damit

---

[60] Vgl. zu Porters Strategiemodell ausführlich Porter (1980) oder Porter (1999) sowie Porter (1985) oder Porter (2000).

[61] Vgl. bspw. Zahn (2000b), S. 156ff., Zahn/Foschiani (2000a), S. 96, Zahn (2001b), S. 3ff. oder Belardo/Otto (2002), S. 5f. Zur Kritik am Market-based View vgl. auch ausführlich Bürki (1996), S. 12ff. und die dort angegebene Literatur.

[62] Zum Konzept der Kernkompetenzen vgl. ursprünglich Hamel/Prahalad (1994), S. 197ff.

[63] So zielen mit Porter und Hamel/Prahalad gerade prominente Vertreter der beiden Richtungen vor allem auf deren Inkompatibilität ab, vgl. Börner (2000a), S. 817.

[64] Vgl. bspw. Hinterhuber/Friedrich (1999), S. 1001ff., Zahn/Foschiani/Tilebein (2000), S. 51, Cockburn/Henderson/Stern (2000), S. 1127 und Zahn (2001b), S. 4.

[65] Vgl. Penrose (1959).

[66] Vgl. Bürki (1996), S. 24. Der Grundstein für diese Entwicklung wurde mit Wernerfelt (1984) gelegt, maßgebliche Weiterentwicklungen erfolgten durch Barney (1991), Grant (1991) sowie Peteraf (1993).

[67] Vgl. Rumelt (1984), Conner (1991), S. 138 oder auch Baum/Singh (1994), S. 14f.

sich Ressourcen als Basis für nachhaltige Wettbewerbsvorteile eignen, müssen sie gewisse Kriterien der Einzigartigkeit erfüllen.

Gefordert werden hierbei Ressourceneigenschaften wie[68]

- ihre Befähigung zu einer Nutzenstiftung am Markt,
- ihre Dauerhaftigkeit im Sinne der Zeitspanne, während derer sie ohne Wertverlust zu dieser Stiftung von Kundennutzen beitragen können,
- ihre Knappheit als seltene und nicht von allen Wettbewerbern verfügbare Ressourcen,
- ihre Nicht-Substituierbarkeit durch andere Ressourcen,
- ihre Nicht-Imitierbarkeit bspw. aufgrund von begrenzter Transparenz oder kausaler Mehrdeutigkeit (‚causal ambiguity'), aufgrund bestehender Verfügungsrechte (‚property rights') oder aufgrund versunkener Kosten (‚nonrecoverable costs'),
- ihre durch geographische Immobilität, unvollkommene Information oder sonstige Einschränkungen gegebene begrenzte Transferierbarkeit in andere Organisationen, doch zugleich
- ihre Transferierbarkeit innerhalb des betrachteten Unternehmens und damit
- ihre potentielle Eignung für Leistungsangebote in einem weiten Spektrum von Märkten.

Insbesondere intangible Ressourcen wie bspw. Patente, Handelsmarken, Unternehmens- und Markenimage sowie vor allem das unternehmenseigene Wissen qualifizieren sich im obigen Sinne als wertvoll. Mit langlebigen und wertvollen Ressourcen ausgestattet, sind Unternehmen aus Sicht des Resource-based View nicht an bestehende Branchenstrukturen gebunden, sondern können bspw. Marktprozesse aktiv beeinflussen oder neue Märkte schaffen.[69] Variable aus Sicht des individuellen Unternehmens sind in diesem Denkmodell weniger die Unternehmensaktivitäten wie beim Market-based View, sondern vielmehr die Märkte. Exogen gegebene Rahmenbedingungen verlieren damit ihre Bedeutung für den Unternehmenserfolg, und als Quellen nachhaltiger Wettbewerbsvorteile erweisen sich letztlich endogene Faktoren.

Doch auch die Argumentation des Resource-based View stößt angesichts turbulenter Umfelder an Grenzen[70]: Ressourcen die wie beschrieben selten, nicht-imitierbar und hochgradig nutzbringend sind, gründen in der Regel auf in der Vergangenheit getätigten spezifischen irreversiblen Investitionen, sog. ‚Commitments'.[71] Diese limitieren aber zugleich den möglichen strategischen Handlungsspielraum eines Unternehmens in Gegenwart und Zukunft, und die resultierende Inflexibilität kann unter Umständen einer starken Veränderungsdynamik des marktlichen Umfelds, die eben nicht nur durch das eine Unternehmen, sondern durch simultane Anstrengungen vieler Wettbewerber geprägt wird, nicht gerecht werden. Der Besitz und die Verteidigung von Ressourcen im weitesten Sinne, selbst wenn sie sämtliche Attribute der Einzigartigkeit aufweisen, kann daher unter den Bedingungen turbulenter Umfelder kein alleiniger Garant für nachhaltige Wettbewerbsvorteile sein.[72]

---

[68] Zu den für die Schaffung und Verteidigung nachhaltiger Wettbewerbsvorteile bedeutsamen Ressourceneigenschaften vgl. z.B. Reed/DeFillippi (1990), Barney (1991), Grant (1991), Peteraf (1993), Bamberger/Wrona (1996), Collis/Montgomery (1998), S. 27ff., oder Proff (2000), S. 143ff.

[69] Eine entsprechende Argumentation gilt für (Kern-)Kompetenzen, vgl. bspw. Freiling (2000), S. 15ff.

[70] Zu weiteren Kritikpunkten vgl. auch Belardo/Otto (2002), S. 6 oder Sydow/Ortmann (2001), S. 10ff.

[71] Vgl. Ghemawat (1991), Ghemawat/del Sol (1998) und Rasche (2000), S. 72.

[72] Vgl. Zahn/Foschiani/Tilebein (2000), S. 51.

2.2.2 Ansätze für dauerhaften Erfolg in dynamischen Umfeldern

Neuere Ansätze versuchen Wettbewerbsvorteile auch und gerade vor dem Hintergrund dynamischer Umfeldbedingungen zu erklären. Unter derartigen Umständen erlaubt aktueller Unternehmenserfolg keine Rückschlüsse auf die Tragfähigkeit der vorhandenen Wettbewerbsvorteile. Um zu den Quellen von deren Nachhaltigkeit vorzustoßen, bedarf es einer Erweiterung der Betrachtungsperspektive weg von den gegenwärtigen Wettbewerbsvorteilen und hin zu denjenigen Merkmalen und Prozessen, die zur Generierung künftiger Wettbewerbsvorteile beitragen.

Im Folgenden sollen Erklärungsansätze vorgestellt werden, die Unternehmenserfolg nicht einseitig an den Eigenschaften gegebener unveränderlicher Marktstrukturen oder an den Qualitäten vorhandener unveränderlicher Ressourcen festmachen, sondern deren Veränderlichkeit und wechselseitigen Einflüssen Rechnung tragen, indem sie Aspekte der vorgenannten externen und internen Sichtweisen einer dynamischen Betrachtung unterziehen bzw. beide integrieren. Gemeinsam ist allen diesen Ansätzen, dass sie die nachhaltige Wettbewerbsfähigkeit eines Unternehmens nicht an dessen Fähigkeit festmachen, einen bestimmten (Optimal-)Zustand zu erreichen, sondern an dessen Fähigkeit zur permanenten und innovativen Weiterentwicklung im Einklang mit seinem Umfeld.[73] Obwohl diese Sichtweise eine scharfe Trennung in isolierte äußere oder innere Aspekte von Wettbewerbsvorteilen im Sinne des Market-based View oder des Resource-based View ausschließt, lassen sich auch bei den neueren Ansätzen verschiedene Perspektiven unterscheiden, die sich eher auf externe bzw. auf interne Kontexte fokussieren und entsprechend unterschiedliche Erklärungsbeiträge zur Veränderungsfähigkeit von Unternehmen liefern, wie in Kapitel 2.2.2.1 und 2.2.2.2 beschrieben wird. Auch Ansätze zur Integration der verschiedenen Perspektiven sind vorhanden und werden in Kapitel 2.2.2.3 dargestellt, eine umfassende Theoriebildung steht jedoch noch aus. Die folgenden Ausführungen beschränken sich daher auf die exemplarische Darstellung von Erklärungsbeiträgen der unterschiedlichen Perspektiven, bei denen bereits eine gewisse Affinität zur Komplexitätsforschung erkennbar ist.

2.2.2.1 Marktgerichtete Ansätze: Dynamisierung von Rollen und Positionen

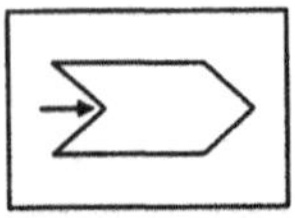

Dynamische Umfeldbedingungen manifestieren sich aus Unternehmensperspektive nicht lediglich in einer Beschleunigung sämtlicher Prozesse und einer Intensivierung der Rivalität unter den Konkurrenten (Hyperwettbewerb), sondern vielmehr in einem fundamentalen Wandel in der Qualität und den Grundmechanismen des Wettbewerbs, der zum einen das Spektrum strategischer Positionen erweitert, zum anderen mit seiner inhärenten Dynamik den Unternehmen etwa die ständige Bereitschaft zum Positionswechsel oder die simultane Erfüllung bisher als unvereinbar geltender Rollen abverlangt.

Simultane Rollen: Coopetition und Wertnetz

Die Gleichzeitigkeit konträrer Verhaltensmuster zeigt sich bspw. in der Koexistenz von Kooperation und Konkurrenz in den Beziehungen zweier Unternehmen. Diese

[73] Malik spricht in diesem Zusammenhang von einer "Optimierung auf der Metaebene [...]. Wir dürfen dann nicht mehr einen speziellen Anpassungszustand optimieren, sondern müssen – wenn überhaupt – etwas ganz anderes optimieren, nämlich die Anpassungsfähigkeit." (Malik (2000), S. 138).

vormals inkompatiblen Positionen verschmelzen in der Wortschöpfung ‚Coopetition'[74]. NALEBUFF und BRANDENBURGER[75] prägten den Begriff, der die spieltheoretisch motivierte Kombination von Konkurrenzdruckvorteilen und Kooperationsnutzen beschreibt und sich immer häufiger in der Unternehmensrealität widerspiegelt.[76] So zeigt sich Coopetition u.a. in F&E-Kooperationen oder gemeinsamen Einkaufsaktivitäten von Absatzmarktkonkurrenten, oder in der Konkurrenz segmentierter Großunternehmen in einem Geschäftsfeld bei gleichzeitiger Kooperation in einem anderen.[77]

Mit der größeren Bandbreite an Verhaltensoptionen gegenüber Wettbewerbern wird ein erweitertes Wettbewerbsverständnis forciert, das eine umfassendere Betrachtung eines Geschäfts als Wertnetz[78] mit den verschiedenen durch die ‚Mitspieler' besetzten Rollen erfordert.[79] Aus dieser Perspektive lassen sich leichter neue Konstellationen der Wertgenerierung entdecken, die anstelle ruinösen Wettbewerbs den gemeinsamen Nutzen der Konkurrenten im Sinne von Win-Win-Gemeinschaften mehren.[80] Das Wertnetz ist somit nicht lediglich eine neue Perspektive auf die PORTERschen Wettbewerbskräfte, sondern Basis für die (interne) Beweglichkeit von Wertschöpfungsstrukturen als Antwort auf ständigen (externen) Wandel der Unternehmensumfelder.[81] Verfestigen sich jedoch die Beziehungen in einem Wertnetz, kann seine Fähigkeit zur Bewältigung turbulenter Änderungen wie bspw. Technologieinnovationen leiden.[82]

Dynamische Strategien

Neben der simultanen Präsenz unterschiedlicher Rollen, die ein Unternehmen gegenüber einem Wettbewerber einnehmen kann, gewinnt in turbulenten Umfeldern durch die Zeitkomprimierung und die Unvorhersehbarkeit des künftigen Wandels die simultane Präsenz von Gegenwarts- und Zukunftsgestaltung besondere Bedeutung, die nach einer dynamischen Strategieperspektive[83] verlangt.

Als eine Möglichkeit dem beschleunigten Veränderungsdruck zu begegnen, schlägt ABELL die Entwicklung dualer Strategien vor.[84] Der Kern dieses Konzepts liegt in einer strikten Differenzierung zwischen aktueller Geschäftstätigkeit und zukünftiger Entwicklung. Während in minder turbulenten Umfeldern mit absehbaren und eher linearen Veränderungen eine einzige Strategie sowohl aktuelle als auch zukünftige Aktivitäten tragen kann, ist dies unter den Bedingungen diskontinuierlichen schnellen Wandels nicht länger gewährleistet.

---

[74] Vgl. Nalebuff/Brandenburger (1996) sowie dieselben (1997). Im Deutschen wird auch der Terminus ‚Koopkurrenz' verwendet, vgl. bspw. Beck (1998) oder Zahn (2000b), S. 157.

[75] Vgl. Nalebuff/Brandenburger (1996).

[76] Für Anwendungen in der Unternehmenspraxis vgl. bspw. Nalebuff/Brandenburger (1997) oder Dathe (1999).

[77] Vgl. Beck (1998), S. 271 oder Dathe (1999), S. 24ff.

[78] Das Wertnetz ist eine Darstellung, die alle ‚Mitspieler' in einem Geschäft und deren gegenseitigen Beziehungen abbildet, vgl. Brandenburger/Nalebuff (1995), S. 59ff.

[79] Vgl. Zahn (1999), S. 9 oder Zahn (2000a), S. 7f.

[80] Vgl. Nalebuff/Brandenburger (1997), S. 32 oder Zahn/Foschiani (2000b), S. 507f.

[81] Vgl. Zahn (2000a), S. 7f.

[82] Vgl. Afuah (2000), S. 399.

[83] Vgl. Markides (1999). Zu den verschiedenen Ansätzen zu dynamischen Strategien vgl. ausführlich Zahn/Schön (2003).

[84] Vgl. Abell (1999), für eine kurze Darstellung des Konzepts vgl. auch Zahn/Foschiani (2000a), S. 101f.

Da aber auch hier ein Unternehmen zeitgleich sowohl mit Erfolg in der Gegenwart agieren als auch zentrale Weichenstellungen für die (ungewisse) Zukunft treffen muss, ist nach dem Konzept von ABELL somit eine Zweigleisigkeit der Strategie erforderlich: Today-for-today-Strategien gehen von den laufenden Unternehmenstätigkeiten aus, deren Management sie dienen, und führen somit von der Gegenwart in die Zukunft. Ausgangspunkt der Today-for-tomorrow-Strategien hingegen sind Visionen (radikal) veränderter zukünftiger Wettbewerbslandschaften. Sie führen von der Zukunft in die Gegenwart, definieren neue potentielle künftige Rollen für das Unternehmen und sind Basis für ein Management des Wandels.
Durch diese gedankliche Abspaltung der Zukunft von der Gegenwart werden revolutionäre Neubestimmungen ermöglicht. Für ihren Kreuzungspunkt, die Gegenwart, können duale Strategien jedoch durchaus widersprüchliche Implikationen bergen und zum Zwiespalt werden.[85] Erfolgsentscheidend ist letztlich eine unternehmensindividuelle und kontextspezifische Balance.[86]

MARKIDES beschreibt in einem generischen Modell einen zyklischen und repetitiv durchzuführenden Prozess der Transition von einer alten zu einer neuen strategischen Position.[87] Gerade etablierte und bislang erfolgreiche Unternehmen entwickeln jedoch starke organisationale Trägheit und sind selten unter den strategischen Innovatoren zu finden.[88]

Anstelle der Dualität von Strategien wird eine weitere mögliche Lösung von BEINHOCKER in robusten, adaptiven Strategien gesehen, die als anpassbare Strategiebündel oder Strategiepopulationen ein breites Spektrum alternativer Entwicklungspfade in die Zukunft zulassen, ohne dass diese disruptiven Veränderungen unterliegen müssen.[89] Mit einem Minimum an spezialisierten langfristigen Commitments[90] wird die Basis für Wahlmöglichkeiten bei der Weiterverfolgung der verschiedenen Entwicklungspfade gelegt. Derartige Strategiepopulationen mögen zwar gegenüber singulären, fokussierten Strategien schlechter auf eine spezifische temporäre Wettbewerbslandschaft abgestimmt sein, ihre Robustheit soll aber die prinzipielle, wenn auch suboptimale Tauglichkeit für viele potentielle Konstellationen im turbulenten Wettbewerb sichern.[91]

Erweiterte Strategieoptionen: Delta-Modell

Ein wesentlicher Treiber für die Turbulenz der Wettbewerbsumfelder ist das Phänomen der ‚increasing returns'.[92] Dieses Charakteristikum zeigen vor allem schnell

---

[85] Die Kompatibilität der beiden Strategien und die Reaktionen des Unternehmens darauf erfasst Abell anhand der Kriterien ‚proaktive vs. reaktive Strategie' und ‚evolutionärer vs. revolutionärer Wandel' und identifiziert damit vier unterschiedliche Typen von today-for-tomorrow-Strategien, die er bildhaft als ‚swamped by waves', ‚catching the waves', ‚riding waves' und ‚making waves' beschreibt, vgl. Abell (1999), S. 75ff.

[86] Vgl. Abell (1999), S. 78.

[87] Vgl. Markides (1999), S. 70ff.

[88] Vgl. Markides (1998), S. 33f.

[89] Vgl. Beinhocker (1999b).

[90] Zum Begriff der Commitments vgl. Kapitel 2.2.2.2.

[91] Vgl. Beinhocker (1999b), S. 97 oder Zahn (2001b), S. 11.

[92] Als ‚increasing returns' werden steigende Grenzerträge oder ganz allgemein sich selbst verstärkende Effekte bezeichnet, bei denen die Zunahme eines Variablenwerts eine weitere Zunahme dieses Werts bewirkt, vgl. Schreyögg/Sydow/Koch (2003), S. 262 oder Buchanan (1994),

wachsende wissens- und technologiegetriebene Branchen, die sog. 'positive feedback industries'.[93] Diese folgen nicht der klassischen Vorstellung eines stabilen Gleichgewichts, das in einem Markt auf lange Sicht erreicht wird, sondern gehorchen völlig anderen Gesetzen, die anfängliche Ungleichgewichte nach Art einer Selbstverstärkung immer mehr ausbauen und damit zementieren. Eine derartige, bisher wenig beobachtete Marktdynamik nach dem Archetyp „Erfolg den Erfolgreichen"[94] eröffnet neue Strategievarianten, die unabhängig von den generischen Positionen PORTERS die Marktmechanismen selber und die darauf gründenden Veränderungsprozesse zum Gegenstand von Strategien machen.

HAX und WILDE zeigen in ihrem Delta-Modell ein dementsprechend erweitertes Spektrum strategischer Positionen auf.[95] Die drei grundsätzlichen strategischen Optionen in ihrem Konzept sind ‚Competition based on Product Economics', die im Wesentlichen PORTERS generische Strategien reflektiert, ‚Competition based on Customer Economics', die auf eine profitablere Positionierung der eigenen Kunden setzt, sowie ‚Competition based on System Economics', die sich Komplexität und Dynamik des Marktes explizit zunutze macht.[96] Bei der letzteren, neuen Art des Wettbewerbs erhält unter den von HAX und WILDE identifizierten Prozessen zur Erlangung konkreter strategischer Positionen die Innovation (bezogen auf das Marktsystem) höchste Priorität.[97] Teil dieser systembezogenen Strategie kann es bspw. sein, symbiotische Verbindungen mit Komplementoren einzugehen, die das eigene Produkt aus Kundensicht ergänzen.[98] Auf diese Weise können die Ausbildung proprietärer Standards gefördert und damit die selbstverstärkenden dynamischen Mechanismen zunehmenden Erfolgs initialisiert werden. Dadurch ist es z.B. möglich, Marktmechanismen auszuhebeln, die auf einen Produktwettbewerb zielen.

Interorganisationale Netzwerke

Die Gestaltung (und Dynamisierung) des Beziehungsgefüges zwischen verschiedenen Wettbewerbsteilnehmern ist auch zentrales Thema des Netzwerkansatzes, der zunehmende Bedeutung in der Forschung wie in der Praxis erlangt.[99] Kopplungen über Unternehmensgrenzen hinweg erscheinen vor dem Hintergrund turbulenter Umfelder vor allem deswegen attraktiv, weil sie u.a. Wettbewerbsvorteile adressieren, die sich in verbesserter Flexibilität oder Geschwindigkeit, in verbesserter Innovations-

---

S. 5. Zu diesem Phänomen vgl. auch Arthur (1988), S. 9ff., derselbe (1996) oder ausführlich derselbe (1994a), S. 13ff.

93 Vgl. Chakravarthy (1997), S. 73 sowie Arthur (1994b), S. 84.

94 Zu diesem und weiteren Archetypen der Systemdynamik vgl. Senge (1990), S. 93ff. und 378ff. sowie derselbe (1994), S. 121ff. oder Wolstenholme (2003), S. 14ff. Derartige auf positivem Feedback beruhende Mechanismen, bei denen nicht der objektiv beste Wettbewerber eine beherrschende Position gewinnt, sondern derjenige mit einem kleinen Anfangsvorteil, bspw. in der Verbreitung, lassen sich u.a. auch im Wettbewerb wissenschaftlicher Paradigmen identifizieren, vgl. Sterman/Wittenberg (1999), S. 332ff.

95 Vgl. Hax/Wilde (1999).

96 Vgl. Hax/Wilde (1999), S. 12ff.

97 Vgl. Hax/Wilde (1999), S. 21ff.

98 Vgl. Hax/Wilde (1999), S. 13ff.

99 Vgl. bspw. Child/Faulkner (1998), Reiß/Beck (2000) S. 316ff. oder Bieger/Rüegg-Stürm (2002), S. 21ff.

und Lernfähigkeit, in Risikoreduzierung oder in einer Reduzierung von Wettbewerbsintensität und Komplexität niederschlagen.[100]

Flexibilität äußert sich zum einen in dem durch Netzwerkbildung erweiterten Spektrum strategischer Optionen, zum anderen in der durch Abstimmung von Unternehmensaktivitäten erzielbaren Beschleunigung von operativen Prozessen, die eine zeitliche Antwortflexibilität auf externe Anforderungen schafft. Zwar bewahren auch Netzwerke, besonders in ihrer temporär angelegten virtuellen Variante[101], die teilnehmenden Unternehmen nicht davor, eigenes Veränderungspotential generieren zu müssen,[102] doch bietet das Netzwerk in zweierlei Hinsicht bessere Entwicklungsmöglichkeiten: Auf der einen Seite kann der Wettbewerbsdruck innerhalb des Netzwerks geringer ausfallen, was die zur Verfügung stehende Zeitspanne für unternehmensindividuelle Entwicklungsprozesse verlängert.[103] Auf der anderen Seite können Unternehmen von Erfahrungen ihrer Netzwerkpartner profitieren und voneinander lernen, was die Veränderungsprozesse beschleunigt.
Geschwindigkeitsvorteile werden auch extern im Hinblick auf die Erschließung neuer Märkte erzielt. Zudem wird die Gefahr von Fehlallokationen von Ressourcen angesichts großer ökonomischer Unsicherheit durch die Risikoaufteilung im Netzwerk gemindert. Das aufgebaute Beziehungsgeflecht schützt zugleich die eingebundenen Unternehmen gegen externe Wettbewerber, die höchstens mit deutlich überlegenen Leistungen etablierte Netzwerkteilnehmer von dieser Lock-in-Position verdrängen können.[104] Allerdings kann ein bestehendes Netzwerk mit zu sehr verfestigten Strukturen die zugehörigen Unternehmen auch in ihrer Innovationskraft hemmen und individuelle Entwicklungen behindern.[105]

Die skizzierten Erklärungsansätze für Erfolg unter turbulenten Umfeldbedingungen verweisen auf die eher nach außen gerichteten Unternehmensfähigkeiten, interorganisationale Beziehungen in einer Netzökonomie innovativ zu gestalten[106], in alternativen Zukünften zu denken und zu planen, radikale Neubestimmungen zu meistern und in diesem Rahmen auch die unvorhersehbare Marktdynamik zu nutzen. Dass hierzu ein verändertes Verständnis unternehmensinterner Quellen von Wettbewerbsvorteilen erforderlich ist, liegt auf der Hand.

---

[100] Zu den verschiedenen Arten der Wertgenerierung durch externe Netzwerke vgl. bspw. Zahn/Foschiani (2002b), S. 269ff. oder Lewin/Regine (1999), S. 209f.

[101] Zu virtuellen Unternehmen vgl. ausführlich Davidow/Malone (1993), Krystek/Redel/Reppegather (1997) oder Garrecht (2002).

[102] So weisen Beck (1998) und Reiß/Beck (2000), S. 319ff. darauf hin, dass Koopkurrenz gerade in Netzwerken für belebenden Wettbewerb sorgen kann.

[103] Der Wettbewerb verlagert sich in diesem Fall auf die Ebene des Netzwerks, das mit anderen Netzen konkurriert, vgl. Reiß/Beck (2000), S. 319f.

[104] Vgl. Lewin/Regine (1999), S. 205 oder Gulati/Nohria/Zaheer (2000), S. 210f. Der Lock-in-Effekt bezeichnet die Selbstverstärkung eines einmal etablierten Zustands, beruht also wie das Phänomen der ‚increasing returns' auf positivem Feedback, wodurch das System in diesem Zustand ‚eingeschlossen' wird, vgl. ausführlich Arthur (1988), S. 13ff. oder derselbe (1994a), S. 19ff.

[105] Vgl. Zahn/Foschiani (2002a), S. 74.

[106] Vgl. Teece (1992), S. 22, oder vertiefend Bieger/Rüegg-Stürm (2002).

2.2.2.2 Ressourcenorientierte Ansätze: Dynamisierung des internen Potentials

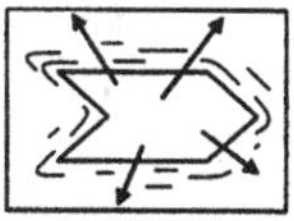

Dynamischer Wettbewerb erfordert dynamische Anpassungsfähigkeit von Unternehmen. Was sich nach außen unter Begriffen wie bspw. ‚adaptive behavior'[107], ‚responsiveness'[108], ‚Wandlungsfähigkeit'[109], ‚Reaktionsfähigkeit'[110], oder ‚(strategische) Flexibilität'[111] als Fähigkeit zur permanenten Erneuerung im Einklang mit dem Wandel des Aufgabenumfelds äußert, muss unternehmensintern seine Entsprechung im Veränderungspotential von Prozessen, Strukturen und Ressourcen sowie in Prozessen haben, die dieses Potential adäquat zur Geltung bringen.

Flexible Commitments

Im Spannungsfeld zwischen Flexibilität und Effizienz[112] steht der Forderung nach Veränderungsfähigkeit die Notwendigkeit zur effizienten Aufgabenerfüllung entgegen, für die ein Unternehmen i.d.R. spezifische Commitments in Form von irreversiblen Investitionen in Ressourcen im weitesten Sinne eingeht. GHEMAWAT und DEL SOL[113] unterscheiden vier Ressourcenklassen in einer zweidimensionalen Klassifikation mit den Dimensionen große vs. geringe Unternehmensspezifität und große vs. geringe Einsatzspezifität.
Mit den vier Klassen verbinden sich unterschiedliche Implikationen für dauerhafte Wettbewerbsfähigkeit angesichts unsicherer Zukunftsentwicklungen. So erzeugen einsatzflexible Ressourcen mit einem großen Anwendungsspektrum grundsätzliche Flexibilität im möglichen Leistungsangebot, erreichen aber aus Nutzengesichtspunkten im spezifischen Anwendungsfall nicht den Wert spezialisierter Ressourcen, so dass bei diesbezüglichen Entscheidungen immer eine Tradeoff-Situation entsteht.[114] Potentielle Anwendungsbreite allein macht demnach noch keinen Erfolg aus.[115] Um dieses Potential tatsächlich nachhaltig nutzen zu können und dabei vor Imitation zu schützen, sind vielmehr unternehmensspezifische Fähigkeiten erforderlich, die sich durch ihre Einzigartigkeit auszeichnen und damit im Sinne des Resource-based View wertvoll sind. Um das Spannungsfeld zwischen Spezialisierung und Flexibilität aufzulösen, schlagen GHEMAWAT und DEL SOL ein flexibles und zeitlich angepasstes sensibles Management von Commitments vor, das Flexibilitätspotential schafft und zu Adaptionsprozessen nutzt, aber auch zur Aufgabe von Commitments bereit sein muss, wenn diese der Unternehmenserneuerung im Wege stehen.[116]

---

[107] Vgl. Haeckel (1995), S. 7.

[108] Vgl. bspw. Ansoff/Brandenburg (1971), S. 710ff.

[109] Vgl. bspw. Westkämper et al. (2000), Gagsch (2002) oder Zahn (2003), S. 2ff.

[110] Vgl. bspw. Reinhart et al. (1999), S. 21.

[111] Vgl. bspw. Volberda (1998) oder Meffert/Burmann (2000), S. 181ff.

[112] Zu diesem Spannungsfeld vgl. bspw. Adler/Goldoftas/Levine (1999).

[113] Vgl. Ghemawat/del Sol (1998).

[114] Vgl. Ghemawat/del Sol (1998), S. 35ff.

[115] Vgl. Zahn/Tilebein (1998), S. 49f.

[116] Vgl. Ghemawat/del Sol (1998), S. 40f. Entsprechende Entscheidungen stützen sich auch auf Überlegungen aus dem Realoptionsansatz, der Investitionen und die mit ihnen verbundenen unternehmerische Handlungsflexibilität analog zu Finanzoptionen bewertet. Damit können Potentiale, Risiken und Bedingungen für die strategische Vorteilhaftigkeit von Investitionen aufgezeigt werden, vgl. hierzu bspw. Hommel/Pritsch (2001), S. 4ff.

Organisationales Lernen

Im Konzept des Organisationalen Lernens werden Lernprozesse als wesentliche Quellen für die Erneuerungsfähigkeit von Unternehmen gesehen, da sie neues Wissen produzieren, das als intangible und unternehmensspezifische Ressource Basis für Innovationen ist.[117] Jede Innovation in Unternehmen, sei es in Bezug auf Produkte, Prozesse, Verhaltensweisen oder Strategien, bedarf letztlich menschlicher Entscheidungen und Aktionen. Die Erforschung kognitiver Prozesse und ihrer Auswirkungen nimmt daher im Konzept der Lernenden Organisation breiten Raum ein.[118]Dabei werden nach ARGYRIS und SCHÖN drei Arten von Lernprozessen unterschieden:[119]

Single-loop-learning bezeichnet das Lernen durch Fehlerkorrektur auf Basis eines gegebenen mentalen Modells, welches Annahmen über Ursache-Wirkungszusammenhänge in der Realität enthält. Auf diese Weise können kontinuierliche Verbesserung und Effizienzfortschritt erzielt werden. Permanente Verbesserung bedeutet aber zugleich zunehmende Spezialisierung und Verfestigung, die vor dem Hintergrund einer hohen externen Veränderungsdynamik zu einer Gefahrenquelle werden können.

Beim Double-loop-learning hingegen werden die mentalen Modelle selbst zum Gegenstand von Lernprozessen, es zielt somit auf die Erneuerung von grundlegenden Annahmen, Normen oder Routinen statt auf die Veränderung spezifischer Verhaltensweisen.[120] Damit wird es zum Treiber fundamentalen Wandels, kann sich jedoch auch negativ als Verlust an Identität und Mangel an Richtung auswirken.[121] Den Gefahren des Lernens stehen die Gefahren des Nicht-Lernens aufgrund verschiedenster Lernbarrieren gegenüber.[122]

Der Prozess des Deutero-learning schließlich hat als ‚Metalernen' die Verbesserung der Lernfähigkeit zum Inhalt und betrifft daher sowohl den Abbau von Lernbarrieren als auch eine kontextadäquate Balance zwischen stabilisierendem Verbesserungs- und destabilisierendem Erneuerungslernen. Die beschriebenen Lernprozesse sind nicht nur bei Einzelpersonen mit individuellem Wissen zu beobachten, sondern können auch für Gruppen, Unternehmen und sogar in interorganisationalen Lernprozessen bspw. in und von Netzwerken beobachtet werden.[123] Das Lernen dieser Aggregate basiert zwar auf individuellem Lernen,[124] lässt sich aber nicht auf die Summe der individuellen Lernerfahrungen reduzieren.[125]

In turbulenten Umwelten, die ein weitaus höheres Maß an Erneuerungslernen erfordern als stabile Umgebungen, ist der Ausgang dieser Lernprozesse prinzipiell ungewiss; sie gleichen einem Experimentieren. Nur wenn diesem ein entsprechendes

---

[117] Vgl. Zahn/Tilebein (2000), S. 128f.

[118] Vgl. Klimecki/Lassleben/Thomae (2000), S. 63.

[119] Vgl. Argyris/Schön (1978), S. 18ff.

[120] Die beschriebenen Lernarten können auch als adaptives Lernen bzw. generatives Lernen bezeichnet werden, vgl. Jenner (2001), S. 698f.

[121] Vgl. Zahn/Tilebein (2000), S. 123.

[122] Zu Lernbarrieren und Störungen des Lernprozesses vgl. March/Olsen (1976), S. 56ff., Kim (1993), S. 46f., Greschner (1996), S. 138ff., Miner/Mezias (1996), S. 91ff. oder Schüppel (1996), S. 107ff.

[123] Vgl. Miner/Mezias (1996), S. 91f. Zum Zusammenhang zwischen individuellem und organisationalem Lernen vgl. insbesondere Kim (1993), S. 43ff., zum interorganisationalen Lernen vgl. Child/Faulkner (1998), S. 283ff. oder Zahn (2001a), S. 11ff.

[124] Vgl. Argyris/Schön (1978), S. 20ff. oder Zahn (2001a), S. 14.

[125] Vgl. Miner/Mezias (1996), S. 91ff. oder Schwaninger (1999), S. 319ff.

Maß an Fehlertoleranz gegenübersteht und auch Rückschläge als Gelegenheiten zum Lernen interpretiert werden, können Menschen dazu angeregt werden, die Basis ihres augenblicklichen Handelns nach Art des Erneuerungslernens zu hinterfragen.[126]

Dynamic Capabilities

Lernprozesse jeder Art sind auch Bestandteil von ‚Dynamic Capabilities'[127]. Diese organisationalen Fähigkeiten werden als die Treiber von Wandlungsprozessen begriffen.[128] Sie beinhalten die Fähigkeit von Unternehmen, interne und externe Ressourcen im weitesten Sinne zu integrieren, auf- oder abzubauen und zu rekonfigurieren, um auf diese Weise auf Wandel in der Unternehmensumwelt zu antworten oder ihn anzustoßen.[129] Dynamische Fähigkeiten besitzen somit Prozesscharakter, da sie auf Integration, Koordination, Lernen, Rekonfiguration und Transformation beruhen.[130] Diesen Charakter zeigen dynamische Fähigkeiten bspw. im Produktentwicklungsprozess, in strategischen Entscheidungsprozessen oder in Kooperationsprozessen.[131] Im Ergebnis sind diese Prozesse abhängig von den aktuellen Positionen des Unternehmens im Sinne von technologischen, finanziellen, strukturellen und sonstigen Ressourcen[132] sowie von den in der bisherigen historischen Unternehmensentwicklung eingeschlagenen strategischen Pfaden mit ihren spezifischen Commitments und den daraus entstandenen Erfahrungen oder Restriktionen.[133]
In wenig veränderlichen Märkten sind dynamische Fähigkeiten den bekannten Routinen[134] oder Standard Operating Procedures[135] gleichzusetzen, die als detailliert vorgegebene und stark analytisch geprägte Vorgehensweisen die (zumeist lineare und absehbare) Unternehmensentwicklung bestimmen. In turbulenten Märkten dagegen nehmen dynamische Fähigkeiten eher den Charakter experimenteller, instabiler Prozesse an, die auf wenigen einfachen Regeln[136] beruhen und unvorhersehbare Ergebnisse produzieren können.[137] Sie sind notwendige, nicht aber hinreichende Bedingungen für die Schaffung von dauerhaften Wettbewerbsvorteilen. Wettbewerbsvorteile ergeben sich erst aus der jeweils spezifischen Ressourcenkopplung und -konfiguration, welche mittels der dynamischen Fähigkeiten erzeugt wird.[138]

---

[126] Vgl. Zahn/Tilebein (2000), S. 131f.

[127] Vgl. grundlegend hierzu Teece/Pisano (1994) sowie Teece/Pisano/Shuen (1997).

[128] Vgl. Eisenhardt/Martin (2000), S. 1107.

[129] Vgl. Teece/Pisano/Shuen (1997), S. 516 sowie Eisenhardt/Martin (2000), S. 1107.

[130] Vgl. Teece/Pisano (1994), S. 61ff. sowie Teece/Pisano/Shuen (1997), S. 518ff.

[131] Vgl. Eisenhardt/Martin (2000), S. 1107ff.

[132] Für eine ausführliche Darstellung vgl. Teece/Pisano (1994), S. 64f. sowie Teece/Pisano/Shuen (1997), S. 521f.

[133] Vgl. Teece/Pisano (1994), S. 65ff. oder Teece/Pisano/Shuen (1997), S. 522f. zur ausführlichen Erläuterung der Entstehung dynamischer Fähigkeiten auf Basis von Prozessen, Positionen und Pfaden.

[134] Nach Nelson und Winter sind Routinen sämtliche regulären und vorhersehbaren Verhaltensmuster von Unternehmen, von Beschaffungs- und Produktionsprozessen bis hin zu strategischen Entscheidungen, vgl. Nelson/Winter (1982), S. 14f.

[135] Standard Operating Procedures regeln Leistungserstellung, Leistungsmessung und Berichte, Informationswesen sowie Planung und damit auch kurz- und langfristige Ressourcenallokation, vgl. Cyert/March (1963), S. 102ff.

[136] Vgl. Eisenhardt/Sull (2001).

[137] Vgl. Eisenhardt/Martin (2000), S. 1110ff.

[138] Vgl. ebenda.

Dynamische Organisationsstrukturen

Unterstützt wird die Dynamisierung des internen Potentials durch entsprechende dynamische Organisationsstrukturen, deren hervorstechendste Merkmale in diesem Zusammenhang die Entgrenzung[139] und die dezentrale, auch intern netzwerkartige Gestaltung[140] der Unternehmen sind. Die zunehmende Aufweichung der Unternehmensgrenzen geschieht zum einen durch die Lockerung der Bindung von Unternehmensmitgliedern an die Organisation, bspw. mit dem Abschluss von Werk- oder befristeten Verträgen, zum anderen durch die Verfestigung ausgesuchter Bindungen an externe Partner, wie bspw. in Langfristverträgen mit speziellen Lieferanten oder in den in Kapitel 2.2.2.1 dargestellten (externen) Netzwerken.[141]

Ähnliche Kombinationen aus stärkeren und weniger starken strukturellen Kopplungen gelten auch für die interne Unternehmensorganisation. Intraorganisationale Netzwerke aus multifunktionalen operationalen Einheiten mit dezentralisierter Verantwortung werden als Basis für Prozessbeschleunigung einerseits und als Quelle für Innovation und alternative Problemlösungen andererseits angesehen.[142] Damit wird wie bei den interorganisationalen Netzwerken versucht, die Vorteile von Markt und Hierarchie zu kombinieren. Die Unternehmenshierarchien sind entsprechend flach und werden von horizontalen wie vertikalen Kommunikationsprozessen durchzogen, und die Koordination der dezentralen Einheiten erfolgt durch grundsatzartige Regeln statt mit Hilfe detaillierter Regelungen.[143] Mit zunehmender Ausprägung dieser Merkmale soll sich anstelle statischer Strukturen ein permanenter dynamischer interaktiver Strukturbildungsprozess entwickeln[144], in dem sich Organisationen aus weitgehend eigenständigen Einheiten wie Modulen[145] oder Zellen[146] jeweils bedarfsgerecht formieren können.[147] „It is this combination of independence and interdependence that allows the cellular organizational form to generate and share the know-how that produces continuous innovation."[148]

Der verteilten Verantwortung müssen dabei, um dieses Potential ausschöpfen zu können, angemessene Spielräume für die Selbstorganisation der verteilten Einheiten gegenüberstehen, ohne dass jedoch auf ein Mindestmaß an rahmengebender Fremdorganisation verzichtet werden kann. Die aus der organisatorischen Dynamisierung resultierenden Spannungsfelder zwischen Kurz- und Langfristigkeit der gebildeten Strukturen, damit verbunden zwischen Stabilität und Instabilität sowie zwischen Fremd- und Selbstorganisation gehören zu den ‚Paradoxien fluider Netzwerkstrukturen'.[149] Während sich auf operativer Ebene eine Beherrschung dieser Span-

---

[139] Vgl. bspw. Picot/Reichwald (1994), Drumm (1996), Bea/Göbel (1999), S. 353ff., Kaluza/Blecker (2000) oder Picot/Reichwald/Wigand (2001), S. 2ff.

[140] Vgl. bspw. Lambertz/Grzenia/Langhorst (2000), S. 977f. oder Rüegg-Stürm/Young (2001), S. 191ff.

[141] Vgl. Bea/Göbel (1999), S. 354.

[142] Vgl. Lambertz/Grzenia/Langhorst (2000), S. 977f.

[143] Vgl. Rüegg-Stürm/Young (2001), S. 190ff. sowie Burr (1999), S. 1166ff.

[144] Vgl. Nonaka/Takeuchi (1997), S. 101.

[145] Vgl. bspw. Sanchez/Mahoney (1996) S. 66f. oder Wildemann (1998); einen umfassenden Überblick zu modularen Organisationskonzepten liefert Bund (2000).

[146] Vgl. Miles et al. (1997).

[147] Vgl. Zahn/Foschiani (2000a), S. 104f.

[148] Miles et al. (1997), S. 12.

[149] Vgl. Krystek/Redel/Reppegather (1996), S. 18ff., zu Spannungsfeldern und Problemen bei dynamischen Organisationsstrukturen vgl. auch Gagsch (2002), S. 174ff.

nungsfelder auch in der Praxis bereits abzeichnet,[150] steht eine generelle Lösung dieser Problematik auf strategischer Ebene noch aus. In der Realisierung steckt entsprechend die Dezentralisierung strategischer Entscheidungsprozesse noch in den Anfängen und beschränkt sich auf einige viel zitierte Beispiele der Unternehmenspraxis.[151]

Die beschriebenen Ansätze zur internen Dynamisierung durch flexible Commitments, organisationales Lernen, die Kultivierung dynamischer Fähigkeiten oder mit Hilfe dynamischer Organisationsstrukturen lassen keinen Zweifel daran, dass unter turbulenten Umfeldbedingungen die Quellen für nachhaltige Wettbewerbsvorteile und dauerhaften Erfolg nicht an spezifischen Elementen im Besitz eines Unternehmens festzumachen sind, sondern sich aus einer Kombination verschiedenster Eigenschaften ergeben, zu denen nicht nur Ressourcen oder Strukturen, sondern bspw. auch Unternehmenshistorie oder (Wille zum) Lernen beitragen. Nicht nur einzeln sind diese Eigenschaften und Fähigkeiten permanent zu verbessern oder zu hinterfragen, sondern es bedarf zusätzlich einer ständigen Bereitschaft zur Erneuerung ihrer dynamischen Kopplung. Die vorgestellten Konzepte der internen Dynamisierung integrieren zwar bereits Elemente von Innen- und Außenorientierung, thematisieren jedoch nur am Rande deren in gegenseitiger Abhängigkeit verlaufende dynamische Fortentwicklung.

2.2.2.3 Ansätze zur Zeitbetrachtung und Integration dynamischer markt- und ressourcenorientierter Ansätze

„Competence is not an asset, it is an event."[152] Unternehmenseigene Fähigkeiten können nicht konserviert werden, sondern manifestieren sich erst im Augenblick der Konfrontation von Ressourcen im weitesten Sinne mit einer spezifischen Aufgabe.[153] Das Aufgabenumfeld kann sich jedoch ändern und eine Neubewertung der Ressourcen erfordern, und ebenso können Ressourcenveränderungen neue Aufgabenfelder erschließbar machen. Diese in dynamisch sich wandelnden Umfeldern stets präsente Wechselwirkung zwischen unternehmensinterner und -externer Dynamik erfassen einige neuere Ansätze als zentralen Ausgangspunkt für die Erklärung nachhaltigen Erfolgs und integrieren dabei explizit markt- und ressourcenorientierte Aspekte.
Nachhaltiger Erfolg wird hier allerdings nicht mehr als lang andauernder statischer Zustand begriffen, sondern als Aneinanderreihung von gelungenen Aktivitäten, die jeweils eher kurzfristigen Erfolg nach sich ziehen: „Strategy in high-velocity markets is about creating a series of unpredictable advantages....The strategic logic is opportunity and the imperative is when, where and how often to change"[154] An die Stelle von Erfolgssicherung als Positionierung oder Rekonfiguration, die zeitpunktbezogene Zustände beschreiben, treten Überlebenssicherung und Adaption als

---

[150] Vgl. bspw. Westkämper (1997), Wildemann (1998) oder Bullinger et al. (2002) und zu Paxisbeispielen vgl. bspw. Rugirok et al. (1999), S. 51f., Eversheim/Schellberg/Terhaag (2000), S. 52ff. oder Boutellier/Gassmann/Zedtwitz (2000).

[151] In diesem Zusammenhang häufig genannt werden u.a. VISA, vgl. bspw. Stüttgen (1999), S. 142ff. oder Haeckel (1999), S. 46f.; ABB, vgl. bspw. Kirchmann (2000) oder Ghoshal/Bartlett (1998), S. 190ff.; oder Enron, vgl. bspw. Hamel (2000), S. 218-222 oder Eisenhardt/Sull (2001), S. 114f.

[152] Krogh/Roos (1996), S. 424.

[153] Vgl. Krogh/Roos (1995), S. 62 oder Zahn/Foschiani/Tilebein (2000), S. 58.

[154] Eisenhardt/Martin (2000), S. 1118.

Prozesse der permanenten Veränderung. Zentrale Rollen kommen in diesen Prozessen Informations- und Wissensflüssen zu, wie sie der Knowledge-based View bei seiner Betrachtung der Interdependenzen von Unternehmen und Umwelt betont. Auch die in Kapitel 2.2.2.2 bereits vorgestellten dynamischen Fähigkeiten werden in neueren Ansätzen als veränderlich angesehen und einer Zeitbetrachtung unterzogen.[155]

Knowledge-based View

Unter den intangiblen Ressourcen nimmt die Ressource ‚Wissen' eine Sonderstellung ein, die zur Entstehung einer ‚Knowledge-based Theory of the Firm'[156] geführt hat, welche über die Erklärungsansätze des Resource-based View hinaus bereits eine Brücke zwischen externen Markt- und internen Unternehmensaspekten schlägt: „It is a platform for a new view of the firm as a dynamic, evolving, quasi-autonomous system of knowledge production and application."[157]
Die Definition von Wissen als kontextspezifische Vernetzung von Information impliziert bereits eine gewisse Außenorientierung im Wesen dieser Ressource, die weniger ‚asset' als vielmehr „communicative interaction between people"[158] ist: „To know is to act."[159] Auf individueller Ebene kann Wissen als Prozess der Selektion und Integration verstanden werden.[160] Nach der Knowledge-based Theory existieren Unternehmen, damit verschiedene Wisseneigner ihr oftmals implizites, personengebundenes Wissen in einer gemeinsamen Leistungserbringung zur Erfüllung einer Aufgabe integrieren können.[161] Über die Kongruenz von Aufgaben- und Wissenssystem definieren sich in diesem Denkmodell auch die Unternehmensgrenzen, die bei einer derartigen Betrachtung mit dem Umfeld beweglich werden, wie auch das Wissenssystem selbst bspw. in Lernprozessen veränderlich ist.
Hierbei ist nicht nur an Produktinnovationen oder eine Verbesserung operativer Prozesse gedacht. Das dazu benötigte Know-How (Beschreibungswissen) tritt bei zunehmender Umfeldturbulenz in seiner Bedeutung hinter dem Erklärungswissen (Know-Why) und insbesondere dem Gestaltungswissen (Know-What) zurück. Letzteres beinhaltet die strategischen Vorstellungen darüber, wie das praktische und effizienzorientierte Know-How und das prozessbezogene Know-Why einzusetzen sind.[162] Durch deren Rekombination mit Hilfe dynamischer Fähigkeiten kann das Unternehmen neue Aufgaben adressieren und damit wiederum auch Einfluss auf die Marktgegebenheiten nehmen.

---

[155] Vgl. Eisenhardt/Martin (2000).

[156] Vgl. Grant (1996).

[157] Spender (1996), S. 59.

[158] Stacey (2000b), S. 23.

[159] Tsoukas (2000), S. 107.

[160] Vgl. Tsoukas (2000), S. 107f.

[161] Vgl. Grant (1996), S. 112f. Die Unterscheidung von implizitem (tacitem), d.h. personengebundenen und somit verborgenen Wissen und explizitem, d.h. artikulier- und übertragbaren Wissen wurde 1966 von Polanyi eingeführt, vgl. Polanyi (1997), S. 138ff. oder Zahn/Foschiani/Tilebein (2000), S. 249f.

[162] Die Beschreibung der Wissenskategorien folgt der Terminologie von Sanchez (1997), S. 174ff. Gleiche Kategoriebezeichnungen mit allerdings vertauschten Bedeutungsinhalten finden sich in Bach/Homp (1998), S. 141ff.

Dynamik dynamischer Fähigkeiten

In dynamischer Perspektive sind auch die unternehmensinternen dynamischen Fähigkeiten nicht dauerhaft, sondern lediglich Werkzeuge zur Manipulation von Ressourcenkonfigurationen.[163] Sie unterliegen als solche Veränderungsprozessen und Erosion und zählen somit nicht zu den sicheren und wertvollen Besitztümern eines Unternehmens.[164] Im Gegenteil: Während in wenig veränderlichen Märkten unternehmerischer Erfolg sich lediglich externen Bedrohungen gegenübersieht, tritt zu diesem Aspekt in hochdynamischen Märkten eine interne Bedrohung, die sich aus mangelnder Anpassungsfähigkeit der dynamischen Fähigkeiten ergibt, durch die falsche Entscheidungen entstehen und so bspw. ‚core capabilities' zu ‚core rigidities' werden können.[165] Anpassungsfähigkeit wird wiederum in Lernprozessen kultiviert, die nur stattfinden können, solange Zusammenhänge zwischen Ursachen und Wirkungen feststellbar sind.
Sind die Prozesse, auf denen dynamische Fähigkeiten beruhen, zu strukturiert, gleichen sie detaillierten Routinen und können möglicherweise erfolgsentscheidende Anpassungsleistungen nicht erbringen; sind sie dagegen zu unstrukturiert, muss der daraus evtl. resultierende Unternehmenserfolg als zufällig und nicht wiederholbar erscheinen, kausale Ambiguität[166] nicht nur gegenüber Wettbewerbern, sondern auch intern ist die Folge.[167] Mit Adaption in hochdynamischen Umfeldern ist somit zum einen die Frage nach Art oder Ausmaß der Anpassung verbunden und zum anderen die strategische Entscheidung bezüglich der Richtung der Anpassung.

Die Frage nach dem Ausmaß der Anpassung impliziert eine permanente Suche nach dem optimalen Maß an Struktur, eine Gratwanderung zwischen Bewahren und Bewegen, zwischen Stabilität und Instabilität mit ungewissem Ausgang. MARCHS[168] Unterscheidung zwischen ‚exploration of new possibilities' und ‚exploitation of old certainties' im Rahmen des organisationalen Lernens gewinnt hierbei erneut an Bedeutung.[169]
Exploitation impliziert die Konzentration auf Effizienzsteigerung durch Ausschöpfen von Verbesserungsmöglichkeiten im Sinne eines Single-loop-learning. Dabei wird auf vorhandene Fähigkeiten und Ressourcen zurückgegriffen, die systematisch und kontrolliert ausgebaut werden. Aus einer risiko-aversen Grundhaltung heraus wird hier eher auf zielorientierte Standardisierung, Rationalisierung und Routinisierung bestehender Praktiken gesetzt.
Im Gegensatz hierzu gründet Exploration als Suche nach neuen, alternativen Praktiken, Strategien, Technologien etc. auf der Bereitschaft, Risiken einzugehen, zu experimentieren, Kontrolle aufzugeben und Bewährtes in Frage zu stellen.[170] Diese

---

[163] Vgl. Eisenhardt/Martin (2000), S. 1118.

[164] Vgl. Eisenhardt/Martin (2000), S. 1106.

[165] Vgl. Eisenhardt/Martin (2000), S. 1113f. Zu core capabilities und core rigidities vgl. ausführlich Leonard-Barton (1992) oder dieselbe (1995), S. 3-56.

[166] Zum Begriff der kausalen Ambiguität vgl. ursprünglich Reed/de Filippi (1990). Haeckel (1999), S. 105ff. unterscheidet vier verschiedene Arten kausaler Ambiguität nach innen: kausale Ambiguität in Bezug auf die Ziele, in Bezug auf Grenzen des Handelns, in Bezug auf essentielle Strukturen als Relationen zwischen Fähigkeiten verschiedener Ressourcen und schließlich in Bezug auf Messgrößen und Kennzahlen, die zu den eigentlichen Zielen kontraproduktiv sein können.

[167] Vgl. Teece/Pisano/Shuen (1997), S. 523.

[168] Vgl. March (1991).

[169] Vgl. Lewin/Long/Carroll (1999), S. 536ff.

[170] Vgl. March (1991), S. 71 und Lewin/Long/Carroll (1999), S. 536ff.

Aktivität benötigt gedankliche Freiräume zur Neudefinition mentaler wie Geschäfts-Modelle im Sinne eines Double-loop-learning ebenso wie das Vorhandensein von ‚slack resources'.[171] Während Erfolge aus Exploitationsaktivitäten unmittelbar sichtbar werden, ist die Erfolgswirksamkeit von Explorationsaktivitäten zum einen mit großer Unsicherheit verbunden und wird zum anderen im positiven Fall erst mit größerem Zeitverzug eintreten.
Für dauerhaftes Überleben sind aber beide Aktivitäten gleichermaßen wichtig: Ein Unternehmen, das nur auf Exploitation setzt, läuft Gefahr, in eine Kompetenzfalle zu geraten und sein Überleben durch Festhalten an und ständige Verbesserung von veraltenden Fähigkeiten zu gefährden.[172] Reine Konzentration auf Explorationsaktivitäten führt dagegen zu einer Vielzahl unausgegorener Ideen, denen zu wenig distinktive Kompetenzen gegenüberstehen; entsprechende Unternehmen können die neu entdeckten Potentiale nicht ausschöpfen.[173] Langfristig ist eine Kombination aus beiden überlebenswichtig: „As a result, maintaining an appropriate balance between exploration and exploitation is a primary factor in system survival and prosperity."[174]

Zusätzlich zu der Klärung der Art der Anpassung bedarf Adaption unter ungewissen Zukunftserwartungen zum anderen immer auch einer strategischen Entscheidung bezüglich der Richtung der Anpassung, die als Selektion aus einem Spektrum von Möglichkeiten begriffen werden kann. Neben der Generierung solcher Möglichkeiten sollen dynamische Fähigkeiten auch diese Selektionsfunktion leisten,[175] die sich je nach Umfeldturbulenz und Organisationsstruktur etwa in emergenten oder eher geplanten Strategien manifestiert.
Hierbei spielt die Kohärenz[176] eines Unternehmens und seiner Einheiten, als innerer Zusammenhalt, der das Unternehmen vor Zersplitterung bewahrt, eine wichtige Rolle.[177] Retrospektiv lässt sich diese Kohärenz bspw. in der historischen Entwicklung erfolgreicher Diversifizierer feststellen.[178] Strikte Kohärenz im Sinne von Spezialisierung ist jedoch wiederum aus den bereits angeführten Gründen keine Basis für lang anhaltenden Erfolg in turbulenten Umfeldern. Kohärenz muss hier eher als Identitätsbewusstsein verstanden werden, das Kontinuität vermittelt und dennoch Wandel zulässt.[179]

---

[171] Vgl. Lewin/Long/Carroll (1999), S. 538 oder Gagsch (2002), S. 192ff. Nicht genutzte Ressourcen sind eine zentrale Erscheinungsform des ‚organizational slack', der zur Adaption, aber auch zur Stabilisierung von Organisationen beiträgt, vgl. Cyert/March (1963), S. 36-38 und S. 54.

[172] Vgl. Lewin/Long/Carroll (1999), S. 537 und March (1991), S. 71. Zum Begriff der Kompetenzfalle vgl. Levitt/March (1988), S. 322f.

[173] Vgl. March (1991), S. 71.

[174] March (1991), S. 71. Ähnlich argumentieren bspw. Levinthal/March (1993), S. 105f. und Lewin/Long/Carroll (1999), S. 537f.

[175] Vgl. Eisenhardt/Martin (2000), S. 1110ff.

[176] „A firm exhibits coherence when its lines of business are related, in the sense that there are certain technological and market characteristics common to each.[...] Coherence is thus a measure of relatedness. A corporation fails to exhibit coherence when common characteristics are allocated randomly across a firm's lines of business." (Teece et al. (1994), S. 4).

[177] „As opposed to being the designers of strategy, managers take on the role of establishing a sense of purpose within the company.[ ] purpose allows strategy to emerge from within the organization, from the energy and alignment created by this sense of purpose", (Ghoshal/Bartlett/Moran (1999), S. 14).

[178] Vgl. Teece et al. (1994), S. 23.

[179] Identität oder Zusammenhalt (vgl. Goffee/Jones (1997)) wird eher mit Aspekten der Unternehmenskultur in Verbindung gebracht, die bspw. durch Vision, Leitbild, Führungsgrundsätze

Empirische Untersuchungen von DE GEUS an langlebigen Unternehmen mit einem Alter von mehr als 100 Jahren, die im Laufe ihrer Geschichte mindestens einmal ihr Geschäftsfeldportfolio vollständig geändert haben, führen das langfristige Überleben dieser Unternehmen auf vier grundlegende Eigenschaften zurück:[180] Konservatives Finanzgebaren, bei dem die Haltung von Mittelreserven die Selbstbestimmung bei Richtungsentscheidungen sichert; Sensibilität gegenüber dem Umfeld gepaart mit Lern- und Anpassungsfähigkeit; Bewusstsein der eigenen Identität im Sinne von Gemeinschaftssinn und Zugehörigkeitsgefühl der Unternehmensmitglieder sowie schließlich Aufgeschlossenheit gegenüber neuen Ideen, die Toleranz auch gegenüber experimentellen und randständigen Aktivitäten bedingt. Eine Kombination dieser Eigenschaften kann offenbar für die erforderliche Balance zwischen Stabilität und Instabilität sorgen, die gewährleistet, dass strategische Richtungswechsel möglich sind und es nicht durch permanentes Fortschreiten auf dem einmal eingeschlagenen Entwicklungspfad zu Verkrustungen im Sinne von ‚core rigidities' kommt.

2.2.3 Unzulänglichkeiten bestehender Ansätze

Dass die traditionellen Strategieperspektiven des Market-based View und des Resource-based View unter den Bedingungen zunehmender Markt- und Wettbewerbsdynamik keine ausreichende Basis für die Erklärung nachhaltigen Erfolgs bieten, wurde bereits dargelegt.[181] Aber auch die in Kapitel 2.2.2 vorgestellten dynamischen Ansätze, die Veränderungsfähigkeit von Unternehmen zur Erfolgsvoraussetzung erklären, weisen noch grundlegende Unzulänglichkeiten auf:

- Fragmentierung über Aggregationsebenen: Die Ansätze zum organisationalen Wandel sind zwar bereits zahlreich, aber stark fragmentiert und über die verschiedenen unternehmensinternen und -externen Ebenen hinweg noch nicht hinlänglich integriert.[182]
- Fehlende inhaltliche Vernetzung: Mit der noch nicht hinreichenden Integration über die Aggregationsebenen geht eine ebenfalls noch mangelnde inhaltliche Vernetzung der verschiedenen Forschungsgebiete einher.[183] So sind bspw. die wechselseitigen Wirkungszusammenhänge zwischen Strategie und Struktur bei der Erringung nachhaltiger Erfolge nicht ausreichend geklärt.[184] In vielen Ansätzen wird jedoch deutlich, dass Beweglichkeit von Unternehmen offenbar untrennbar mit Themen der Organisationsstruktur verknüpft ist, die sich von einer statischen Organigramm-Struktur zu neuen organisationalen Prozessen wandelt.[185] Forschungen zu Strategieinhalten und Strategieprozessen müssen hier noch fun-

---

oder Corporate Design geprägt werden, vgl. Bickmann (1999), S. 51ff., Volberda (1998), S. 165ff. oder Oliver/Roos (2000), S. 147ff., die neben der beeinflussbaren ‚objektiven', eine in sozialer Interaktion gebildete konstruktivistische sowie eine mit Unsicherheit und Veränderung verbundene dekonstruktivistische Perspektive organisationaler Identität unterscheiden.

[180] Vgl. de Geus (1997), S. 112ff. sowie derselbe (1998) S. 23ff.

[181] Vgl. hierzu auch Zahn (2001b), S. 3ff oder Hahn/Simanek (2000), S. 24.

[182] Vgl. Deeg/Weibler (2000), S. 143ff. oder ausführlich Pettigrew/Woodman/Cameron (2001), S. 697ff.

[183] Vgl. bspw. Kraatz/Zajac (2001), S. 633 oder Klimecki/Lassleben/Thomae (2000), S. 92 für organisationales Lernen und Organisationstheorien.

[184] Vgl. Jahns (2001), S. 239.

[185] Vgl. Ghoshal/Bartlett/Moran (1999), S. 14.

dierter miteinander verknüpft werden.[186] Auch die permanenten Wechselwirkungen zwischen Unternehmen und Markt sind noch genauer zu untersuchen. Bisher werden z.B. aus Unternehmenssicht ‚shape or adapt' eher als dichotome strategische Optionen denn als zwei Folgen ein und derselben Handlung angesehen.[187] Andererseits werden aus Marktsicht bspw. im Population Ecology-Ansatz externe Aspekte für den Wandel von Organisationen verantwortlich gemacht, bei dem ein Unternehmen mehr oder weniger hilflos den Einflüssen der Selektion unterworfen ist und angesichts begrenzter Rationalität der Entscheidungsträger eher aufgrund von Zufällen, Fehlern oder organisationaler Trägheit überlebt.[188]

- Fehlende dynamische Komponente: Auch die dynamischen Ansätze berücksichtigen häufig noch nicht die Entstehung und Veränderlichkeit der von ihnen postulierten dynamischen Unternehmenseigenschaften oder -fähigkeiten.[189] Dies kann auch als Folge der unzureichenden Vernetzung in Bezug auf Aggregationsebenen und Forschungsgebiete interpretiert werden.
- Eingeschränktes Wandelverständnis: Die vorhandenen Ansätze gehen häufig von einer phasenweisen Entwicklung aus, bei der Episoden des Wandels und des nicht-Wandels sequentiell aufeinander folgen. Es fehlt ein konzeptioneller Rahmen, der das simultane Auftreten von Gleichgewicht und Ungleichgewicht, von Stabilität und Fluidität erklären kann. Die Basismechanismen dieses permanenten Wandels und die verschiedenen Formen, die der Wandel dabei annehmen kann, sind noch nicht ausreichend erforscht.[190]
- Fehlende Gestaltungskraft: Der empirischen Forschung gelingt es zwar, ex post zu erklären, worauf sich die Fähigkeit einiger Unternehmen im konkreten Fall stützte, schnell externe und interne Signale zu identifizieren, zu interpretieren und in Handlungen umzusetzen und damit neue Quellen von Wettbewerbsvorteilen zu schaffen. Weitgehend unbeantwortet bleibt aber bislang die Frage, woran diese Fähigkeit auch ex ante festgemacht werden kann.[191] Hier ist noch theoretisch fundierte präskriptive Arbeit nötig, die klärt, wie Prozesse des fortlaufenden Wandels, des Lernens und der Fluidität bewerkstelligt werden können.[192]

Festzuhalten bleibt somit, dass auch die Ansätze zu einer dynamischen Perspektive auf nachhaltigen Erfolg noch keine fertigen Antworten bieten können, sondern weiteren Integrations- und Ergänzungsbedarf aufweisen, der sie zu Ausgangspunkten für künftige Forschungsanstrengungen macht.

---

[186] Vgl. Zahn (2001b), S. 19ff.

[187] Vgl. Courtney/Kirkland/Viguerie (1997), S. 73f., Ghemawat/Collis (1999), S. 43, Oliver/Roos (2000), S. 2f. oder Courtney (2001), S. 40f.

[188] Vgl. Kieser (2002), S. 70.

[189] Vgl. Klimecki/Lassleben/Thomae (2000), S. 92 für organisationales Lernen und Cockburn/Henderson/Stern (2000), S. 1124.

[190] Vgl. Schreyögg/Noss (2000), S. 55, Pettigrew/Woodman/Cameron (2001), S. 709 und Black/Farias (2000), S. 101.

[191] Vgl. Dubinskas (1994), S. 357 und Cockburn/Henderson/Stern (2000), S. 1142.

[192] Vgl. Schreyögg/Noss (2000), S. 55.

2.3 Wandlungsfähigkeit als umfassendes Konzept nachhaltigen Unternehmenserfolgs in dynamischen Umfeldern

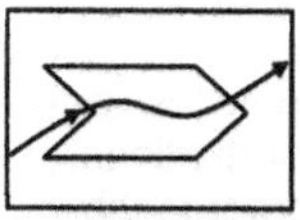

Wie in den vorangegangenen Kapiteln argumentiert wurde, ist Erfolg in schnell und mit ungewissem Ausgang sich verändernden turbulenten Umfeldern kein dauerhaftes Attribut. Nachhaltiger Erfolg kann hier vielmehr nur durch eine Aneinanderreihung temporärer Erfolge erzielt werden, die immer wieder von neuem zu erringen sind. Er ist somit primär an die Überlebensfähigkeit eines Unternehmens geknüpft und damit an seine Fähigkeit, sich immer anderen Konstellationen anzupassen und dabei eine Balance zwischen Exploitation und Exploration aufrechtzuerhalten. Langfristig muss ein nachhaltig erfolgreiches Unternehmen sowohl Effektivitäts- als auch Effizienzkriterien genügen.[193] Der Wandel der Unternehmensumfelder ist dabei nicht mehr als rein extern induziert zu sehen, sondern ergibt sich aus der Interaktion aller ‚Mitspieler' im Marktgeschehen.

Aus einer Symbiose verschiedener Ansätze für diese dynamische Sicht auf Unternehmenserfolg und zur Überwindung von deren Unzulänglichkeiten entstand die Idealvorstellung des wandlungsfähigen Unternehmens, das seine dauerhafte Überlebens- und Wettbewerbsfähigkeit aus einer permanenten Veränderung im Einklang mit seinen Umfeldern bezieht. Diese Idealvorstellung ist Gegenstand des folgenden Kapitels. Zuerst ist darin der Begriff der Wandlungsfähigkeit zu klären. Aus dem anschließend beschriebenen Stand der Forschung zum wandlungsfähigen Unternehmen ergeben sich vor dem Hintergrund möglicher Beiträge der Komplexitätswissenschaft die Forschungsfragen der vorliegenden Arbeit.

2.3.1 Begriffsklärung und Abgrenzung

Soll ein Unternehmen sich permanent im Einklang mit seinem Umfeld verändern können, greift die konventionell verstandene Flexibilität hierfür zu kurz. Sie impliziert lediglich einen vordefinierten und begrenzten Umfang an Veränderungsmöglichkeiten, und stellt damit eine passiv-reaktive Eigenschaft dar, die innovative Elemente vermissen lässt[194]: „Ein System wird als flexibel bezeichnet, wenn es im Rahmen eines prinzipiell vorgedachten Umfangs von Merkmalen sowie deren Ausprägungen an veränderte Gegebenheiten reversibel anpassbar ist."[195] Ein gemäß dieser Definition flexibles System ist somit von vornherein auf ein begrenztes Spektrum möglicher Zustände festgelegt, die bspw. Produktarten und Produktionsmengen betreffen. Damit kann kurzfristig einer definierten Bandbreite verschiedener Umweltanforderungen entsprochen werden. Ist dieser Flexibilitätsspielraum jedoch ausgeschöpft, kann darüber hinaus keine weitere Anpassung erfolgen.

Bei Systemen, die dieser Einschränkung nicht unterliegen, ist wiederum zu unterscheiden in passive wandelbare Systeme und aktive wandlungsfähige Systeme. Wandelbare Systeme sind über ein gewisses Flexibilitätsspektrum und damit über reversible Veränderungen hinaus auch an solche zukünftigen Anforderungen an-

[193] Vgl. Balve (2002), S. 18.

[194] Vgl. Gagsch (2002), S. 115, z.T. wird Flexibilität jedoch auch ähnlich dem Wandlungsfähigkeitsbegriff der vorliegenden Arbeit definiert, z.B. als ‚Metaflexibilität', vgl. Volberda (1998), S. 197f. oder als ‚strategische Flexibilität', vgl. Burmann (2001), S. 170f.

[195] Westkämper et al. (2000), S. 24.

passbar, die zum Zeitpunkt der Systemspezifikation noch nicht umfassend bekannt waren[196]: „Ein System wird somit dann als wandelbar bezeichnet, wenn sein Verhaltensspektrum durch eine systemextern vorgenommene Anpassung des Umfangs an Merkmalen sowie deren Ausprägungen auch an zunächst unbekannte Gegebenheiten veränderbar ist."[197] Diese Definition von Wandelbarkeit stellt neue Anforderungen insbesondere an technische Ressourcen, die bspw. als wandelbare Produktionseinrichtungen über ein modulares ‚Baukastenprinzip' hinaus auch unvorhergesehene Nutzungs- und Erweiterungsmöglichkeiten integrieren können sollen.

Zum Erlangen von Wandlungsfähigkeit von Unternehmen bedarf es jedoch zusätzlich zu diesen passiven Eigenschaften unabdingbar des Menschen zu deren Aktivierung. Kreativität und Innovationsstreben von Menschen sind es letztendlich, die Wandel initiieren und gestalten, ein wandlungsfähiges Unternehmen muss diese beiden Aspekte notwendigerweise beinhalten:[198] „Ein System wird als wandlungsfähig bezeichnet, wenn es aus sich selbst heraus über gezielt einsetzbare Prozess- und Strukturvariabilität sowie Verhaltensvariabilität verfügt. Wandlungsfähige Systeme sind in der Lage, neben reaktiven Anpassungen auch antizipative Eingriffe vorzunehmen. Diese Eingriffe können auf Systemveränderungen wie auch auf Umfeldveränderungen hinwirken."[199] Mit Wandlungsfähigkeit ist gemäß den angeführten Begriffsbildungen ein umfassendes Veränderungspotential verbunden, das Flexibilität und, soweit technische Ressourcen betroffen sind, auch deren Wandelbarkeit beinhaltet, aber über diese, zu schnellen Reaktionen befähigenden Eigenschaften hinaus auch über aktive und kreative Elemente verfügen muss. Der letzte Aspekt bedingt die Mitwirkung von Menschen und somit die zwingende Existenz eines sozialen Teilsystems in wandlungsfähigen Unternehmen. Abbildung 2.1 veranschaulicht diesen Zusammenhang zwischen Flexibilität, Wandelbarkeit und Wandlungsfähigkeit.

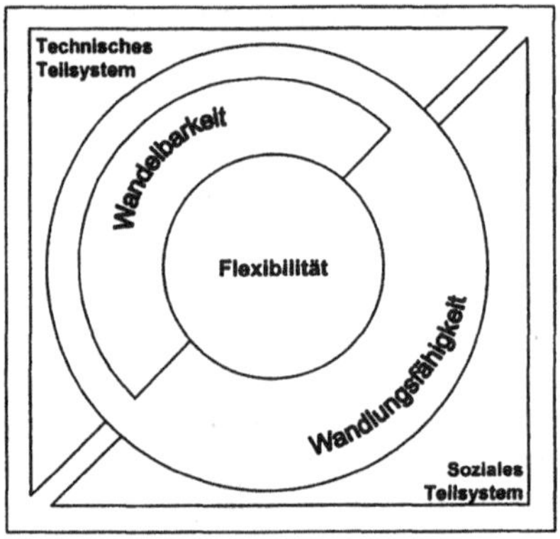

Abbildung 2.1: Definition von Wandlungsfähigkeit
Quelle: Westkämper et al. (2000), S. 25

Mit der Bezeichnung ‚wandlungsfähiges Unternehmen' ist nach den obigen Begriffsabgrenzungen die Idealvorstellung eines Unternehmens verbunden, das rechtzeitig

---

196 Vgl. Westkämper et al. (2000), S. 24 und Gagsch (2002), S. 116.

197 Gagsch (2002), S. 116. Vgl. dazu auch Westkämper et al. (2000), S. 24.

198 Vgl. Westkämper et al. (2000), S. 25, Tilebein/Schindera/Schwarz (1998), S. 219, Reinhart (1999), S. 14 und Gagsch (2002), S. 117.

199 Westkämper et al. (2000), S. 25.

Veränderungen in seiner Umwelt erkennen und deren Relevanz für sich selbst interpretieren kann und in der Lage ist, neue Strategien, Strukturen, Ressourcenbasen und Verhaltensweisen zu entwickeln bzw. umzusetzen.[200] Wandlungsfähigkeit umfasst nicht nur die Fähigkeit zu effizienter Leistungserstellung, sondern auch grundlegendes internes Erneuerungspotential, das reaktiv als Antwort auf externe Veränderungen oder auch proaktiv zur Gestaltung des eigenen Umfelds zur Anwendung kommen kann.[201]

Die Wandlungsfähigkeit eines Unternehmens wird nach GAGSCH durch zwei Arten von Determinanten bestimmt: Zum einen existieren Einflussfaktoren, auf die das Unternehmen nicht oder nur in geringem Maße einwirken kann. Hierzu zählen als zwei gegenläufige Einflüsse der umweltbedingte Wandlungsdruck, dem ein Unternehmen in der Vergangenheit ausgesetzt war und der dessen Wandlungsfähigkeit durch Lerneffekte mit der Zeit steigert, sowie das Entwicklungsstadium eines Unternehmens, das im Zeitverlauf zu einer zunehmenden Verkrustung und damit zu einem Schwinden der Wandlungsfähigkeit führt. Zum anderen existieren durch das Unternehmen beeinflussbare Gestaltungsfelder der Wandlungsfähigkeit, durch deren abgestimmte Konfiguration ein Unternehmen zielbewusst und aktiv auf seine Wandlungsfähigkeit einwirken kann.[202] GAGSCH identifiziert die vier Gestaltungsfelder strategische Beweglichkeit, strukturelle Anpassungsfähigkeit, ressourcenseitige Wandelbarkeit sowie mitarbeiterbedingte Vielseitigkeit, die je nach unternehmerischer Intention und externer Anforderung ausgestaltet werden können und so im Zusammenwirken ihrer spezifischen Ausprägungen unterschiedliches Wandlungspotential generieren.[203] Die Quellen oder Grundlagen der Wandlungsfähigkeit in den vier Feldern sind dabei in entsprechender Reihenfolge Strategiekompetenz, ‚slack resources', mehrdimensionale Strukturen und vor allem mentale Beweglichkeit der Unternehmensangehörigen, da sich die Wandlungsfähigkeit erst durch deren Wandlungsbereitschaft und deren kreatives Potential erschließt.[204]

Wandlungsfähigkeit im obigen Sinne ist jedoch keine statische Eigenschaft von Unternehmen, sondern bedeutet vielmehr den Aufbau eines Potentials, über dessen zukünftige Nutzung unter turbulenten Wettbewerbsbedingungen zum Zeitpunkt seines Entstehens noch keine Klarheit herrschen kann.[205] Es ist angesichts dieser Ungewissheit somit zunächst ungerichtet und eröffnet lediglich ein Spektrum möglicher späterer Handlungsräume, das in dynamischen Umfeldern zentrale Vorbedingung des Unternehmenserfolgs werden kann.[206] Dieses Potential vermag dabei zur Dynamisierung gleichermaßen wie zur Stabilisierung des Unternehmens oder seiner Teile beizutragen.[207]

Mit Wandlungsfähigkeit ist jedoch kein Automatismus verbunden, sondern Potentiale müssen ausgeschöpft werden: Erfolg kann sich auf dieser Basis erst dann einstellen,

---

200 Vgl. Malik (1996), S. 80, Westkämper et al. (2000), S. 25 und Gagsch (2002), S. 117.

201 Effizienz ist hier ausdrücklich Bestandteil der Wandlungsfähigkeit, während dieser Begriff an anderen Stellen nur im Sinne von Effektivität verwendet wird, vgl. bspw. Gebert (2000), S. 26, der ‚Wandlungsfähigkeit' von ‚Handlungsfähigkeit' unterscheidet.

202 Vgl. Gagsch (2002), S. 131ff.

203 Vgl. Gagsch (2002), S. 138ff.

204 Vgl. Gagsch (2002), S. 235ff.

205 Vgl. Zahn/Tilebein (1998), S. 5 und Westkämper et al. (2000), S. 26.

206 Vgl. Gagsch (2002), S. 118.

207 Vgl. Westkämper et al. (2000), S. 25.

wenn Wandlungsfähigkeit und Handlungsräume auch genutzt werden. Da derartiger Erfolg im Sinne von Exploitation, wie gezeigt, in dynamischen Umfeldern nur begrenzt tragfähig ist, hängt die Dauerhaftigkeit von Erfolg dann wiederum nicht zuletzt auch davon ab, ob es gelingt, die Wandlungsfähigkeit aufrechtzuerhalten. Im Sinne der obigen Definitionen ist hierunter jedoch keine Konservierung eines einmal erreichten Zustands zu verstehen, sondern Erhaltung bedeutet in diesem Fall, dass immer wieder von neuem ein entsprechendes Potential für den adäquaten Umgang mit dem Wandel der Umfelder zu schaffen ist.[208]

2.3.2 Grundmodell des wandlungsfähigen Unternehmens

Die Idealvorstellung eines Unternehmens, das die voranstehend skizzierte Wandlungsfähigkeit aufweist, steht als Leitgedanke hinter dem 1997 ins Leben gerufenen, von der Deutschen Forschungsgemeinschaft geförderten Stuttgarter Sonderforschungsbereich SFB 467 ‚Wandlungsfähige Unternehmensstrukturen für die variantenreiche Serienfertigung'. Aufbauend auf dem Gedankengut des ‚Fraktalen Unternehmens'[209] wurde hier die Modellvorstellung eines Unternehmens geschaffen, die mit den Fortschritten in Teilbereichen wie bspw. Auftrags- oder Schnittstellenmanagement zunehmend auch an praktischer Relevanz gewinnt.[210]
Als grundlegende Strukturmerkmale wandlungsfähiger Produktionsunternehmen werden Selbstorganisation, Selbstoptimierung und Selbstähnlichkeit bzw. Rekursivität gesehen.[211] Durchgängiger Gestaltungsansatz im Konzept des wandlungsfähigen Unternehmens ist daher die Organisation in Leistungseinheiten als Grundbausteine, deren Struktur sich selbstähnlich in allen Ebenen des wandlungsfähigen Unternehmens wiederfindet. Eine derartige Struktur stellt auch die Führung wandlungsfähiger Unternehmen vor neue Herausforderungen. Die folgenden Kapitel stellen die Aspekte ‚Leistungseinheit', ‚Ebenenkonzept' und ‚Führungssystem' im Idealmodell des wandlungsfähigen Unternehmens vor.

2.3.2.1 Die Leistungseinheit

Das wandlungsfähige Unternehmen konstituiert sich auf elementarer Ebene aus teilautonomen, soziotechnischen Leistungseinheiten, deren Merkmale in ähnlicher Form auch auf höheren Aggregationsebenen im Unternehmen vorliegen.[212] Allgemein sind Leistungseinheiten identifizierbare und abgrenzbare Subsysteme einer Organisation, deren soziales Teilsystem aus den betreffenden Organisationsmitgliedern mit ihren Kenntnissen und Fähigkeiten gebildet wird, und deren technisches Teilsystem die technischen und räumlichen Arbeitsbedingungen ausmachen. Beide Teilsysteme

---

[208] Vgl. Zahn/Tilebein (1998), S. 52.

[209] Vgl. Warnecke (1992) sowie Warnecke (1995). Zu Kurzdarstellungen des Konzepts des fraktalen Unternehmens vgl. auch Dillerup (1998), S. 170ff. oder Flämig (1998), S. 210-218 sowie Kapitel 5.2.1.2. Zur Verwendung der Grundideen dieses Konzepts im wandlungsfähigen Unternehmen vgl. Westkämper (1997), S. 280f.

[210] Zu Auftragsmanagementsystemen für wandlungsfähige Unternehmen vgl. Balve (2002), zum interorganisationalen Schnittstellenmanagement vgl. Herbst (2002).

[211] Vgl. Balve (2002), S. 17 und Hartmann (1995) S. 39ff.

[212] Hierin zeigt sich die Selbstähnlichkeit des Modells vom wandlungsfähigen Unternehmen, vgl. Westkämper et al. (2000), S. 23.

eines derartigen soziotechnischen Systems werden über die Systemaufgaben verknüpft und müssen gemeinsam gestaltet werden.[213]

Im Modell des wandlungsfähigen Unternehmens soll die Abgrenzung dieser Einheiten so erfolgen, dass bereits die elementare Leistungseinheit einen definierbaren (Leistungs-)Prozess beinhaltet und damit einen eigenständigen Beitrag zur Wertschöpfung liefert.[214] Dabei ist als Grundvoraussetzung für Wandlungsfähigkeit, wie oben dargelegt, immer auch ein soziales Teilsystem einzuschließen, so dass die Elementarbausteine des wandlungsfähigen Unternehmens als soziotechnische Systeme bezeichnet werden können, deren Wertschöpfungsbeitrag sowie die konkrete Ausgestaltung des sozialen bzw. technischen Subsystems jeweils unterschiedlich sein können.[215]

Jede Leistungseinheit weist somit charakteristische Eigenschaften in Bezug auf ihre Strukturmerkmale auf, worunter ihre Aufgaben, ihre Struktur, die integrierten Führungsaspekte bspw. in Form von Ziel- und Anreizsystemen sowie ihre Human- und technischen Ressourcen verstanden werden. Die Interaktion von teilautonomen soziotechnischen Leistungseinheiten geschieht über definierte Schnittstellen, an denen sie miteinander vernetzt werden können.[216] Die beschriebene generische Modellvorstellung einer Leistungseinheit wird in Abbildung 2.2 verdeutlicht.

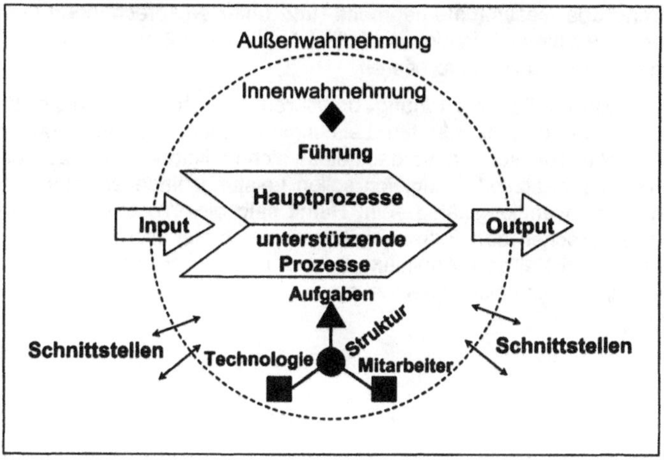

Abbildung 2.2: Modell einer soziotechnischen Leistungseinheit
Quelle: Westkämper et al. (2000), S. 23

In der Zeitbetrachtung können Leistungseinheiten im wandlungsfähigen Unternehmen als offene, zielgerichtete und dynamische komplexe Systeme aufgefasst werden, die Veränderungen ihrer (unternehmensinternen wie -externen) jeweiligen Umwelt unterliegen, an die sie sich aktiv anpassen müssen.[217] Die Anpassungsarten

---

[213] Vgl. Ulich (1994), S. 72ff.

[214] Vgl. Westkämper et al. (2000), S. 23.

[215] Zur Beschreibung soziotechnischer Systeme vgl. Gagsch (2002), S. 7ff., Henning/Isenhardt (1994), S. 111ff., oder Balve (2002) S. 21ff. und die dort angeführte Literatur.

[216] Vgl. Westkämper et al. (2000), S. 23.

[217] Vgl. Westkämper et al. (2000), S. 23f.

sollen das gesamte Spektrum von inkrementalen Veränderungen bis hin zu fundamentalem Wandel umfassen. Gegenstand von Veränderungen sollen neben den genannten Strukturmerkmalen auch die Prozesse oder das Verhalten in der Interaktion mit anderen Leistungseinheiten sein können. Wandlungsfähigkeit soll sich somit bereits in der einzelnen elementaren Leistungseinheit zeigen.
Wandlungsfähige Leistungseinheiten dienen jedoch nicht allein der Dynamisierung: So sollen sie sich nicht nur selbsttätig und aktiv im Kontext ihres jeweiligen Umfelds verändern, sondern auf Basis ihrer Fähigkeiten sollen sie ebenso in der Lage sein, bei unvorhergesehenen Ereignissen stabilisierend zu wirken und bspw. Störeinwirkungen aufzufangen und zu neutralisieren.

2.3.2.2 Ebenen im wandlungsfähigen Unternehmen

Im Sinne einer Selbstähnlichkeit des wandlungsfähigen Unternehmens kann ein Netzwerk aus Leistungseinheiten, die über ihre Schnittstellen miteinander interagieren, wiederum als eine Leistungseinheit (höherer Ordnung) aufgefasst werden, für die dann dieselben Merkmale und Veränderungsmöglichkeiten gelten wie für die elementare Leistungseinheit.[218] Dieses Prinzip der Schachtelung selbstähnlicher Leistungseinheiten in verschiedenen Aggregationsebenen kann fortgeführt werden bis zur Ebene des Gesamtunternehmens (und unter entsprechenden Grundannahmen auch darüber hinaus). In diesem Fall ist Abbildung 2.2 als eine vereinfachte Unternehmensdarstellung zu interpretieren.

Leistungseinheiten höherer Ordnung profitieren vom hohen Komplexitätsbewältigungspotential der untergeordneten Leistungseinheiten, die Störungen ggf. auch nach außen abkapseln können, so dass diese sich im Netzwerk der Leistungseinheiten nicht weiter fortsetzen.[219] Zugleich sollen Leistungseinheiten jeder Ebene auch im aktiven Sinne wandlungsfähig sein. Damit sind die Voraussetzungen gegeben, eine Balance zwischen den Extrempositionen zu starker Instabilität und zu starrer Stabilität zu bewerkstelligen. Abbildung 2.3 veranschaulicht das Schachtelungsprinzip der selbstähnlichen Leistungseinheiten.

---

[218] Vgl. Westkämper et al. (2000), S. 23f.

[219] Vgl. Westkämper et al. (2000), S. 25.

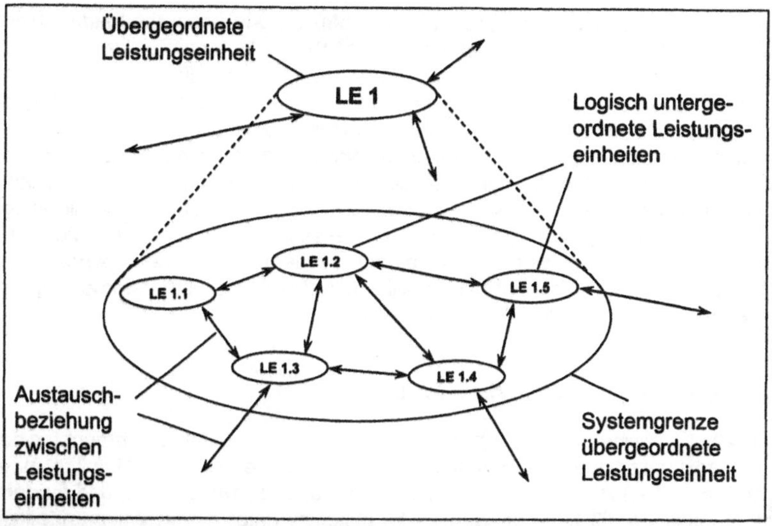

Abbildung 2.3: Schachtelungsprinzip selbstähnlicher Leistungseinheiten
Quelle: Westkämper et al. (2000), S. 24

2.3.2.3 *Führung des wandlungsfähigen Unternehmens*

Die Wandlungsfähigkeit eines Unternehmens beinhaltet „potentielle Vorteile"[220], die es mit Kreativität und unternehmerischer Initiative immer wieder zu erneuern und von neuem auszuschöpfen gilt.[221] Besondere Bedeutung kommt hierbei den Steuerungs- und Lenkungsmechanismen zu, die in einem Führungssystem niedergelegt sind.[222] Führungssysteme für wandlungsfähige Unternehmen müssen insbesondere Lenkungsmöglichkeiten für die gestaltbaren Determinanten der Wandlungsfähigkeit, die in Kapitel 2.3.1 vorgestellten Gestaltungsfelder strategische Beweglichkeit, strukturelle Anpassungsfähigkeit, ressourcenseitige Wandelbarkeit sowie mitarbeiterbedingte Vielseitigkeit, bereithalten. Dabei ist nicht nur die Konfiguration dieser einzelnen Subsysteme erforderlich, sondern ebenso deren Harmonisierung untereinander.[223] Darüber hinaus ist in wandlungsfähigen Unternehmen auch das Führungssystem selbst als veränderlich anzusehen und muss folglich in einem Meta- oder Entwicklungssystem ebenso Möglichkeiten für die eigene Veränderung beinhalten.[224]

Entsprechend dem Ebenenmodell des wandlungsfähigen Unternehmens soll auch das Führungssystem für verschiedene Stufen der Aggregation geeignet sein und seine diagnostische, begrenzende, sinngebende und interaktive Funktion auf allen Ebenen des wandlungsfähigen Unternehmens vom Gesamtunternehmen bis hin zur

220 Rüegg-Stürm/Achtenhagen (2000), S. 10.

221 Vgl. Zahn/Tilebein (1998), S. 52 und Gagsch (2002), S. 117.

222 Führungssysteme sind „die formal verankerten Systeme für die Gestaltung, Lenkung und Entwicklung von Unternehmungen [...]. Sie erfüllen den Zweck, durch strukturelle Vorkehrungen einen konstitutiven Beitrag zu einer möglichst weit in die Zukunft reichenden Sicherung der Lebensfähigkeit und Entwicklung einer Unternehmung zu leisten." (Schwaninger (1994), S. 15).

223 Vgl. Tilebein/Schindera/Schwarz (1998), S. 222 und Gagsch (2002), S. 238.

224 Vgl. Tilebein/Schindera/Schwarz (1998), S. 221.

elementaren Leistungseinheit gleichermaßen erfüllen und dabei die Marktanbindung der jeweiligen Leistungseinheit sicherstellen.[225] Die Teilautonomie der Leistungseinheiten erfordert hier eine jeweils situativ angepasste Lösung, die der Leistungseinheit und ihrem Entwicklungsstand entsprechende Lenkungsmöglichkeiten bietet, ohne deren Innovations- und Kreativitätspotential einzuschränken.
In stark dynamischen Umfeldern beinhaltet diese Forderung neben der inhaltlichen Dimension, welche durch die Subsysteme des Führungssystems und seine oben genannten Funktionen gegeben ist, auch eine zeitliche Dimension, welche die erforderliche Geschwindigkeit von Veränderungsprozessen abbildet. Die Verknüpfung von Veränderung und Geschwindigkeit in einem permanenten Wandlungsprozess, der das Führungssystem selbst umfasst, stellt noch eine große Herausforderung für die Konzeption wandlungsfähiger Unternehmen dar.

2.4 Forschungskonzeption dieser Arbeit

Dauerhafter Unternehmenserfolg in hochdynamischen Umfeldern braucht eine jeweils kontextspezifische und reaktionsschnelle Balance zwischen Stabilität und Instabilität, zwischen Bewährtem und Neuem, zwischen inkrementalem und fundamentalem Wandel. Es gilt Bedingungen zu formulieren, unter denen der grundsätzliche Widerspruch in diesen Eigenschaften lösbar ist und der permanente Tradeoff zwischen diesen Extremen im wandlungsfähigen Unternehmen gelingen kann.

Die Komplexitätsforschung befasst sich mit – vornehmlich aus den Naturwissenschaften stammenden oder abstrakten, computergestützten – Systemen, denen diese Balance offenbar gelingt und die sich immer wieder aufs Neue erfolgreich in veränderten Umfeldbedingungen behaupten. Diese werden als ‚komplexe adaptive Systeme' bezeichnet. Obwohl viele Beispiele für derartige Systeme aus der biologischen Evolution stammen, ist die Komplexitätsforschung als eine Meta- oder Strukturwissenschaft zu verstehen, deren Erkenntnisse nicht nur für die genannten Forschungsgebiete gelten.[226] Im Folgenden wird dargelegt, mit welcher Motivation und mit welcher Zielvorstellung sich die vorliegende Arbeit um den interdisziplinären Transfer von Erkenntnissen der Komplexitätsforschung in das Konzept des wandlungsfähigen Unternehmens bemüht.

2.4.1 Offene Fragen im Konzept des wandlungsfähigen Unternehmens

Die in der Idealvorstellung des wandlungsfähigen Unternehmens festgeschriebenen Anforderungen an dessen Fähigkeiten in Bezug auf nachhaltigen Erfolg werfen hinsichtlich ihrer Gestaltungsgrundlagen noch eine Reihe offener Fragen auf, die sich auch aus den in Kapitel 2.2.3 aufgeführten Unzulänglichkeiten bestehender Erklärungsansätze für Unternehmenserfolg ergeben[227]:

- Offenbar ist eine bisher nur in Ansätzen vorhandene systemische Betrachtung notwendig, welche nicht nur das Unternehmen, sondern auch seine Verbindungen zu Interaktionspartnern betrachtet und damit interne und externe Perspekti-

[225] Zu den Funktionen des Führungssystems vgl. ausführlich Simons (1994), oder Simons (1997), S. 252ff. sowie Zahn/Dillerup/Tilebein (1997), S. 185f.

[226] Vgl. Hedrich (1994), S. 3 sowie Fußnote 11 zur Definition von Strukturwissenschaften.

[227] Für einen Überblick über das gesamte Forschungsprogramm zum wandlungsfähigen Unternehmen vgl. die Homepage des Sonderforschungsbereichs 467 unter http://www.sfb467.uni-stuttgart.de/.

ven auf Unternehmenserfolg sowie deren dynamische Kopplung verbindet. Die Zusammenhänge zwischen Umweltkontext, Strategieentwicklungsprozessen, Strategieemergenz und Struktur sind noch weitgehend unerforscht.

- Zu klären ist hierbei grundsätzlich, wie in Unternehmen Prozesse fortlaufender Veränderung bewerkstelligt werden können, die auf einer selbstinitiierten Permanenz des Wandels anstatt auf diskreten zentral geplanten Umgestaltungsanstrengungen beruhen.
- Forschungsbedarf besteht ebenso hinsichtlich der Dauerhaftigkeit von Wandlungsfähigkeit als Potential und dessen permanenter Erneuerung.
- Ferner fehlen Erkenntnisse darüber, wie bei den vielfältigen Veränderungsprozessen über die verschiedenen Organisationseinheiten und Unternehmensebenen hinweg dennoch Kohärenz in der Entwicklung des Gesamtunternehmens zu erlangen ist. In diesem Zusammenhang ist auch zu untersuchen, durch welche Gestaltungsansätze die geforderte ständige Balance zwischen Bewahrung und Veränderung herbeizuführen ist.
- Die Frage, welche Führungssystemarchitekturen und Steuerungsmechanismen dabei für Unternehmen in turbulenten Umfeldern geeignet sind, die gleichermaßen Stabilisierung wie Dynamisierung und hier das gesamte Spektrum zwischen inkrementalem und fundamentalem Wandel unterstützen müssen, ist ebenfalls noch unbeantwortet.[228]

2.4.2 *Potentielle Lösungsbeiträge aus der Komplexitätsforschung*

Obwohl die neuere Komplexitätsforschung ihre Erkenntnisse zumeist aus managementfremden Wissenschaftsgebieten wie bspw. Evolutionsbiologie und Informatik bezieht, kann sie auch in den Wirtschafts- und Sozialwissenschaften zu einer wichtigen Theorieperspektive werden.[229] So erscheint eine Anwendung der in der Komplexitätsforschung eruierten allgemeinen Prinzipien für das Funktionieren komplexer adaptiver Systeme auf Unternehmen in dynamischen Umfeldern erfolgversprechend, da die grundlegende Problematik der Unsicherheit, des notwendigen permanenten Wandels und der dabei erforderlichen Kohärenz des gesamten Systems bei aller Verschiedenheit der betrachteten Objekte doch ähnlich ist.[230]
Diese Funktionsprinzipien bedürfen gleichwohl der Interpretation und kritischen Reflektion in Bezug auf ihre Umsetzung in Unternehmen.[231] In der entsprechenden Literatur herrscht weitgehende Einigkeit darüber, dass die Komplexitätsforschung und ihre Terminologie zumindest zu einer neuen Sichtweise auf Unternehmen und ihre Erfolgsfaktoren beitragen kann, die auch ein erweitertes Spektrum an Handlungsmöglichkeiten mit sich bringt.[232]

Mit den Fortschritten der Komplexitätsforschung sind jedoch häufig Erwartungen an eine Übertragbarkeit auf Unternehmen verbunden, die einen konkreteren Transfer verlangen. So ist bspw. Kohärenz im Wandel eine zentrale Eigenschaft komplexer

---

[228] Vgl. Zahn/Schön (2003), S. 179ff.

[229] Vgl. Sydow/Windeler (2000), S. 21 oder Kappelhoff (2002), S. 90f.

[230] Vgl. Lissack (1999), S. 119 oder Stüttgen (2002), S. 348.

[231] Vgl. Macready/Meyer (1999), S. 212.

[232] Vgl. bspw. Goodwin (2000), S. 46, Lissack (1999), S. 117ff., Battram (1999), S. 21, Bergmann Lichtenstein (2000), S. 540, Lewin/Regine (1999), S. 211, Kappelhoff (2002), S. 66f. oder Ashmos et al. (2002), S. 191.

adaptiver Systeme, und ihnen gelingt die Gleichzeitigkeit von Verharren und Bewegen bzw. Stabilität und Instabilität.[233] Die Basis und Voraussetzungen dieser Eigenschaften werden von der Komplexitätsforschung ergründet.[234] Wenn die Komplexitätsforschung in der Betriebwirtschaftslehre zu mehr als einer kurzfristigen Management-Mode[235] werden soll, müssen diese konkreten Erkenntnisse als Anknüpfungspunkt dienen und Ausgangsbasis für eine Interpretation und Übertragung in die betriebswirtschaftliche Forschung sein.[236]

Die hierbei zu erwartenden Ergebnisse adressieren viele der Fragen, die bislang, wie vorne dargelegt, bei der Integration der verschiedensten Ansätze für Unternehmenserfolg im Konzept des wandlungsfähigen Unternehmens immer noch ungelöst sind:

- Die Komplexitätsforschung wird als potentieller Integrationsrahmen für die Verflechtung unterschiedlichster Forschungsperspektiven gesehen wie bspw. Netzwerkansätze, PORTERS Wertkette, Resource-based View, Competence-based View sowie Ansätze der evolutorischen Ökonomik.[237]
- Ebenso werden aus ihr neue Einsichten bei der Zusammenführung von Strategy-Content und Strategy-Process-Aspekten, auch unter dem Blickwinkel eines Strategischen Organisierens erwartet.[238]
- Für die Frage nach einer adäquaten Kombination von Bewahrung und Veränderung bietet die Komplexitätsforschung zumindest theoretische Ansatzpunkte, die aufzeigen, wie ein System unter geeigneten Bedingungen sowohl Kontinuität als auch Transformation spontan hervorbringen kann.[239] Die Frage, wie Prozesse permanenten Wandels zu bewältigen sind und wie Wandlungsfähigkeit zu einer dauerhaften Qualität von Unternehmen gemacht werden kann, wird dabei verknüpft mit der Frage, unter welchen Voraussetzungen Stabilität und Ordnung entstehen können.[240]
- Aus der Komplexitätsforschung gehen neue Kriterien und Anstöße für die Lenkung wandlungsfähiger Unternehmen hervor.[241] Angewendet auf Unternehmen, sollen die dezentralen Steuerungsmechanismen komplexer adaptiver Systeme sich positiv auf organisationale Kreativität und Beweglichkeit auswirken und neue Ansatzpunkte für Wissensmanagement und Lernprozesse weisen.[242] Auch in der Anwendung auf Unternehmensnetzwerke sind neue Steuerungsansätze zu erwarten.[243]

Obige Erwartungen an potentielle Beiträge der Komplexitätsforschung zur Gestaltung wandlungsfähiger Unternehmen führen zu den Forschungsfragen dieser Arbeit.

---

[233] Vgl. Black/Farias (2000), S. 101.

[234] Zu den Erkenntnissen der Komplexitätsforschung vgl. ausführlich Kapitel 4 dieser Arbeit.

[235] Zu Charakteristika von Managementmoden und ihrer Entstehung vgl. Abrahamson (1996), Kieser (1996) sowie Staehle (1999), S. 142-145.

[236] Vgl. Maguire/McKelvey (1999), S. 57.

[237] Vgl. McKelvey (1999a), S. 295, Anderson et al. (1999), S. 236, Clippinger (1999), S. 6f. oder Mathews (2001), S. 79f.

[238] Vgl. Zahn (2001b), S. 8ff. sowie McKelvey (1999a), S. 294, Barnett/Hansen (1996), S. 155 und Boisot (2000), S. 132.

[239] Vgl. Stacey (2001), S. 70.

[240] Vgl. Bergmann Lichtenstein (2000), S. 528.

[241] Vgl. Clippinger (1999), S. 6f., Clark (1999), S. 47 sowie Zahn/Schön (2003), S. 167.

[242] Vgl. Macready/Meyer (1999), S. 213 sowie Manville (1999), S. 111.

[243] Vgl. Sydow/Windeler (2000), S. 21.

2.4.3 *Forschungsfragen der vorliegenden Arbeit*

Die vorliegende Arbeit wendet sich der Frage zu, welche Implikationen die Erkenntnisse der Komplexitätsforschung, insbesondere zu den Eigenschaften und Funktionsmechanismen komplexer adaptiver Systeme, für die Gestaltung wandlungsfähiger Unternehmen bergen. Durch die interdisziplinäre Übertragung dieser Erkenntnisse soll aus dem spezifischen Blickwinkel der Komplexitätsforschung zu einer Gesamtsicht auf die Wandlungsfähigkeit von Unternehmen beigetragen werden, welche die in Kapitel 2.4.1 formulierten offenen Fragen im Konzept des wandlungsfähigen Unternehmens adressiert.

Aus dieser übergeordneten Fragestellung lassen sich drei detailliertere Fragen ableiten, welche im weiteren Verlauf zu klären sind:

- Auf welche Grundlagen stützt sich die Komplexitätsforschung und was sind ihre zentralen Erkenntnisse?
  Da die bereits existierenden Übertragungsansätze von Ergebnissen der Komplexitätsforschung auf Unternehmen häufig metaphorischer Art sind und als leitbildartige Mischung aus Einfachheit und Mehrdeutigkeit klare Attribute von Management-Moden aufweisen, muss in der vorliegenden Arbeit zunächst die Frage vorangestellt werden, welche Erkenntnisse es sind, die aus diesem natur- und informationswissenschaftlich geprägten Forschungsgebiet tatsächlich hervorgehen. Somit ist als erster Schritt eine Bestandsaufnahme der Komplexitätsforschung erforderlich, die deren Grundlagen und zentrale Erkenntnisse vor dem Hintergrund des jeweiligen wissenschaftlichen Umfelds fundiert darstellt, geeignet zusammenführt, dabei auch ihre Grenzen deutlich macht und sie damit ‚entzaubert'.
- Sind die Erkenntnisse der Komplexitätsforschung prinzipiell auf Unternehmen übertragbar?
  Die anschließende Frage muss dann der grundsätzlichen interdisziplinären Übertragbarkeit der dargestellten Erkenntnisse aus der Komplexitätsforschung gelten. Dabei ist auch deren Anschlussfähigkeit an zum Teil schon in Kapitel 2.2 genannte bestehende Konzepte aus unterschiedlichen Zweigen der betriebswirtschaftlichen Forschung zu untersuchen, die bereits Erklärungs- oder Gestaltungsbeiträge zur Unternehmensdynamik liefern. In diesem Rahmen soll auch aufgezeigt werden, wo frühere Entlehnungen aus systemtheoretischen Überlegungen zur Betrachtung von Unternehmen noch Schwachstellen aufweisen, wo aber andererseits auch die bestehenden Konzepte potentielle Anknüpfungspunkte bieten, welche sich in den von der Komplexitätsforschung als Struktur- oder Metawissenschaft aufgespannten übergeordneten Rahmen einfügen lassen.
- Wie lassen sich Erkenntnisse der Komplexitätsforschung auf Unternehmen übertragen und welche Gestaltungsempfehlungen ergeben sich daraus für wandlungsfähige Unternehmen?
  Die dritte Frage zielt im Anschluss an die positive Beantwortung der zweiten Fragestellung auf die Untersuchung konkreter Transferansätze komplexitätswissenschaftlicher Erkenntnisse auf Unternehmen und speziell darauf, wie die Funktionsprinzipien komplexer adaptiver Systeme für Anwendungen auf den verschiedenen Ebenen des wandlungsfähigen Unternehmens zu interpretieren sind. Ziel ist es, diese Prinzipien in das Idealmodell wandlungsfähiger Unternehmen zu überführen und in diesem Sinne mit Hilfe der Komplexitätsforschung grundlegende Gestaltungsanforderungen an das Idealmodell des wandlungsfähigen Unternehmens zu formulieren. Damit soll aus der Perspektive dieser neuen Strukturwissenschaft ein theoretisch fundierter Beitrag zu einem vertieften Verständnis

der Veränderungs- und Lenkungsprozesse wandlungsfähiger Unternehmen geleistet werden.

3 Systemtheoretische Grundlagen der Komplexitätsforschung

Der Begriff ‚Komplexitätsforschung' charakterisiert einen interdisziplinären Forschungszweig, der seine Wurzeln zwar bereits im 19. Jahrhundert in systemtheoretischen Ansätzen der Mathematik und Physik hat, in jüngster Zeit jedoch stark weiterentwickelt wurde und mittlerweile in viele weitere Disziplinen eingedrungen ist. Aufgrund dieser weit zurück reichenden und aus verschiedenen Quellen gespeisten Forschungstradition kann die Antwort auf die zentrale Frage dieser Arbeit, welche Erkenntnisse die Komplexitätsforschung für das erfolgreiche Agieren von Unternehmen in zunehmend turbulenten Umfeldern bereithält, ohne vorhergehende Beschäftigung mit ihren systemtheoretischen Wurzeln nicht gegeben werden.
Im Sinne der oben genannten ersten Forschungsfrage dieser Arbeit erfolgt daher zunächst eine Betrachtung der Grundlagen der Komplexitätsforschung. Diese Grundlagen bilden die im Folgenden vorzustellenden gleichgewichtigen, chaotischen, fraktalen und selbstorganisierenden Systeme der Naturwissenschaften. Deren Einflüsse auf Konzepte der Unternehmensdynamik und -steuerung werden in den nachstehenden Kapiteln jeweils ebenfalls skizziert, um damit den durch die Komplexitätsforschung erzielten Erkenntnisfortschritt im weiteren Verlauf der Arbeit zu verdeutlichen.
Im Rahmen der systemtheoretischen Grundlagenbetrachtung werden zunächst zentrale Begriffe erläutert. Ausgangspunkt bilden in Kapitel 3.1 einfache lineare physikalische Systeme, die durch ihren Aufbau und ihre Ausgangssituation in ihren Bewegungsmöglichkeiten festgelegt und beschränkt sind. Nichtlineare Systeme, die im Anschluss daran in Kapitel 3.2 behandelt werden, erzeugen dagegen durch ihre internen rekursiven Strukturen systeminhärente Beweglichkeit und Vielgestaltigkeit. Dissipative Systeme schließlich, die Gegenstand von Kapitel 3.3 sind, verkörpern das Prinzip der Selbstorganisation und kombinieren in zeitlicher Abfolge kurze Phasen der Instabilität und Beweglichkeit mit Phasen stabiler Ordnung.

3.1 Systeme, ihre Bewegungsmöglichkeiten und Gleichgewichtslagen: Grundbegriffe der Systemanalyse am Beispiel linearer dynamischer Systeme

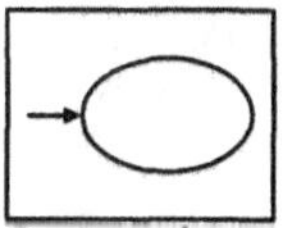

Die Untersuchung linearer Systeme und ihrer charakteristischen Dynamik liefert einen Grundstock an Verhaltensweisen dynamischer Systeme und ihrer Beschreibung, auf den auch die neuere Komplexitätsforschung immer wieder zurückgreift. Grundsätzliche Systemeigenschaften wie Gleichgewichtslagen und deren Stabilität bzw. Instabilität und das Verhaltensspektrum solcher Systeme (Kapitel 3.1.2 und 3.1.3) lassen sich bereits an einfachsten Beispielen erläutern, wie es im Anschluss an die Klärung des Systembegriffs (Kapitel 3.1.1) nachfolgend geschehen soll. Abschließend werden nach einer kurzen Zusammenfassung (Kapitel 3.1.4) Parallelen zur Dynamik linearer Systeme in Perspektiven der Unternehmenssteuerung aufgezeigt (Kapitel 3.1.5).

3.1.1 Systembegriff

Unter dem Begriff ‚System' kann im allgemeinsten Fall eine „Anzahl von in Wechselwirkung stehenden Elementen"[244] verstanden werden. Notwendige Systembestand-

[244] Bertalanffy (1972), S. 32.

teile sind demnach die Elemente oder „Komponenten"[245] eines Systems sowie die Systemstruktur als Menge aller Beziehungen der Systemelemente.[246] Neben den Systemelementen und der sie verbindenden Systemstruktur ist ein weiterer zentraler Aspekt eines Systems die Systemgrenze. Sie trennt das System von seiner Umwelt und unterscheidet damit Elemente des Systems von anderen Elementen, die nicht dem System zugehörig sind.[247] Gibt es Beziehungen zwischen Elementen des Systems und Elementen der Umwelt, ist also die Systemgrenze durchlässig für Informationen, Material oder andere Einflüsse, handelt es sich um ein offenes System, andernfalls wird das betreffende System als ‚geschlossen' bezeichnet.[248]

Jedes Systemelement kann weiterhin durch eine Anzahl von Eigenschaften vollständig beschrieben werden, und der Zustand eines Elements zu einem bestimmten Zeitpunkt wird entsprechend durch die Ausprägung von dessen Eigenschaften zu diesem Zeitpunkt charakterisiert.[249] Diejenigen Eigenschaften der Systemelemente, die zur Systembeschreibung herangezogen werden, werden daher auch ‚Zustandsgrößen' oder ‚Zustandsvariable' genannt. Die Veränderung dieser Eigenschaften im Zeitverlauf wird als Verhalten des betrachteten Systems bezeichnet. Es wird durch die Interaktion der Elemente innerhalb und (bei offenen Systemen) außerhalb des Systems hervorgerufen und ist somit maßgeblich durch die Systemstruktur geprägt.[250]

Eine derart generelle und weit gefasste Systemdefinition liegt der durch BERTLANFFY begründeten allgemeinen Systemtheorie (General System Theory) zugrunde.[251] Deren Anliegen ist es, allgemeine Prinzipien für Systeme zu formulieren, die unabhängig sind von der Art der Systeme, ihrer Elemente oder der zwischen ihnen bestehenden Beziehungen.[252] Die Grundlage hierfür bildet die Systemdarstellung in Form äquivalenter mathematischer Beschreibungen, welche die physischen Unterschiede realer Systeme ausblenden.[253] Die Systemtheorie ist somit eine interdisziplinäre und integrative Wissenschaft, durch die unterschiedlichste Systeme in den verschiedenen Fachdisziplinen mit den gleichen Hilfsmitteln beschreib- und gestaltbar sind.[254]

Jeder Systembeschreibung liegt jedoch eine subjektive Sicht zugrunde. So ist bspw. die Unterscheidung von System und Umwelt in den seltensten Fällen eindeutig und zwangsläufig, und insbesondere psychische, abstrakte und soziale Systeme haben die Eigenschaft, dass ihre Grenzen nicht physikalisch bestimmt sind, sondern nach zweckmäßigen Gesichtspunkten gezogen werden.[255] Die Definition einer Systemgrenze ist somit nicht eindeutig gegeben, sondern abhängig vom Zweck der Systembetrachtung und von der Perspektive, die bei der Systembeschreibung eingenom-

---

245 Vgl. Forrester (1972), S. 88f.

246 Vgl. Bossel (1992), S. 10 und Grothe (1997), S. 141ff.

247 Vgl. Luhmann (1987), S. 51f.

248 Vgl. Bertalanffy (1972), S. 37f.

249 Vgl. Grothe (1997), S. 132.

250 Vgl. Forrester (1972), S. 87ff.

251 Vgl. Bertalanffy (1969) sowie derselbe (1972).

252 Vgl. Bertalanffy (1972), S. 31.

253 Vgl. Bossel (1992), S. 9.

254 Vgl. Willke (1993), S. 3.

255 Vgl. Willke (1993), S. 283 und Bossel (1992), S. 11.

men wird.[256] Gleiches gilt für die Bestimmung der Systemelemente, ihrer relevanten Eigenschaften oder Beziehungen, so dass zum Systembegriff festgehalten werden muss: „A system is a way of looking at the world"[257].

3.1.2 Stabilität und Instabilität

Bei der Frage nach Stabilität oder Instabilität eines dynamischen Systems unter bestimmten Bedingungen ist zu unterscheiden zwischen dem Konzept der strukturellen Stabilität[258] und dem der dynamischen Stabilität, das an dieser Stelle relevant ist. Bei der Analyse der dynamischen Stabilität werden Gleichgewichtslagen (Ruhelagen) des betrachteten Systems auf ihre Stabilitätseigenschaften untersucht. Dabei ist das Verhalten des (geschlossenen) Systems ohne die Einwirkung äußerer Störungen, und lediglich unter Variation der Anfangsbedingungen von Interesse.

Als Stabilitätskriterium für eine Gleichgewichtslage gilt: Entfernen sich bei zwei Systembeobachtungen zwei zu Anfang infinitesimal benachbarte Systemzustände im Zeitverlauf exponentiell voneinander, ist die zugehörige Gleichgewichtslage dynamisch instabil. Ein Beispiel hierfür ist das umgedreht stehende Pendel, das bereits bei kleinsten Auslenkungen diese Gleichgewichtsposition nicht halten kann. Bleiben benachbarte Zustände dagegen im Zeitverlauf weiterhin benachbart, ist die untersuchte Ruhelage dynamisch stabil, wie beim Pendel die untere Gleichgewichtsposition, in der das hängende Pendel unabhängig von seiner Anfangsauslenkung schließlich zur Ruhe kommt.[259] Je nachdem, ob das System dabei in seine Ursprungsposition U1 zurückkehrt oder nur in eine Umgebung U davon, kann nach LJAPUNOV noch zwischen asymptotischer Stabilität und Stabilität unterschieden werden.[260] In der nachfolgenden Abbildung 3.1 werden diese Begriffe für die jeweils mit schwarzer Kugel dargestellte Gleichgewichtslage veranschaulicht.

---

[256] Diese Subjektivität trifft auch auf ein weiteres häufig genanntes Systemmerkmal, den Systemzweck zu. So definiert Forrester ein System als „eine Anzahl von miteinander in Beziehung stehenden Teilen, die zu einem gemeinsamen Zweck miteinander operieren" (Forrester (1972), S. 9), und Bossel betont diesen subjektiven Aspekt, indem er ein System definiert als „eine Anzahl von Bestandteilen, die [...] interagieren und das so, dass man dem beobachteten Verhalten dieses Systems einen ‚Zweck' zuordnen kann." (Bossel (1992), S. 9).

[257] Weinberg (1975), S. 51.

[258] Bei der Analyse struktureller Stabilität wird das Verhalten ganzer Systemklassen untersucht, deren Systemgleichungen sich lediglich in den Parameterwerten unterscheiden, vgl. auch die Ausführungen hierzu in Kapitel 3.2.1.3.

[259] Vgl. Hedrich (1994), S. 31.

[260] Vgl. etwa Thompson/Stewart (1986), S. 109 oder Jetschke (1989), S. 42.

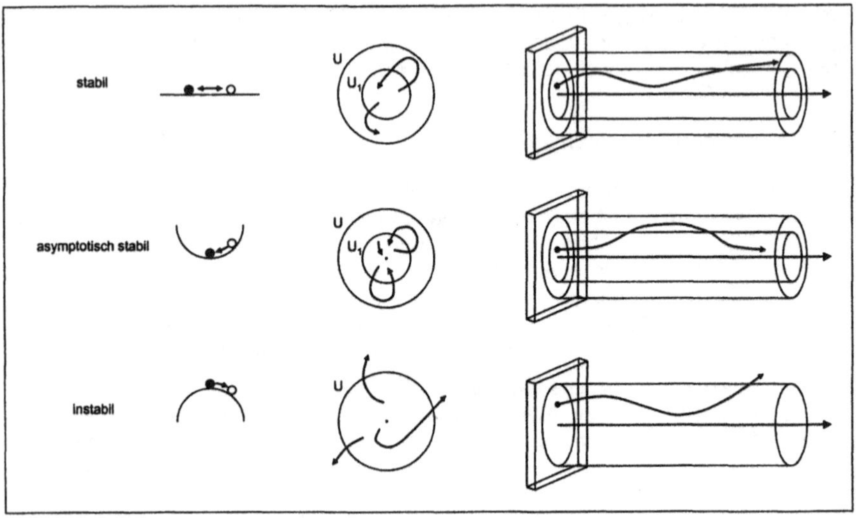

Abbildung 3.1: Stabilitätsbegriffe
Quelle: Jetschke (1989), S. 42

3.1.3 Verhalten einfacher linearer deterministischer Systeme

Die einfachsten Untersuchungsgegenstände der Systemtheorie sind solche Systeme, deren Zustandsvariablen nur lineare Abhängigkeiten aufweisen und die vollständig deterministisch und mithin in ihrem Systemverhalten berechenbar sind. Zur Untersuchung dieses Verhaltens stehen mit quantitativen und qualitativen Beschreibungsmöglichkeiten unterschiedliche Methoden bereit, die beide auf einer quantitativen Formulierung des systemspezifischen Differentialgleichungssystems beruhen. Während die quantitativen Methoden auf die Lösung dieses Differentialgleichungssystems abzielen und damit das Systemverhalten zu jedem Zeitpunkt exakt berechnen können, werden bei der qualitativen Analyse lediglich Aussagen über die Stabilität bzw. Instabilität der Gleichgewichtslagen des Systems getroffen, die das Systemverhalten bereits grob charakterisieren, ohne die Systemgleichungen lösen zu müssen.

3.1.3.1 Quantitative Beschreibungen

Zur Analyse des Systemverhaltens wird zumeist eine mathematische Systembeschreibung herangezogen. Das Verhalten eines dynamischen Systems als Zeitentwicklung seiner Zustandsvariablen im Vektor z(t) kann durch unterschiedliche Einflüsse geprägt werden. Zum einen können Umwelteinwirkungen u(t) das Systemverhalten beeinflussen, zum anderen kann das Verhalten durch das System selber generiert werden, da die Zustandsvariablen entsprechend der internen Systemstruktur wechselseitig aufeinander einwirken und so eine systemeigene Dynamik erzeugen.

Für ein allgemeines Gleichungssystem der Zustandsvariablen (Zustandsgleichungen) muss demnach zunächst angesetzt werden, dass sie unter systeminternem und systemexternem Einfluss stehen: $z(t) = F(z(t), u(t), t)$.

Die separat aufgeführte Zeitabhängigkeit spiegelt die Überlegung wider, dass sich auch die Systemstruktur im Zeitverlauf verändern kann (zeitvariante Systeme). Diese allgemeine Form der Zustandsgleichungen würde verlangen, dass der zu bestimmende Systemzustand sich aus der simultanen Rückkopplung ebendieses Zustands ergibt. Da Beziehungen in realen Systemen im Allgemeinen jedoch endliche Übertragungsgeschwindigkeiten aufweisen und eine zeitgleiche Rückkopplung somit nicht auftreten kann, wird ein neuer Zustand erst mit einer kleinen Zeitverschiebung Dt aus dem Zustand zum Zeitpunkt t entstehen, so dass $z(t+Dt)=z(t)+(\frac{dF}{dt})\cdot Dt$. Mit f als $\frac{dF}{dt}$ und $Dt \rightarrow dt \rightarrow 0$ entsteht dann die allgemeine Zustandsgleichung dynamischer Systeme $\frac{dz}{dt}=z'(t)=f(z(t),u(t),t)$.[261]

Die Einflüsse der Umweltgrößen im Vektor u(t) auf den Systemzustand können verschiedenster Art sein, so dass sie für eine generelle Aussage über die charakteristische Systemdynamik vernachlässigt werden müssen. Es wird in diesem Fall das autonome System $(u=0)$ analysiert.[262] Zeitinvariante dynamische Systeme, also Systeme mit unveränderlicher Struktur, lassen sich damit durch ein System von gewöhnlichen Differentialgleichungen der Form $z'(t)=f(z(t))$ beschreiben.

Die einfachste Form derartiger Systeme sind lineare, zeitinvariante Systeme, bei denen nur lineare Wechselwirkungen zwischen den verschiedenen Zustandsvariablen bestehen. Ihre Darstellung lautet $z'=Az$ mit der Systemmatrix A und dem Vektor der Zustandsvariablen z.

Für einfache Systeme kann das entsprechende Gleichungssystem analytisch gelöst werden, d.h. es lassen sich zugehörige Lösungsfunktionen der Zustandsvariablen ermitteln, die das Gleichungssystem erfüllen und zu jedem Zeitpunkt das Systemverhalten exakt beschreiben.[263] Häufig ist allerdings eine derartige quantitative analytische Lösung nicht möglich. Eine Möglichkeit zur Gewinnung von Aussagen über das Systemverhalten bietet dann die Simulation und numerische Integration des Gleichungssystems.

3.1.3.2 Qualitative Untersuchungen

Der französische Mathematiker POINCARÉ entwickelte bereits Ende des 19. Jahrhunderts eine alternative Analysemethode für lineare Differentialgleichungssysteme.[264] Auf ihn geht die Betrachtung von Lösungskurven, sog. Trajektorien, anstelle von Lösungsfunktionen zurück, so dass eine qualitative Betrachtung von Stabilitäts- und Verhaltensaspekten von Differentialgleichungssystemen möglich wurde, die sich vorwiegend auf geometrische Methoden stützt.[265]

Während Lösungsfunktionen wie oben beschrieben das Systemverhalten in Abhängigkeit von der Zeit wiedergeben, handelt es sich bei Trajektorien um Abbildungen des Systemverhaltens im Zustandsraum, auch Phasenraum genannt, bei denen die

[261] Vgl. Bossel (1987), S. 103.

[262] Vgl. Bossel (1987), S. 124.

[263] Vgl. bspw. die ausführlichen physikalischen Beispiele bei Wohlhart (1998) sowie Bossel (1987), S. 127ff. oder Acheson (1997), S. 54ff.

[264] Vgl. Hedrich (1994), S. 10.

[265] Vgl. Jetschke (1989), S 31.

Zeitabhängigkeit der Bewegung keine Rolle spielt.[266] Der Zustandsraum wird von den betrachteten Zustandsvariablen des Systems aufgespannt; ein System n-ter Ordnung (also mit n Zustandsvariablen) lässt sich entsprechend in einem n-dimensonalen Zustandsraum abbilden. Die zu einem bestimmten Zeitpunkt vom System eingenommenen Werte sämtlicher Zustandsvariablen markieren gemeinsam einen Punkt der Lösungskurve im Zustandsraum.
Wird auf diese Weise das Verhalten des Systems zu jedem Zeitpunkt, ausgehend von einem Anfangszustand z_0 betrachtet, bis das System eine Ruhelage einnimmt, entsteht im Zeitverlauf im Zustandsraum die gesamte zu z_0 gehörige Lösungskurve des Systems, welche die charakteristische Bewegung des ungestörten Systems von diesem Punkt aus beschreibt. Diese Lösungskurve im Zustandsraum beinhaltet keine Informationen mehr über den Zeitverlauf der Systembewegung, sie gibt jedoch die prinzipielle Bewegungsbahn wieder.

Eine solche Abbildung des Systemverhaltens im Zustandsraum von einem bestimmten Punkt aus wird als Trajektorie, Orbit oder Phasenkurve bezeichnet.[267] Jeder Anfangszustand eines betrachteten dynamischen Systems führt zu einer anderen Trajektorie im Phasenraum, die in einer Gleichgewichts- oder Ruhelage endet. Eine Trajektorie markiert also den durch die Zustandsgleichungen und den jeweiligen Anfangszustand festgelegten Bewegungspfad des betrachteten Systems, von dem es ohne äußeren Anstoß nicht abweichen kann. Wenn diese Trajektorien qualitativ gleichartige Verläufe haben, sich also bspw. wie im untenstehenden Beispiel jeweils spiralförmig einer Ruhelage nähern, reicht eine einzige Trajektorie aus, um dieses Bewegungs- oder Verhaltensmuster repräsentativ zu beschreiben. Die nach diesem Prinzip geschehende Zerlegung des Phasenraums in qualitativ unterschiedliche Trajektorien, die stellvertretend für das Gesamtbild möglicher Bewegungs- bzw. Verhaltensformen des Systems stehen, wird als Phasenporträt, Phasen- oder Zustandsbild bezeichnet.[268]

Zur Veranschaulichung dieser qualitativen Abbildungsweise dynamischen Systemverhaltens wird oft das Beispiel eines Pendels herangezogen, wie es auch die Abbildung 3.2 zeigt.[269]

---

[266] Vgl. bspw. Reitmann (1996), S. 9 oder Jetschke (1989), S. 24.

[267] Vgl. bspw. Loistl/Betz (1996), S. 11f., Reitmann (1996), S. 10 oder Jetschke (1989), S. 24.

[268] Vgl. bspw. Reitmann (1996), S. 11 oder Bossel (1987), S. 142ff.

[269] Vgl. Dangelmayr/Hettel (1997), S. 20f., Acheson (1997), S. 54ff. oder Kaye (1993), S. 64ff.

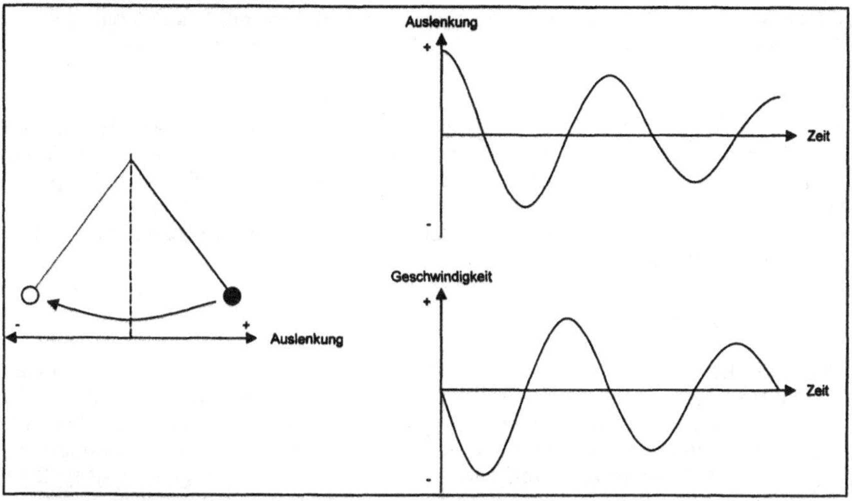

Abbildung 3.2: Schwingendes Pendel
Quelle: in Anlehnung an Kaye (1993), S. 65 und S. 67

Der momentane Zustand des Pendels wird durch die Pendelauslenkung und die Pendelgeschwindigkeit beschrieben. Diese beiden Zustandsvariablen verändern sich unter Einwirkung der gegebenen physikalischen Gesetzmäßigkeiten periodisch mit der Zeit in der Form zweier gegeneinander versetzter Schwingungen, so dass zum Zeitpunkt der größten Auslenkung an den Umkehrpunkten des Pendels die Geschwindigkeit jeweils Null ist, während die größte Geschwindigkeit (positiv oder negativ) erreicht wird, wenn das Pendel die Nulllinie der Auslenkung erreicht. Unter Einfluss der Reibung werden die Ausschläge des Pendels im Verlauf der Zeit immer kleiner, bis es schließlich vollständig zur Ruhe kommt.

Die Übertragung der Werte der Zustandsvariablen im Zeitverlauf in ein gemeinsames Koordinatensystem ergibt die rechte Kurve aus Abbildung 3.3. Wenn diese Kurve in den Zustandsraum projiziert wird, der in diesem Fall eine Ebene ist, da es im betrachteten System nur zwei Zustandsvariablen gibt, entsteht als Trajektorie die links in Abbildung 3.3 ersichtliche Spirale.

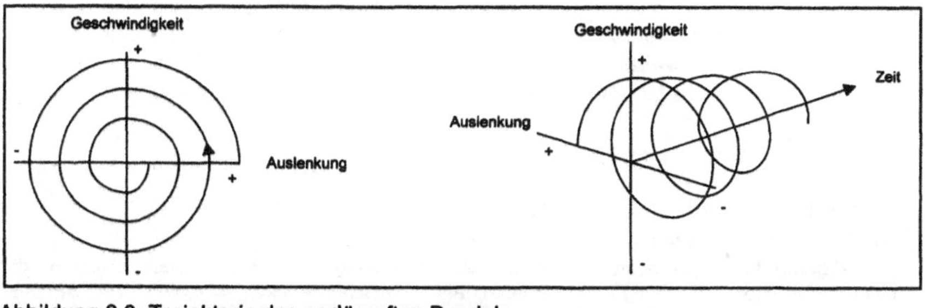

Abbildung 3.3: Trajektorie des gedämpften Pendels
Quelle: Kaye (1993), S. 68

Vom zeitlichen Verlauf der Kurve ist nur noch an dem Pfeil zu erkennen, in welcher Richtung die entstandene Trajektorie durchlaufen wird. Nicht der augenblickliche

Aufenthaltsort des Pendels, sondern lediglich das Muster der Wiederholung ist an dieser Stelle von Interesse.[270] Auch größere oder kleinere Anfangsauslenkungen erzeugen spiralförmige Trajektorien, die in größerem bzw. kleinerem Abstand vom Nullpunkt beginnen, aber in derselben Ruhelage enden.
Dieses Verhalten ist für alle Anfangspunkte qualitativ gleichartig, alle Trajektorien folgen demselben Verhaltensmuster, weshalb in diesem Fall eine einzige Trajektorie wie in Abbildung 3.3 das gesamte Verhaltensspektrum des Systems vollständig wiedergibt. Der Nullpunkt der Phasenebene markiert somit einen stabilen Gleichgewichtszustand des Systems. Auslenkungen aus dieser Ruhelage lassen das System wieder dorthin zurückkehren.[271]

3.1.3.3 Attraktoren und topologische Typen

Da ungestörte, sich selbst überlassene lineare Systeme sich von einem gegebenen Anfangszustand aus stets in eine ihrer Ruhe- oder Gleichgewichtslagen begeben, ist es für die Erstellung eines Phasenporträts ausreichend, diese Ruhelagen des Systems und die zu ihnen hinführenden Trajektorien zu betrachten. Im Folgenden soll dies anhand des einfachsten Beispiels eines linearen Differentialgleichungssystems zweiter Ordnung dargestellt werden.
Je nach dem generellen Verlauf der zugehörigen Trajektorien werden die Gleichgewichtslagen dabei verschiedenen generischen dynamischen Verhaltensmustern oder topologischen Typen zugeordnet, die in Abbildung 3.4 aufgeführt sind. Darin ist zu erkennen, dass die vorn beschriebenen Trajektorienverläufe für die Schwingungen des gedämpften Pendels dem topologischen Typ ‚stabiler Strudel' entsprechen.

Die Stärke der Betrachtung von Trajektorien im Phasenraum liegt gerade darin, dass zur qualitativen Beschreibung der Stabilitäts- und Verhaltensaspekte eines Systems die Kenntnis des Zeitverhaltens nicht notwendig ist.[272] Der topologische Typ kann ohne diese analytische Lösung direkt aus den System- oder Zustandsgleichungen mit folgender Überlegung ermittelt werden: Eine Gleichgewichtslage stellt sich dann ein, wenn sich keine Veränderungen des Systemzustands ergeben, wenn also für die Systemgleichungen gilt $z' = Az = 0$. Die Eigenwerte der Systemmatrix A lassen dann auf den topologischen Typ schließen.[273] Sind die Realteile der Eigenwerte, die sog. Ljapunov-Exponenten, sämtlich negativ, handelt es sich um eine stabile Gleichgewichtslage, anderenfalls ist die Gleichgewichtslage instabil. Ein komplexer Anteil in einem der Eigenwerte weist darüber hinaus darauf hin, dass die betreffende Gleichgewichtslage mit einem Schwingungsverhalten verbunden ist.[274]
Die Abbildung 3.4 führt verschiedene generelle Verhaltensmöglichkeiten linearer zeitinvarianter Systeme zweiter Ordnung auf und skizziert ihr jeweiliges Zeitverhalten sowie die prinzipielle Lage der Eigenwerte in der komplexen Zahlenebene.[275]

---

[270] Vgl. Kaye (1993), S. 68f.

[271] Vgl. Dangelmayr/Hettel (1997), S. 24, vgl. auch die Stabilitätsdefinition in Kapitel 3.1.2.

[272] Vgl. Kaye (1993), S. 69 oder Jetschke (1989), S. 31.

[273] Die Eigenwerte λ_i ergeben sich aus der Bedingung $\det(A - \lambda \cdot I) = 0$ als Lösungen der charakteristischen Gleichung. Sie werden auch kritsche Punkte, singuläre Punkte oder Singularitäten genannt, vgl. bspw. Jetschke (1989), S. 33ff. oder Bossel (1987), S. 134ff.

[274] Vgl. bspw. Jetschke (1989), S. 41ff. oder Kauffman (1993), S. 177.

[275] Vgl. die Übersichten bei Jetschke (1989), S. 40, Bossel (1987), S. 142-143, Reitmann (1996), S. 47-48 oder Haken/Wunderlin (1991), S. 212ff. Diese Erkenntnisse lassen sich auch auf Systeme höherer Ordnung anwenden, die entsprechend mehr Ljapunov-Exponenten besitzen, vgl. Bossel

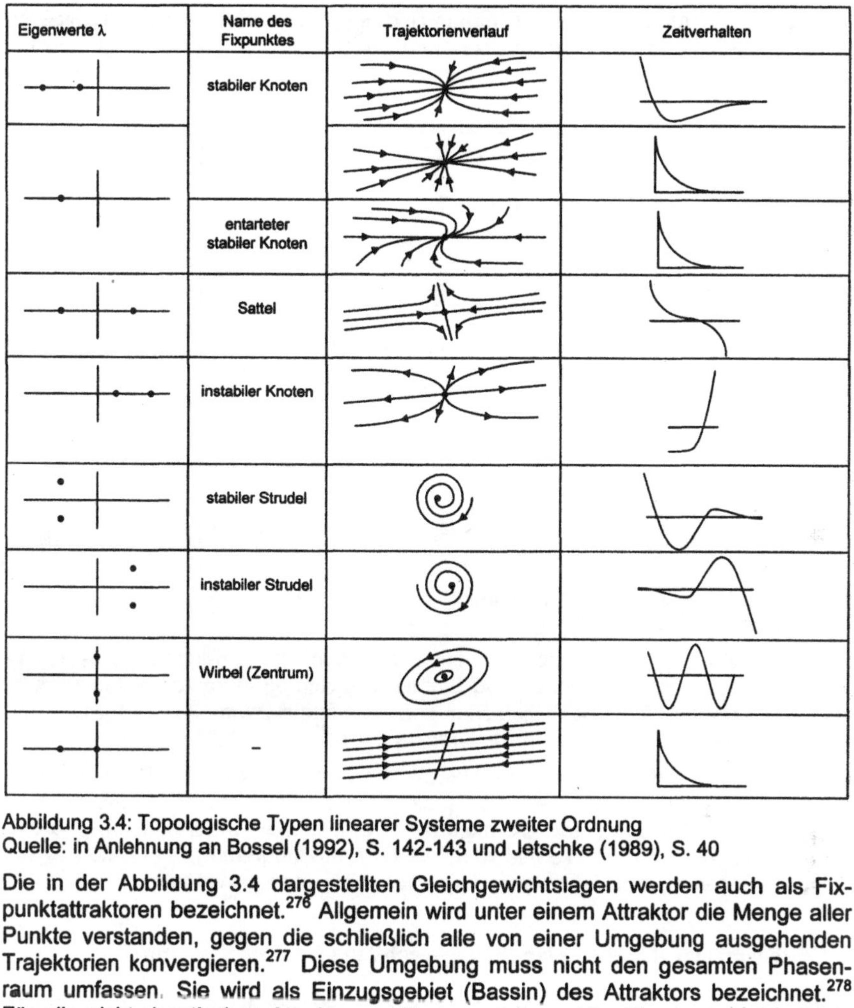

Abbildung 3.4: Topologische Typen linearer Systeme zweiter Ordnung
Quelle: in Anlehnung an Bossel (1992), S. 142-143 und Jetschke (1989), S. 40

Die in der Abbildung 3.4 dargestellten Gleichgewichtslagen werden auch als Fixpunktattraktoren bezeichnet.[276] Allgemein wird unter einem Attraktor die Menge aller Punkte verstanden, gegen die schließlich alle von einer Umgebung ausgehenden Trajektorien konvergieren.[277] Diese Umgebung muss nicht den gesamten Phasenraum umfassen. Sie wird als Einzugsgebiet (Bassin) des Attraktors bezeichnet.[278] Für alle nicht-chaotischen Attraktoren gilt, dass sich zwei im Einzugsgebiet beliebig nah beieinander startende Trajektorien im Zeitverlauf nicht voneinander entfernen; sie divergieren nicht.[279]

(1987), S. 145-152, und auf nichtlineare Systeme, die in der Nähe von Gleichgewichtslagen linearisiert werden, vgl. Reitmann (1996), S. 49 oder Jetschke (1989), S. 43ff.

[276] Vgl. Loistl/Betz (1996), S. 17f.

[277] Vgl. Loistl/Betz (1996), S. 17. Von daher ist die Bezeichnung Attraktor (von lat. attrahere: anziehen) eher missverständlich, da bei der ‚Anziehung' der Trajektorien keine physikalischen Kräfte im Phasenraum wirken, vgl. Kaye (1993), S. 70.

[278] Vgl. Reitmann (1996), S. 30f. Das Einzugsgebiet wird auch Anziehungs- oder Attraktionsbereich genannt, vgl. Krabs (1998), S. 33.

[279] Vgl. Loistl/Betz (1996), S. 19. Zu chaotischen Attraktoren vgl. dagegen Kapitel 3.2.1.4.

In einem zweidimensionalen Phasenraum sind bei linearen Systemen ausschließlich punktförmige Attraktoren oder geschlossene Trajektorien wie beim Wirbel möglich. Ist das zweidimensionale System nichtlinear, können als weitere Attraktorform auch noch Grenzzyklen auftreten.[280]

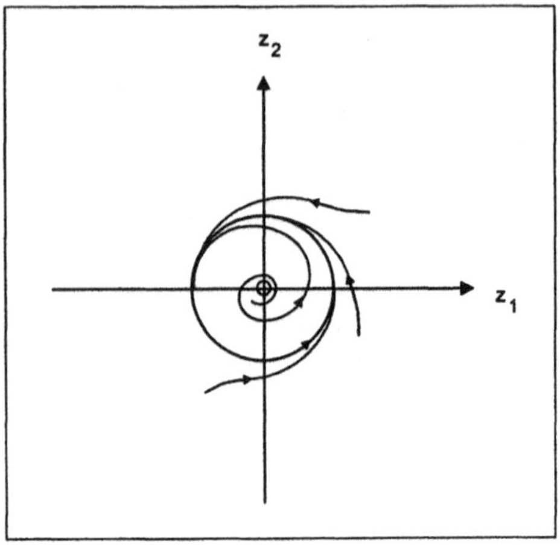

Abbildung 3.5: Grenzzyklus im Phasenraum
Quelle: Jetschke (1989), S. 53

Bei Grenzzyklen handelt es sich um periodisch durchlaufene Bahnen wie beim Wirbel, mit dem Unterschied, dass diese Bahnen zugleich als Attraktor wirken können, also in der Nähe befindliche Trajektorien anziehen (stabiler Grenzzyklus), wie in Abbildung 3.5, oder abstoßen (instabiler Grenzzyklus).[281]

Die langzeitlichen Bewegungsmöglichkeiten von zweidimensionalen Systemen sind mit den vorgestellten Fixpunkten und Grenzzyklen in der Phasenebene erschöpfend beschrieben.[282] Bei Systemen, die mehr als zwei Zustandsvariable haben, sind entsprechend höherdimensionale und kompliziertere Attraktorformen wie bspw. Tori aus einer Überlagerung mehrerer grenzzyklusartiger Schwingungen möglich.[283]

3.1.4 Zwischenfazit: Grundlagen des Verhaltens linearer Systeme

Zusammenfassend lassen sich für die Systemanalyse allgemein und für das reguläre Verhalten linearer Systeme im Besonderen folgende Aspekte festhalten:

---

[280] Zur Definition von Grenzzyklen vgl. Jetschke (1989), S. 81-83.

[281] Vgl. Bossel (1987), S. 156-158 oder Jetschke (1989), S. 52ff. und S. 83. Ein Beispiel ist die Pendeluhr: Hier wird mittels zugeführter Energie die Bewegung auf einer derartigen Attraktorbahn erzeugt. Bei Uhren älterer Bauart geschieht die Energiezufuhr über Gewichte, die an Ketten in die Höhe gezogen werden und über ein Räderwerk das Uhrenpendel immer wieder anregen. Beim Start einer derartigen Uhr ist der Anfangsausschlag, der dem Pendel gegeben wird, dabei nicht von Bedeutung. Nach einigen Pendelschwüngen hat sich die Amplitude stabilisiert, und das Pendel schwingt von nun an mit gleichmäßigem Ausschlag: Es bewegt sich auf einem stabilen Grenzzyklus, vgl. Dangelmayr/Hettel (1997), S. 25 und Kaye (1993), S. 69f.

[282] Vgl. Jetschke (1989), S. 54.

[283] Vgl. hierzu bspw. Jetschke (1989), S. 103, Haken/Wunderlin (1991), S. 217f., Loistl/Betz (1996), S. 19f., Bossel (1987), S. 159 oder Dangelmayr/Hettel (1997), S. 26-28.

- Mathematische Systembeschreibungen werden in der Regel in Form von Differentialgleichungssystemen formuliert, welche die auf die Systemkomponenten wirkenden äußeren Kräfte und die Systemstruktur, d.h. die inneren Zusammenhänge der betrachteten Zustandsvariablen abbilden.
- Der Begriff des Systemverhaltens bezieht sich auf die Untersuchung der systeminhärenten Dynamik, d.h. auf die – ausgehend von einer definierten Ausgangssituation – im weiteren Verlauf nicht extern gestörte Veränderung der Zustandsvariablen (autonomes Systemverhalten).
- Um allgemeine Verhaltensmuster zu identifizieren, wird anstelle der Zeitbetrachtung eine Phasenraumbetrachtung in dem n-dimensionalen Raum vorgenommen, der von den n verschiedenen Zustandsvariablen aufgespannt wird. Bei der Phasenraumbetrachtung werden nicht einzelne Zustandsvariablen in Abhängigkeit von der Zeit untersucht, sondern es wird die simultane Veränderung der Zustandsvariablen in ihren gegenseitigen Abhängigkeiten in einem einzigen Diagramm ohne Zeitbezug betrachtet.
- Da sich alle Zustandsvariablen kontinuierlich verändern können, ergeben sich hierbei im Phasenraum Kurven, die als Trajektorien bezeichnet werden.
- Jede Trajektorie beginnt in einem Punkt, der die jeweilige Ausgangssituation der Zustandsvariablen markiert, und endet in einem Punkt bzw. einer Kurve, die einer Gleichgewichts- oder Ruhelage entsprechen, welche das System langfristig einnimmt. Diese Endzustände des Systemverhaltens werden als Attraktoren bezeichnet.
- Trajektorien haben keine Verzweigungen. Ein ungestörtes System kann sich daher nur auf seiner durch den Startpunkt und die Systemstruktur vorbestimmten Bahn bewegen; um ihr zu entkommen, bedarf es einer Störung bzw. eines Eingriffs in das System.
- Viele Trajektorien mit unterschiedlichen Startpunkten streben dem gleichen Attraktor zu; die Menge aller derartigen Startpunkte im Phasenraum bildet das Einzugsgebiet des jeweiligen Attraktors.
- Es wird zwischen stabilen und instabilen Gleichgewichtslagen unterschieden. In stabilen Gleichgewichtslagen enden Trajektorien, während sie von instabilen Lagen fortstreben.
- Das Spektrum regulärer Verhaltensweisen von linearen deterministischen und nicht gestörten Systemen beschränkt sich auf Bewegungsmuster, die durch stabile oder instabile Attraktoren bzw. sich zyklisch wiederholende Systemzustände charakterisiert werden können.
- Die Gesamtheit der Trajektorien bildet das Phasenporträt des betreffenden dynamischen Systems. Es ermöglicht die qualitative Untersuchung des Systemverhaltens auf Basis anschaulicher geometrischer Überlegungen, ohne dass die Systemgleichungen analytisch gelöst werden müssen. Hierzu ist es hinreichend, wenige aussagekräftige Trajektorien zu ermitteln.

3.1.5 Einflüsse der Erkenntnisse zu linearen Systemen auf Perspektiven der Unternehmensdynamik und -steuerung

Eigenschaften wie Stabilität und Gleichgewicht besitzen auch und gerade bei widrigen Umfeldentwicklungen einen hohen Stellenwert in der Unternehmenspraxis und

erscheinen vielfach als erstrebenswert.[284] Lange Zeit prägten die mechanischen Beispiele für lineare Systeme die Vorstellungen der Verhaltensmöglichkeiten auch von Wirtschaftssystemen und Unternehmen.[285] So finden Gleichgewichtsmodelle in der Volkswirtschaftslehre weite Verbreitung, aber auch in der Charakterisierung organisationaler Dynamik überdauern noch mechanistische Modelle, die bspw. auf dem der Rationalität verpflichteten Bürokratiemodell von WEBER[286] gründen oder auf TAYLORS[287] ‚wissenschaftlicher Betriebsführung'.[288] Organisationen funktionieren hier rational, zweckgerichtet, linear und maschinengleich, und Aufgabe des Managements ist es, die Ziele vorzugeben und zur Optimierung der Prozesse exakte, detaillierte und linearisierte Abläufe zu bestimmen.[289]
Eine derart geprägte Denkweise schlägt sich unternehmensintern in einem Management des Bewahrens nieder, das Wandel nicht als Normalfall anerkennt, sondern als Ausnahme und Störung einordnet. Prozesse des Wandels sollen dementsprechend wie bei den Fixpunktattraktoren technischer Systeme dazu führen, dass das System ‚Unternehmen' nach einer Störung wieder in seine ursprüngliche Gleichgewichtslage zurückkehrt.[290]

Auch der Betrachtung strategischer Verhaltensweisen von Unternehmen in ihren Umfeldern liegen häufig Gleichgewichtsmodelle zugrunde, die in Analogie zu den vorgestellten Attraktoren linearer Systeme implizit davon ausgehen, dass es auch in Märkten feststehende Gleichgewichtskonstellationen gibt, auf die sich das Verhalten eines Unternehmens und seiner Wettbewerber ‚einpendelt'. Diese Grundannahme ist auch im vorne vorgestellten Market-based View und den darauf aufbauenden Strategiemodellen präsent. Hier wird von einer im Wesentlichen absehbaren Zukunftsentwicklung ausgegangen, die durch die Markt- und Wettbewerbskonstellationen bestimmt wird. Grundlagen dieser Entwicklung sind objektiv ermittelbare Fakten und quantitative Daten, z.B. nach Art einer SWOT-Analyse, einer Portfolioanalyse oder einer Branchenstrukturanalyse anhand der PORTERschen Wettbewerbskräfte, die eine Art Landkarte des Marktumfeldes darstellt.[291]
In dieser Faktenkonstellation gibt es verschiedene Möglichkeiten der langfristigen Entwicklung für Unternehmen, und Aufgabe des Managements ist es, in einem rationalen Entscheidungsprozess eine Auswahl hieraus zu treffen, Ziele und Strategien zu formulieren und deren Umsetzung zu planen und zu kontrollieren. In einem zyklischen Steuerungsprozess dieser Art soll das Unternehmen in einem gleichgewichtigen ‚adaptive fit' mit der Umwelt gehalten werden.[292]

Unternehmensführung hat in dieser Sichtweise somit die Funktion, das Unternehmen unter Wahl der geeigneten äußeren Kräfte sowie Regelungs- und Kontrollmechanis-

---

284 "Equilibrium is concealed inside strong values or a coherent, close-knit social system, or within a company's well-synchronized operating system (often referred to as 'organizational fit'). Vision, values, and organizational fit are double-edged swords." (Pascale (1999), S. 85).

285 Vgl. Heitger (1993), S. 140f.

286 Vgl. Weber (1947), S. 650-678.

287 Vgl. Taylor (1913).

288 Vgl. Perich (1992), S. 206ff. oder Stacey/Griffin/Shaw (2000), S. 61ff.

289 Vgl. bspw. Stacey/Griffin/Shaw (2000), S. 63, Heitger (1993), S. 140f., Zahn (2003), S. 6f. oder ausführlich Flämig (1998), S. 94-119.

290 Vgl. Perich (1992), S. 206ff.

291 Vgl. Raimond (1998), S. 237 und S. 243.

292 Vgl. Parker/Stacey (1995), S. 37ff. In diesem Zusammenhang wird auch von strategischen Trajektorien gesprochen, vgl. Stimpert/Wassermann/Jayaram (1998).

men, die dem Unternehmenssystem aufgesetzt werden, auf eine Bahn zu führen, die dieses dann wie auf einer Trajektorie zum Erfolg führt. Die Zielpunkte dieser Bahnen können durch neue Visionen und Strategien geändert werden.

Dass eine derartige Wahrnehmung und Steuerungskonzeption von Unternehmen den gegenwärtigen dynamischen Umfeldern nicht mehr gerecht werden kann, wurde bereits in Kapitel 2.2 dargelegt. Insbesondere die Reaktionsträgheit von so gestalteten Unternehmen, die nur im Rahmen gewaltiger Reengineering-Anstrengungen verändert werden können, und der Umstand, dass bei zentraler Steuerung die Verhaltenskomplexität des Unternehmens sich auf die mentale Flexibilität des Steuerungsgremiums reduziert, lassen gleichgewichtsorientierte Unternehmensmodelle als obsolet erscheinen.

3.2 Inhärente Beweglichkeit und Vielgestaltigkeit: Chaos und Fraktale

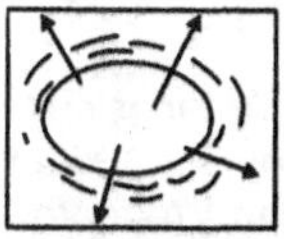

Irreguläre, von den im vorangegangenen Kapitel vorgestellten Bewegungsmustern abweichende Verhaltensweisen können nur Systeme zeigen, die nichtlineare Kopplungen aufweisen oder unter entsprechenden externen bzw. zufälligen Einflüssen stehen. Im Folgenden interessieren jedoch nicht durch permanente äußere Anregung erzwungene oder zufallsgesteuerte Verhaltensweisen, sondern es sollen solche Systeme betrachtet werden, denen das Chaos innewohnt. Ferner werden Systeme mit vielgestaltigen räumlichen Erscheinungsbildern (Fraktale) untersucht.

Die in den folgenden Kapiteln betrachteten Systeme erzeugen allein aufgrund ihrer nichtlinearen internen Struktur irreguläre Bewegungs- oder räumliche Muster, sind dabei aber nicht zufallsbehaftet, sondern können durch rein deterministische Systemgleichungen beschrieben werden. Irreguläre Bewegungen beinhalten dabei die verschiedenen Erscheinungsformen des sog. ‚deterministischen Chaos', das Gegenstand von Kapitel 3.2.1 ist, während die irregulären räumlichen Muster (Fraktale) in Kapitel 3.2.2 behandelt werden. Eine kurze Zusammenfassung zu diesen Systemvarianten bietet Kapitel 3.2.3. Auch diese Systeme, deren Beweglichkeit bzw. Vielgestaltigkeit sich aus den betreffenden internen Strukturen selbst speist, haben Einfluss auf Perspektiven der Unternehmensdynamik ausgeübt, wie abschließend in Kapitel 3.2.4 dargestellt wird.

3.2.1 Systeme mit chaotischem Verhalten

Als Gegenpol zu stabilem Verhalten, bei dem ein System nach gewisser Zeit in einen Ruhezustand gelangt, von dem es ohne äußeren Anstoß nicht mehr abweicht, äußert sich chaotisches Verhalten durch das Fehlen eines solchen Gleichgewichts. Chaotische Systeme zeigen eine beständige, aber anders als bei den vorgestellten instabilen Ruhelagen unvorhersehbare Veränderung des Verhaltens ohne äußeren Anstoß. Solch chaotischem Verhalten liegen nichtlineare Beziehungen zwischen den Zustandsvariablen zugrunde. Selbst bei ansonsten sehr einfachen Systembeschreibungen können diese Nichtlinearitäten unter bestimmten Voraussetzungen ins Chaos führen, wie im Folgenden anhand von zeitdiskreten und zeitkontinuierlichen Beispielsystemen dargestellt wird. Doch auch das Verhalten chaotischer Systeme ist häufig nicht völlig unvorhersehbar, sondern weist Attraktorstrukturen auf, die in diesem Zusammenhang als ‚seltsam' bezeichnet werden.

3.2.1.1 Charakterisierung und Ursachen chaotischen Verhaltens

Chaotisches Verhalten äußert sich bei einer Betrachtung der Zustandsvariablen über der Zeit in einem scheinbar regellosen Verhalten ohne wiederkehrende Muster.[293] Dieses chaotische Verhalten ist jedoch nicht zu verwechseln mit stochastischem Verhalten, bei dem die Zeitentwicklung tatsächlich vom Zufall beeinflusst ist.[294] Ein weiteres Charakteristikum chaotischer Systeme ist die Anfangswertsensitivität, die sich in der Nicht-Reproduzierbarkeit von Systemverhalten bei scheinbar gleichen (aber tatsächlich minimal unterschiedlichen) Anfangszuständen niederschlägt. Mit dieser Anfangswertsensitivität stehen jedoch chaotische Systeme nicht außerhalb der geltenden Naturgesetze; sie gehorchen allerdings nicht dem starken Kausalitätsprinzip, nach dem ähnliche Ursachen auch ähnliche Wirkungen hervorbringen müssen, sondern folgen dem schwachen Kausalitätsprinzip, das lediglich fordert, dass (exakt) gleiche Ursachen auch (exakt) gleiche Wirkung zeitigen müssen.[295] Anfangsbedingungen die sich nur minimal unterscheiden, können daher in der Folge bei derartigen Systemen völlig unterschiedliches Verhalten auslösen.

Auf dieses Phänomen des chaotischen Verhaltens in Form extremer Anfangswertsensitivität selbst bei vollkommen deterministischen Systemen stieß Ende der 1950er Jahre als einer der Ersten der Meteorologe LORENZ.[296] Zur langfristigen Wettervorhersage entwickelte er ein (relativ einfaches) System aus drei gewöhnlichen Differentialgleichungen erster Ordnung mit nichtlinearer Kopplung, die nach ihm benannten „Lcrenz-Gleichungen“[297]. Ein zufälliger Rundungsfehler in der dritten Nachkommastelle bei den Anfangsbedingungen der computerbasierten Simulation dieser Gleichungen führte dann zu einem gegenüber dem ursprünglichen Simulationslauf völlig unterschiedlichen Systemverhalten. Der anfänglich minimale Fehler blieb dabei nicht innerhalb seiner Tausendstel Differenz, sondern verstärkte sich mehr und mehr und nahm schließlich die Größenordnung der betrachteten Zustandsvariablen an.[298]

---

293 Vgl. Großmann (1999), S. 49.

294 Tatsächlich beginnt die Untersuchung natürlicher Systeme in der Regel eben nicht mit der Aufstellung von Systemgleichungen, sondern mit der Beobachtung des Systemverhaltens in ausführlichen Messreihen, aus denen daraufhin auf die Systemgleichungen geschlossen werden soll. Hier stellt sich die Frage, ob die gemessenen scheinbar zufälligen Datenpunkte tatsächlich nichts anderes als strukturloses Rauschen wiedergeben, oder ob sich in ihnen die komplexe, aber nicht zufällige Ordnung eines chaotischen Attraktors äußert (vgl. Peitgen/Jürgens/Saupe (1994), S. 319). Zur Rekonstruktion chaotischer Attraktoren aus Messungen des Systemverhaltens stehen verschiedene Methoden der Zeitreihenanalyse zur Verfügung, vgl. bspw. Peitgen/Jürgens/Saupe (1994), S. 215 sowie S. 319-332 oder dieselben (1992), S. 745-756 und Loistl/Betz (1996), S. 50-104.

295 Vgl. Loistl/Betz (1996), S. 8. Da die Herstellung oder Messung exakt gleicher Anfangsbedingungen jedoch nicht möglich ist, hat dieses Prinzip eher theoretische Bedeutung, vgl. Blaseio (1986), S. 22f.

296 Vgl. Lorenz (1963).

297 Zur Herleitung und Untersuchung der Lorenz-Gleichungen vgl. Lorenz (1963), S. 134ff. oder ausführlich Thompson/Stewart (1986), S. 212-234 sowie Peitgen/Jürgens/Saupe (1994), S. 262-275. Das Gleichungssystem ist jedoch nicht allein wegen der ‚Entdeckung' chaotischen Verhaltens bedeutsam, sondern weil bei Wahl geeigneter Systemparameter mit den gleichen Zustandsgleichungen auch andere dynamische Phänomene dargestellt werden können, so z. B. der Dynamo (vgl. Jetschke (1989), S. 130) oder eine Symbiose zweier Populationen mit ihrer Nahrungsquelle (vgl. Mainzer (1999), S. 13).

298 Vgl. Peitgen/Jürgens/Saupe (1992), S. 46-48.

LORENZ identifizierte extreme Anfangswertsensibilität als Grund für irreguläres Verhalten nichtlinearer Systeme im Allgemeinen und folgerte als praktische Konsequenz, dass aufgrund unvermeidlicher Ungenauigkeiten bei der Messung von Wetterdaten langfristige exakte Wettervorhersagen nicht möglich seien.[299] Er betitelte in der Folge einen Vortrag mit der Frage, ob der Flügelschlag eines Schmetterlings in Brasilien in der Lage wäre, einen Tornado in Texas auszulösen.[300] Als dieser ,Schmetterlingseffekt' haben es seine Erkenntnisse zu einem populären Bekanntheitsgrad gebracht.

Grundlage chaotischen Verhaltens ist stets eine irgendwie geartete Rückbezüglichkeit des Systems auf sich selbst.[301] Diese Rückbezüglichkeit schlägt sich in den mathematischen Systembeschreibungen als Nichtlinearität in den Zustandsgleichungen von zeitkontinuierlichen Systemen wie den Lorenz-Gleichungen oder als Iteration bei zeitdiskreten iterativen Abbildungen wie der nachfolgend vorgestellten Logistischen Funktion nieder. Rückbezüglichkeit ist für jenes Zeitverhalten verantwortlich, das auf den ersten Blick von zufälligem Rauschen nicht unterscheidbar ist. Um das Verhalten dieser Systeme als frei von Zufallseinflüssen zu kennzeichnen, werden aus diesem Grund derart irreguläre Bewegungen rein deterministischer Systeme häufig auch mit dem scheinbar widersprüchlichen Begriff ,deterministisches Chaos' bezeichnet.[302]

3.2.1.2 Die Logistische Funktion

Als Chaos erzeugender Faktor der Nichtlinearität in eindimensionalen zeitdiskreten Systemen kann die Iteration wirken. Ein prominentes, weil mit einem breiten Anwendungsspektrum verknüpftes Beispiel[303] hierfür ist die Logistische Funktion, deren Gleichung eine eindimensionale diskrete Abbildung im Intervall [0,1] auf sich selbst beschreibt: $x_{n+1} = f(x_n) = r \cdot x_n \cdot (1 - x_n)$ mit $0 \leq r \leq 4$, $n \in Z$.[304]

Graphisch kann die Entwicklung der Zeitreihe zur Logistischen Funktion leicht nachvollzogen werden, indem im Graphen zur Funktion (eine umgekehrte Parabel mit einem Maximum von $0{,}25 \cdot r$ bei $x=0{,}5$) der zu einem Punkt x_n der Abszissenachse jeweils zugeordnete Wert x_{n+1} auf der Ordinatenachse als Ausgangspunkt auf der Abszissenachse für die nächste Zuordnung genommen wird. Praktisch wird dies durch die Einführung der Winkelhalbierenden $x_{n+1} = x_n$ erreicht, so dass die notwendigen Operationen bei der graphischen Iteration sich auf die wiederholte Durchführung der

---

299 Vgl. Lorenz (1963), S. 141.

300 Vgl. Lorenz (1993), S. 14f. und S. 181.

301 Vgl. Coveney/Highfield (1995), S. 9 oder Richter/Rost (2002), S. 24.

302 Vgl. Jetschke (1989), S. 113. Haken/Wunderlin (1991), S. 20 bezeichnen deterministisches Chaos auch als ,makroskopisches Chaos' und differenzieren dieses Phänomen damit vom ,mikroskopischen Chaos', das bspw. ungeordnete Molekülbewegungen in Flüssigkeiten oder Gasen kennzeichnet.

303 Vgl. Mainzer (1997), S. 60ff. Diese Abbildung kann bspw. Zeitreihen von Vogelkolonien darstellen, vgl. Küppers (1996a), S. 161f., oder Insektenpopulationen, deren Mitglieder im Winter sterben und deren nächste Generationen im darauffolgenden Frühjahr aus Eiern schlüpfen, vgl. Loistl/Betz (1996), S. 24f., oder sie kann als eine nichtlineare Preisfunktion interpretiert werden, vgl. Liening (1999), S. 42ff.

304 Vgl. bspw. Bar-Yam (1997), S. 26ff. oder Loistl/Betz (1996), S. 24ff. Dieser funktionale Zusammenhang ist auch unter den Bezeichnungen quadratischer Iterator (vgl. Peitgen/Jürgens/Saupe (1994), S. 37ff.), logistische Abbildung oder Parabel-Abbildung (vgl. Jetschke (1989), S. 117ff. oder Falconer (1993), S. 200f.) geläufig.

Schritte ‚Bildung der vertikalen Geraden an den Funktionsgraphen', gefolgt von ‚Bildung der horizontalen Geraden an die Winkelhalbierende' beschränken, wie in der Abbildung 3.6 für den Parameter r = 2,6 skizziert ist.[305]

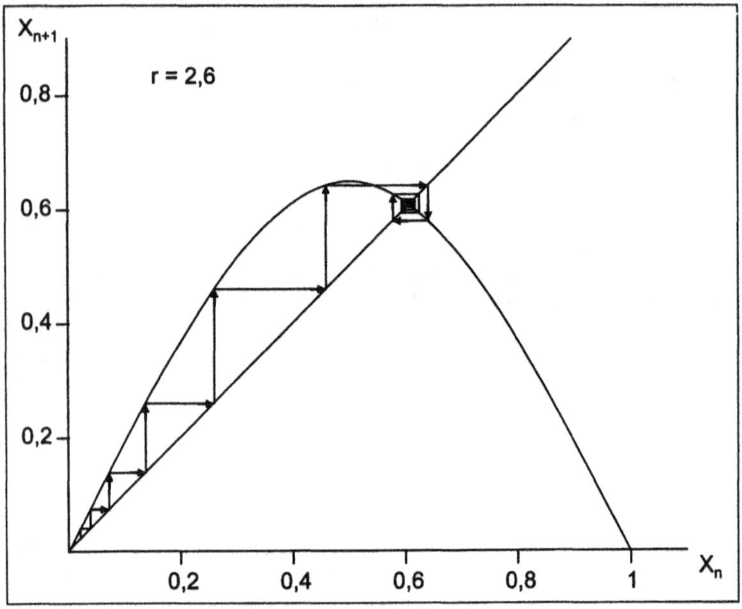

Abbildung 3.6: Konstruktion der Logistischen Funktion
Quelle: in Anlehnung an Liening (1999), S. 43

Im abgebildeten Fall konvergiert die Zeitreihe für x_∞ gegen den Schnittpunkt der Parabel mit der Winkelhalbierenden. Der Anfangswert x_0 der Iteration spielt dabei keine Rolle: Alle Anfangswerte zwischen 0 und 1 führen bei der gewählten Systemgleichung schließlich zu dem gleichen Endzustand als Fixpunkt, was ein Charakteristikum für stabiles Systemverhalten ist.[306] Eine qualitative Änderung dieses Systemverhaltens kann sich somit nur aus der Variation des Systemparameters r ergeben. Die Berechnung der Fixpunkte in Abhängigkeit von r ergibt, dass für alle r in einem Intervall zwischen 1 und 3 ein stabiles Systemverhalten erzeugt wird, das jeweils auf einen Fixpunkt $x_\infty = 1 - \frac{1}{r}$ zustrebt.[307] Wird r jedoch etwas größer als 3, so ändert sich das Systemverhalten nicht nur in der Lage des Fixpunktes, sondern es geschieht mit dem Hinzutreten eines zweiten Fixpunktes eine qualitative Veränderung: Das System

---

[305] Vgl. Loistl/Betz (1996), S. 25 oder Küppers (1996a), S. 162ff.

[306] Vgl. Peitgen/Jürgens/Saupe (1994), S. 39, die diese Tatsache auch in graphischer Form darstellen. Die in Kapitel 3.1 vorgestellten Begriffsbildungen zu zeitkontinuierlichen Systemen wie Trajektorien, Stabilität und Fixpunkte lassen sich analog auf zeitdiskrete Systeme übertragen, vgl. Jetschke (1989), S. 59ff.

[307] Zur Berechnung der Fixpunkte vgl. bspw. Jetschke (1989), S. 61 oder Loistl/Betz (1996), S. 25 oder ausführlich Peitgen/Jürgens/Saupe (1994), S. 131ff. sowie Bar-Yam (1997), S. 26ff.

'schwingt' in seinem Endzustand zwischen diesen beiden Fixpunkten und zeigt somit grenzzyklisches Verhalten.[308]

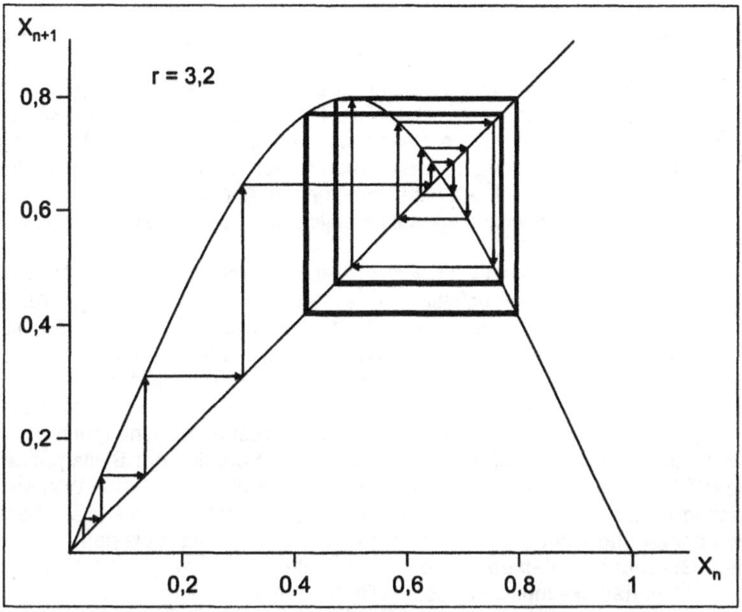

Abbildung 3.7: Logistische Funktion mit vier Fixpunkten
Quelle: in Anlehnung an Liening (1999), S. 44

Eine zweite Periodenverdopplung auf vier Fixpunkte findet bei fortschreitender Vergrößerung des Parameters r statt, wie in dem Beispiel in Abbildung 3.7 zu sehen ist, bei dem es vier sich wiederholende Schnittpunkte des Konstruktionsgraphen mit der Parabel gibt.[309]

Weitere Periodenverdopplungen ergeben sich nachfolgend bei zunehmendem r in immer kürzeren Abständen bis hin zu einem Punkt r_∞[310], an dem im Systemverhalten unendlich viele periodische Zyklen existieren, d.h. die Abfolge aufeinander folgender Werte wiederholt sich nie exakt, was einer chaotischen Zeitreihe gleichkommt. In einer Systemgleichung mit dem Parameter $r = 4$ füllt dann – unabhängig davon, von welchem Anfangswert ausgegangen wird – der Konstruktionsgraph der Logistischen Gleichung schließlich das gesamte Diagramm. Entsprechend wächst jedes beliebig kleine Intervall von Anfangswerten durch Iteration letztendlich auf das gesamte Intervall [0,1] an, so dass in zwei Zeitreihen, die mit eng benachbarten Startpunkten beginnen, nach einer Anzahl Iterationen die Werte nicht mehr entsprechend benachbart sind. Analog zu den Ergebnissen von LORENZ für sein zeitkontinu-

[308] Dieses zweiperiodische Verhalten existiert im Bereich $3<r<1+\sqrt{6}$, vgl. Loistl/Betz (1996), S. 27.

[309] Vier Fixpunkte liegen ab $r=1+\sqrt{6}$ vor, vgl. Loistl/Betz (1996), S. 27 oder Bar-Yam (1997), S. 32.

[310] Dieser Punkt r_∞ = 3,5699456..., bei dem der Bereich der Periodenverdopplung endet und der Bereich des Chaos beginnt, wird nach seinem Entdecker Feigenbaum-Punkt genannt, vgl. Peitgen/Jürgens/Saupe (1994), S. 135.

ierliches System wird dieses Phänomen auch bei dem hier behandelten zeitdiskreten System als sensitive Abhängigkeit von den Anfangsbedingungen bezeichnet.[311]

3.2.1.3 Bifurkationen in Systemfamilien: strukturelle Stabilitätsuntersuchungen

Die Logistische Funktion wurde voranstehend ausführlich behandelt, weil mit ihr die Begriffe der strukturellen Stabilität und der Bifurkation verdeutlicht werden können.
Im weiter vorne vorgestellten Konzept der dynamischen Stabilität (vgl. Abbildung 3.1) ist es das Anliegen, das Verhalten eines dynamischen Systems (mit konstanten Parametern) qualitativ im Hinblick auf eine Variation der Anfangsbedingungen zu untersuchen und seine Gleichgewichtslagen zu analysieren. Es wird genau ein System mit seinen Trajektorien betrachtet.
Beim Konzept der strukturellen Stabilität wird demgegenüber die gesamte Lösungsmannigfaltigkeit eines Differentialgleichungssystems bzw. einer iterierten Abbildung untersucht, die sich aus der Veränderung der Systemparameter ergibt. Strukturelle Stabilität liegt dann vor, wenn sich zwei Systeme, welche sich nur infinitesimal in einem Systemparameter unterscheiden, qualitativ gleichartig[312] verhalten, also bspw. immer – wie die Logistische Funktion, wenn der Parameter r im Bereich zwischen 1 und 3 liegt – auf einen einzigen Fixpunktattraktor zustreben. Untersucht wird hier somit letztlich eine ganze Systemfamilie, die aus der Variation der Systemparameter entsteht.[313] Die Frage der strukturellen Stabilität ist für die empirischen Wissenschaften besonders interessant, da Systemparameter in der Natur nie exakt bestimmt werden können und nicht unbedingt über längere Zeit konstant bleiben, so dass die aus den Gleichungssystemen gewonnenen Untersuchungsergebnisse gegenüber derartigen Ungenauigkeiten robust sein sollten.[314]

Für die oben behandelte Logistische Funktion wurden verschiedene Werte des Parameters r ermittelt, an denen sich das qualitative Systemverhalten schlagartig ändert. Ein solcher kritischer Wert konnte z.B. mit $r = 3$ angegeben werden: Alle Reihen mit $r < 3$ konvergieren nach einigen Iterationen auf einen Fixpunkt, während für die Reihen mit $r > 3$ zwei Fixpunkte existieren, zwischen denen die Werte der Reihe im Endzustand alternieren. Dieses qualitative Verhalten eines zweiperiodischen Grenzzyklus' zeigen auch alle übrigen Reihen mit ansteigendem Parameter, bis bei dem nächsten kritischen Parameterwert $r = 1 + \sqrt{6}$ eine weitere Verzweigung der Endzustandspunkte in Form der nächsten Periodenverdoppelung eintritt usw.
Die verschiedenen Bereiche der strukturellen Stabilität, in denen das Systemverhalten jeweils qualitativ gleichartig ist, können in einem Diagramm dargestellt werden, welches das unterschiedliche Langzeitverhalten in Abhängigkeit vom Systemparameter abbildet. Bei dieser Fragestellung spielt die Wahl des Anfangszustands keine

---

[311] Vgl. Peitgen/Jürgens/Saupe (1994), S. 40.

[312] Auch bei qualitativ gleichem Verhalten zweier ‚benachbarter' dynamischer Systeme, die sich nur wenig in einem Parameterwert unterscheiden, kann dabei die genaue Lage und Form der jeweiligen Attraktoren differieren – solange diese jedoch topologisch äquivalent sind, liegt strukturelle Stabilität vor. Zwei Systeme sind topologisch äquivalent, wenn zwischen ihren Trajektorien eine eineindeutige stetige Abbildung existiert, bei welcher die Orientierung der Phasenporträts beibehalten wird, vgl. Haken/Wunderlin (1991), S. 430. Zum Begriff und zum Nachweis topologischer Äquivalenz vgl. ausführlicher auch Jetschke (1989), S. 46f. und S. 65ff.

[313] Die Wahl der Anfangsbedingungen spielt dabei entweder keine Rolle, oder die Betrachtungen schließen alle Anfangsbedingungen ein, vgl. Hedrich (1994), S. 31f.

[314] Vgl. Hedrich (1994), S. 31.

Rolle. Zur Abbildung des Langzeitverhaltens im sog. ‚Bifurkationsdiagramm'[315] wird der jeweils vom System angestrebte Endzustand als Funktion des Systemparameters abgetragen. Die prinzipielle Gestalt des Bifurkationsdiagramms für die Logistische Funktion ist in der Abbildung 3.8 skizziert.

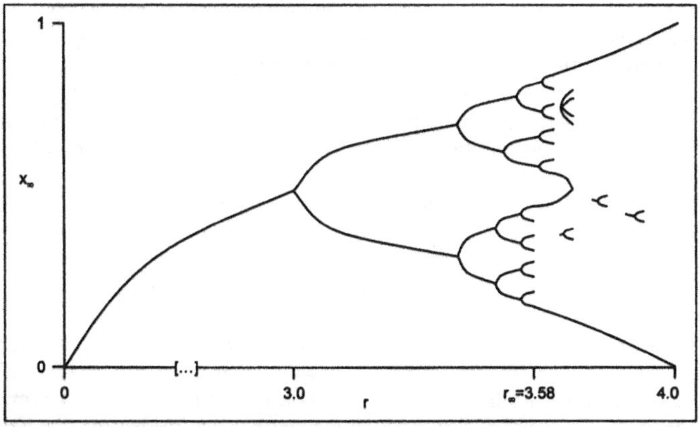

Abbildung 3.8: Prinzipskizze zum Bifurkationsdiagramm der Logistischen Funktion
Quelle: in Anlehnung an Stacey (1991), S. 374

Während die ersten Verzweigungspunkte mit ihren jeweiligen Endzuständen noch deutlich zu erkennen sind, wird dies mit ansteigendem r immer schwieriger, und im Bereich chaotischen Verhaltens überdecken schließlich bei $r = 4$ die Endzustandspunkte den gesamten Bereich des Wertespektrums. Grundlage dieses chaotischen Verhaltens ist jedoch auch hier die – vollständig deterministische und sehr einfache – Gleichung der Logistischen Funktion mit einem entsprechend gewählten Parameter r. Dieselbe Systemgleichung führt aber, wie oben gezeigt wurde, mit einem Parameter $r < 3$ zu einem regulären Systemverhalten, das auf einen Fixpunkt zustrebt. Das Bifurkationsdiagramm markiert diesen Weg von geordneten Strukturen zu chaotischem Verhalten oder einen „Fahrplan von der Ordnung ins Chaos“ [316].

Zusätzlich offenbart der Graph aus Abbildung 3.8 noch zwei weitere bemerkenswerte Eigenschaften, von der die eine den periodenverdoppelnden, die andere den chaotischen Bereich betrifft: Zum einen sind auch im chaotischen Bereich des Diagramms rechts vom Feigenbaum-Punkt Parameterbereiche zu erkennen, in denen das System wieder regulär-periodisches Verhalten zeigt.[317] Zum anderen weist der Graph im periodenverdoppelnden Bereich die qualitative Beschaffenheit eines Fraktals auf: Bei wiederholten Vergrößerungen von Ausschnitten aus diesem Bereich des Diagramms

---

[315] Andere Bezeichnungen für das Bifurkationsdiagramm (von Bifurkation = Gabelung, Verzweigung) lauten ‚Endzustands'- oder ‚Feigenbaum-Diagramm', vgl. Peitgen/Jürgens/Saupe (1994), S. 134f.

[316] Peitgen/Jürgens/Saupe (1994), S. 135. Die Bifurkationstheorie beschreibt generische Bifurkationstypen, die in verschiedenen Arten dynamischer Systeme auftreten können, vgl. ausführlich bspw. Thompson/Stewart (1986), S. 254-288, Jetschke (1989), S. 155-170 oder Reitmann (1996), S. 115-143. Bisher wurden neben dem oben beschriebenen Weg über wiederholte Periodenverdoppelung noch zwei weitere mögliche Wege eines Fixpunktes ins Chaos entdeckt, vgl. Reitmann (1996), S. 219-226, Jetschke (1989), S. 170, Moon (1992), S. 68ff., Haken/Wunderlin (1991), S. 419ff. oder Ebeling/Freund/Schweitzer (1998), S. 143ff.

[317] Vgl. Loistl/Betz (1996), S. 29.

wird die Selbstähnlichkeit der Abbildung deutlich, der Ausschnitt erscheint wie eine Kopie der ursprünglichen Abbildung.[318]

3.2.1.4 Dissipative Systeme und seltsame Attraktoren

In zeitkontinuierlichen dissipativen Systemen tritt chaotisches Langzeitverhalten in Form des ‚chaotischen' oder ‚seltsamen' Attraktors auf. Dissipative oder streuende Systeme sind, im Gegensatz zu den energieerhaltenden konservativen Systemen, solche, die in einem Energieaustausch mit ihrer Umwelt stehen.[319] Das Pendel aus Kapitel 3.1.3.2 ist ein Beispiel für ein dissipatives System, dem u.a. durch die Luftreibung Energie entzogen wird.[320]
Ein wesentliches Merkmal dissipativer Systeme in Bezug auf ihr Zeitverhalten ist die Volumenkontraktion: Langfristig nimmt das Systemverhalten nicht den gesamten Phasenraum ein, sondern hält sich in einem niedriger dimensionalen Unterraum des Phasenraums auf und kann dann mit einer entsprechend kleineren Anzahl von Variablen beschrieben werden.[321]
Das Phänomen der Volumenkontraktion gilt nun jedoch nicht nur für reguläre Verhaltensmuster wie bspw. Fixpunkt oder Grenzzyklus, sondern lässt sich genauso auf komplexere geometrische Attraktorformen anwenden, in denen das Systemverhalten langfristig ‚gefangen' wird. Die das Systemverhalten charakterisierenden Trajektorien müssen dabei nicht unbedingt wie bei den regulären Verhaltensmustern geschlossene Bahnen bilden, sondern füllen den Attraktor mit der Zeit vollständig aus, ohne jedoch periodische Bewegungen zu beschreiben. Dieses Phänomen entspricht einer sensitiven Abhängigkeit von den Anfangsbedingungen.

Die entstehenden komplexen Attraktorgebilde kombinieren die Eigenschaft der strukturellen Stabilität – kleine Parameterveränderungen in den Systemgleichungen haben keine Auswirkungen auf das qualitative Systemverhalten – mit der dynamischen Instabilität auf dem Attraktor selbst: Eine Trajektorie, die einmal das Einzugsgebiet des Attraktors erreicht hat, verlässt ihn zwar nicht wieder, aber die Anfangswertsensitivität führt zu einer völlig unterschiedlichen Entwicklung und exponentiellen Divergenz ursprünglich benachbarter Trajektorien auf dem Attraktor.[322] Genau dieser Paarung auf den ersten Blick widersprüchlicher Eigenschaften verdanken die entsprechenden Attraktoren das Adjektiv ‚seltsam'.[323]

---

[318] Vgl. Bar-Yam (1997), S. 283ff. sowie Peitgen/Jürgens/Saupe (1994), S. 135ff. Die Eigenschaften fraktaler Objekte werden ausführlicher in Kapitel 3.2.2 thematisiert.

[319] Vgl. Loistl/Betz (1996), S. 12ff.

[320] Das gedämpfte Pendel mit lediglich zwei Zustandsvariablen kann jedoch noch kein chaotisches Verhalten zeigen: In der (zweidimensionalen) Phasenebene können sich nach dem Poincaré-Bendixon-Theorem (vgl. hierzu bspw. Hirsch/Smale (1974), S. 239-254 oder Acheson (1997), S. 156f.) die Trajektorien nicht schneiden, daher ist es für zweidimensionale Systeme nicht möglich, chaotisches Verhalten zu zeigen. Chaos kann in zeitkontinuierlichen dynamischen Systemen erst ab einem System dritter Ordnung entstehen, vgl. Peitgen/Jürgens/Saupe (1994), S. 247f.

[321] Vgl. Auyang (1998), S. 234ff. oder Loistl/Betz (1996), S. 13. Dieser Umstand kann auch dadurch ausgedrückt werden, dass es im Langfristverhalten weniger aktive Freiheitsgrade gibt als Systemvariable, vgl. Kantz (1999), S. 76f.

[322] Zur Vereinbarkeit struktureller und dynamischer Stabilität vgl. Hedrich (1994), S. 38.

[323] Der Begriff ‚Strange Attractor' wurde von den Mathematikern David Ruelle und Floris Takens im Rahmen ihrer Studien zur Turbulenz geprägt, vgl. bspw. Peitgen/Jürgens/Saupe (1994), S. 214.

Der erste entdeckte seltsame oder chaotische Attraktor ist der in der Abbildung 3.9 skizzierte Lorenz-Attraktor, der das Langzeitverhalten der in Kapitel 3.2.1.1 erwähnten Lorenz-Gleichungen beschreibt.

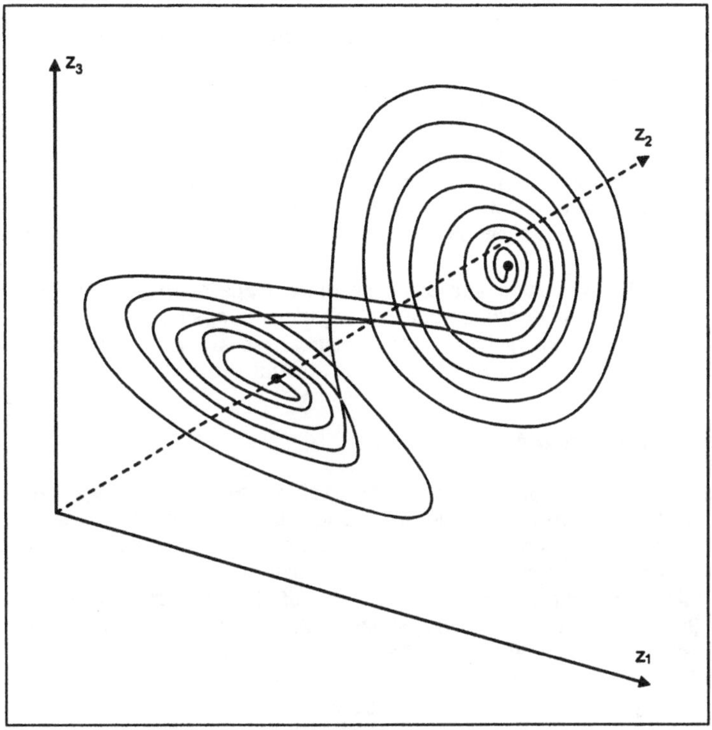

Abbildung 3.9: Prinzipskizze des Lorenz-Attraktors im Zustandsraum
Quelle: in Anlehnung an Stacey (1991), S. 164

In der Abbildung 3.9 sind zwei Bereiche zu erkennen, um die herum sich die Trajektorien bewegen, bis sie in den jeweils anderen Bereich hineinführen. Die Anzahl der Windungen, die eine Trajektorie dabei innerhalb eines Bereiches vollführt, ist nicht festgelegt.[324] Dieser Umstand erklärt die von LORENZ festgestellte divergente Entwicklung des Zeitverhaltens seines Gleichungssystems bei kleinsten Unterschieden in den Anfangsbedingungen: Zwar sind die Werte, welche die Zustandsvariablen annehmen können, durch die geometrische Form des Attraktors begrenzt, aber ihre genaue Ausprägung zu einem bestimmten Zeitpunkt kann nicht vorhergesagt werden.

Geometrisch betrachtet kann dieses Phänomen sensitiver Anfangswertabhängigkeit bei gleichzeitiger Beschränkung auf einen Teilraum des Zustandsraums durch wiederholte Streck- und Faltoperationen an Trajektorien nachgebildet werden, weshalb das Kneten von Teig, der wiederholte Male ausgerollt (gestreckt) und übereinander geschlagen (gefaltet) wird, als eine Metapher für deterministisches Chaos herange-

[324] Vgl. Peitgen/Jürgens/Saupe (1994), S. 263.

zogen werden kann.[325] Durch das Falten werden ehemalige Nachbarschaftsbeziehungen zerstört, durch das anschließende Strecken wird die Größe des ursprünglichen Gebietes wieder hergestellt. Während dieser anschauliche Zugang zu der Frage, was chaotisches Verhalten ausmacht, intuitiv verständlich ist, existiert auf der mathematischen Argumentationsebene noch keine im Detail einheitliche Chaosdefinition.[326]

Dennoch können vier Kriterien angegeben werden, deren gemeinsame Erfüllung das Vorliegen von deterministischem Chaos anzeigen:[327]

- Dem System liegt eine deterministische Dynamik zugrunde (das chaotische Verhalten wird folglich nicht von systeminternen Zufallseinflüssen geprägt).
- Es gibt kein externes Rauschen als Störgröße (folglich sind auch keine von außen auf das System einwirkenden Zufallsgrößen für das erratische Systemverhalten verantwortlich).
- Das scheinbar regellose Verhalten einzelner Trajektorien ist sensitiv abhängig von infinitesimalen Änderungen der Anfangsbedingungen und
- gleichzeitig bestehen globale Charakteristika, die keine Anfangswertsensitivität aufweisen (die seltsamen Attraktoren sind strukturell stabil).

3.2.2 Fraktale geometrische Strukturen

Fraktale Objekte, seien sie mathematisch erzeugt, wie bspw. die im Folgenden beschriebene Mandelbrot-Menge, oder natürlichen Ursprungs, wie bspw. ein Farn oder ein Blumenkohl, zeichnen sich durch eine Anzahl charakteristischer Eigenschaften aus, die nachfolgend noch eingehender beschrieben werden:[328]

- Ein fraktales Objekt weist eine Feinstruktur auf, d.h. es zeigt auch in beliebig kleinen Größenordnungen noch Einzelheiten. (Diese Eigenschaft stößt allerdings bei natürlichen Fraktalen an eine untere, atomare Grenze.[329])
- Dabei sind diese Einzelheiten dem ursprünglichen Objekt geometrisch ähnlich, wobei diese Selbstähnlichkeit keine identische Ähnlichkeit (Skaleninvarianz) sein muss, sondern auch als annähernde Ähnlichkeit vorkommen kann.
- Das Objekt kann nicht mit traditionellen geometrischen Mitteln beschrieben werden, seine fraktale Dimension ist gewöhnlich größer als die topologische Dimension[330].
- Trotz der komplexen Gestalt eines Fraktals ist sein Bildungsgesetz häufig sehr einfach und folgt meist einem rekursiven Verfahren.

Auch fraktale geometrische Strukturen erhalten somit wie die Systeme mit chaotischem Verhalten ihre Eigenschaft durch Rückbezüglichkeit, in diesem Fall durch eine Konstruktionsvorschrift, die rekursiv in jedem Schritt die Bildung der aktuellen Gestalt des fraktalen Objektes aus der letzten Gestalt beschreibt.

---

[325] Vgl. auch Briggs/Peat (1993), S. 108 oder Wolfram (2002), S. 306f. Dieser Mechanismus wird bei Peitgen/Jürgens/Saupe (1994), S. 72ff. oder Peitgen/Jürgens/Saupe (1992), S. 536ff. ausführlich beschrieben und veranschaulicht. Die entsprechende Transformation wird Hufeisen- oder Bäckertransformation genannt, vgl. Flämig (1998), S. 130 oder Schuster (1994), S. 105f.

[326] Verschiedene Definitionen für Chaos finden sich bei Krabs (1998), S. 101-129 sowie bei Loistl/Betz (1996), S. 37-47.

[327] Vgl. Loistl/Betz (1996), S. 48f.

[328] Vgl. Falconer (1993), S. 20.

[329] Vgl. bspw. Stewart (2002), S. 158.

[330] Zur topologischen Dimension vgl. die nachfolgenden Erläuterungen in diesem Teilkapitel.

Um diese und die anderen oben angegebenen charakteristischen Eigenschaften von Fraktalen zu verdeutlichen, soll in der Folge mit der von Koch-Kurve[331] ein Beispiel für eine ideale fraktale Kurve[332] dargestellt werden.
Die von Koch-Kurve wird konstruiert, indem eine Kurve E_0, die eine Strecke definierter Länge ist, gedrittelt wird und das mittlere Teilstück durch zwei Seiten des gleichseitigen Dreiecks ersetzt wird, dessen Grundlinie das entfernte Teilstück bildete. Mit den dergestalt erzeugten vier Teilstücken der Kurve E_1 wird jeweils nach derselben Konstruktionsvorschrift verfahren, so dass die Kurve E_2 bereits aus 16 Teilstücken besteht, wie Abbildung 3.10 zeigt. Im nächsten Schritt wird jedes dieser 16 Teilstücke wieder auf die gleiche Art verformt usw. Mit der beschriebenen Konstruktionsvorschrift wird erreicht, dass jeder Ausschnitt der Kurve bei einer Vergrößerung genauso aussieht wie die ursprüngliche Kurve.

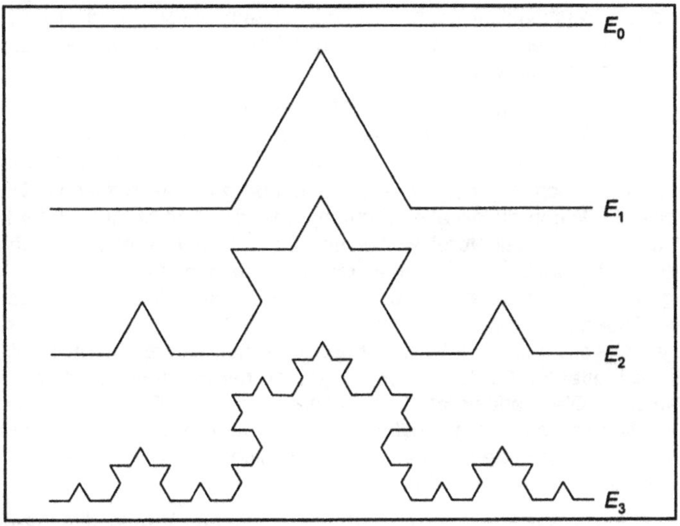

Abbildung 3.10: von Koch-Kurve
Quelle: in Anlehnung an Gleick (1988), S. 147

Dieses Phänomen wird allgemein auch Skaleninvarianz genannt: Unabhängig davon, mit welchem Faktor die Abbildung skaliert wird, zeigt sich die gleiche Geometrie der Kurve. Im Zusammenhang mit fraktalen Strukturen wird diese Eigenschaft geometrischer Gleichartigkeit von Original und Ausschnitten als Selbstähnlichkeit bezeichnet.[333]

Die Länge der von Koch-Kurve vergrößert sich mit jedem Iterationsschritt um den Faktor $\frac{4}{3}$. Wenn die Strecke E_0 die Länge Eins hatte, beträgt die Länge der Kurve in der k-ten Iteration folglich $(\frac{4}{3})^k$. Läuft die Zahl der Iterationsschritte gegen unendlich, wird damit auch die Kurve unendlich lang, wobei sich diese unendliche Länge aber

[331] Der Mathematiker Helge v. Koch beschrieb 1904 erstmals diese Kurve (allerdings war zu diesem Zeitpunkt der Begriff ‚Fraktal' noch unbekannt), vgl. Gleick (1988), S. 147f.

[332] Vgl. Kaye (1994), S. 32.

[333] Vgl. Kaye (1994), S. 32.

zwischen dem ursprünglichen Anfangs- und Endpunkt der Strecke E_0 zusammenfalten muss. Trotz ihrer unendlichen Länge müsste andererseits die Kurve, wie alle Kurven, in der Ebene eine Fläche der Größe Null einnehmen. Damit liefern weder die Länge noch die Fläche eine sinnvolle Beschreibung für die Größe der Kurve. Sie muss größer als eindimensional sein, da sie unendlich lang ist, aber kleiner als zweidimensional, da sie keinen Flächeninhalt besitzt.[334]

Anhand obiger Überlegungen wird deutlich, dass zur Beschreibung der Geometrie der von Koch-Kurve und ähnlicher Gebilde konventionelle Maße versagen müssen. Während die topologischen Dimensionen gewöhnlicher Objekte immer natürliche Zahlen sind – eine Kurve hat die topologische Dimension 1, eine Fläche die Dimension 2 usw. – lassen sich die von Koch-Kurve und verwandte Strukturen nicht in diese Kategorien fassen. MANDELBROT prägte das Wort Fraktal[335] für derartige Objekte, die nicht in ein traditionelles geometrisches Schema passen, und zeigte, wie sich deren fraktale, nicht ganzzahlige Dimensionen berechnen lassen, die i.d.R. größer sind als ihre topologische Dimensionen.[336]

MANDELBROT entdeckte auch die nach ihm benannte Mandelbrot-Menge, das vermutlich bekannteste fraktale Objekt. Sie wird konstruiert, indem jeder Punkt c der komplexen Zahlenebene daraufhin untersucht wird, ob er nach einer unendlichen Zahl arithmetischer Iterationen gemäß $z \to z^2 + c$ mit dem Startwert $z_0=c$ ins Unendliche strebt oder nicht. Wenn die Iteration Richtung unendlich strebt, gehört der betreffende Punkt c nicht zur Mandelbrot-Menge und bleibt in der komplexen Zahlenebene weiß; diejenigen Punkte c, mit denen die Iteration konvergiert, werden dagegen schwarz gefärbt.[337] Auf diese Weise entsteht in der komplexen Zahlenebene eine zusammenhängende schwarz gefärbte Struktur. Während das Innere der Mandelbrot-Menge schwarz ausgefüllt ist, weist der Rand bei näherer Betrachtung eine unerschöpfliche Vielfalt an fraktalen Formen auf, die bei weiterer Vergrößerung immer wieder variieren. Die Mandelbrot-Menge bildet somit kein Fraktal im engen Sinne, denn sie weist keine so strenge Selbstähnlichkeit auf wie die von Koch-Kurve, sondern zeigt in jeder Vergrößerung zwar wieder ähnliche Strukturen, die jedoch jeweils eine Variation der bereits bekannten Formen darstellen.[338]

Dass Zusammenhänge zwischen chaotischen Verhaltensformen dynamischer Systeme und fraktalen Strukturen existieren, ist bereits am Bifurkationsdiagramm der Logistischen Funktion in Abbildung 3.8 deutlich geworden: Im Bereich der Periodenverdopplung zeigt das Diagramm auch bei mehrfacher Vergrößerung selbstähnliche Strukturen, d.h. die Vergrößerung eines Ausschnitts aus der Kurve erscheint fast wie eine Kopie der Originalkurve. Ausschlaggebend hierfür ist die Tatsache, dass für beliebige Paare von Parametern, die zu aufeinander folgenden Bifurkationspunkten

---

[334] Vgl. Falconer (1993), S. 15 oder Bar-Yam (1997), S. 263.

[335] von lat. fractus: gebrochen.

[336] Vgl. Mandelbrot (1991), S. 27.

[337] Vgl. Gleick (1988), S. 312. Zur vertiefenden Erläuterung der Konstruktionsvorschrift und der Interpretationen der Mandelbrot-Menge vgl. bspw. Peitgen/Jürgens/Saupe (1994), S. 431ff. oder Hedrich (1994), S. 80ff.

[338] Fraktale Geometrie in diesem weitergefassten Sinn kann dann auch in Graphen von zeitlichen Entwicklungen realer Vorgänge festgestellt werden, wie bspw. beim Wasserstand in Stauseen oder bei Aktienkursen, vgl. Falconer (1993), S. 169f., Evertsz et al. (1999) und Stewart (2002), S. 158ff.

gehören, das Verhältnis dieser beiden Parameter zueinander immer annähernd dasselbe ist.[339]

Mit der fraktalen Dimension geometrischer Gebilde ergibt sich eine weitere Verbindung zwischen Fraktalen und Chaos, welche die seltsamen Attraktoren betrifft. Durch die in Kapitel 3.2.1.4 beschriebene Volumenkontraktion füllt ein Attraktor nur einen Teil des Phasenraums, bspw. kann der Lorenz-Attraktor im dreidimensionalen Phasenraum gedanklich durch einen Kasten eingefasst werden, welcher die Grenzen des Attraktors markiert. Zugleich zieht der Attraktor Trajektorien in seiner Umgebung an, und eine Trajektorie, welche sich einmal auf dem Attraktor befindet, bleibt auf ihm ‚gefangen'. Da aufgrund der Anfangswertsensitivität nun jede infinitesimale Differenz in den Startpunkten zu einer anderen Trajektorie führt, birgt ein seltsamer Attraktor damit unendlich viele Pfade, füllt aber zugleich nur einen begrenzten Raum.[340] Auch dieser Widerspruch lässt sich nur auflösen, wenn angenommen wird, dass ein solcher Attraktor eine fraktale Dimension besitzt. Tatsächlich kann diese fraktale Dimension zur Beschreibung eines dynamischen Systems mit chaotischem Verhalten verwendet werden: Während die Ljapunov-Exponenten, die in Kapitel 3.1.3.3 vorgestellt wurden, die dynamischen Eigenschaften auch chaotischer Systeme beschreiben und damit gleichsam ein Maß für den Verlust an Vorhersagbarkeit im zeitlichen Verhalten darstellen, ist mit der fraktalen Dimension eine Möglichkeit zur Quantifizierung der geometrischen Eigenschaften und damit der ‚Seltsamkeit' eines chaotischen Attraktors gegeben.[341]

Als dritte Verbindung zwischen fraktaler Geometrie und Chaos ist das Phänomen der Endzustandssensitivität zu nennen:[342] Dieses Merkmal können Systeme aufweisen, die mehrere Attraktoren besitzen, wobei der einzelne Attraktor nicht notwendigerweise ein seltsamer Attraktor sein muss, sondern bspw. auch ein Fixpunktattraktor sein kann. Bei einem solchen System mit mehreren ‚konkurrierenden' Attraktoren hängt es vom jeweiligen Anfangswert des Systems ab, welchem der Attraktoren eine Trajektorie im Zeitverlauf letztlich zustrebt. Die Ränder zwischen den Attraktionsgebieten sind häufig aber nicht glatt, sondern haben fraktale Strukturen.[343]

---

[339] Der numerische Wert, gegen den dieses Verhältnis schließlich konvergiert, ist die Feigenbaum-Konstante, vgl. Peitgen/Jürgens/Saupe (1994), S. 137ff. Für das Verhältnis der jeweils größten Distanz zwischen den beiden Zweigen zweier aufeinanderfolgendor Bifurkationen in vertikaler Richtung gilt jedoch ein anderer Skalierungsfaktor, vgl. Bar-Yam (1997), S. 283ff.

[340] Vgl. Gleick (1988), S. 205ff.

[341] Vgl. Moon (1992), S. 325 oder Kauffman (1993), S. 179. Zur Bestimmung fraktaler Dimensionen existieren unterschiedliche Ansätze, vgl. bspw. Falconer (1993), S. 28-80, Peitgen/Jürgens/Saupe (1994), S. 290-318 oder Mandelbrot (1991).

[342] Für eine ausführliche Beschreibung und Erklärung derartiger Erscheinungen vgl. bspw. Peitgen/Jürgens/Saupe (1994), S. 333ff., Moon (1992), S. 375ff. oder Gleick (1988), S. 303ff.

[343] Ein Beispiel ist das Eisenpendel, welches über drei im Dreieck angeordneten Magneten schwingt. Während in der unmittelbaren Nähe eines Magneten das Pendel von diesem Magneten auch angezogen wird, trifft diese Korrelation zwischen Endpunkt und größter Nähe im Anfangszustand für weiter entfernte Startpunkte nicht mehr zu: Hier können die Trajektorien zweier benachbarter Startpunkte unterschiedlichen Attraktoren zustreben. Dies beeinträchtigt die Vorhersagbarkeit des Verhaltens von Systemen mit mehreren Attraktoren, und zwar umso mehr, je größer die fraktale Dimension des Attraktionsbereichs ist, vgl. Peitgen/Jürgens/Saupe (1994), S. 333ff.

3.2.3 *Zwischenfazit: Grundlagen chaotischen Verhaltens und fraktaler Strukturen*

Zusammenfassend können für das Auftreten von deterministischem Chaos und fraktalen geometrischen Strukturen folgende Aspekte festgehalten werden:

- Selbst vollkommen deterministische Systeme, deren Beschreibung keinerlei Zufallselemente enthält, können ohne äußere Störeinwirkungen irreguläres, chaotisches Verhalten erzeugen (sog. ‚deterministisches Chaos').
- Voraussetzung hierfür ist stets die Nichtlinearität (bei kontinuierlichen Systemen dritter und höherer Ordnung) bzw. Rekursivität (bei iterativen Abbildungen) der Systemgleichungen, die damit eine Rückbezüglichkeit des Systems auf sich selbst ausdrücken.
- Hervorstechendes Merkmal chaotischen Systemverhaltens ist die Divergenz ursprünglich benachbarter Systemzustände bzw. Trajektorien (bspw. als Instabilität, Schmetterlingseffekt oder Anfangswertsensitivität).
- Zu diesem Aspekt der dynamischen Stabilität, die das Verhalten benachbarter Trajektorien bei Variation der Anfangsbedingungen betrachtet, tritt die Frage der strukturellen Stabilität, bei der das Verhalten benachbarter Systeme untersucht wird, die sich durch Variation eines Systemparameters unterscheiden.
- Mit fortschreitender Variation des Systemparameters werden Übergangspunkte zu qualitativ unterschiedlichem Systemverhalten benachbarter Systeme deutlich (Bifurkationen), in der Verkettung von Bifurkationen entstehen Routen von Gleichgewichtslagen zum Chaos. Durch Veränderung eines einzigen Parameters kann so aus einem System im Gleichgewicht ein chaotisches System werden.
- In dissipativen Systemen treten seltsame Attraktoren auf, die dynamische Instabilität mit struktureller Stabilität verbinden. Von diesen Attraktoren gefangene Trajektorien bewegen sich auf dem Attraktor chaotisch und unvorhersehbar.
- Derart entstehen auf seltsamen Attraktoren unendlich lange Trajektorien, die jedoch langfristig an den begrenzten Raum des Attraktors gebunden sind.
- Fraktale sind fein strukturierte, skaleninvariante (künstliche) oder selbstähnliche (natürliche) geometrische Objekte, die meist nach einfachen rekursiven Verfahren erzeugt werden können. Ihre fraktale Dimension ist größer als ihre topologische Dimension.
- Es bestehen Zusammenhänge zwischen dynamischer und geometrischer Irregularität: Seltsame Attraktoren haben in ihrer Geometrie fraktale Dimensionen. Bei einigen dynamischen Systemen besitzen die Attraktoren fraktale Einzugsgebiete (Endzustandssensitivität).

3.2.4 *Einflüsse der Erkenntnisse zu chaotischem Verhalten und fraktalen Strukturen auf Perspektiven der Unternehmensdynamik und -steuerung*

Die naturwissenschaftlich begründeten Erkenntnisse zu chaotischem Verhalten und fraktalen Strukturen haben Eingang in Konzepte der betriebswirtschaftlichen Forschung und Praxis gefunden.

Fraktale Strukturen

Ganz explizit hat sich die Vielfalt fraktaler Strukturen in einem Ansatz der Unternehmensgestaltung niedergeschlagen: Im Konzept der Fraktalen Fabrik[344] wird aus den

[344] Vgl. Warnecke (1992).

Bildungsgesetzen von Fraktalen ein Grundmuster für die Gestaltung von Industriebetrieben abgeleitet. Hier sind Fraktale weitgehend selbständig agierende Unternehmenseinheiten, die sich allerdings nicht in ihren äußeren Merkmalen, sondern vielmehr in ihren Zielen, ihrer organisatorischen Gestaltung und ihrer Art der Leistungserstellung ähnlich sind.[345] Die Fraktale Fabrik ist in die Reihe der modularen Produktionskonzepte einzuordnen, auf die in Kapitel 5.2.1.2 noch näher eingegangen wird.

Chaotisches Verhalten

Auch Unternehmen sind nichtlineare dynamische Systeme und somit grundsätzlich zu chaotischen Verhaltensweisen fähig.[346] Seit Mitte der 1980er Jahre werden chaostheoretisch fundierte Konzepte auch in der Wirtschaft diskutiert.[347] Dabei erfährt chaotische Dynamik im Zusammenhang mit Unternehmen zwei sehr unterschiedliche Bewertungen.
Zum einen besitzt das Chaos eine bedrohliche Dimension, die mit Ziellosigkeit, Konfusion und Unordnung in Verbindung gebracht wird.[348] Häufig ist die Suche nach chaotischen Bereichen in den Wirtschaftswissenschaften daher durch den Wunsch nach Chaosvermeidung motiviert, da in Wirtschaftssystemen starke Oszillationen, wie sie chaotische Systeme zeigen, meist mit hohen Kosten oder Effizienzverlusten verbunden sind.[349]
Zum anderen wird Chaos als Faktum akzeptiert, als Motor des Wandels verstanden und sein schöpferisches Potential betont. Attraktiv am Chaos ist in dieser Sichtweise vor allem die Idee, dass hier bereits mit kleinen Eingriffen oder Veränderungen große Wirkung erzielt werden kann.[350] Chaos gilt hier als „der Archetypus der Neuerung, Kreativität, Innovation und Überraschung"[351], der durchaus auch risikobehaftet, aber grundsätzlich gar nicht vermeidbar ist.

Neben der positiven oder negativen Grundeinstellung zu chaotischen Phänomenen in Unternehmen bildet auch die Interpretation der Chaostheorie ein Unterscheidungsmerkmal in den betriebswirtschaftlichen Ansätzen.[352] Auf der einen Seite finden sich Ansätze, welche aus der naturwissenschaftlichen Chaosforschung die generelle Nicht-Steuerbarkeit von Unternehmenssystemen ableiten.[353] Da mathematisch-analytische Ansätze von Planung, Steuerung und Kontrolle hier nicht einsetzbar

[345] Vgl. Warnecke (1992), S. 141ff.

[346] Vgl. Feichtinger/Kopel (1994), S. 23, Stacey (1991), S. 175, Kopel (1994), S. 71 und zur kritischen Hinterfragung dieser Annahme auf Basis verschiedener Nachweismethoden auch Appelhans (1998), S. 157ff.

[347] Vgl. die Aufstellung bei Flämig (1998), S. 198f. Als eine der ersten Anwendungen chaostheoretischer Überlegungen in der deutschen Betriebswirtschaftslehre wird häufig auf Albach (1988) verwiesen, vgl. Büssow/Mainz (2002), S. 41 oder Feichtinger/Kopel (1994), S. 19.

[348] Vgl. Deser (1997), S. 75f.

[349] Vgl. Feichtinger/Kopel (1994), S. 27, Holzkämpfer (1996), S. 309f. oder Büssow/Mainz (2002), S. 41.

[350] Vgl. Deser (1997), S. 74ff., Stacey (1991), S. 176f., Heitger (1993), S. 144 oder Glass (1996), S. 102.

[351] Stacey (1997), S. 35.

[352] Vgl. hierzu ausführlich Flämig (1998), S. 198ff.

[353] „What it tells us is that no amount of information gathering, analysis or research can remove these properties [...] The consequences of open-ended change are inherently unknowable and there is nothing we can do about it." (Stacey (1991), S. 177).

sind, muss Unternehmensführung folglich eher auf Erfahrung, Einsicht, Intuition, Analogiebildung und Lernen setzen.[354]

Auf der anderen Seite stehen Ansätze, die mit Hilfe der mathematischen Hilfsmittel der Chaostheorie und inspiriert durch die Erkenntnisse zum deterministischen Chaos gerade die Beherrschbarkeit bislang als zufällig oder nicht steuerbar angesehener Entwicklungen erreichen wollen. Sie gehen im Extremfall davon aus, dass „nothing in this world is random, and that all the disorder and apparent unpredictability about us are natural products of entirely deterministic processes“[355]. Durch die Rekonstruktion von Attraktorstrukturen aus großen Datenmengen, bspw. historischen Zeitreihen der Markt- oder Preisentwicklung, sollen die zugrunde liegenden deterministischen Gesetze dieser Verläufe ermittelt werden, welche dann entsprechend die Berechenbarkeit oder zumindest die Abschätzbarkeit zukünftiger Entwicklungen ermöglichen sollen.[356]

Ähnliche Zielsetzungen verfolgen Ansätze, die sich mit den Fraktal-Eigenschaften der Graphen solcher Zeitreihen beschäftigen. Allerdings unterliegen Unternehmens- und Marktstrukturen, anders als die deterministischen Modellstrukturen der Chaosforschung, sehr wohl Veränderungen im Zeitverlauf, die entsprechenden Datenreihen enthalten immer auch stochastische Einflüsse und liegen häufig nicht für einen ausreichend langen Zeitraum vor, was die Ermittlung derartiger Attraktoren sehr schwierig, wenn nicht gar unmöglich macht.[357]
Andere Ansätze zur Chaosbeherrschung schlagen vor, durch Eingriffe in Kontrollparameter analog zu dem Systemparameter der Logistischen Funktion chaotisches Verhalten von Unternehmenssystemen zu stabilisieren und in definierte Zielbereiche zu steuern, wobei auch hier die mathematische Modellbildung ein grundsätzliches Problem darstellt.[358]

Die beschriebenen chaostheoretisch motivierten Ansätze betrachten das Verhalten auf Unternehmensebene.[359] Konzepte zur Chaosvermeidung oder -beherrschung sehen die Chaostheorie als Quelle neuer Analyse- und Planungsinstrumente. Sie machen Unternehmensverhalten an explizit formulierten, zumeist einfachen und stark pauschalisierenden Systemgleichungen fest und können dadurch der Komplexität der Realität nicht gerecht werden.[360]
Ansätze der Chaosakzeptanz und -förderung liefern dagegen neue Einsichten zur Notwendigkeit von Chaos und Unordnung in Unternehmen, lassen aber die Frage, wie die dadurch entfesselten schöpferischen oder auch zerstörerischen Kräfte konkret gebändigt und in Unternehmenserfolg verwandelt werden können, weitgehend offen.[361] Keine der beiden Perspektiven und Anwendungsarten der Chaostheorie

---

[354] Vgl. Stacey (1991), S. 231.

[355] Priesmeyer (1992), S. 5.

[356] Vgl. bspw. Priesmeyer (1992) oder Liehr (1999), S. 7ff. Auf den Umstand, dass aufgrund der Anfangswertsensitivität chaotischer Systeme die Kenntnis der Attraktorstruktur von keinem großen Nutzen für die Berechnung künftigen Systemverhaltens ist, wurde bereits hingewiesen, vgl. hierzu auch Seiler (1994), S. 569.

[357] Vgl. Holzkämpfer (1996), S. 312 oder Lorenz (1999), S. 391ff.

[358] Vgl. Kopel (1994), S. 77ff., Kopel (1996), S. 489ff., Haag (1996), S. 240ff., Liening (1999), S. 138ff., Büssow/Mainz (2002), S. 54ff. und zur Kritik an derartigen Ansätzen Pinkwart (1998), S. 411ff. sowie Kopel (1998), S. 430f.

[359] Vgl. Stacey (2000a), S. 275.

[360] Vgl. Bullnheimer/Schmitz (1996), S. 237f. sowie Appelhans (1998), S. 225f.

[361] Vgl. Appelhans (1998), S. 388f.

konnte sich daher bislang einen signifikanten Platz in der betriebwirtschaftlichen Forschung oder Praxis erobern.

3.3 Dissipative Strukturen und Synergetik: sequentielle Abfolge von selbstorganisierter emergenter Ordnung und Beweglichkeit fern vom Gleichgewicht

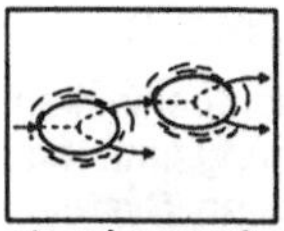

Bei den in den vorhergehenden Kapiteln betrachteten Verhaltensmustern gleichgewichtiger oder chaotischer Systeme ist lediglich der Endzustand des betrachteten Systems von Interesse und die Zeit spielt keine Rolle, sondern wird in einer Zustandsraumbetrachtung ausgeblendet. Dagegen kommt bei den Systemen fern vom Gleichgewicht, die Gegenstand des vorliegenden Kapitels sind, der Zeit eine zentrale Bedeutung zu, denn für Verhalten dieser Systeme gibt es mehrere alternative Möglichkeiten, und die ‚Entscheidung' eines solchen Systems für eine dieser Alternativen zu einem bestimmten Zeitpunkt schränkt seine weiteren Verhaltensmöglichkeiten in der Zukunft ein. Da diese ‚Entscheidung' nicht aufgrund definierter externer Einflüsse geschieht, sondern Ergebnis von Interaktionsprozessen unter den Systembestandteilen ist, wird diese Art der Bildung von Verhaltensmustern als Selbstorganisation bezeichnet. Allerdings ist ein dauernder externer Einfluss in Form von Energie- oder Materialzuflüssen notwendig, um das System fern vom Gleichgewicht zu halten.

Typische Beispiele für selbstorganisierende Systeme sind thermodynamische Systeme wie Gase oder Flüssigkeiten, die aus vielen gleichartigen Elementen bestehen, welche miteinander nach denselben Gesetzmäßigkeiten in Wechselwirkung treten. Diese Systeme bilden unter gewissen Umständen selbstorganisiert spontane makroskopische Ordnungsmuster in Raum und Zeit aus, die ‚dissipative Strukturen' genannt werden. An Übergängen oder ‚Entscheidungspunkten' zu neuen Mustern können infinitesimale Schwankungen oder zufällige Störungen für das Gesamtverhalten solcher einfacher Vielkomponentensysteme ausschlaggebend sein.[362]

Um dieses Verhalten analysieren zu können, müssen somit die Interaktionen auf Ebene der Systemkomponenten berücksichtigt werden. Die Beschreibung selbstorganisierender Systeme erfordert daher gegenüber den bisher vorgestellten Systemdarstellungen zusätzliche Informationen, denen sich das Kapitel 3.3.1 zuwendet. Im Weiteren werden anhand von Beispielen aus der Theorie dissipativer Strukturen in Kapitel 3.3.2 und aus der Synergetik in Kapitel 3.3.3 die Eigenschaften selbstorganisierender Systeme verdeutlicht. Hierzu gibt Kapitel 3.3.4 eine kurze Zusammenfassung, bevor schließlich in Kapitel 3.3.5 dargestellt wird, wie sich diese Erkenntnisse in entsprechenden Konzepten von Unternehmensdynamik und -steuerung niedergeschlagen haben.

3.3.1 Beschreibung selbstorganisierender Systeme

Bei der Betrachtung selbstorganisierender Systeme sind zwei verschiedene Aggregations- oder Hierarchieebenen zu unterscheiden, da die bei diesen Systemen emergent, d.h. ungeplant, unvorhersehbar und neu zutage tretenden Verhaltens- oder Ordnungsmuster der Makroebene sich nur aufgrund der Selbstorganisations-

[362] Vgl. Hedrich (1994), S. 2 und Paslack (1991), S. 91ff.

vorgänge erklären lassen, in welche die Systemelemente auf einer Mikroebene involviert sind. Des Weiteren ist eine zeitliche Verlaufsbetrachtung erforderlich, die über die unumkehrbaren ‚Entscheidungen' in der Evolution eines Systems Auskunft geben kann, aus denen die weiteren Entwicklungsmöglichkeiten hervorgehen. Selbstorganisation, Emergenz und Evolution sind somit drei Phänomene, die zur Beschreibung selbstorganisierender Systeme unerlässlich sind.

3.3.1.1 Selbstorganisation

Selbstorganisation ist ein übergreifender Begriff für das funktionale Zusammenwirken von Systemelementen im Prozess der spontanen Entstehung von Ordnungsmustern oder -zuständen, die weder durch die Eigenschaften der mikroskopischen Systemelemente noch durch Vorgaben aus der Systemumwelt determiniert sind, sondern Ordnung bildet sich ‚von selbst' erst durch ihre Interaktion.[363] Diese Ordnung durch das Zusammenwirken der Systemkomponenten entsteht in einem irreversiblen, also nicht umkehrbaren Prozess und kann sich als räumliche Struktur oder auch als geordnetes Verhalten im Zeitablauf äußern.[364]

Bei den Ordnungszuständen handelt es sich aber hier nicht mehr um die in den Kapiteln zuvor besprochenen Attraktoren oder Gleichgewichtslagen. Die Systeme, bei denen Selbstorganisation auftritt, befinden sich im Gegenteil in einem Zustand fernab ihres Gleichgewichts. Dort können zufällige oder von außen induzierte kleinste Unterschiede in lokalen Systemzuständen durch Verstärkungseffekte im Zusammenspiel der Systemkomponenten den Übergang des gesamten Systems in einen (neuen) Ordnungszustand bewirken.[365]

Selbstorganisation charakterisiert diesen Prozess der makroskopischen Strukturbildung auf Ebene der Systemelemente. Die entstehende Ordnung ist damit das natürliche Ergebnis nichtlinearer Interaktionen von Systemkomponenten und nicht auf individuelles Ordnungsbestreben zurückzuführen.[366] Der Begriff ‚Selbstorganisation' unterstellt somit kein ‚Selbst' im Sinne einer zentralen Steuerungsinstanz, sondern betont lediglich die Autonomie der Systemkomponenten im Rahmen der gegebenen Restriktionen.[367]

---

[363] Vgl. Küppers (1996b), S. 122 und Paslack (1991), S. 93f.

[364] Vgl. Hedrich (1994), S. 113. Nakamura und Mori differenzieren dieses Phänomen weiter und bezeichnen es in Vielteilchensystemen wie bspw. thermodynamischen Systemen als Selbstordnung, während sie bei komplexen Systemen mit veränderlicher Struktur von Selbstorganisation sprechen, vgl. Nakamura/Mori (1999), S. 89ff.

[365] Auf den ersten Blick widerspricht eine selbständige Ordnungsentstehung dem zweiten Hauptsatz der Thermodynamik, welcher besagt, dass isolierte Systeme, die in keinem Energie- oder Materieaustausch mit ihrer Umgebung stehen, im Verlauf der Zeit einen Zuwachs an Entropie (vereinfacht als Unordnung, Desorganisation oder Zerfall von Strukturen zu interpretieren) erfahren, der so lange anhält, bis diese im thermodynamischen Gleichgewichtszustand maximal wird und ein Zustand größtmöglicher mikroskopischer Unordnung eintritt (der dem makroskopischen Zustand größter Homogenität oder Strukturlosigkeit entspricht, vgl. Haken/Wunderlin (1991), S. 28). Weit abseits der genannten Bedingungen jedoch, also in Systemen, welche nicht isoliert sind, sondern in ständigen Austauschbeziehungen zu ihrer Umwelt stehen, und bei denen auf diese Weise ein stark ungleichgewichtiger Zustand aufrechterhalten wird, existiert die Möglichkeit zur Ausbildung komplexer Strukturen, vgl. Prigogine (1992), S. 29ff.

[366] Vgl. Anderson (1999), S. 222.

[367] So findet bspw. auch rieselnder Sand ‚selbstorganisiert' zu einer typischen Form, hervorgerufen durch die auf jedes Sandkorn in Abhängigkeit von seinen Nachbarn wirkenden physikalischen Kräfte und ohne dass jemand den entstehenden Sandhaufen zentral formt, vgl. Bak (1996), S. 50f.

3.3.1.2 Emergenz

Zwar liegt noch keine allgemein akzeptierte Definition des Emergenzbegriffs vor, doch können einige Kriterien angegeben werden, mit Hilfe derer ein Phänomen als emergent charakterisiert werden kann: So muss das Phänomen eine gewisse Dauerhaftigkeit aufweisen, es entsteht aufgrund der Existenz verschiedener Ebenen in einem System, die mit- und untereinander interagieren, und das emergente Phänomen auf der betrachteten Ebene lässt sich nicht durch eine Addition der Eigenschaften der Bestandteile untergeordneter Ebenen erklären.[368]

Umschreibt der Begriff der Selbstorganisation das Prozessgeschehen der spontanen Strukturbildung, fokussiert der Begriff Emergenz somit auf dessen Ergebnis.[369] Betrachtungsgegenstand sind hier die makroskopischen Eigenschaften eines aus verschiedenen Elementen bestehenden Systems, von denen wiederum diejenigen als emergent bezeichnet werden, welche nur auf Ebene des Gesamtsystems, nicht aber bei den einzelnen Systemelementen vorliegen.[370] Der Emergenzbegriff wird i.d.R. nur auf zusätzliche Eigenschaften angewendet, nicht aber auf das Fehlen von Eigenschaften beim Gesamtsystem, welche die einzelnen Elemente isoliert besitzen.[371] In diesem Sinne ist dann das Ganze mehr als die Summe seiner Teile[372], oder anders formuliert: aus Quantität entsteht (neue) Qualität[373].

Das Phänomen der Emergenz, der spontanen Hervorbringung makroskopischer Eigenschaften aus mikroskopischer Interaktion, erklärt sich somit aus der Betrachtung von Strukturen (Gesamtsystem vs. Elemente) einerseits und von Eigenschaften (Qualitäten) andererseits. Die Untersuchung von Emergenz erfordert folglich zum einen eine hierarchische Unterscheidung verschiedener Aggregationsebenen in einem System, zum anderen ist die Frage zu klären, welche der Systemeigenschaften tatsächlich neue Qualitäten aufweisen. Häufig ist jedoch die Unterscheidung zwischen resultierenden, bereits auf Ebene der Elemente vorliegenden, und emergenten Eigenschaften nicht objektiv trennscharf, sondern eine Frage der Definition der Elementeigenschaften. Ob einem System Emergenz attestiert wird, kann somit auch

[368] Vgl. Holland (2002), S. 27ff.

[369] Jedoch wird in der Literatur zuweilen keine stringente Trennung der beiden Begriffe Emergenz und Selbstorganisation vorgenommen, vgl. bspw. Bergmann Lichtenstein (2000), S. 526.

[370] Vgl. Grothe (1997), S. 149, Willke (1993), S. 148, Cariani (1992), S. 775, Walleczek (2000), S. 2 und Axelrod/Cohen (1999), S. 15. Zur Geschichte des Emergenzbegriffs, seiner Prägung Ende des 19. Jahrhunderts und seiner Entwicklung insbesondere in den Sozialwissenschaften vgl. ausführlich Stöckler (1991) sowie Hodgson (2000). Bar-Yam (1997), S. 10f. unterscheidet ferner zwischen lokalen emergenten Eigenschaften, die bereits wenige Elemente gemeinsam produzieren, und globalen emergenten Eigenschaften, die nur das Gesamtsystem aufweist und die für die Untersuchung komplexer Systeme von besonderem Interesse sind. Globale Systemeigenschaften, die sich, wie bspw. die gesamte Systemmasse, additiv aus den Elementeigenschaften ergeben, werden dagegen als resultierende Eigenschaften bezeichnet, vgl. Grothe (1997), S. 149 oder Auyang (1998), S. 173ff.

[371] Vgl. Auyang (1998), S. 175.

[372] Vgl. Holland (1998), S. 122, Walleczek (2000), S. 2, Grothe (1997), S. 151 oder Coveney/Highfield (1995), S. 7. Stüttgen erhebt diese Aussage sogar zum „Leitmotiv bei der Erforschung komplexer Systeme" (Stüttgen (1999), S. 43).

[373] Vgl. Willke (1993), S. 148 oder Bak (1996), S. 7. Kelly fasst diesen Gedanken in den Satz „Mehr ist anders" (Kelly (1997), S. 37).

vom Beobachter, welcher diese Feststellung treffen soll, und dessen Modellvorstellungen und Erwartungen abhängen.[374]

3.3.1.3 Evolution

Ganz allgemein bezeichnet der Terminus ‚Evolution' eine fortschreitende Entwicklung im Geschichtsablauf.[375] Im Kontext biologischer oder sozialer Systeme tritt noch der Aspekt der Adaption oder Optimierung in Bezug auf eine Umgebung und deren Rahmenbedingungen hinzu.[376] Dort führen irreversible Prozesse auch zu einer Modifikation von Systemkomponenten oder ihrer Interaktionsbeziehungen und verändern damit nicht nur das Systemverhalten, sondern auch die Systemstruktur.[377]

Mit der Erforschung von Selbstorganisationsprozessen in der Physik wurde auch hier die Einführung einer historischen Betrachtung des Systemverhaltens im Zeitablauf unerlässlich, da diese Prozesse häufig irreversibel und zufallsgetrieben sind und in verschiedenen Stadien aufeinander aufbauen.[378] Der augenblickliche Zustand eines Systems kann somit abhängig werden von (zufälligen und unumkehrbaren) Ereignissen in seiner Vergangenheit, weshalb PRIGOGINE die Entdeckung dieser Phänomene als den Übergang von der zustandsbetrachtenden ‚Physik des Seins' zur Prozessbetrachtung einer ‚Physik des Werdens' bezeichnete.[379] Im Zeitverlauf lässt sich dann die Evolution des Systemverhaltens ablesen, die aber jeweils nur eine Ausprägung unter verschiedenen Entwicklungslinien darstellt, die alternativ möglich gewesen wären.

In jedem Fall impliziert aber Entwicklung, dass (zumindest im Nachhinein) Entwicklungspfade oder Evolutionslinien verschiedener auseinander hervorgehender Entwicklungsstadien erkennbar werden. Ähnlich wie in der biologischen Evolution ist auch bei den selbstorganisierenden thermodynamischen Systemen der Physik und Chemie das Spektrum der von einem gegebenen Zustand aus erreichbaren Zustände nicht nur von den äußeren Rahmenbedingungen, sondern auch von der bisherigen Entwicklung des Systems abhängig, der tatsächlich eingeschlagene weitere Weg ist jedoch nicht vorhersehbar.[380] Derartige Systeme unterliegen somit im Zusammenspiel mit ihrer Umwelt einer (auf Selbstorganisationsprozessen basierenden) Entwicklung in der Zeit, die unvorhersehbar, unumkehrbar und individuell ist.

3.3.2 Dissipative Strukturen

Dissipative Strukturen sind makroskopische dynamische Raum-Zeit-Strukturen, die thermodynamische Systeme unter bestimmten Bedingungen ausbilden. PRIGOGINE prägte diesen Begriff für Ordnungsstrukturen, die im Nichtgleichgewichtsbereich of-

---

[374] Vgl. Grothe (1997), S. 152 oder Cariani (1992), S. 779ff. und die dort angegebene Literatur sowie Riedl (2000), S. 40f. oder Auyang (1998), S. 173ff., der das Problem ausführlich erörtert.

[375] Vgl. Duden Fremdwörterbuch (2001), S. 288.

[376] Vgl. Ebeling/Scharnhorst/Montano (1999), S. 447.

[377] Vgl. Mußmann (1995), S. 215.

[378] Vgl. Prigogine (1992), S. 120.

[379] Vgl. Prigogine (1992). Prigogine erhielt 1977 für seine grundlegenden Forschungsarbeiten zur Selbstorganisation den Nobelpreis für Chemie.

[380] Vgl. Mußmann (1995), S. 216.

fener physikalischer oder chemischer Systeme auftreten.[381] Die Abfolge der Ordnungszustände bei zunehmender Entfernung vom Gleichgewicht ist nicht eindeutig determiniert und lässt sich in Bifurkationsdiagrammen darstellen.

3.3.2.1 Ordnungsstrukturen in Gleichgewichtsferne

Die Entstehung dissipativer Strukturen lässt sich am Beispiel der Bénard-Instabilität demonstrieren.[382] Bei diesem Experiment wird eine dünne Flüssigkeitsschicht von unten gleichmäßig erhitzt. Unter dem Einfluss des entstehenden Temperaturgefälles zwischen Unter- und Oberseite der Flüssigkeitsschicht beginnt ein ausgleichender Wärmetransport in der Flüssigkeit in Form einer Konvektionsbewegung: Wärmere Bereiche steigen von der Unterseite der Flüssigkeit her auf, kühlen an der Oberfläche ab und sinken danach wieder zu Boden, um erneut erwärmt zu werden usw.

Aufgrund der Unabhängigkeit der einzelnen Moleküle könnte eine ungeordnete, von zufälligen mikroskopischen Strukturen geprägte Gesamtbewegung der Flüssigkeit erwartet werden. Es bildet sich jedoch im Gegenteil ein makroskopisch geordneter Strömungszustand heraus. Zunächst verläuft die Konvektionsbewegung in Form von langen walzenartigen Zellen, in denen die Flüssigkeit wie beschrieben rotiert. Übersteigt die Wärmezufuhr einen bestimmten kritischen Schwellenwert, entwickelt sich ein neues Strömungsmuster, und es entstehen in Form einer Bienenwabe sechseckige sog. Bénard-Zellen, in deren Mitte die Wärme aufsteigt und an deren Rändern die Flüssigkeit wieder nach unten sinkt.

Bei diesem hoch organisierten Zustand des strukturierten Wärmeflusses handelt es sich aber nicht um ein von außen vorgegebenes Muster; um ihn zu erreichen, muss in Selbstorganisation eine systeminterne ‚Kooperation' auf molekularer Ebene stattfinden.[383] Zur Aufrechterhaltung der dissipativen Struktur ist es dabei unerlässlich, dass das System durch Energieaustausch mit seiner Umwelt (Erhitzung) in einem Zustand des Ungleichgewichts verbleibt, da sie nur weitab des thermodynamischen Gleichgewichtszustandes (der in diesem Fall einer überall gleichmäßigen Temperatur entsprechen würde) existieren kann. In diesem Sinne sind dissipative Strukturen dynamisch – im Gegensatz bspw. zu den statischen Strukturen eines Kristalls –, denn sie werden durch (Austausch-)Prozesse erhalten.[384]

3.3.2.2 Bifurkationen in ungleichgewichtigen Systemen

Auch bei den selbstorganisierenden thermodynamischen Systemen kommt wie bei der Chaostheorie und der fraktalen Geometrie dem Phänomen der Nichtlinearität große Bedeutung zu. Nach dem Prinzip der ‚Ordnung durch Fluktuation' oder ‚Ordnung durch Störung' (‚order from noise'[385]) können hier kleinste Fluktuationen – sowohl Störungen aus dem Bereich der Systemumwelt als auch zufällige systeminterne Inhomogenitäten – aufgrund nichtlinearer selbstverstärkender Wechselwirkungen zwischen Systemkomponenten das Gesamtsystem in eine neue makroskopische

---

[381] Vgl. Prigogine (1992), S. 116 sowie Hedrich (1994), S. 116.

[382] Vgl. bspw. Prigogine (1992), S. 102ff., Paslack (1991), S. 47ff., Küppers (1996b), S. 126ff. oder sehr ausführlich Haken/Wunderlin (1991), S. 267ff.

[383] Das hexagonale Muster kann als eine Überlagerung dreier Rollenbewegungen verstanden werden, vgl. Haken/Wunderlin (1991), S. 40.

[384] Vgl. Küppers (1996b), S. 133.

[385] Foerster prägte diesen Begriff, vgl. derselbe (1960), S. 45.

Ordnung überführen. Dabei können in jeweils neuen Ordnungssprüngen, denen Phasen der Instabilität vorangehen, verschiedene Stadien komplexer Strukturierung erreicht werden.[386]

PRIGOGINE spricht in diesem Zusammenhang auch von Verzweigungen oder Bifurkationen.[387] Insbesondere bei thermodynamischen Systemen in Form von crosskatalytischen Reaktionssystemen, bei denen katalytische Prozesse systeminterne Rückkopplungen verursachen, lassen sich derartige ‚Evolutionslinien' von dissipativen Strukturen verfolgen.[388] Die Bifurkationsdiagramme thermodynamischer Systeme stellen im Unterschied zu den gleichnamigen Graphen der Chaostheorie jedoch nur Möglichkeiten dar; welchen dieser potentiellen Entwicklungspfade in Abhängigkeit von der externen Austauschintensität das System tatsächlich einschlägt, hängt von den zufälligen Fluktuationen im Vorfeld des Verzweigungspunktes ab.

Mit dieser Überlegung halten die zuvor bei den Ausführungen zum deterministischen Chaos zunächst ausdrücklich ausgeschlossenen stochastischen Einflüsse Einzug: Zwar gehorcht das System zwischen zwei Verzweigungspunkten deterministischen Gesetzen, in der Nähe der Verzweigungspunkte spielen jedoch zufällige Schwankungen eine wesentliche Rolle und bestimmen den Zweig, auf dem sich das System weiterbewegen wird.[389] Die zufällige ‚Entscheidung' des Systems für einen bestimmten Zweig der Entwicklung beschränkt zugleich die Möglichkeiten der Weiterentwicklung zu neuen dissipativen Strukturen, da jeweils nur Abzweigungen vom gewählten Zweig dafür in Frage kommen.

Einmal ausgeprägte Strukturen erweisen sich gegenüber kleineren Schwankungen als stabil und irreversibel, d.h. an bereits passierte Verzweigungspunkte kann das System nicht zurückkehren. So erhält das Erreichen eines bestimmten Systemzu-

---

[386] Vgl. Paslack (1991), S. 93f. „It is only in the presence of non-average behaviour, that is diversity and difference of entities and their interactions, that a system has the internal capacity to move spontaneously from one attractor to another and to evolve new attractors. Note also that self-organisation in dissipative structure theory is a collective response of the whole system. It takes the form of correlations and resonances between the entities comprising the system that emerge as new patterns or order." (Stacey (2000a), S. 275).

[387] Vgl. Prigogine (1992), S. 117ff.

[388] Vgl. Prigogine (1992), S. 112-116 sowie S. 123ff. oder Mainzer (1999), S. 11. Ein in diesem Zusammenhang häufig zitiertes und prägnantes Beispiel ist das Belousov-Zhabotinsky-System, bei dem eine Reaktionslösung in einer chemischen Oszillation alternierend zwei Zustände annimmt, die sich äußerlich durch die Farbe der Lösung unterscheiden. Die drei Hauptsubstanzen A, B und C des Experiments sind durch eine zyklische Katalyse miteinander verknüpft: Aus A wird B, B produziert C und C wird wiederum zu A gewandelt. Diese Reaktionen verlaufen jedoch nicht unabhängig voneinander gleichzeitig an zufällig verteilten verschiedenen Stellen im molekularen Bereich, sondern die aus diesem Reaktionsmuster resultierenden Rückkopplungen versetzen das System als Ganzes in chemische Oszillationen. Diese periodisch wiederkehrenden Farbwechsel, denen das System auch die Bezeichnung ‚Chemische Uhr' verdankt, entsprechen einem Grenzzyklus-Verhalten, wie es in Kapitel 3.1.3.3 anhand einer mechanischen Pendeluhr dargestellt wurde, vgl. auch Fußnote 281. Darüber hinaus können in dem System in Abhängigkeit von den Systemparametern aber auch räumliche Musterbildung oder zeitlich sich ausbreitende chemische Wellen beobachtet werden, vgl. bspw. Hedrich (1994), S. 117ff., Paslack (1991) S. 95 sowie Haken/Wunderlin (1991), S. 345ff., die besonders auf die räumliche Strukturbildung eingehen, oder Prigogine (1992), S. 133ff. sowie derselbe (1995), S. 24ff. Ein theoretisches Beispiel für dissipative Strukturen liefert das von Prigogine entwickelte Modell des ‚Brüsselators', vgl. Prigogine (1992), S. 123ff. oder Coveney/Highfield (1995), S. 159f.

[389] Vgl. Prigogine (1992), S. 120.

stands in Gleichgewichtsferne einen evolutiven Charakter, und zu seinem Verständnis ist eine Betrachtung der Historie des Systemverhaltens unabdingbar.[390]

3.3.3 Synergetik

Synergetik als ‚Lehre vom Zusammenwirken' versucht die selbstorganisierte Herausbildung von makroskopischen Ordnungsstrukturen in den verschiedensten Systemen mit vielen Elementen – seien dies Atome, Moleküle, Zellen oder auch Menschen – auf gemeinsame Grundprinzipien zurückzuführen.[391] Der Strukturbegriff umfasst in diesem Zusammenhang wiederum nicht nur räumliche Ordnung, sondern auch die Ausbildung von Funktionen und von Prozessen.[392] Als paradigmatisches Beispiel zur Verdeutlichung dieser universellen Gesetzmäßigkeiten bei der Selbstorganisation wird dabei immer wieder der Laser herangezogen.[393]

Der Laser basiert wie eine gewöhnliche Leuchtstoffröhre im mikroskopischen Bereich auf dem Gasentladungsprinzip, sein Licht unterscheidet sich jedoch vom normalen Lampenlicht dadurch, dass seine Elektronen nicht zufällig und verschieden, sondern als eine einzige kohärente Welle schwingen. Die Bedingungen der makroskopischen Strukturentstehung sind hier ähnlich wie bei den oben geschilderten thermischen Konvektionsströmen in Flüssigkeitsschichten: Auch der Laser ist ein offenes System, und es wird Energiezufuhr aus der Umgebung benötigt, um Selbstorganisation zu ermöglichen. Der Phasenübergang von diffusem Lampenlicht zum geordneten Laserlicht erfolgt dabei schlagartig beim Überschreiten eines bestimmten Energieniveaus. Waren die Wellenlängen der Lichtwellen zuvor zufällig gestreut, wird oberhalb der kritischen Energiezufuhr eine infinitesimale Präferenz verstärkt. Dies wirkt als Initialzündung für eine ständige Rückkopplung oder „zirkuläre Kausalität"[394], mit der nun die präferierte Welle die einzelnen Elektronen ‚versklavt', die sie wiederum speisen.[395]

Dieses Versklavungsprinzip der Synergetik hat HAKEN als ein nicht nur in der Physik, sondern bspw. auch in der Biologie wirksames Grundprinzip ausgemacht. Es besagt, dass langsam veränderliche Größen in einem System ihre Bewegung schnell veränderlichen Größen aufzwingen können, so dass die Energie, der sich auf mikroskopischer Ebene viele Freiheitsgrade bieten, auf makroskopischer Ebene in einer reduzierten Anzahl von Freiheitsgraden umgesetzt wird, denen sich die Mikrozustände wiederum unterordnen.[396] Diese in der Nähe eines kritischen Punktes wirksamen makroskopischen Freiheitsgrade werden als Ordner bezeichnet.[397] Unter ihrer Einwirkung erfährt ein System dort eine emergente qualitative Änderung.[398]

---

390 Vgl. Prigogine (1995), S. 25ff. oder derselbe (1992), S. 120.

391 Vgl. Haken/Wunderlin (1991), S. 30ff. Zu dem von Haken geprägten Begriff ‚Synergetik' vgl. bspw. Haken (1999), S. 30f. Zur Würdigung des Konzepts im Rahmen der Selbstorganisationstheorien vgl. bspw. Paslack (1991), S. 100ff. oder Hedrich (1994), S. 130ff.

392 Vgl. Haken/Wunderlin (1991), S. 150.

393 Vgl. bspw. Haken/Wunderlin (1991), S. 150ff., Haken (1988), S. 61ff., derselbe (2000), S. 23ff. sowie derselbe (1999), S. 32f.

394 Haken (1999), S. 33.

395 Vgl. Haken (1988), S. 62-68 oder derselbe (2000), S. 25.

396 Vgl. Haken (1988), S. 70 sowie Haken/Wunderlin (1991), S. 182.

397 Vgl. Haken/Wunderlin (1991), S. 294.

398 Vgl. Haken (1999), S. 33.

3.3.4 *Zwischenfazit: Grundlagen zu dissipativen Strukturen und Selbstordnung*

- Selbstorganisation kann es nur in offenen Systemen geben, die über einen ständigen Austausch von Energie bzw. Materie mit ihrer Umgebung verbunden sind (Offenheit, Gleichgewichtsferne).
- In derartigen Systemen können durch Instabilitäten und Fluktuationen makroskopische Ordnungsmuster entstehen, deren konkrete Ausprägung nicht von den exogenen Zuflüssen abhängt, sondern aus der Kooperation der Systemelemente vom System selbst generiert wird (Selbstorganisation, dissipative Strukturen, Emergenz).
- Bei der Auswahl einer bestimmten makroskopischen Ordnung aus einem breiten Spektrum potentieller Entwicklungen spielen Zufallseinflüsse eine Rolle (Fluktuation).
- Die Ausbreitung und Stabilisierung eines zufällig präferierten Zustandes beruht auf rückkoppelnden, verstärkenden Wechselwirkungen innerhalb des Systems (Nichtlinearität, Irreversibilität, Versklavungsprinzip).
- Neue Strukturen können nur über Phasen der Instabilität entstehen (Phasenübergänge).
- Aufeinander folgende Ordnungsmuster in der Vergangenheit, die jeweils aus einer zufälligen Systemwahl unter verschiedenen Möglichkeiten entstehen, bilden einen historischen Entwicklungsprozess, der zukünftiges Systemverhalten einschränkt (Bifurkationen, Evolution).

3.3.5 *Einflüsse der Erkenntnisse zu dissipativen Strukturen und Selbstordnung auf Perspektiven der Unternehmensdynamik und -steuerung*

Für soziale Systeme wurde bereits früh die Bedeutung der Selbstorganisation erkannt.[399] Schon 1776 formulierte Adam SMITH die Metapher der ‚unsichtbaren Hand' für die Beobachtung, dass ökonomische Ordnung nicht das Resultat vorgefasster Pläne der einzelnen Akteure ist, sondern spontan, wie von unsichtbarer Hand gesteuert, aus dem System entsteht, indem jeder Akteur seinen eigenen Interessen gemäß handelt.[400]

Jedoch erst Mitte des 20. Jahrhunderts erlangten Selbstorganisationsprozesse in sozialen Systemen erneute Aufmerksamkeit durch HAYEKS Theorie spontaner Ordnung, die beschreibt, „daß eine Ordnung entstehen kann, die weder ganz unabhängig von menschlichem Handeln ist, noch auch das bezweckte Ergebnis solcher

[399] Vgl. zur folgenden Unterscheidung nach Probst der verschiedenen Phasen ‚unsichtbare Hand', ‚Kybernetik I', in der vornehmlich technische Systeme betrachtet wurden, und ‚Kybernetik II' die ausführliche Darstellung bei Probst (1987), S. 16ff. und die dort angegebene Literatur. Teilweise sind die Ansätze für Selbstorganisation in sozialen und ökonomischen Systemen von den Selbstorganisationstheorien der Naturwissenschaften inspiriert, zum Teil entstanden sie jedoch, wie bspw. bei Hayek, auch unabhängig von diesen.

[400] „Every individual ... generally, indeed, neither intends to promote the public interest, nor knows how much he is promoting it. ... he intends only his own gain, and he is in this, as in many other cases, led by an invisible hand to promote an end which was no part of his intention. ... By pursuing his own interest he frequently promotes that of the society more effectually than when he really intends to promote it." (Smith (1910), S. 400).

Handlungen, sondern das nicht vorhergesehene Ergebnis von Verhalten, das die Menschen angenommen haben, ohne ein solches Resultat im Sinn zu haben"[401]. Entscheidend in dieser auch ‚Kybernetik II' genannten Phase war die Erkenntnis, dass negative Rückkopplungen und Gleichgewichtssuche für die Anpassung eines Systems nicht ausreichen, sondern dass die insbesondere für soziale Systeme charakteristischen Phänomene wie Wandel, Evolution, Innovation und Lernen auch selbstverstärkende, destabilisierende Mechanismen benötigen, die Gleichgewichte durchbrechen und Entwicklung ermöglichen können.[402]

Als wesentliche Vertreter von Selbstorganisationsansätzen neueren Ursprungs in der Theorie der Unternehmensführung gelten MALIK[403] als Repräsentant der ‚St. Galler Schule', der in seinem ‚Beitrag zur Management-Kybernetik evolutionärer Systeme' die Probleme der Gestaltbarkeit und Lenkbarkeit komplexer dynamischer (Unternehmens-)Systeme mit dem Ziel des Überlebens untersucht,[404] sowie KIRSCH[405] als Repräsentant der ‚Münchener Schule', der mit seiner ‚evolutionären Führungslehre' einen Weg weisen will, wie die Vielfalt von Bedürfnissen und Zielvorstellungen in einem Unternehmen in Entscheidungsarenen selbstorganisiert harmonisiert und die Zielerreichung im Sinne einer ‚fortschrittsfähigen Organisation' verbessert wird.[406] Weitere zentrale konzeptionelle Beiträge zur Selbstorganisation in Unternehmen[407] liefern LUHMANNS allgemeine Theorie über soziale Systeme[408], die explizit an die Theorie autopoietischer Systeme der Biologen MATURANA und VARELA anschließt,[409]

---

[401] Hayek (1969), S. 36.

[402] Zur Unterscheidung von Kybernetik I und II vgl. ähnlich Mußmann (1995), S. 213ff., Fein (1996), S. 22 oder Paslack (1991), S. 72ff.

[403] Vgl. Malik (1996) oder derselbe (2000).

[404] Vgl. Göbel (1998), S. 65ff. sowie Flämig (1998), S. 228ff.

[405] Vgl. Kirsch (1997b) oder derselbe (1997a) sowie die zusammenfassende Darstellung bei Welge/Al-Laham (2003), S. 53-65.

[406] Zur Gegenüberstellung dieser zentralen Konzepte vgl. bspw. Fein (1996), S. 73ff., Göbel (1998), S. 65ff. oder Kieser (1994), S. 200ff., der bezüglich des St. Galler Ansatzes zu bedenken gibt, dass die spontane Ordnungsentstehung in formalen Organisationen sehr unwahrscheinlich sei, wie dies auch für die selbstorganisierte Entstehung von Entscheidungsarenen im Münchner Ansatz gelte, und der zusammenfassend die Innovationsfähigkeit der Konzepte hinterfragt: „Zuwenig reflektiert wird in beiden Ansätzen, dass Prozesse der Selbstorganisation mit hoher Wahrscheinlichkeit bewährte und in Normen guter Praxis verankerte Strukturierungsprinzipien reproduzieren" (Kieser (1994), S. 225).

[407] Vgl. hierzu die Darstellungen bei Bea/Göbel (1999), S. 179ff., Göbel (1998), S. 73ff., Fein (1996), S. 47ff. sowie Bolbrügge (1997), S. 14ff.

[408] Vgl. Luhmann (1987) und die Darstellung seiner Theorie bei Bolbrügge (1997), S. 19ff. sowie Göbel (1998), S. 73ff.

[409] Vgl. Paslack (1991), S. 83f. Der Begriff ‚autopoietisches System', den Maturana und Varela (vgl. dieselben (1987), S. 55ff.) für biologische Systeme prägten, bezeichnet ein selbsterhaltendes System, das ständig sich selbst (re-)produziert und auf diesem Wege seine Identität stets beibehält. Grundlage dieses Phänomens ist die operationale oder selbstreferentielle Geschlossenheit des Systems, die zwar über die Systemgrenze hinweg Austauschprozesse mit der Umwelt zulässt, jedoch keine irgendwie gearteten Konstruktions- oder Strukturierungseinflüsse, so dass die Systemidentität tatsächlich vom System selbst konstruiert wird, vgl. hierzu auch Willke (1993), S. 64ff., Stacey (2001), S. 236ff. oder Battram (1999), S. 224ff. Nach der Definition von Maturana und Varela ist das Charakteristische an Lebewesen diese sich selbst erzeugende, d.h. autopoietische Organisation. Die charakteristischen Beziehungen zwischen Bestandteilen, die diese autopoietische Organisation ausmachen, lokalisieren die Autoren nicht nur auf zellulärer Ebene (autopoietische Systeme erster Ordnung), sondern auch bei Vielzellern (autopoietische Systeme zweiter Ordnung, vgl.

PROBSTS Konzept der Selbst-Organisation[410] und SERVATIUS' ‚evolutionäre Führung'[411], die eine Synthese aus individualistischem amerikanischen Management und kollektivistischer japanischer Führungsphilosophie darstellt.

Gemeinsam ist diesen verschiedenen Ansätzen, dass ihnen zufolge Ordnung und Strukturen, wobei es sich zumeist um Entscheidungsstrukturen handelt, in Unternehmen nicht einfach geplant und implementiert werden können, sondern aus dem System heraus entstehen. Somit tragen zwar auch absichtsvolle Gestaltung, Lenkung und Entwicklung zur Ordnungsbildung in sozialen Systemen bei, doch diese hängt ebenso von Selbstorganisationsprozessen ab.[412]

Die Bildung von Neuerungen auf Basis von Selbstorganisationsprozessen lässt sich u.a. erklären mit der simultanen Existenz und der Widersprüchlichkeit eines legitimen, formalen Systems einer Organisation, in dem hierarchische, bürokratische und ideologische Strukturen festgeschrieben sind, und eines Schatten- oder informalen Systems, das auf Interaktionen der Organisationsmitglieder im legitimen System basiert, aber dabei in komplexen Lernprozessen eigene Regeln entwickelt, die der Organisation als Kreativitäts- bzw. Flexibilitätspotential dienen können.[413] Mit dem formalen System werden negative Regelkreise etabliert, die Gleichgewichtssuche und Stabilität fördern und ein Unternehmen zur effizienten Aufgabenerfüllung befähigen. Im informalen System dagegen existieren häufig auch positive Regelkreise und nichtlineare Kopplungen, die selbstverstärkende Prozesse anstoßen können. Erst eine Kombination aus beiden kann die kreative Mischung aus Stabilität und Instabilität erzeugen, die Raum für Neuerungen schafft.[414]

GÖBEL unterscheidet in diesem Zusammenhang zwischen autonomer und autogener Selbstorganisation.[415]
Autonome Selbstorganisation ist gleichzusetzen mit Selbstbestimmung im Sinne von Selbstregulation, Selbststeuerung, Selbstmanagement und ähnlichen Ansätzen und dient der Erweiterung des Handlungsspielraums von Organisationsmitgliedern, insbesondere auf den unteren Hierarchieebenen. Die Bedingungen für eine derart verstandene Autonomie werden jedoch weitgehend fremdorganisiert gesetzt, Eigeninitiative ist nur innerhalb dieses Rahmens zugelassen, so dass sich hier der Begriff der „Selbstorganisation durch Fremdorganisation"[416] rechtfertigt.
Autogene Selbstorganisation dagegen ist wie bei HAYEK als Ergebnis menschlichen Handelns, aber nicht menschlichen Entwurfs[417] zu verstehen. Diese gewachsene,

---

dieselben (1987), S. 98ff.) und deren wechselseitigen Beziehungen (strukturelle Kopplungen dritter Ordnung, vgl. dieselben (1987), S. 195ff.).

[410] Vgl. Probst (1987) und die Überblicksdarstellungen seines Konzeptes bei Fein (1996), S. 50ff. und Göbel (1998), S. 79ff.

[411] Vgl. Servatius (1991), S. 9ff.

[412] Vgl. Probst (1987), S. 66.

[413] Vgl. Stacey (1997), S. 4ff., Parker/Stacey (1995), S. 49, Shaw (1997), S. 238f. und Volberda (1998), S. 176f.

[414] Vgl. Parker/Stacey (1995), S. 49. Die ungeschriebenen Gesetze innerhalb eines Unternehmens können jedoch nur dann kreativitätsfördernd sein, wenn sie zumindest in Teilen von den offiziellen Regeln abweichen und somit überlappende oder sogar Gegenkulturen bilden, vgl. Volberda (1998), S. 174ff.

[415] Zu den folgenden Erläuterungen dieser Unterscheidung vgl. Göbel (1998), S. 19ff. sowie Bea/Göbel (1999), S. 182ff.

[416] Göbel (1998), S. 20.

[417] Vgl. Hayek (1969), S. 97ff.

emergente oder evolvierende Ordnungsbildung kann zu erwünschten, ebenso aber auch zu unerwünschten Zuständen der Organisation führen. Im ersteren Fall wären gestaltende Eingriffe nicht erforderlich. Im Falle ungewollter, negativer Auswirkungen auf die Organisation, bspw. in Form selbstorganisierter Zementierung von hinderlichen oder obsolet gewordenen Routinen, Gewohnheiten und Spielregeln, muss jedoch auch hier ggf. fremdorganisiert eingegriffen werden.[418]

Die existierenden Selbstorganisationsansätze schließen somit immer auch Fremdorganisation mit ein und thematisieren vornehmlich Entscheidungsprozesse. Sie sind zumindest auf der Betrachtungsebene des Gesamtunternehmens jedoch eher gleichgewichtsorientiert und bauen zumeist auf biologischen Systemkonzeptionen auf.[419] Teilweise sind sie explizit an BEERS Modell lebensfähiger Systeme[420] oder am Konzept autopoietischer Systeme von MATURANA und VARELA[421] ausgerichtet.[422] Damit unterliegen sie über die verschiedenen Hierarchieebenen hinweg einer kaskadenartigen Regelung oder identitätserhaltenden Kontrollinstanz, die gegenüber extern angestoßenen Veränderungen eher dämpfend wirkt und allenfalls kurze Phasen kreativer Instabilität zulässt, die zur Auffindung neuer Gleichgewichte genutzt werden müssen.
In derartigen Entwicklungsmodellen unterbrochenen Gleichgewichts (punctuated equilibrium) wird organisationale Trägheit als Erklärung für die langen Phasen der Stabilität gesehen, in denen die ‚tiefen Strukturen' die Strategie bestimmen, während in den kurzen Phasen revolutionären Wandels diese Strukturen durch zumeist top-down aus der Führungsebene initiierte (strategische) Reorientierung radikale Veränderungen erfahren.[423] Den dargestellten Selbstorganisationsansätzen liegt damit weiterhin die Vorstellung einer grundsätzlichen Plan- und Beherrschbarkeit von Organisationen zugrunde:[424] „Anpassungsfähigkeit und Eigendynamik werden lediglich in denjenigen Bereichen gefördert, die den prinzipiell instrumentellen Charakter der Organisation nicht gefährden."[425] Prozesse permanenten Wandels können somit auch von diesen Ansätzen nur unzureichend unterstützt werden.

---

[418] Vgl. Göbel (1998), S. 20f.

[419] Vgl. Scheurer (1997b), S. 217.

[420] Vgl. Beer (1973), S. 73ff. Nach Beers Modell lebensfähiger Systeme (Viable Systems Model) ist ein solches System von fünf auf verschiedenen Ebenen sich überlagernden negativen, d.h. stabilitätssuchenden Regelkreisen (Homöostaten) durchzogen, von denen das System 1 als unterstes die relativ autonomen Basiseinheiten lokal lenkt, das System 2 die Primäraktivitäten zwischen den verschiedenen Systemen 1 abstimmt und koordiniert, das System 3 das innere Gleichgewicht durch übergreifende Abstimmung sichert, das System 4 zur Erlangung eines externen Gleichgewichts mit der Systemumwelt dient und schließlich das System 5 die Lenkungsaktivitäten zur internen und zur externen Stabilisierung im Rahmen der übergreifenden Systemzielsetzung abstimmt, vgl. Gomez (1981), S. 87ff, Probst (1987), S. 59-62 oder Balve (2002), S. 51ff.

[421] Vgl. Fußnote 409.

[422] Vgl. z.B. Schwaninger (1999), S. 351 oder Malik (1996), S. 86ff.

[423] Vgl. Gersick (1991), S. 11ff. Speziell zum ‚punctuated equilibrium'-Phänomen in Organisationen vgl. Tushman/Romanelli (1985), S. 173ff. und ursprünglich Eldredge/Gould (1972), S. 83ff., die das Konzept des ‚punctuated equilibrium' als Alternative zu den Modellen kontinuierlicher Veränderung zur Erklärung der biologischen Evolution entwarfen, da Fossilienfunde nahe legen, dass es in der Entwicklungsgeschichte lange Zeiträume mit wenig Entwicklungsaktivität gab, zwischen denen kurze Episoden schneller Artenbildung lagen.

[424] Vgl. Holtbrügge (2000), S. 128.

[425] Holtbrügge (2000), S. 104.

4 Zentrale Erkenntnisse der Komplexitätsforschung: Aufbau, Verhalten und Entwicklung komplexer adaptiver Systeme

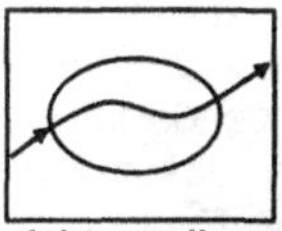

Nachdem die systemtheoretischen Fundamente der Komplexitätsforschung im voranstehenden Kapitel behandelt und deren Einflüsse auf Konzepte der Unternehmenssteuerung skizziert wurden, sollen nun im vorliegenden Kapitel die wesentlichen Einsichten dieses Forschungsgebiets sukzessive dargestellt und in ein generisches Modell umgesetzt werden, das im Sinne der ersten Forschungsfrage dieser Arbeit die zentralen Erkenntnisse der Komplexitätsforschung für die weitergehende Verwendung zugänglich macht.

Im Folgenden werden Systeme betrachtet, deren Erscheinung sich, auf dezentralen Selbstorganisationsprozessen beruhend und emergent, nicht mehr lediglich in gegebenen Grenzen und auf äußere Anstöße hin, sondern darüber hinaus auch innovativ im Einklang mit ihrer Umwelt verändern kann. Die Veränderungsmöglichkeiten umfassen dabei nicht nur das Systemverhalten, sondern auch die Systemstrukturen. Ein derartiges System wird als komplexes adaptives System (complex adaptive system) bezeichnet.[426] In einer ersten Definition können komplexe adaptive Systeme als dynamische Systeme verstanden werden, die aus einer Vielzahl miteinander interagierender, unterschiedlicher Komponenten (Agenten) zusammengesetzt sind, deren nichtlineare Interaktionsprozesse dem aggregierten Systemverhalten zu beständiger Erneuerung verhelfen, so dass sich das System in einem permanenten Prozess der (Ko-)Evolution in und mit seiner Umwelt entwickeln kann.[427]

Die Klasse der realen komplexen adaptiven Systeme umfasst so unterschiedliche Gebilde wie das menschliche Immunsystem ebenso wie bspw. Großstädte oder reale Ökosysteme.[428] Obwohl derartige Systeme offenkundig von ihren physikalischen Eigenschaften und Zielsetzungen her grundverschieden sind, lassen sich doch aus einer abstrakteren Perspektive Gemeinsamkeiten formulieren, die Basis und Voraussetzung für ein umfassenderes Systemverständnis sind.[429] Hervorstechendste Eigenschaft komplexer adaptiver Systeme ist die Kohärenz im Wandel, die Abwehr von Zerstörung durch immer neue emergente Ordnungen in Verhalten oder Struktur, die sich vor dem Hintergrund der auf die Systeme einwirkenden Einflüsse ausbilden, ohne dass diese dabei zerfallen: „Even though these complex systems differ in detail, the question of coherence under change ist the central enigma for each."[430]

Da die Beschäftigung mit komplexen adaptiven Systemen ein noch recht junges Forschungsgebiet ist und als eine Art Metawissenschaft viele andere Wissenschaften

---

[426] Stüttgen zufolge wurde dieser Begriff erstmals 1968 von dem Systemtheoretiker Buckley verwendet, vgl. Stüttgen (1999), S. 57. Buckley gibt vier Merkmale komplexer adaptiver Systeme an und bezieht diese Definition vornehmlich auf soziokulturelle Systeme: Plastizität, um im Austausch mit der Umwelt agieren und reagieren zu können; eine Quelle für Varietät, um angesichts veränderlicher Umwelten über eigenes Veränderungspotential zu verfügen; Selektionsmechanismen, um aus der Menge möglicher Veränderungen eine sinnvolle Auswahl zu treffen, und schließlich einen Mechanismus, um erfolgreiche Veränderungen zu bewahren oder weiterzugeben, vgl. Buckley (1968), S. 490-491.

[427] Vgl. Holland (1995b), S. 45f. sowie Stüttgen (1999), S. 42.

[428] Vgl. Holland (1995a), S. 1-5.

[429] Vgl. Gell-Mann (1994), S. 59.

[430] Holland (1995a), S. 4.

beherbergt, ist die Erarbeitung einer konsistenten und allgemein anerkannten Terminologie noch nicht abgeschlossen, und eine einheitliche Theorie komplexer adaptiver Systeme liegt noch nicht vor.[431] Viele Ansätze zur Erfassung der Eigenschaften komplexer adaptiver Systeme sind deskriptiver Natur, die Modellierung dieser Systeme und darauf aufbauende Computerexperimente sind Kernbestandteile der Komplexitätsforschung.[432] Aus der Informatik kommen daher auch entscheidende Impulse zur Unterstützung der Komplexitätsforschung. Eine zweite Quelle dieses Forschungsgebiets stellen Naturwissenschaften, und hier insbesondere die Evolutionsbiologie dar, als dritte Entwicklungslinie bei der Erforschung von komplexen adaptiven Systemen wird die Spieltheorie genannt.[433] Die nachfolgenden Kapitel haben zum Ziel, die interdisziplinär eruierten grundlegenden Eigenschaften und Prinzipien zu verdeutlichen, die im Zusammenhang mit komplexen adaptiven Systemen von wesentlicher Bedeutung sind, und auf dieser Basis ein allgemeines Modell der Gestaltungsmöglichkeiten komplexer adaptiver Systeme zu entwerfen.

Mit der Untersuchung komplexer adaptiver Systeme ist ein endgültiger Wechsel der Betrachtungsperspektive vom Gesamtsystem zu dessen einzelnen Bestandteilen verbunden. Im Zusammenhang mit den in Kapitel 3 vorgestellten Systemen konnte stets auf der Makroebene argumentiert werden – bei den anfangs geschilderten einfachen Systemen wie Pendeln liegt dies auf der Hand, aber auch die Selbstorganisationsphänomene der Vielteilchensysteme in der Thermodynamik lassen sich als potentielle Entwicklungspfade im Bifurkationsdiagramm des Gesamtsystems mit Hilfe von Differentialgleichungssystemen finden, ohne dafür jedes einzelne Molekül betrachten zu müssen, und die Synergetik macht sich auf die Suche nach den ‚Ordnern' für das Gesamtsystem, welche dessen Komponenten ‚versklaven' und damit die Formulierung des Systemverhaltens deutlich vereinfachen.[434]

Bei den komplexen adaptiven Systemen dagegen lässt sich, da auch die Systemstrukturen veränderlich sein können, eine Beschreibung der Dynamik nur auf der Mikroebene der Systemkomponenten realisieren, die hier als Agenten bezeichnet werden – das Verhalten des Gesamtsystems ist in noch stärkerer Weise emergent.[435] Basis hierfür ist wiederum die Nichtlinearität des Systems.[436] Im Rahmen der Betrachtung komplexer adaptiver Systeme wird entsprechend nicht von einer Dekomposition des Gesamtsystems in Teilsysteme gesprochen, sondern im Gegenteil von einer Aggregation des Gesamtsystems aus Agenten[437], wodurch noch einmal die gegenüber den in Kapitel 3 dargestellten Systemforschungsansätzen veränderte Betrachtungsperspektive der Komplexitätsforschung zum Ausdruck kommt.

---

[431] Vgl. Gell-Mann (1995), S. 11f., Hedrich (1994), S. 3 und S. 157f., Kappelhoff (2002), S. 66 oder Gell-Mann (2002), S. 18. Uneinigkeit besteht bereits bei der Frage, wie Komplexität zu messen sei, vgl. bspw. Reiß (2004), S. 281.

[432] Vgl. bspw. Casti (1997), S. 35ff., Hodgson (2000), S. 71 oder Reiß (2004), S. 266.

[433] Vgl. Axelrod/Cohen (1999), S. 16ff., Stüttgen (1999), S. 154 oder Riedl (2000), S. 12.

[434] Haken charakterisiert diesen Umstand als Informationskomprimierung und nennt den Ordnungsparameter auch ‚Informator', vgl. Haken (2000), S. 25f.

[435] Anderson spricht in diesem Zusammenhang von ‚multilevel models', da die Emergenz von Ordnungsmustern auf einer Ebene abhängt von der Aggregation der Interaktionen, die auf einer tieferen Ebene geschehen, vgl. Anderson (1999), S. 220.

[436] Vgl. Holland (1995a), S. 15ff. Die Nichtlinearität kann auch in einer rekursiven Verknüpfung von Systemzuständen bestehen. Nichtlineare Kopplungen sind wie in Kapitel 3.2 dargestellt bereits bei einfachsten deterministischen Systemen für irreguläres (chaotisches) Verhalten bzw. irreguläre räumliche Strukturen (Fraktale) verantwortlich.

[437] Vgl. Stacey (2000a), S. 275.

Das erste der folgenden Teilkapitel, Kapitel 4.1, widmet sich daher den Agenten, die als Grundbausteine komplexer adaptiver Systeme fungieren. Da es für komplexe adaptive Systeme nicht mehr wie bei den bisher vorgestellten Systemen möglich ist, Systemgleichungen auf der Makroebene aufzustellen, muss auch die Systemanalyse auf andere Instrumente und Methoden zurückgreifen. Als ein wichtiges Hilfsmittel bei der Erforschung komplexer adaptiver Systeme hat sich die computergestützte Simulation des Agentenverhaltens in Form sog. zellulärer Automaten erwiesen. Mit den Grundlagen dieser Gruppe von Modellsystemen beschäftigt sich das Kapitel 4.2. In den nachfolgenden Kapiteln werden dann zunächst anhand von Systemen unveränderlicher Agenten in Kapitel 4.3 das Verhaltensspektrum eines komplexen adaptiven Systems und dessen Determinanten dargestellt. Die Anpassungsfähigkeit an die Umwelt und damit Evolution als hervorstechendes Merkmal komplexer adaptiver Systeme ist Gegenstand der daran anschließenden Ausführungen über veränderliche Agenten in Kapitel 4.4. Das Kapitel 4.5 beschäftigt sich mit Systemen aus gekoppelten adaptiven Agenten, die wie in Ökosystemen einer (Ko-)Evolution in gegenseitiger Abhängigkeit unterworfen sind. Abschließend werden in Kapitel 4.6 die Funktionsprinzipien komplexer adaptiver Systeme noch einmal resümiert und die zentralen Erkenntnisse der Komplexitätsforschung zur Gestaltung von komplexen adaptiven Systemen, die jeweils am Ende der entsprechenden Teilkapitel des Kapitels 4 in Stichworten zusammengefasst werden, in ein allgemeines Modell komplexer adaptiver Systeme und ihrer Gestaltungsmöglichkeiten überführt. Das in Kapitel 4.6.5 entworfene Modell bildet damit die Basis der Klassifizierung von Übertragungsansätzen der Komplexitätsforschung in Kapitel 5 und den Ausgangspunkt für die Überlegungen zur Gestaltung wandlungsfähiger Unternehmen in Kapitel 6.

4.1 Agenten als Grundbausteine komplexer adaptiver Systeme

Komplexe adaptive Systeme konstituieren sich aus sog. Agenten, die nach HOLLAND in erster Näherung kontextfrei als aktive Elemente eines Systems definiert werden können.[438] Diese breit angelegte Definition erlaubt es, Systeme aus so unterschiedlichen Agenten wie bspw. Moleküle, Neuronen, Vögel, Menschen oder Unternehmen mit den gleichen Untersuchungsmethoden zu behandeln und auf Basis dieser Abstraktion deren gemeinsame Eigenschaften und Funktionsprinzipien herauszuarbeiten.[439] Im Folgenden werden Agenteneigenschaften beschrieben und in ein allgemeines Agentenmodell eingebracht.

4.1.1 Grundlegende Struktureigenschaften von Agenten und komplexen adaptiven Systemen

Während es in den thermodynamischen Systemen, wie in Kapitel 3.3 vorgestellt, Energieflüsse sind, welche emergente Ordnungsmuster entstehen lassen, beruhen die Emergenzphänomene komplexer adaptiver Systeme im Wesentlichen auf Informationsflüssen zwischen den Agenten.[440] Der Art und Weise, wie die Agenten Informationen umsetzen und wie sie zu diesem Zweck intern strukturiert und mit anderen

---

[438] Vgl. Holland (1995a), S. 6f., der den Agentenbegriff im Zusammenhang mit der Untersuchung komplexer adaptiver Systeme prägte.

[439] Vgl. Brown/Eisenhardt (1998), S. 18.

[440] Vgl. Langton (1992) S. 41.

Agenten vernetzt sind, kommt daher in komplexen adaptiven Systemen besondere Bedeutung zu. Die folgenden zwei Teilkapitel betrachten die entsprechenden Struktureigenschaften von Agenten.

4.1.1.1 Regelbasierte Informationsverarbeitung und Verhaltensdynamik für Selbstordnung

Agenten verarbeiten Informationen aus ihrer Umwelt nach einem Satz von Regeln, einem sog. Schema, auf dem das individuelle Verhalten des Agenten beruht.[441] Diesem regelbasierten Verhalten können durchaus sehr einfache Wenn-dann-Beziehungen oder Stimulus-Response-Mechanismen zugrunde liegen.[442] Das aus der Vernetzung mehrerer derartiger Agenten gebildete System ist jedoch u.U. in der Lage, emergentes Verhalten zu produzieren, welches sich auf Ebene des Gesamtsystems äußerst komplex und zielstrebig darstellt.

Als Beispiel hierfür können aus dem Bereich ‚Künstliches Leben'[443] die von REYNOLDS entworfenen ‚Boids' dienen.[444] Bei diesem Simulationsprogramm wird das Schwarmverhalten von Vögeln nachgebildet, wobei diese einerseits koordinierte und synchrone, andererseits zu plötzlichen Manövern fähige Bewegungsweise nicht durch die Einsetzung einer zentralen Kontroll- und Schaltstelle für den Schwarm als gesamtes Gebilde erreicht wird, sondern durch dezentral überwachte und gesteuerte Verhaltensregeln für jedes einzelne Mitglied des Schwarms. Jeder dieser Boids ist ein unabhängiger Agent, der lediglich mit einem Satz einfacher individueller Verhaltensregeln ausgestattet ist, die seine Bewegung steuern. Aus der Beobachtung realer Vogelschwärme kristallisierten sich folgende drei Grundregeln des Schwarmverhaltens heraus[445]:

- Jeder Schwarmteilnehmer ist bestrebt, immer eine bestimmte Distanz zu den ihn umgebenden Boids zu wahren.
- Jeder Boid stimmt seine Geschwindigkeit mit seinen Nachbarn ab, ohne allerdings aus dem Schwarm herauszufallen.
- Jeder Boid identifiziert das Zentrum des Schwarms innerhalb eines bestimmten Umkreises um sich herum und versucht, sich in Richtung dieses Punktes zu bewegen.

Die drei in einem Zeittakt erhobenen Informationskategorien jedes Schwarmteilnehmers – über die Distanzen zu den Nachbarn, deren Geschwindigkeiten sowie über das Schwarmzentrum – werden ausgewertet und dazu benutzt, das Verhalten des Boid in Bezug auf die eigene Position und Geschwindigkeit im folgenden Zeittakt

---

[441] Vgl. Gell-Mann (1994), S. 53.

[442] Vgl. Holland (1995a), S. 7ff.

[443] Dieses Forschungsgebiet, englisch ‚Artificial Life' genannt, wurde 1987 auf der von dem Biologen Langton organisierten ersten Konferenz zu diesem Thema gegründet, vgl. das Vorwort zu Langton (Hrsg., 1989) oder Thro (1994), S. 11f. sowie Levy (1993), S. 140ff. und S. 287ff.

[444] Vgl. Reynolds (1987) sowie Levy (1993), S. 98ff. oder Thro (1994), S. 121ff. Bei dem Namen ‚Boids' handelt es sich um eine Abkürzung der Wortschöpfung ‚bird-oids', analog zu ‚android', vgl. Reynolds (1987), S. 25 und Levy (1993), S. 99.

[445] Vgl. Reynolds (1987), S. 28, Langton (1989), S. 30, Thro (1994), S. 122 oder Levy (1993), S. 99. Damit ist allerdings nicht gesagt, dass reale Agenten (Vögel) tatsächlich auf der Basis der angegebenen Regeln handeln, doch diese eignen sich, um deren aggregiertes Gesamtverhalten nachzubilden, vgl. Holland (1995a), S. 8.

entsprechend zu korrigieren.[446] Bereits in dieser einfachen Konfiguration formieren sich die Boids und zeigen natürlich anmutendes Schwarmverhalten. Hierin zeigt sich ein ähnlicher Effekt der Rückkopplung zwischen der Mikro- und der Makroebene wie bei den selbstorganisierenden thermodynamischen Systemen, die in Kapitel 3.3 vorgestellt wurden: Aus lokalen Interaktionen auf der Ebene der Elemente entsteht emergent ein globales Ordnungsmuster (in diesem Fall der Schwarm). Dieses bestimmt wiederum den Kontext für die nachfolgenden lokalen Interaktionen der Elemente (die implementierten Regeln beziehen nur die unmittelbare Nachbarschaft mit ein) und setzt damit im Gegenzug die Rahmenbedingungen für seine eigene dynamische Stabilisierung, was im Boid-Beispiel dazu führt, dass ein einmal formierter Schwarm nicht wieder auseinander fällt.[447]

Andere Phänomene komplexen Gruppenverhaltens, das sich selbstorganisiert aus dem interaktiven, auf wenigen einfachen Regeln basierenden Verhalten der Individuen der Gruppe ergibt, können auch bei sozialen Insekten wie Termiten oder Ameisen beobachtet werden. Reale Ameisen rekonstruieren bspw. ohne steuernde Eingriffe einer zentralen Instanz ihren Bau nach einer Zerstörung. Weiterhin markieren sie bei der Futtersuche eine Fundstelle mit einem chemischen Signalstoff (Pheromon), dessen Duft andere Ameisen auf einer ‚Straße' folgen. Auf diese Art kann der Ameisenstaat als Ganzes von dem rein individuellen und auf wenigen Regeln basierenden Verhalten profitieren. Auch diese Spezies wurden vielfach als Agentenmodelle computergestützt nachgebildet.[448]

Im untenstehenden Kasten wird als kurze Zusammenfassung des vorliegenden Teilkapitels in Stichworten festgehalten, dass aus regelbasiertem Verhalten von Agenten, die nicht veränderlich sind (linke Seite), Selbstordnung (rechte Seite) resultieren kann.[449]

• regelbasiertes Verhalten (Schema) • Unveränderlichkeit der Agenten	→	Selbstordnung

4.1.1.2 Strukturdynamik von Agenten für innovative Entwicklung

In den oben geschilderten Beispielen sind die einzelnen Agenten nicht veränderlich, sondern verfügen über einen festgelegten und unveränderlichen Satz von sehr einfachen Verhaltensregeln. Dagegen ist das Gesamtsystem, der Schwarm oder Ameisenstaat, zu emergentem adaptivem Verhalten fähig, das sich in diesem Fall bspw. in Schwarmbildung und Ausweichmanövern angesichts einer unbekannten Flugstrecke bzw. in Reparatur unvorhersehbarer Zerstörungen äußert.
Über dieses selbstordnende Verhalten hinausgehendes, innovatives Verhalten können jedoch nur Systeme zeigen, deren Agenten selbst adaptiv sind und sich zielge-

---

[446] Diese Verhaltensänderung kann als Single-loop-Lernen interpretiert werden, vgl. Stacey (1997), S. 45.

[447] Vgl. Langton (1989), S. 31. Auch hier kann also mit Haken von einer zirkulären Kausalität gesprochen werden, vgl. Haken (1999), S. 33.

[448] Vgl. Collins/Jefferson (1992), S. 579ff., Thro (1994), S. 114ff., Cohen/Stewart (1994), S. 274ff. sowie Stacey (1997), S. 47 oder Coveney/Highfield (1995), S. 248ff.

[449] Auf diese Weise werden auch in den folgenden Teilkapiteln jeweils die zentralen Ergebnisse zu den untersuchten Eigenschaften komplexer adaptiver Systeme und deren Auswirkungen festgehalten.

richtet nach gewissen Veränderungsregeln umgestalten können.[450] Diese Veränderlichkeit kann prinzipiell verschiedene Eigenschaften oder Merkmale betreffen, bspw. die äußere Erscheinungsform der Agenten, ihre Verhaltensschemata, die Art und Stärke ihrer wechselseitigen Kopplung oder auch das Ziel ihrer Adaptionsanstrengungen.[451] In der Abstraktion kann die Bandbreite der Veränderungsmöglichkeiten dadurch erfasst werden, dass ein generischer adaptiver Agent eine interne Struktur besitzt, in der nach Art eines genetischen Codes auch seine speziellen Merkmale festgelegt sind, die wiederum miteinander in ihrer Wirkung verknüpft sind.

In Anlehnung an reale biologische Agenten gibt es dann zwei Möglichkeiten der Adaption: Zum einen kann sich lediglich das Verhaltensschema als „destillierte Erfahrung“[452] eines individuellen Agenten in einem Lernprozess ändern: Der Agent nimmt Informationen über seine Umwelt und über seine eigene Wechselwirkung mit dieser Umwelt auf und komprimiert wiederkehrende Muster nach Art eines Double-loop-learning zu einem neuen verhaltensleitenden Schema.[453] Zum anderen kann sich die gesamte interne Struktur verändern. Der zugehörige Veränderungsprozess entspricht dann einer generationsübergreifenden evolutionären Veränderung. Dieser Fall lässt sich über Reproduktions-, Mutations- und Selektionsmechanismen realisieren, die unter Umständen ganze Gruppen von Agenten (Populationen) betreffen. Bei realen Agenten unterscheiden sich die Zeithorizonte der verschiedenen Adaptionsmöglichkeiten: Änderungen des Verhaltens oder des Schemas (Lernen) vollziehen sich deutlich schneller als generationsübergreifende Änderungen im Bauplan der Agenten (‚genetische Evolution').[454]

In den Strukturen adaptiver Agenten müssen zwei verschiedene Sätze von Regeln enthalten sein. Der eine enthält die Verhaltensregeln und steuert, wie bei den Boids, die Handlungsweise eines Agenten in Abhängigkeit vom jeweiligen Zustand seiner nächsten Umgebung.[455] Der andere Satz umfasst die Veränderungsregeln, die Lern-

---

[450] Genauso wie es noch keine allgemein anerkannte Definition komplexer adaptiver Systeme gibt, herrscht in der Literatur allerdings ebensowenig Einigkeit darüber, ob die Veränderlichkeit der Agenten bzw. ihrer Schemata konstitutiv für die Existenz eines komplexen adaptiven Systems ist, vgl. Anderson (1999), S. 219. Während die ursprüngliche Definition von Holland diese Eigenschaft fordert und bspw. auch Axelrod und Cohen die Veränderlichkeit der Agenten als zentrales Merkmal komplexer adaptiver Systeme angeben (vgl. Axelrod/Cohen (1999), S. 7ff.), sehen bspw. Brown und Eisenhardt auch die in Kapitel 4.1.1.1 beschriebenen Boids als komplexes adaptives System, vgl. Brown/Eisenhardt (1998), S. 18.

[451] Vgl. Anderson (1999), S. 225.

[452] Holland (1995a), S. 32.

[453] Vgl. Gell-Mann (1994), S. 53. Holland unterscheidet entsprechend zwei generische Prozesse in adaptiven Agenten: "(1) a performance system that specifies the agent's capabilities at a given point of time – its abilities in the absence of further learning – and (2) an inductive apparatus that modifies the performance system as experience accumulates – the learning mill." (Holland (1995b), S. 46).

[454] Vgl. Anderson (1999), S. 221 und Gell-Mann (2002), S. 18f. Gell-Mann dagegen bezeichnet auch die Verhaltensänderung auf Basis eines unveränderlichen Schemas als Adaption (‚direct adaptation') und unterscheidet damit, zusätzlich zur Veränderung von Schemata und ‚Darwinschen Prozessen' der generationsübergreifenden Selektion, drei Arten der Adaption, vgl. Gell-Mann (2002), S. 18f.

[455] Vgl. Stacey (1996), S. 184.

regeln sein können oder Reproduktionsregeln, welche einen Kopiermechanismus für die Verhaltens- wie für die Reproduktionsregeln selbst beinhalten.[456]

Adaption gleich welcher Art[457] auf Ebene der Agenten speist, unterstützt durch Selbstorganisationsprozesse, das adaptive Verhalten und die evolutionäre Entwicklung des Gesamtsystems, welches die verbundenen Agenten bilden.[458] Die mit der Zeit durch individuelle Anpassung sich entwickelnde Verschiedenartigkeit (Diversität) der Agenten auf der Mikroebene ist dabei eine wichtige Quelle für Innovation auf Makroebene. Die Evolution des komplexen adaptiven Systems basiert somit auf lokal begrenzten Interaktionen und individuellen Optimierungsbestrebungen der einzelnen adaptiven Agenten, das Ergebnis des damit verbundenen Selbstorganisationsprozesses kann jedoch eine umfassende emergente, innovative und irreversible Anpassungsleistung des Gesamtsystems sein, ohne dass hierfür eine zentrale Steuerung erforderlich wäre.[459] Dieser Wandel auf Ebene des gesamten komplexen adaptiven Systems wird nicht auf der Ebene der Agenten bemerkt, die in jeder Situation lediglich nach ihren gegebenen oder durch eigene Optimierung modifizierten Verhaltens- oder Veränderungsregeln agieren.

• interne Struktur als Basis verschiedener Eigenschaften • Adaption durch Lernen • Adaption durch Reproduktionsmechanismen/ Veränderungsregeln	→	Diversität

4.1.2 Allgemeine Modelle adaptiver Agenten und komplexer adaptiver Systeme

Allgemeingültige Modellvorstellungen für Agenten und komplexe adaptive Systeme sollten die zuvor genannten grundlegenden Struktureigenschaften von Agenten enthalten und zugleich so generisch sein, dass sie sich zur Darstellung verschiedenster realer und abstrakter komplexer adaptiver Systeme eignen. In den folgenden beiden Teilkapiteln werden nach diesen Gesichtspunkten ein Agentenmodell und eine Modelldarstellung für komplexe adaptive Systeme entworfen.

---

[456] Die Reproduktion kann als Klonungsprozess implementiert werden, bei dem eine identische Kopie des reproduzierenden Agenten erstellt wird, die nur durch Zufallseinfluss verändert werden kann (Mutation). Ein weiterer möglicher Reproduktionsmechanismus ist das Kreuzungsprinzip, bei dem zwei Agenten ihre Verhaltens- und Reproduktionsregeln in einer Art genetischer Rekombination vererben, vgl. Stacey (1997), S. 47ff.

[457] In der Biologie wird zumeist derart unterschieden, dass Evolution einer Veränderung des Erbmaterials entspricht, während Adaption eine reine Verhaltensänderung darstellt, welche sich nicht im Genom niederschlägt, vgl. Bar-Yam (1997), S. 574, oder Brock (2000), S. 3-4. Diese Unterscheidung ist jedoch für die computerbasierten komplexen adaptiven Systeme zumeist nicht von Belang.

[458] Axelrod und Cohen weisen allerdings darauf hin, dass Adaption auf Agentenebene nicht notwendigerweise auch Adaption auf Systemebene bedeuten muss, vgl. Axelrod/Cohen (1999), S. 8f. Eine ähnliche Aussage beinhaltet auch die Unterscheidung dreier Adaptionslevel bei Gell-Mann (1995), S. 14-15, die unabhängig voneinander Adaptionsleistungen oder -misserfolge aufweisen können.

[459] Vgl. bspw. Ebeling/Scharnhorst/Montano (1999), S. 448f.

4.1.2.1 Allgemeines Agentenmodell

Ein allgemeines Agentenmodell muss sämtliche oben genannten Eigenschaften und Veränderungsmöglichkeiten der elementaren Bausteine eines komplexen adaptiven Systems erfassen und sich für eine Darstellung beliebiger Aggregationsebenen eignen.

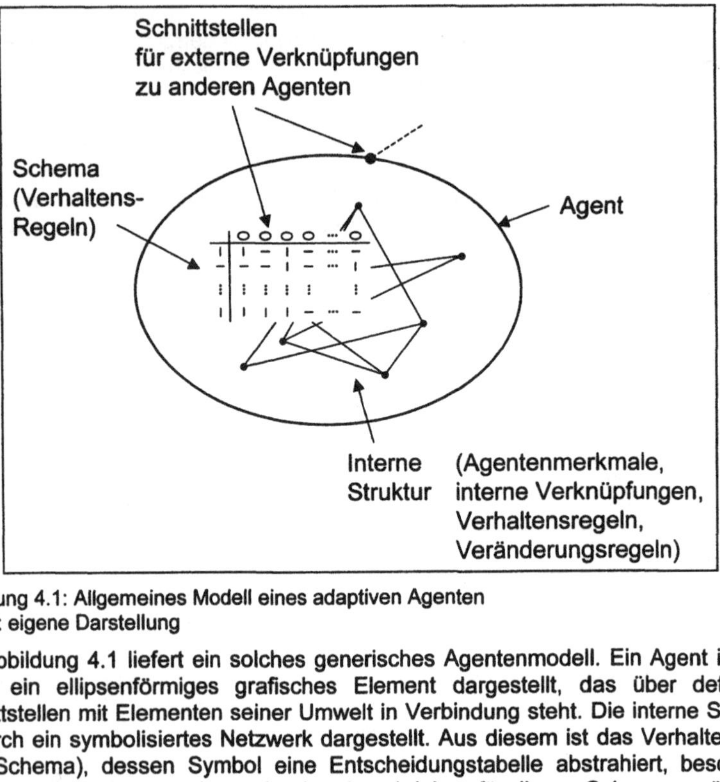

Abbildung 4.1: Allgemeines Modell eines adaptiven Agenten
Quelle: eigene Darstellung

Die Abbildung 4.1 liefert ein solches generisches Agentenmodell. Ein Agent ist hier durch ein ellipsenförmiges grafisches Element dargestellt, das über definierte Schnittstellen mit Elementen seiner Umwelt in Verbindung steht. Die interne Struktur ist durch ein symbolisiertes Netzwerk dargestellt. Aus diesem ist das Verhaltensmodell (Schema), dessen Symbol eine Entscheidungstabelle abstrahiert, besonders hervorgehoben, da zum einen wie oben beschrieben für dieses Schema zusätzliche Adaptionsmöglichkeiten durch Lernen gelten und zum anderen dieses Schema auch bei unveränderlichen Agenten Basis der emergenten Ordnungsentstehung im Gesamtsystem ist.

4.1.2.2 Allgemeines Modell eines komplexen adaptiven Systems als Aggregation von Agenten

Da sich die emergenten Eigenschaften eines komplexen adaptiven Systems erst aus dem Zusammenwirken mehrerer Agenten ergeben, ist außer dem Modell eines einzelnen Agenten noch ein Modell eines gesamten komplexen adaptiven Systems erforderlich, um die Vorgänge in einem solchen System darstellen und untersuchen zu können. Neben diesen beiden für emergentes Verhalten zwingend vorhandenen Betrachtungsebenen, den Agenten als Elementarbausteine auf der einen Seite und einem definierten Gesamtsystem auf der anderen Seite, sind weiterhin Zwischenstufen in der Aggregation von Bausteinen denkbar: Agenten können bspw. auf jeder Stufe (temporär) Meta-Agenten formieren, denen eigenes Verhalten oder eigene emergente Eigenschaften zugeschrieben werden können, und auf diese Weise entsteht eine durchgängige Strukturierung des Gesamtsystems.[460]

Ein derartiger modularer Aufbau ist ein wesentliches Charakteristikum komplexer adaptiver Systeme.[461] Unabhängig davon, ob die Module oder Bausteine als ‚Agenten'[462], ‚building blocks'[463], ‚Massenbauteile'[464], ‚frozen cluster'[465] oder ‚Subsysteme'[466] bezeichnet werden, ist ihnen gemeinsam, dass sie zeitweilig relativ stabile Unterstrukturen des Gesamtsystems darstellen. Durch die iterative Aggregation von Agenten zu Bausteinen immer höherer Ebene erfährt das Gesamtsystem eine hierarchische Strukturierung, die als grundlegendes Organisationsprinzip komplexer adaptiver Systeme angesehen werden muss.[467] Dieser Hierarchiebegriff ist jedoch nicht im Sinne einer autoritären Unterordnung zu verstehen, sondern besagt lediglich, „daß komplexe Systeme in einer Hierarchie von Schichten oder in Form der Schachtel-in-der-Schachtel aufgebaut sind."[468]

---

[460] Vgl. Holland (1995a), S. 10ff. Bezogen auf das Beispiel des Game of Life in Kapitel 4.2.2 könnten bspw. die dort beschriebenen großformatigen stabilen Strukturen wie Blinker oder Gleiter als Meta-Agenten bezeichnet werden, die sich aus aktiven Zellen als Agenten formieren (die hier jedoch nicht adaptiv sind).

[461] Vgl. Holland (1995a), S. 37.

[462] Vgl. Holland (1995a), S. 6ff.

[463] Vgl. Holland (1995a), S. 34ff., der diesen Term im Zusammenhang mit der Modellierung komplexer Systeme und der Veränderung von Schemata verwendet.

[464] Vgl. Riedl (2000), S. 49f. und S. 134ff.

[465] Vgl. Kauffman (1993), S. 203.

[466] Vgl. Simon (1994), S. 146.

[467] Vgl. Holland (1995a), S. 11f., Simon (1994), S. 185 und Waldrop (1993), S. 210. Riedl nennt als die vier Grundmuster komplexer Ordnung die Norm (Massenbauteile), Interdependenz, Hierarchie sowie Tradierung (Weiterreichen über Generationen), vgl. Riedl (2000), S. 134ff.

[468] Simon (1994), S. 110. Vgl. auch Vester (1980), S. 40ff., der darauf hinweist, dass nur eine strukturierte Vernetzung, im Sinne einer verschachtelte Systemhierarchie von Subsystemen und sich selbst regelnden Unterstrukturen, komplexen Sytemen zu relativer Stabilität verhilft.

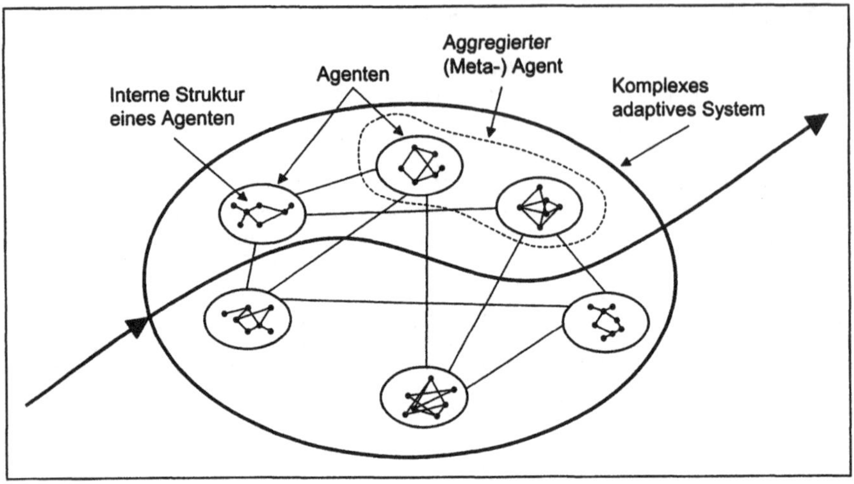

Abbildung 4.2: Allgemeines Modell eines komplexen adaptiven Systems
Quelle: eigene Darstellung

Wie fraktale Objekte bilden damit auch komplexe adaptive Systeme selbstähnliche Strukturen aus. So besitzen die elementaren Agenten, wie oben dargelegt, eine innere Struktur, das Netzwerk aus mehreren Agenten kann wiederum als innere Struktur eines Moduls auf der nächsthöheren Ebene interpretiert werden, und das gesamte komplexe adaptive System stellt im Zusammenspiel mit anderen derartigen Systemen wiederum nur einen Agenten dar. Dieses Schachtelungsprinzip ist in Abbildung 4.2 angedeutet, welche ein generisches komplexes adaptives System mit exemplarischen Strukturen über drei Ebenen – elementare Agenten, aggregierte Agenten und das komplexe adaptive System selbst – darstellt. Die Abbildung veranschaulicht den allgemeinsten Fall eines komplexen adaptiven Systems, bei dem die Agenten unterschiedliche interne Strukturen aufweisen und die Diversität somit groß ist.

• Aggregation/Abgrenzung von Agenten • Selbstähnlichkeit	→ Schachtelungsprinzip über mehrere Ebenen

4.2 Zelluläre Automaten als einfachste komplexe adaptive Systeme und Experimentierfeld der Komplexitätsforschung

Zelluläre Automaten sind keine realen physikalischen, sondern abstrakte, meist computerbasierte Systeme. Sie sind im Unterschied zu den bisher vorgestellten Systemen sowohl räumlich als auch zeitlich diskret:[469]
Zelluläre Automaten bestehen aus räumlich angeordneten Zellen, die ihren Zustand nur zu bestimmten Zeitpunkten und nur innerhalb einer begrenzten Anzahl definierter Zustände ändern können. Dabei folgen sie wie die Agenten komplexer adaptiver Systeme sehr einfachen Vorschriften oder Programmen. Diese Einschränkungen im

[469] Die Grundlagen zellulärer Automaten gehen auf John v. Neumann und Stanislav Ulam zurück, vgl. etwa Levy (1993), S. 65, Coveney/Highfield (1995), S. 91ff. oder Langton (1989), S. 13-15.

Verhalten erscheinen zunächst als zu starke Vereinfachungen für die Modellierung und Betrachtung komplexer Phänomene, denen als Ursache zumeist ein ebenso komplexer Wirkmechanismus unterstellt wird.[470] Jedoch haben sich gerade aufgrund dieser Restriktionen zelluläre Automaten als besonders geeignet erwiesen, Erkenntnisse über (auch reale) komplexe adaptive Systeme zu gewinnen, da die Vereinfachungen die Nachvollziehbarkeit der Prozesse und ihrer Ergebnisse erleichtern, zudem das Verhalten zellulärer Automaten sich als räumliches Muster leicht visuell aufnehmen und interpretieren lässt.[471] WOLFRAM sieht hier sogar den Keim für „eine neue Art von Wissenschaft"[472].

Die folgenden beiden Teilkapitel geben eine Einführung in dieses Gebiet und stellen mit dem ‚Game of Life' ein prominentes Beispielsystem vor. Erkenntnisse über die Gestaltung komplexer adaptiver Systeme können an dieser Stelle noch nicht gewonnen werden, daher werden im Folgenden keine stichwortartigen Zusammenfassungen gegeben.

4.2.1 Aufbau und Eigenschaften zellulärer Automaten

Grundlegende Eigenschaft zellulärer Automaten ist ihre selbstorganisierte Strukturbildung aufgrund von Übergangsregeln, die Zustandsänderungen von Zellen in Abhängigkeit von bestimmten Umgebungsbedingungen determinieren. In Abhängigkeit von diesen Regeln ergeben sich qualitativ unterschiedliche räumliche Muster.

4.2.1.1 Übergangsregeln

Zelluläre Automaten bilden geometrische Muster aus verschiedenen Zuständen räumlich verteilter gleichartiger Zellen. Je nach den Dimensionen ihrer Ausdehnung kann in unterschiedliche Typen zellulärer Automaten differenziert werden: Bei eindimensionalen Automaten sind die Zellen in Kettenform aneinander gereiht, bei zweidimensionalen Automaten sind sie in einem flächigen Gitter angeordnet usw. Jede Zelle kann zu einem gegebenen Zeitpunkt genau einen Zustand aus einer definierten Menge möglicher diskreter Zustände annehmen. Die Zustandsänderung aller Zellen erfolgt schrittweise und synchron zu diskreten Zeitpunkten.
Für alle Zellen gilt die gleiche Übergangs- oder Transformationsregel von einem Zustand zum nächsten. Sie bestimmt, welchen neuen Zustand eine Zelle annimmt, abhängig vom momentanen Zustand ausgewählter Nachbarzellen und der betrachteten Zelle.[473] Mit dieser deterministischen Übergangsregel, die stets eine Rückkopplung beinhaltet, da sie Informationen über den bisherigen Zustand verarbeitet, ist die gesamte Dynamik des Systems vollständig beschrieben. Das Systemverhalten stellt sich als ein räumliches Muster dar.

---

[470] Vgl. Wolfram (2002), S. 4.

[471] Vgl. Schuster (2001), S. 28. So finden zelluläre Automaten als Modelle Verwendung für komplexe natürliche Systeme mit einer großen Anzahl einfacher identischer Komponenten, die lokal interagieren, vgl. Wolfram (1984), S. 1 und vgl. die folgenden Kapitel dieser Arbeit.

[472] Wolfram (2002). „It yields a resolution to what has long been considered the single greatest mystery of the natural world: what secret it is that allows nature seemingly so effortless to produce so much that appears to us so complex" (Wolfram (2002), S. 2).

[473] Vgl. Hedrich (1994), S. 94 sowie Peitgen/Jürgens/Saupe (1994), S. 571ff.

Das Grundprinzip zellulärer Automaten ist in der Abbildung 4.3 verdeutlicht: Es handelt sich dabei um den denkbar einfachsten Fall eines eindimensionalen Automaten mit zwei Zuständen (eine Zelle kann schwarz oder weiß sein), dessen Übergangsregel nur zwei Zellen berücksichtigt, nämlich die neu zu bewertende Zelle selbst und ihre linke Nachbarzelle. Aus dieser Grundkonstellation ergeben sich kombinatorisch vier mögliche Fälle von Zustandsänderungen für eine Zelle, wie die Transformationstafel oben in der Abbildung 4.3 zeigt. Der neue Zustand der betrachteten Zelle ist jeweils mit durchbrochenem Rand darunter angegeben. Wenn die betrachtete Zelle und ihr linker Nachbar beide den gleichen Zustand haben (beide sind schwarz oder beide sind weiß), wird die betrachtete Zelle im nächsten Zeittakt weiß, wenn sie unterschiedliche Farben zeigen, erhält die Zelle als nächstes den Zustand ‚schwarz'.[474] Im unteren Teil der Abbildung 4.3 kann nachvollzogen werden, wie eine Zellenkette des Zeitpunkts Null gemäß dieser Übergangsregel in zwei Schritten transformiert wird. Für die sich im Zeitverlauf herausbildenden Muster kann dabei, ähnlich wie bei den raumkontinuierlichen Systemen in Kapitel 3, der Anfangszustand durchaus von Bedeutung sein.

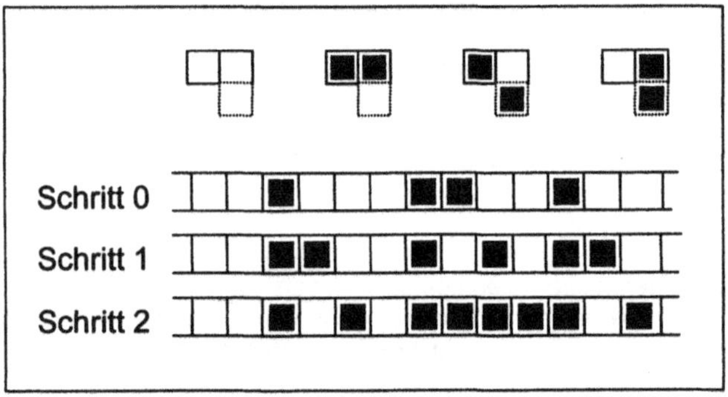

Abbildung 4.3: Eindimensionaler zellulärer Automat mit zwei Zuständen
Quelle: in Anlehnung an Peitgen/Jürgens/Saupe (1994), S. 571 und S. 573

Kompliziertere zelluläre Automaten können bspw. mehr räumliche Dimensionen besitzen, mehr als zwei Zellzustände zulassen, größere Nachbarschaften einbeziehen oder ihre Regeln im Verlauf der Zeit verändern.[475]

4.2.1.2 Qualitative Kategorien zellulärer Automaten

Verschiedene irreversible eindimensionale zelluläre Automaten, also solche, bei denen die Übergangsregel nicht eindeutig vom Endzustand auf den Ausgangszustand schließen lässt, weil wie in Abbildung 4.3 mehrere Konstellationen zum gleichen Ergebnis führen, zeigen im Langzeitverhalten Eigenschaften, wie sie ähnlich auch bei

[474] Diese Übergangsregel entspricht der Booleschen XOR-Funktion. Zur Darstellung und Beschreibung zellulärer Automaten als Boolesche Funktionen vgl. Wolfram (1994c), S. 8ff. oder Wolfram (2002), S. 616ff. Der gleiche Sachverhalt lässt sich auch in Bezug nur auf die Nachbarzelle so formulieren: Ist die Nachbarzelle schwarz, ändert sich der Zustand, ist sie weiß, ändert er sich nicht.

[475] Vgl. ausführlich Wolfram (2002), S. 53ff. und insbesondere zu regelverändernden zellulären Automaten Nakamura/Mori (1999), S. 93ff.

kontinuierlichen dynamischen Systemen beobachtet werden können. Ihr qualitatives Verhalten lässt sich nach WOLFRAM in vier Klassen einteilen:[476]

- In Automaten der Klasse I kommt es nach wenigen Schritten, unabhängig vom Anfangszustand, zur Ausbildung eines Musters, das durch weitere Anwendung der Übergangsregel nicht mehr verändert wird. Ein derart stabiles Muster ist einem Fixpunktattraktor in kontinuierlichen dynamischen Systemen, die in Kapitel 3 vorgestellt wurden, vergleichbar.
- Weiterhin treten in bestimmten Konstellationen Muster auf, welche sich periodisch wiederholen und auch durch geringe Variationen in den Anfangsbedingungen nicht verändert werden. Analog zu derartigem Verhalten, das die Klasse II der zellulären Automaten charakterisiert, können bei kontinuierlichen Systemen die Grenzzyklus-Attraktoren gesehen werden, die wie bei der mechanischen Pendeluhr eine gegenüber kleineren Störungen stabile, periodische Bewegung beschreiben.
- Auch für Chaos existiert eine Entsprechung bei den zellulären Automaten. Die betreffenden Systeme der Klasse III entwickeln aperiodisches Verhalten und zeigen immer wieder neue Muster. Sie reagieren sensitiv auf kleinste Veränderungen in den Anfangsbedingungen.
- Die vierte Klasse weist ebenfalls Anfangswertsensitivität auf, allerdings entstehen hier komplexe lokale Strukturen, für die es bei den kontinuierlichen dynamischen Systemen keine direkte Entsprechung gibt. Während sich die drei vorgenannten Klassen im Langzeitverhalten offenbar Attraktorstrukturen nähern, produzieren Automaten der Klasse IV immer wieder neue Muster, die sich in ihrer Beschreibung nicht reduzieren lassen.[477]

Die Zahl denkbarer zellulärer Automaten ist unüberschaubar. Bereits für den einfachsten Fall eines eindimensionalen zellulären Automaten wie in Abbildung 4.3 mit zwei berücksichtigten Zellen und zwei verschiedenen Zuständen lassen sich $2^4=16$ verschiedene Übergangsregeln konstruieren. Werden dagegen drei Zellen zur Ermittlung des nächsten Zustands herangezogen, erhöht sich diese Zahl der möglichen Übergangsregeln, da die drei Zellen $2^3=8$ verschiedene Muster bilden können, auf $2^8=256$.

Die Abbildung 4.4 zeigt Repräsentanten der vier beschriebenen Klassen anhand solcher eindimensionaler Automaten mit zwei Zuständen, die drei Zellen berücksichtigen (die betreffende Zelle mit ihrer rechten und linken Nachbarzelle), und deren Anfangszustand mit einer einzigen schwarzen Zelle jeweils gleich ist. Unterschiede bestehen lediglich in den Übergangsregeln.[478]

[476] Vgl. ursprünglich Wolfram (1984), S. 21ff., auch Wolfram (2002), S. 231ff., Mainzer (1999), S. 17, Hedrich (1994), S. 102, Bar-Yam (1997), S. 120ff. oder Thro (1994), S. 44f.

[477] Vgl. Wolfram (1984), S. 34.

[478] Für einen derartigen zellulären Automaten ergibt sich wie gezeigt eine Gesamtzahl von $2^8=256$ denkbaren unterschiedlichen Übergangsregeln. Diese Regeln werden von Wolfram nummeriert, indem er für eine schwarze Zelle eine Eins und für eine weiße Zelle eine Null setzt. Eine vollständige Übergangsregel formuliert für alle acht verschiedenen Nachbarschaftszustände 111, 110, 101, 100, 011, 010. 001 und 000 jeweils ein Ergebnis, das in dieser Reihenfolge aneinandergesetzt zu einem achtstelligen Ausdruck aus Nullen und Einsen führt. Dieser achtstellige Ausdruck lässt sich als Binärzahl interpretieren, und die entsprechende Dezimalzahl ergibt die Nummer der Regel. In der Umkehrung dieser Vorgehensweise lassen sich zu der gegebenen Nummer einer Regel auch die entsprechende Übergangsregel und deren Transformationstafel rekonstruieren, vgl. Wolfram (1994a), S. 419, Wolfram (2002), S. 53 oder Mainzer (1999), S. 15.

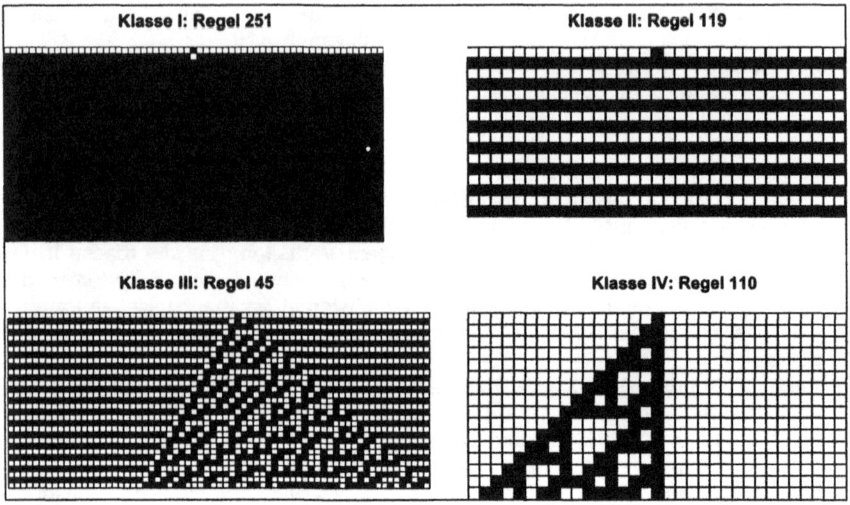

Abbildung 4.4: Ausgewählte Repräsentanten der vier Klassen zellulärer Automaten
Quelle: Wolfram (2002), S. 55 (Regel 45, Regel 110 und Regel 119) und S. 56 (Regel 251)

4.2.2 Beispiel: The Game of Life

Auch zelluläre Automaten mit einer Dimension von 2 und höher lassen sich in die WOLFRAMschen Klassen einordnen.[479] Das im Folgenden beschriebene prominente Beispiel ‚Game of Life' ist ein derartiger Automat der Dimension 2 aus der Klasse IV, die im Zusammenhang mit komplexen adaptiven Systemen von besonderem Interesse ist.[480]

Das von dem englischen Mathematiker John Horton CONWAY in den späten 1960er Jahren erfundene Game of Life ist die wohl bekannteste Anwendung zellulärer Automaten.[481] Bei diesem Spiel[482] handelt es sich um einen zweidimensionalen Automaten mit zwei möglichen Zuständen. Welchen der beiden Zustände ‚tot' oder ‚lebendig' (bzw. weiß oder schwarz) die jeweils betrachtete Zelle annimmt, hängt von den Zuständen ihrer acht unmittelbaren rechtwinkligen und diagonalen Nachbarn ab (vgl. die Beispiele für Transformationen in Abbildung 4.5).

---

[479] Vgl. Bar-Yam (1997), S. 122.

[480] Vgl. Langton (1992), S. 47 und Richter/Rost (2002), S. 31ff.

[481] Erstmals wurde die Anwendung von Gardner unter der Rubrik ‚Mathematical Games' der Zeitschrift ‚Scientific American' in der Ausgabe vom Oktober 1970 beschrieben, vgl. Gardner (1970).

[482] Tatsächlich wurde das System ursprünglich eher als Spiel verstanden und weniger als Anlass zu wissenschaftlicher Forschung angesichts der Komplexität, die einfache Regeln offenbar erzeugen können, vgl. Gardner (1970) und Wolfram (2002), S. 877.

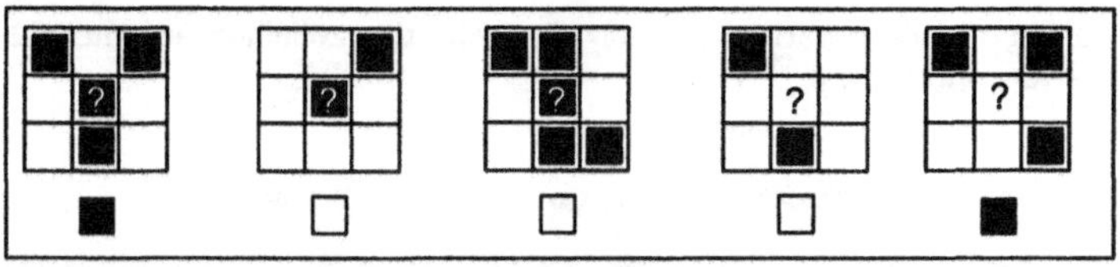

Abbildung 4.5: Einige Transformationen im Game of Life
Quelle: in Anlehnung an Peitgen/Jürgens/Saupe (1994), S. 575

Eine Zelle ändert ihren Zustand im nächsten Schritt nicht, wenn zwei dieser Nachbarn schwarz sind. Wenn genau drei Nachbarn schwarz sind, wird (oder bleibt) die betrachtete Zelle im nächsten Schritt schwarz. Werden die einzelnen schwarzen Zellen als lebende Organismen interpretiert, bilden diese Regeln somit die Vermehrung bzw. das Überleben dieser Organismen ab. Jede andere Zahl von schwarzen Nachbarn (d.h. mehr als drei oder weniger als zwei) führt dazu, dass die betrachtete Zelle im nächsten Schritt weiß wird oder bleibt. Auf Organismen übertragen bedeutet dies: Bei mehr als drei lebendigen Nachbarn stirbt eine lebendige Zelle an Überbevölkerung, bei weniger als zwei Nachbarn an Einsamkeit.[483]

Im Langzeitverhalten eines solchen Automaten auf einem Flächengitter können sich, je nach Anfangsbedingungen, unterschiedliche geometrische Muster zeigen, von denen wiederum bestimmte Teilstrukturen charakteristisches Verhalten zeigen. So stirbt eine Struktur aus lediglich zwei nebeneinander liegenden lebendigen Zellen gleich beim ersten Zeitschritt aus, während ein quadratischer Block mit einer Seitenlänge von zwei Zellen eine stabile ortsfeste Struktur darstellt.[484] Weitere beobachtete Strukturen sind bspw. ‚Gleiter', die sich als gleichbleibende Muster in eine bestimmte Richtung über das Gitter bewegen, ‚Blinker' genannte Strukturen, die nach einigen Schritten zyklisch stets zu ihrer ursprünglichen Gestalt zurückgelangen, oder auch ‚Gleiterkanonen', die in gleichmäßigen Zeitabständen immer wieder Gleiter produzieren.[485]

Obwohl die Übergangsregeln einfach und deterministisch sind und lediglich die unmittelbare Nachbarschaft einer jeden Zelle einbeziehen, können somit aus deren Interaktion emergente, großformatige Strukturen entstehen, ähnlich wie sich bei den in Kapitel 3.3 behandelten Selbstorganisationsphänomenen aus mikroskopischen Interaktionen makroskopisch kohärente Ordnungsmuster bilden. Mit den Strukturelementen des Game of Life und der Nutzung der beweglichen Gleiter als Informationsübertragungsmechanismus lassen sich logische Schaltelemente konstruieren, die schließlich mit geeigneten Anfangsbedingungen zur Ausführung beliebiger Rechen-

483 Für die Beschreibung dieser Regel und weiterer Variationen vgl. Gardner (1970) sowie Bar-Yam (1997), S. 123ff., Peitgen/Jürgens/Saupe (1994), S. 573ff., Hedrich (1994), S. 99, Mainzer (1997), S. 210f., Thro (1994), S. 8f., Holland (1998), S. 136ff. oder Wolfram (2002), S. 249.

484 Vgl. bspw. Cohen/Stewart (1994), S. 278.

485 Vgl. die illustrierten Erläuterungen in Bar-Yam (1997), S. 123ff., Peitgen/Jürgens/Saupe (1994), S. 573ff. sowie Cohen/Stewart (1994), S. 278f. oder Levy (1993), S. 69ff. „Simple though the glider is, it tells us much about emergence. First of all, the glider is not a fixed set of particles bound together and moving on an trajectory through the space. Rather, particles are continually being created and deleted to produce the glider" (Holland (1998), S. 140). Ein wesentlicher Unterschied in den von Wolfram unterschiedenen Klassen zellulärer Automaten besteht in der Reichweite von Information in Gestalt des Anfangszustands: in den Klassen I und II endet die Informationsweitergabe mit Erreichen der Endzustände, in der Klasse III kann sich Information mit gleichmäßiger Geschwindigkeit unendlich fortsetzen, in Klasse IV existiert keine derartige Beschränkung, vgl. Wolfram (1994b), S. 161.

operationen konfiguriert werden können, so dass der zelluläre Automat zu einem universellen Computer wird.[486]

4.3 Verhaltensmöglichkeiten komplexer adaptiver Systeme

Bereits das einfache Beispiel der mit den Boids demonstrierten Verhaltensflexibilität eines künstlichen Schwarms zeugt von dem großen Potential komplexer adaptiver Systeme, auf unvorhergesehene Umweltveränderungen mit ebenso unvorhergesehenen Verhaltensweisen zu reagieren. Die Unvorhersehbarkeit ist dabei in der Tatsache zu sehen, dass das Verhalten des Gesamtsystems nicht in seinen Elementen, den Agenten, vorprogrammiert ist, sondern sich erst emergent aus deren selbstorganisierter Interaktion ergibt.[487] In den thermodynamischen Systemen, die ebenfalls, wie in Kapitel 3.3 gezeigt, Selbstorganisationsphänomene entwickeln können, hängen diese im Wesentlichen von externen Größen wie der Stärke des Energiezuflusses ab, da die Vernetzung der Systemelemente und ihre Art der Interaktion durch physikalische Gesetze determiniert ist.
Demgegenüber basiert die Dynamik komplexer adaptiver Systeme auf Information, und die Vernetzung der Agenten sowie ihre Art der Informationsverarbeitung können als Parameter angesehen werden, die – entweder durch Vorgabe von außen oder durch die Agenten selbst – variiert werden können. Und eben die Betrachtung dieses Informationsflusses, wie Agenten Informationen verarbeiten, wie sie mit Interaktionspartnern verknüpft sind und wie sie damit gewissen Restriktionen unterliegen, hat sich als ein wichtiger Schlüssel zum Verständnis der Emergenz in komplexen adaptiven Systemen erwiesen.

Die im Folgenden dargestellten Erkenntnisse zum Verhalten von komplexen adaptiven Systemen gelten bereits für den einfachsten Fall nichtadaptiver Agenten. Kapitel 4.3.1 zeigt das gesamte Verhaltensspektrum komplexer adaptiver Systeme auf, und Kapitel 4.3.2 fokussiert besonders auf denjenigen Bereich innerhalb dieses Spektrums, der als ‚Rand des Chaos' bezeichnet wird. Kapitel 4.3.3 beschreibt die Bedingungen für die Erweiterung bzw. das Wachstum komplexer adaptiver Systeme.

4.3.1 Verhaltensspektrum komplexer Systeme

Unabhängigkeit der Agenten und deren Kopplung sind gleichermaßen Voraussetzungen für die Ausbildung von Emergenz in komplexen Systemen. Einerseits sind die Agenten in dem Sinne unabhängig voneinander, als es keine zentrale Steuerungsinstanz gibt und die Agenten jeweils nur ihr eigenes Verhalten in Bezug auf ihr direktes Umsystem in Gestalt ihrer Nachbarn oder Kommunikationspartner anpassen.[488] Andererseits ergibt sich aus eben dieser lokalen Vernetzung, dass die Agenten letztlich nicht unabhängig voneinander agieren können: Das Gesamtverhalten

---

[486] Vgl. Hedrich (1994), S. 99ff. sowie Coveney/Highfield (1995), S. 95f. und Langton (1992). Weitere Beispiele für Automaten, die beliebige Regeln abbilden können, finden sich bei Wolfram (2002), S. 644ff.

[487] Der Begriff Emergenz beschreibt genau diese Entstehung qualitativ neuartiger Funktionen und Strukturen, die in den Eigenschaften der Subsysteme oder Elemente nicht gegeben sind und die sich auch nicht durch die Gesamtheit der Eigenschaften der Subsysteme ergeben, vgl. Cariani (1992), S. 775 sowie Grothe (1997), S. 151 und Kapitel 3.3.1.2 dieser Arbeit.

[488] Vgl. Holland (1995a), S. 10 und S. 38f.

des Systems kommt nur durch eine starke Interaktion der Systemelemente zustande, die für eine Verstärkung bestimmter Verhaltensweisen sorgt.

Grundlegende Arbeiten, um dieses Spannungsfeld zwischen Unabhängigkeit und Kopplung der Agenten auszuloten und Bedingungen der informationsbasierten Dynamik für komplexes emergentes Systemverhalten zu formulieren, wurden von LANGTON[489] und von KAUFFMAN[490] geleistet, deren Ergebnisse im Folgenden dargestellt werden sollen.

4.3.1.1 LANGTONS Topographie zellulärer Automaten

Den Ausgangspunkt der Arbeiten von LANGTON bilden zelluläre Automaten, deren langfristige Verhaltensweisen wie in Kapitel 4.2.1.2 beschrieben nach WOLFRAM vier generellen Archetypen zuzuordnen sind: Klasse I erreicht einen stabilen Endzustand und weist damit wie Klasse II, die grenzzyklisches Verhalten zeigt, ein großes Maß an Ordnung der Mikro- wie der Makroebene auf. Klasse III dagegen zeigt in beiden Ebenen völlig ungeordnetes, chaotisches Verhalten. Klasse IV produziert auf der Mikroebene immer wieder neue Ordnungsstrukturen, das Gesamtsystem zeigt jedoch keine Regelmäßigkeit und wirkt dadurch ungeordnet, sein Verhalten weist die größte Komplexität auf.[491]

LANGTON[492] gelang es, für das Auftreten dieser vier von WOLFRAM experimentell eruierten qualitativen Verhaltensarchetypen ein quantitatives Kriterium zu ermitteln und sie auf einem Kontinuum anzuordnen, um so eine „Topographie des Verhaltens zellulärer Automaten"[493] zu entwerfen. Er definierte einen Parameter λ, welcher auf Basis der Übergangsregeln eines gegebenen zellulären Automaten den Informationsfluss bzw. die Verknüpfung darin folgendermaßen charakterisiert:[494]
Betrachtet wird jeweils die gesamte Menge möglicher Übergangsregeln, die für einen speziellen zellulären Automaten unter Berücksichtigung von N Nachbarzellen und K möglichen Zuständen jeder Zelle angenommen werden können. Unter diesen Bedingungen kann die zu berücksichtigende Nachbarschaft einer betrachteten Zelle prinzipiell K^N verschiedene Zustände oder Muster annehmen. Eine Übergangsregel bestimmt nun, wie jeder dieser Zustände zu einem definierten Endzustand der betrachteten Zelle führen soll, wobei auch für diese hierbei die Wahl zwischen K verschiedenen Zuständen besteht. Die Gesamtheit möglicher Übergangsregeln in einem durch N und K vorgegebenen Automaten nimmt also die Zahl K hoch K^N an.[495]

Der Parameter λ für eine beliebige dieser Übergangsregeln wird nun folgendermaßen ermittelt: Es wird irgendein Zellzustand s_q aus den K Möglichkeiten ausgewählt

---

[489] Vgl. Langton (1992).

[490] Vgl. Kauffman (1993).

[491] Vgl. Langton (1992), S. 47; dort und bspw. auch bei Coveney/Highfield (1995), S. 100 und bei Wolfram (2002) S. 55ff. sind Abbildungen der Entwicklung typischer Vertreter der vier Klassen einander gegenübergestellt, vgl. auch Abbildung 4.4 der vorliegenden Arbeit. Langton wollte mit seinen Überlegungen den Beweis antreten, dass bestimmte zelluläre Automaten als universelle Computer nutzbar sind.

[492] Vgl. Langton (1992), S. 43ff.

[493] Lewin (1993), S. 70.

[494] Zu den folgenden Erläuterungen vgl. Langton (1992). Kelly interpretiert den Parameter λ als Hinweis darauf, ob ein System einen ‚sweet spot' maximaler Anpassungsfähigkeit erreichen kann, vgl. Kelly (1997), S. 565ff. Zur Interpretation der Ergebnisse Langtons vgl. auch Levy (1993), S. 134ff.

[495] Vgl. das Zahlenbeispiel für eindimensionale Automaten in Kapitel 4.2.1.2.

und untersucht, wie viele verschiedene Nachbarschaftsmuster unter Anwendung der Übergangsregel zu eben diesem Zustand führen, diese Zahl wird mit n_q bezeichnet. Der Parameter λ gibt nun den Anteil der übrigen Nachbarschaftsmuster an der Gesamtheit der K^N Nachbarschaftsmuster an: $\lambda = \frac{(K^N - n_q)}{K^N}$ Je größer der Parameter ist, desto größer ist auch die Verschiedenartigkeit bzw. Regellosigkeit, Unordnung oder Zufälligkeit der durch die betrachtete Übergangsregel erzeugten Outputs, wie folgende Überlegung zeigt: Führen sämtliche K^N möglichen Nachbarschaftsmuster zu dem Zustand s_q so wird λ mit $n_q = K^N$ zu Null, eine entsprechende Übergangsregel würde jeden beliebigen Anfangszustand bereits im ersten Transformationsschritt in einen vollkommen homogenen Zustand überführen. Der Zustand jeder Zelle ist damit auch völlig unabhängig von den Zuständen der anderen Zellen in ihrer Umgebung determiniert. Ein solcher Automat ist der Klasse I zuzuordnen.
Die heterogensten Übergangsregeln dagegen, also diejenigen mit der größten Verschiedenartigkeit des Outputs, sind diejenigen, bei denen sich die Anzahl K^N der Nachbarschaftsmuster zu gleichen Teilen auf die verschiedenen daraus folgenden Zellzustände K aufteilt, also jeweils $n_q = \frac{K^N}{K} = K^{N-1}$ Muster zu einem bestimmten Zellzustand s_q führen. In diesem Fall gilt $\lambda = \frac{(K^N - K^{N-1})}{K^N} = 1 - \frac{1}{K}$. Der Output eines derartigen Automaten hängt stark von den jeweiligen Nachbarschaftsmustern ab und wandelt sich damit permanent, er würde in der Betrachtung als vollkommen zufällig und regellos empfunden und gehört somit der Klasse III an. Eine weitere Steigerung bis zu $\lambda = 1$ würde bedeuten, dass keines der möglichen Nachbarschaftsmuster zu dem ausgewählten Zustand führt, d.h. die Zahl der Zustände im Output reduziert sich, die scheinbare Zufälligkeit des Outputs bleibt.

In diesem Spektrum des λ-Parameters zwischen 0 und 1 lassen sich nun die vier WOLFRAMschen Klassen zellulärer Automaten wie in Abbildung 4.6 lokalisieren: Wie erwähnt liegen in der Nähe von $\lambda = 0$ die Automaten der Klasse I, bei anwachsendem λ entstehen Automaten der Klasse II mit periodischem (grenzzyklischem) Verhalten, eine weitere Steigerung des λ-Parameters charakterisiert Automaten der Klasse IV, und am chaotischen Ende des Spektrums liegen die Automaten der Klasse III. Als Ergebnis lässt sich somit festhalten, dass die Automaten der Klasse IV mit ihrem komplexen Verhaltensspektrum zwischen dem periodischen und dem chaotischen Bereich angesiedelt sind.

Auch Informationsfluss und Informationsspeicherung innerhalb eines zellulären Automaten lassen sich entlang des λ-Parameters charakterisieren. LANGTON untersuchte zu diesem Zweck mit Hilfe von Entropie- und Informationsmaßen, wie sich die Zustände zweier Zellen bzw. zwei aufeinander folgende Zustände derselben Zelle gegenseitig beeinflussen.
Ein System mit niedrigem λ-Wert kann unter diesem Blickwinkel zwar Information speichern, da die Korrelation zwischen einem Zustand und seinem Folgezustand sehr stark ausgeprägt ist, diese Information kann jedoch nicht übertragen werden, da die Systemdynamik letztlich zum Erliegen kommt.
Aber auch am anderen Ende der λ-Skala, im Bereich des chaotischen Verhaltens, gelingt keine Informationsübertragung. Derartige Systeme verfügen zwar über starke Dynamik, jedoch sind die Korrelationen zwischen aufeinander folgenden Systemzuständen zu gering. Entsprechende Systeme sind somit zu instabil, um Information zu

speichern. Hier verhalten sich die Zellen eher wie unter Zufallseinfluss, was die ursprüngliche Information unkenntlich macht.[496]
Lediglich im Bereich mittlerer λ-Werte wird sowohl Informationsübertragung als auch Informationsspeicherung unterstützt und damit komplexes Systemverhalten ermöglicht.[497]

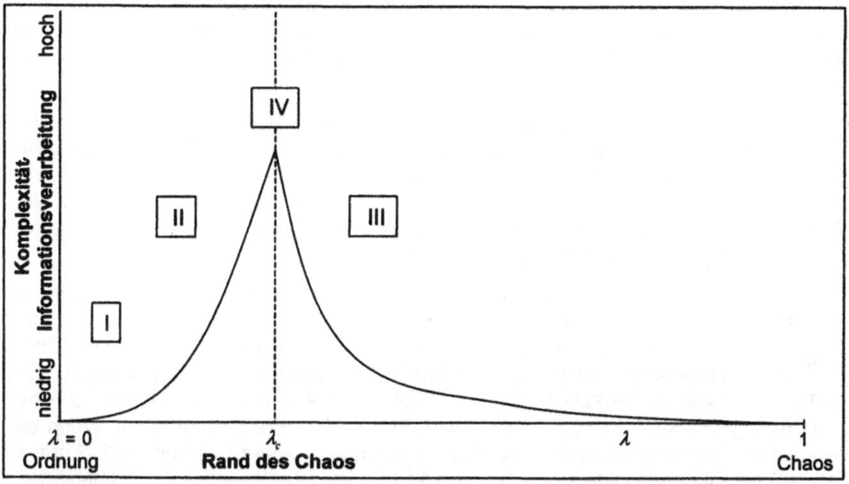

Abbildung 4.6: Topographie zellulärer Automaten
Quelle: Langton (1992), S. 77

Das zentrale Ergebnis der Arbeit von LANGTON ist, dass die Komplexität eines zellulären Automaten, wie Abbildung 4.6 zeigt, zunächst mit zunehmender Verknüpfung ansteigt, bei Überschreiten eines kritischen Werts λ_C jedoch wieder absinkt, so dass völlige Unordnung, da stochastisch abbildbar, letztlich ebenso simpel ist wie völlige Ordnung. Der Bereich komplexen Systemverhaltens und maximaler Informationsverarbeitungskapazität liegt in einem schmalen Band des Phasenübergangs zwischen Ordnung und Unordnung, der viel zitierten ‚edge of chaos'.

	→	Informationsweitergabe
• Korrelation zwischen Zuständen	→	Informationsspeicherung
	→	Verhaltenskomplexität

4.3.1.2 KAUFFMANS NK-Modelle

Während die Agenten in einem Automaten von LANGTON, d.h. die Zellen, alle gleichartig sind und über dieselben Schemata in Gestalt ihrer Transformationsregel verfügen, geht KAUFFMAN in seinen Experimenten einen Schritt weiter und stattet die

[496] Auch für thermodynamische Syteme weist Haken (2000), S. 23 darauf hin, dass sie sich im Gleichgewicht nicht zur Informationsspeicherung eignen, da sie in diesem Fall makroskopisch vollkommen homogen sind, was jedoch auf mikroskopischer Ebene mit chaotischer Molekülbewegung gleichzusetzen ist.

[497] Dies sind die Voraussetzungen für die Eignung eines Systems als universeller Computer. Langton weist nach, dass das Game of Life genau diese Anforderungen erfüllt, vgl. Langton (1992), S. 69ff.

Agenten in seinen NK-Modellen[498], als deren Spezialfall die vorgestellten zellulären Automaten aufgefasst werden können, mit verschiedenartigen Schemata aus. Ziel seiner Arbeiten war es, die Entstehung von Stoffwechselsystemen, die „Emergenz stabiler autokatalytischer Verbände"[499] als Grundlage des Lebens auf stark vereinfachte Weise zu modellieren.[500] Die Agenten seiner Systeme stellen in diesem Fall Moleküle dar, die in erster Näherung nur die beiden Zustände aktiv oder inaktiv annehmen können. In welchem Zustand sich ein Molekül zu einem bestimmten Zeitpunkt befindet, hängt von der Aktivität bzw. Inaktivität weiterer Moleküle im System ab.[501]

KAUFFMAN wählte Boolesche Netzwerke, um das katalytische Zusammenwirken seiner idealisierten Moleküle in der ‚Ursuppe' abzubilden. Boolesche Netzwerke sind diskrete dynamische Systeme binärer Variabler, deren Zustand (an oder aus bzw. 1 oder 0) zu einem bestimmten Zeitpunkt sich als Output einer Booleschen Funktion ergibt, welche als Input die Zustände verschiedener anderer Variabler des Systems zum unmittelbar vorhergehenden Zeitpunkt verwendet.[502]

Zur Verdeutlichung der Funktionsweise eines solchen Netzwerks stellt KAUFFMAN den Vergleich mit einem Netz aus miteinander verkabelten Glühlampen an, von denen jede nach einem eigenen Schaltplan auf den Erhalt oder das Ausbleiben von Strom in ihren verschiedenen Zuleitungen reagiert.[503] Die Abbildung 4.7 zeigt im linken Teil das kleinstmögliche Netzwerk mit drei Glühlampen-Agenten, die unterschiedlichen Schemata gehorchen: Lampe 1 folgt einer UND-Funktion (sie leuchtet nur, wenn beide anderen Glühlampen vorher gleichzeitig geleuchtet haben), während die Lampen 2 und 3 als ODER-Funktion geschaltet sind (sie leuchten jeweils, wenn mindestens eine der beiden anderen zuvor leuchtete). Neben den Glühlampen-Agenten sind jeweils ihre zugehörigen Schalttafeln angegeben, die auf der linken Spalte die Zustände der beiden anderen als Inputs enthalten und in der rechten Spalte den resultierenden Output der betrachteten Lampe zeigen.

---

[498] Diese Art Modell ist nach den zentralen Modellparametern N (Anzahl der Elemente) und K (Anzahl der Verbindungen pro Element) benannt, die im Folgenden noch eingehend erläutert werden.

[499] Kauffman (1998), S. 132.

[500] Vgl. Kauffman (1998), S. 115ff.

[501] Der Ansatz ähnelt im Prinzip den in Kapitel 3.3.2.2 geschilderten crosskatalytischen Reaktionssystemen, allerdings argumentiert Kauffman nicht auf der makroskopischen Ebene der Substanzen, sondern auf der mikroskopischen Ebene einzelner Moleküle, und seine Experimente bilden auch keine realen Reaktionsgleichungen ab, sondern wollen allgemeine Bedingungen für die Entstehung stabiler Ordnungsmuster in beliebigen Reaktionsnetzwerken ableiten.

[502] Vgl. Kauffman (1993), S. 182. Diese Systeme werden auch als binäre Schaltnetze bezeichnet, vgl. Gelfand/Walker (1982), S. 79.

[503] Vgl. Kauffman (1998), S. 117ff.

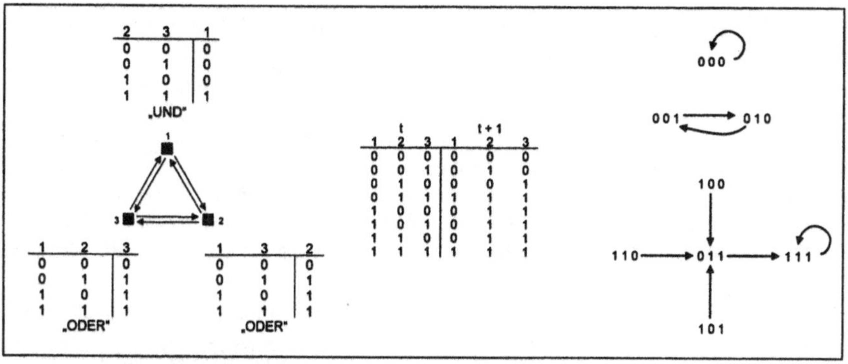

Abbildung 4.7: Boolesches Netz
Quelle: Kauffman (1998), S. 118 oder derselbe (1993), S. 189

In KAUFFMANS Experimenten mit einer größeren Anzahl beteiligter Agenten startet ein Netzwerk zunächst in einem zufälligen Anfangszustand, d.h. zu jedem Element werden zufällig zu Beginn eine Anzahl von K Interaktionspartnern, eine Boolesche Funktion als Schema zur Verarbeitung der K Inputs sowie ein aktiver oder inaktiver Startzustand bestimmt. Das Netzwerk ist autonom, d.h. es erhält keinerlei Input von außerhalb des Systems.

Die fehlende Informationszufuhr von außen impliziert – auch für beliebig große autonome Boolesche Netze in verallgemeinerter Form mit N Elementen, die jeweils von K Inputs abhängen[504] –, dass das System, da es nur eine endliche Zahl verschiedener Systemzustände gibt, von einem beliebigen Anfangszustand aus im Verlauf der Zeit in einen Zustand gelangen muss, in dem es sich zuvor bereits einmal befunden hat. Da die Veränderungen der einzelnen Agenten deterministisch über die Boolesche Funktion festgelegt sind, beginnt hier ein neuer Zyklus, in dem das System dieselben Schritte durchläuft wie zuvor. Die Anzahl der Schritte eines vollständig durchlaufenen Zyklus wird als Zykluslänge bezeichnet. Sie rangiert zwischen 1 (das System erstarrt nach dem Anfangszustand) bis zu 2^N (sämtliche möglichen Systemzustände werden durchlaufen, bevor eine Wiederholung einsetzt).

Ein Zyklus stellt einen Attraktor für das entsprechende System dar, weil die Abfolge der Systemzustände auf dem Zyklus immer gleich ist und das System aus diesem Verhalten nicht ausbrechen kann. Alle Anfangszustände, welche zu einem bestimmten Attraktor führen, bilden dessen Einzugsgebiet. Abbildung 4.7 rechts, in der ein Pfeil jeweils den Übergang von einem Zustand in den nächsten markiert, zeigt die Zyklen und Einzugsgebiete für das dargestellte einfache Beispielsystem. Sie ergeben sich aus der in der mittleren Tabelle dargestellten Betrachtung zweier aufeinander folgender Systemzustände t und t+1 für alle Agenten des Systems zugleich, die eine Kombination der individuellen Schalttafeln auf der linken Seite der Abbildung 4.7 ist. Der kürzeste Zyklus besitzt hier die Länge 1: Hat das System einmal den Zustand 0 für jeden Agenten (0,0,0) oder 1 für jeden Agenten (1,1,1) eingenommen, verändert sich dieser Zustand nicht mehr. Im Unterschied zu (0,0,0) hat jedoch (1,1,1) ein größeres Einzugsgebiet, da fünf verschiedene Anfangszustände zu diesem Zyklus füh-

[504] Obwohl die von Langton untersuchten zellulären Automaten sich als Vereinfachungen Boolescher Netzwerke interpretieren lassen, vgl. Kauffman (1993), S. 219, sind die Variablen N und K bei beiden unterschiedlich belegt, vgl. die Ausführungen zu Langtons Arbeiten in Kapitel 4.3.1.1.

ren. Der längste Zyklus in diesem Beispiel hat die Länge 2, hier wechseln sich die Systemzustände (0,0,1) und (0,1,0) ab.

Entsprechend den verschiedenen möglichen Zykluslängen beträgt die Anzahl der Attraktoren in einem allgemeinen Booleschen Netzwerk maximal 2^N (jeder Anfangszustand ist ein statischer Zustand), mindestens jedoch 1, wenn lediglich der längstmögliche Zyklus existiert, der alle Systemzustände durchläuft.[505] Anhand der Anzahl der Attraktoren, ihrer jeweiligen Zykluslänge und der Stabilität des Systems gegenüber Störungen, die sich bspw. in einer zufälligen Umschaltung eines einzigen Elements realisieren lassen, kann nun das Verhalten eines solchen Netzwerks charakterisiert werden:[506]

Maximale Unordnung weisen Systeme auf, bei denen jedes Element mit allen Elementen verbunden ist: $K = N$. Die Anzahl der Attraktoren ist mit $\frac{N}{e}$ vergleichsweise gering, ihre Länge beträgt im Mittel jedoch die enorme Anzahl von $0{,}5 \cdot \sqrt{2^N}$ Schritten.[507] Dies und die Tatsache, dass derartige Systeme sensitiv auf Störungen oder Variationen des Anfangszustands reagieren, klassifiziert sie als chaotisch. Die physikalische Realisierung eines derartigen Systems mit Glühlampen würde in einem unkoordiniert blinkenden Netz resultieren.

Demgegenüber befinden sich Netzwerke, in denen jedes Element nur von einem anderen abhängt ($K = 1$), in einem Bereich stark geordneten Verhaltens. Derartige Systeme bilden, wenn die Verbindungen unter den Elementen zufällig erstellt werden, verschiedene isolierte kreisförmige Strukturen mit anhängenden Ketten von Elementen. Die entstehende Systemdynamik setzt sich aus den Verhaltensweisen dieser einzelnen Module zusammen. Die entsprechenden Zustandszyklen sind sehr kurz, jedoch häufig empfindlich gegen Störungen. [508] In einem entsprechenden Glühlampennetz ergäbe sich ein großer ‚eingefrorener' Bereich, der nur von wenigen blinkenden Glühlampen durchzogen wird.[509]

Netze mit $K = 2$ dagegen, bei denen jedes Element Inputs von genau 2 anderen Interaktionspartnern hat, sind in der Lage, spontane Ordnung auszubilden. In einem Glühlampennetzwerk dieser Art bilden sich kleinere gefrorene Cluster, die als solche allerdings beweglich sind. Die Anzahl der Attraktoren begrenzt sich auf eine Größenordnung in der Nähe der Quadratwurzel der Anzahl der Elemente, und diese Zahl $\sqrt{N}$ charakterisiert ebenso die durchschnittliche Länge eines Zyklus. Das Systemverhalten erweist sich als stabil gegenüber kleinen Störungen und nicht sensitiv in Bezug auf kleine Variationen in den Anfangsbedingungen.[510] Derartige Systeme mit vielen kleinen Attraktoren reduzieren sich in ihrem Verhalten sehr schnell auf eine stark begrenzte Auswahl möglicher Zustände und ordnen sich dadurch selbsttätig.[511]

---

[505] Vgl. Kauffman (1993), S. 188ff.

[506] Vgl. Kauffman (1998), S. 126 oder derselbe (1993), S. 190.

[507] Vgl. Kauffman (1993), S. 193f.

[508] Vgl. Kauffman (1993), S. 203.

[509] Vgl. Kauffman (1998), S. 139.

[510] Vgl. Kauffman (1998), S. 128f.

[511] Vgl. Kauffman (1993), S. 191 sowie die Ausführungen zur Volumenkontraktion bei Attraktoren dynamischer Systeme in Kapitel 3.2.1.4.

KAUFFMAN betitelt dieses Phänomen, das ohne Energie- oder Informationsanregung von außen zustande kommt, als „Ordnung zum Nulltarif"[512].

In zufällig erstellten Booleschen Netzen, bei denen der Zufall sowohl die zu verbindenden Elemente als auch deren jeweilige Boolesche Funktion bestimmt, ist $K = 2$ die einzige Variante, welche derart geordnetes Verhalten produziert. Wird jedoch Einfluss auf die Art der Informationsverarbeitung der Elemente (d.h. das Schema der Agenten) genommen, können auch Systeme mit einer höheren Verknüpfungsdichte in ein geordnetes Regime überführt werden.[513]

KAUFFMAN verwendet den Abweichungsparameter P, welcher die interne Homogenität einer Booleschen Funktion definiert als der Anteil der Nullen bzw. Einsen – je nachdem, welcher Output häufiger vorkommt – am gesamten Output der betrachteten Funktion.[514] P kann somit zwischen 0,5 (beide Zustände sind gleich oft als Ausgabewert definiert) und 1 liegen (die zugehörige Boolesche Funktion erzeugt ausschließlich Nullen bzw. Einsen). Ein dicht geknüpftes Netz mit einem P-Wert von 0,5 befindet sich in einem chaotischen Regime, während es in einem System mit $P = 1$ nur Elemente gibt, die entweder immer 1 oder immer 0 ausgeben; jede Dynamik erstirbt in diesem geordneten Regime sofort. Infolge einer Steigerung der internen Homogenität P durch Veränderung der Booleschen Funktionen der Elemente kann jedoch auch ein dichtgeknüpftes Netzwerk in ein geordnetes Regime übergehen. Für diesen Übergang, den Chaosrand, existiert zu jedem Netzwerk ein eigener charakteristischer kritischer P-Wert.[515]

Die Bedingungen für Emergenz in Netzwerken von Agenten lassen sich nun folgendermaßen zusammenfassen:[516] Auf der einen Seite des Verhaltensspektrums stehen Netzwerke, in denen Informationen langlebig sind, langsam fließen und nur lockere Verbindungen zwischen Agenten mit ähnlichen Verhaltensmustern bestehen. Ein derartiges Gesamtsystem erzeugt stabiles, vorhersehbares Verhalten, das sich einem (Fließ-)Gleichgewicht annähert. Der andere Extremfall beschreibt ein Netz von Agenten mit starken gegenseitigen Beziehungen, die evtl. sogar sehr unterschiedlichen Schemata gehorchen. Schnelle Informationsflüsse in einem derartigen Netzwerk zerstreuen Informationen rasch und machen sie unkenntlich, was zu einem Zustand der Instabilität und des Chaos führt.

Letztlich ist emergentes Systemverhalten mithin eine Frage der Koordination: Ordnung ist eine Folge niedriger Konnektivität, Chaos eine Folge hoher Konnektivität. Notwendige Voraussetzung für selbstorganisiertes emergentes Verhalten diesseits des Chaosregimes und zentrale Grundlage der Architektur komplexer Systeme ist daher auf jeden Fall und entgegen der intuitiven Annahme eine eher geringe Verknüpfungsdichte der Systemelemente.[517]

Unter diesen Voraussetzungen kann ein System einen Zustand der ‚begrenzten Instabilität' erreichen, in dem es zu gleicher Zeit kohärent und stabil (als Ganzes) und

---

512 Kauffman (1998), S. 75.

513 Vgl. Kauffman (1993), S. 194ff.

514 Vgl. Kauffman (1998), S. 130 und derselbe (1993), S. 195. Diese Definition baut auf der ursprünglichen Definition durch Gelfand und Walker auf, die unter der internen Homogenität die absolute Zahl der Einsen bzw. Nullen verstehen, vgl. Gelfand/Walker (1984), S. 120.

515 Vgl. Kauffman (1998), S. 132.

516 Vgl. Stacey (1996), S. 186f.

517 Vgl. Potts (2000), S. 93.

instabil (in seinem inneren Aufbaumuster) ist. Dieser Zwischenzustand befähigt es zu immer neuen Verhaltensvariationen und innovativen, emergenten (Handlungs-) Mustern bei gleichzeitiger Wahrung des Systemzusammenhalts. Die Kohärenz im Wandel, die Fähigkeit zum Systemerhalt durch eigenen Wandel auch unter völlig neuartigen Bedingungen, wird als primäres Merkmal von komplexen Systemen angesehen.[518]

• Verschiedenheit der Schemata/Diversität • Verknüpfungsdichte/Konnektivität	→ informationsbasierte Dynamik → Informationsspeicherung → Informationsweitergabe
• Gleichzeitige Informationsweitergabe und -speicherung • geringe Verknüpfungsdichte	→ Emergenz von Ordnung → Kohärenz im Wandel

4.3.2 Der Rand des Chaos

PACKARD prägte für den komplexen Verhaltensbereich eines Systems im Phasenübergang zwischen geordnetem und chaotischem Verhalten den Begriff „edge of chaos"[519], der zu einem der zentralen Begriffe der Komplexitätsforschung wurde. Die Eigenschaften eines Systems in diesem Bereich des Phasenübergangs, wo Ordnung (bzw. Beharrungsvermögen oder Beständigkeit) und Beweglichkeit koexistieren, wurden unter den verschiedensten Blickwinkeln untersucht und interpretiert: So attestiert HOLLAND einem System in diesem Zustand Hebelwirkung, HAKEN stellt das gleichzeitige Ansteigen von Entropie und Ordnung fest, KAUFFMAN sieht hier Ordnung zum Nulltarif entstehen[520] und LANGTON lokalisiert die maximale Informationsverarbeitungskapazität eines Systems an genau diesem Ort[521]. Das zweite der folgenden Kapitel (4.3.2.2) beschäftigt sich eingehender mit dem Verhalten in diesem besonderen Bereich. Zunächst wird jedoch im Kapitel 4.3.2.1 eine Analogievorstellung für den Chaosrand besprochen.

4.3.2.1 Analogievorstellung für den Chaosrand

Eine eingängige Analogievorstellung des Chaosrands liefert LANGTON[522], indem er die Bereiche geordneten, komplexen und chaotischen Systemverhaltens mit den verschiedenen Aggregatzuständen fest und fluide (flüssig oder gasförmig) vergleicht. Ordnung ist hier eine Parallele zu fester, eingefrorener Materie. Diese befindet sich in einem stabilen Gleichgewichtszustand, der sich auch dann nicht ändert, wenn einzelne Atome (Agenten) aus dem Verbund herausgelöst werden.[523] Die Korrelation oder Beständigkeit ist hoch, aber die Konnektivität ist, in Übereinstimmung mit KAUFFMANS Beobachtungen zum geordneten Regime, gering: Es bestehen tatsächlich in dem Sinne keine Verbindungen zwischen den einzelnen Agenten, als die Ver-

---

518 Vgl. Holland (1995a), S. 4 oder Kelly (1997), S. 163.

519 Vgl. Packard (1988).

520 Vgl. Kauffman (1998), S. 43ff.

521 Vgl. Langton (1992), S. 79ff.

522 Vgl. Langton, aber auch bspw. Kauffman (1998), S. 47 oder derselbe (1993), S. 219.

523 Vgl. Potts (2000), S. 86f.

änderung eines Agenten überhaupt keinen Einfluss auf die Zustände der Nachbarn hat. Das System kann aufgrund dieser Unabhängigkeit keine Emergenz entwickeln, weil die Änderung der aggregierten Systemeigenschaften sich proportional aus den Änderungen auf Agentenebene ergibt.[524]

Das chaotische Regime ist dagegen gleichzusetzen mit dem gasförmigen Zustand, in dem sich die Moleküle als Agenten durch den gesamten Raum bewegen können und durch ihr zufälliges Aufeinandertreffen systemweite Kettenreaktionen auslösen können. Hier ist die Korrelation bzw. Beständigkeit von einem Zustand zum nächsten gering, die Konnektivität gleichzeitig jedoch sehr stark insofern, als dass die Veränderung nur eines Agenten Einfluss auf alle anderen haben kann.[525] Zwischen diesen zwei Extremen markiert analog der Übergang zum flüssigen Bereich den Phasenübergang am Rande des Chaos, an dem das Spektrum potentieller Struktur- und Verhaltensmuster am größten ist.[526] Wie in den Phasenübergängen der Materie stellt LANGTON aber ebenso hier anhand seiner Experimente mit dem λ-Parameter fest, dass der Übergang vom geordneten Regime ins chaotische durchaus auch direkt und unter völliger Umgehung des komplexen Bereichs erfolgen kann.[527]

LANGTON schlägt mit seinen Überlegungen, inwiefern zelluläre Automaten als Universelle Computer geeignet seien, eine Brücke zwischen Verhaltenskomplexität und Informationsverarbeitungskapazität: Letztere ist maximal für Automaten im komplexen Parametergebiet, die sich damit als Universelle Computer verwenden lassen.[528] Diese Eigenschaft basiert wieder auf einer Balance zwischen Beständigkeit und Beweglichkeit, da zur Informationsverarbeitung sowohl die Fähigkeit der Speicherung (entspricht mehr Ordnung oder Entropieabsenkung) als auch die Fähigkeit der Weitergabe (entspricht Dynamik, Unordnung oder Entropiesteigerung) erforderlich ist.

• Konnektivität • Korrelation	→ →	Verhaltenskomplexität Informationsverarbeitungs-komplexität
• Chaosrand	→	Balance zwischen Beständigkeit und Beweglichkeit

4.3.2.2 Systemverhalten am Chaosrand: Hebelwirkung und Potenzgesetze

Positiv interpretiert, wird ein System am Chaosrand durch die balancierte Kombination der Eigenschaften des geordneten und des chaotischen Regimes in diesem Bereich komplexen Verhaltens in die Lage versetzt, aus kleineren Anstößen nicht nur kleine Veränderungen, sondern unter Umständen auch große Entwicklungssprünge im Sinne der Emergenz neuer Strukturen oder Verhaltensweisen zu vollführen. HOLLAND bezeichnet diese Eigenschaft als ‚lever-point phenomenon'.[529] Eine ähnliche ‚Hebelwirkung' wurde bereits bei den deterministischen dynamischen Systemen vor-

[524] Vgl. Potts (2000), S. 87.

[525] Kauffman erinnert in diesem Zusammenhang wiederum an den Schmetterlingseffekt, die Anfangswertsensitivität chaotischer Systeme, vgl. Kauffman (1998), S. 137.

[526] Vgl. Langton (1992), S. 84 sowie Kauffman (1993), S. 221.

[527] Vgl. Langton (1992), S. 75f.

[528] Vgl. Langton (1992), S. 78ff. sowie Lewin (1993), S. 70f. und die Ausführungen in Kapitel 4.3.1.1.

[529] Vgl. Holland (1995a), S. 93ff. und derselbe (2002), S. 34.

gestellt.[530] Hier markieren die Begriffe ‚deterministisches Chaos' oder ‚Gleichgewichtsferne' diejenigen Bereiche des Systemverhaltens, in denen kleine Ursachen (infinitesimale Anfangswertunterschiede oder kleinste zufällige Inhomogenitäten) große Auswirkungen entfalten können.

Anders als beim deterministischen Chaos ist jedoch bei komplexen Systemen das dynamisch instabile Systemverhalten nicht an einen strukturell stabilen Attraktor gebunden, den es nicht mehr verlassen kann, sondern es befindet sich in einem Zustand kurz vor dem regellosen Chaos, in dem auch Phasen dynamischer Stabilität und struktureller Veränderung möglich sind. Die damit einhergehende größtmögliche Verhaltenskomplexität ist eine zentrale Eigenschaft des Chaosrands. Ein System in diesem komplexen Regime vermeidet es, sich in chaotischen oder in Gleichgewichtsattraktoren zu verfangen und wird damit zu beständiger Weiterentwicklung ertüchtigt.[531]

Die Verteilung der verschiedenen Verhaltensformen aus dem Spektrum von Stabilität bis hin zu systemweiten Veränderungen als Reaktion auf kleine Eingriffe folgt dabei einem Potenzgesetz (Power Law), welches die Reichweite einer Veränderung s und die Anzahl N(s) der Veränderungen von dieser Reichweite nach der Formel $N(s)=\frac{1}{(s^{\tau})}$ verknüpft, mit einem jeweils charakteristischen Parameterwert τ.[532] Statistisch gesehen treten also kleine Veränderungen oft auf, während das Gesamtsystem erfassende dramatische Umwälzungen eher selten zu verzeichnen sind.[533] (Dieser Zusammenhang ist allerdings lediglich statistischer Natur und lässt keinesfalls auf die tatsächliche Zeitabfolge der Ereignisse in einem konkreten Fall schließen.) In der Zeitbetrachtung wird ein seltener starker Ausbruch in der Entwicklung eines Systems, das sich über lange Perioden hinweg scheinbar im Gleichgewicht befunden hat, daher meist als ‚unterbrochenes Gleichgewicht' (punctuated equilibrium) wahrgenommen.[534] Ähnlich, aber aus entgegengesetzter Perspektive wird dieses Phänomen, welches auf das Spannungsfeld aus dem gleichzeitigen Vorhandensein von Merkmalen der Stabilität wie der Instabilität am Chaosrand hinweist, von STACEY in den Begriff ‚begrenzte Instabilität' (bounded instability) gefasst.[535]

---

[530] Vgl. Kapitel 3.2 und 3.3.

[531] Vgl. Langton (1992), S. 85.

[532] Für eine allgemeine Einführung in die Eigenschaften von Potenzgesetzen vgl. Gell-Mann (1994), S. 149-159, Bar-Yam (1997), S. 267f., Nakamura/Mori (1999), S. 90f. oder Richter/Rost (2002), S. 84.

[533] Potenzgesetzliche Zusammenhänge lassen sich ebenso bspw. für Erdbebenstärken (Gutenberg-Richter-Gesetz), für Einwohnerzahlen von Städten oder Worthäufigkeiten in Texten (Zipfsches Gesetz), für das Aussterben von Arten in der Erdgeschichte oder für Börsenkursentwicklungen feststellen, vgl. Bak (1996), S. 12ff., Gell-Mann (1994), S. 150ff., Kaye (1993), S. 439ff. und Kauffman (1998), S. 317ff. Auf doppelt logarithmischer Skala aufgetragen ergibt sich für derartige Zusammenhänge nach der Umformung $\log(N(s)) = -\tau \log(s)$ eine Gerade mit der Steigung $-\tau$, vgl. Bak (1996), S. 27.

[534] Vgl. Bak (1996), S. 29 und S. 161ff. „Systems with punctuated equilibria combine features of frozen, ordered systems, with those of chaotic, disordered systems. Systems can remember the past because of the long periods of stasis allowing them to preserve what they have learned through history, mimicking the behavior of frozen systems; they can evolve because of the intermittent bursts of activity." (Bak (1996), S. 143). Zum Erklärungsbeitrag der Hypothese unterbrochenen Gleichgewichts zu der beobachteten Varianz im Zeitverlauf der biologischen Evolutionsaktivität vgl. ursprünglich Eldredge/Gould (1972) und ausführlich Brock (2000), S. 462ff. Vgl. auch Fußnote 423.

[535] Vgl. Stacey (1997), S. 67ff. oder derselbe (2000a), S. 266ff.

Nach Bak befindet sich ein System mit unterbrochenem Gleichgewicht in einem kritischen Zustand.[536] Baks Konzept der selbstorganisierten Kritizität, das eng mit der Vorstellung vom Chaosrand verbunden ist, bedient sich als paradigmatisches Musterbeispiel des Sandhaufens:[537]
In diesem Experiment rieseln einzelne Sandkörner auf eine flache Platte, auf der sich nach einiger Zeit ein Sandhaufen bildet, der immer größer und steiler wird. Einzelne Sandkörner fallen an seinen Seiten herab, aber er wächst solange an, bis seine Kegelform einen Ruhewinkel erreicht, so dass die durchschnittliche Sandmenge und der durchschnittliche Winkel jeweils gleich bleiben.

Dieser Zustand der selbstorganisierten Kritizität markiert einen Wechsel von lokaler Dynamik, in der einzelne Sandkörner lediglich mit ihrer direkten Umgebung interagieren, hin zu einer globalen Dynamik, in der die Sandkörner über den gesamten Haufen miteinander in Verbindung stehen und der Sandhaufen mit einer eigenen Dynamik emergent wird. In diesem Zustand kann ein Sandkorn, das auf den Haufen rieselt, ohne weitere Auswirkungen am Ort seines Auftreffens liegen bleiben oder aber einen Erdrutsch auslösen, der den ganzen Sandhaufen erfasst. Was davon geschehen wird, ist nicht berechenbar, aber statistisch folgt die Verteilung der Sandlawinen einem Potenzgesetz. Selbstorganisiert ist dieser Zustand insofern, als dass das System von sich aus zu ihm gelangt und in ihm verharrt. Der kritische Zustand ist demnach quasi ein Attraktor für die Dynamik des Gesamtsystems[538], dem seine größtmögliche Verhaltenskomplexität erhalten bleibt, indem es ihm gelingt, sich permanent am Rande des Chaos aufzuhalten.

• Zustand am Chaosrand • kritischer Zustand	→	Hebelwirkung: aus kleinen Anstößen werden große systemweite Veränderungen
	→	Potenzgesetze: häufige kleine, wenige große Veränderungen

4.3.3 Wachstum komplexer adaptiver Systeme

Ein komplexes adaptives System erlangt seine größtmögliche Informationsverarbeitungskapazität, Verhaltenskomplexität und damit Anpassungsfähigkeit im Bereich des Chaosrands (vgl. Abbildung 4.6), wo die Kopplungsdichte unter den Agenten eher gering ist. Auch wenn sich elementare Agenten in solchen Systemen (temporär) auf verschiedenen Aggregationsstufen zu größeren Strukturen oder Clustern (Meta-Agenten) zusammenschließen, die dann ggf. ebenso als Agenten aufgefasst werden können,[539] ist die Vernetzung innerhalb dieser Strukturen zwar relativ stabil, zwischen verschiedenen Clustern bestehen jedoch wiederum eher lockere Verknüpfungen.

---

[536] Vgl. Bak (1996), S. 143.

[537] Vgl. Bak (1996), S. 50ff. sowie die weiteren Beschreibungen seiner Experimente bei Kauffman (1993), S. 255f., Kauffman (1998), S. 349ff., Coveney/Highfield (1995), S. 185ff. oder Schuster (2001), S. 233ff.

[538] Vgl. Bak (1996) S. 169.

[539] So lassen sich bspw. die Gleiter oder Blinker im Game of Life (vgl. Kapitel 4.2.2) als derartige Meta-Agenten auffassen.

Ein komplexes adaptives System bildet selbstorganisiert derartige Verknüpfungsstrukturen aus, die stabil genug sind, um Informationen zu speichern, und gleichzeitig dynamisch genug, um Veränderungsimpulse systemweit zu verteilen, und manövriert sich damit in den komplexen Verhaltensbereich zwischen Ordnung und Chaos. Diese Balance zwischen Stabilität und Beweglichkeit muss auch beim Wachstum bzw. beim Aufbau komplexer Systeme gewährleistet sein. Für die Synthese komplexer Systeme gilt daher das Prinzip des ‚Wachstums über funktionierende Einheiten'.[540]

Dieses Prinzip beinhaltet einen zeitlichen und einen strukturellen Aspekt. Zeitlich gesehen ist es unmöglich, ein komplexes System ad hoc zu installieren. Wachstum bedeutet hier, dass einem bestehenden System, beginnend mit einem einfachen (stabilen) Modul, nur sukzessive weitere Teile hinzugefügt werden können, die sich dann im Zusammenwirken mit dem Bestehenden zu bewähren haben.[541] Massive simultane ungerichtete Änderungen können hingegen die globale Systemstabilität gefährden und zu einer Komplexitätskatastrophe führen.[542] Damit sind komplexe Systeme jedoch nicht auf ein sehr langsames Wachstum festgelegt. Die mögliche Wachstumsgeschwindigkeit hängt vielmehr von der Abgrenzung der ‚funktionierenden Einheiten' ab. Diese müssen nicht notwendigerweise Elementarbausteine sein, sondern können auch ganze Module darstellen, die aus einer Vielzahl von Bausteinen bestehen. Wenn diese Module wie gefordert ‚funktionieren', d.h. als Substrukturen stabil sind, interagieren sie lediglich über ihre Schnittstellen mit dem bestehenden System.[543] Die Modulbauweise als koordinierte Veränderung komplexer Systeme erzielt ihre Leistungsfähigkeit somit durch den Aufbau stabiler Zwischenformen, die als Bausteine größerer Strukturen dienen.[544]

Damit ist der zeitliche Aspekt des Wachstumsprinzips eng gekoppelt mit dem strukturellen Aspekt. Letzterer beinhaltet zum einen überhaupt die Existenz von funktionierenden elementaren Einheiten und impliziert zum anderen die in Kapitel 4.1.2.2 erwähnte hierarchische oder Schachtel-Struktur. Die stabilen Subsysteme in einer derartigen Hierarchie lassen sich über die Korrelation ihres Verhaltens identifizieren: Kurzfristig ist das Verhalten (der Zustand) eines Subsystems annähernd unabhängig vom kurzfristigen Verhalten der übrigen Subsysteme, deren Zustände auf längere Sicht jedoch sehr wohl wechselseitige Auswirkungen haben.[545]

---

[540] Vgl. Stüttgen (1999), S. 148ff.

[541] Vgl. Kelly (1997), S. 596, der dies in die Forderung ‚Züchte durch Ballung' fasst.

[542] Vgl. hierzu vertiefend auch die Ausführungen in Kapitel 4.4.2.3 zu Weitsprung-Adaptionen.

[543] Dieses Grundmuster der Systemstrukturierung in relativ unabhängige Subsysteme steht auch als Überlegung hinter der Internalisierung der Koevolution in Kapitel 4.5.3. Während jedoch die willkürliche Zerlegung eines großen Systems zum Zwecke der Stabilisierung oder Optimierung nicht immer zu besseren und stabilen Lösungen führt, greift das ‚natürliche' Wachstum komplexer Systeme umgekehrt von vornherein auf stabile Bausteine zurück, die dann lose an das System gekoppelt werden, um so die Strukturbedingungen am Chaosrand zu erfüllen.

[544] Vgl. Stüttgen (1999), S. 156f. sowie Simon (1994), der den Zeitvorteil eines modularen Systemaufbaus anhand seines Gleichnisses der beiden Uhrmacher Hora und Tempus darlegt, deren Uhren Strukturen aus jeweils 1000 Teilen darstellen. Unfertige Strukturen zerfallen, wenn ein Uhrmacher bei der Arbeit gestört wird. Während Hora bei der Montage nicht zerfallende Module (Substrukturen) aus jeweils 10 Teilen bildet, setzt Tempus nur komplette Uhren zusammen. Bei der gleichen Anzahl von Störungen kann dann in einem betrachteten Zeitraum Hora gegenüber Tempus ein Vielfaches an Uhren herstellen, vgl. Simon (1994), S. 149f.

[545] Vgl. Simon (1994), S. 157. Simon unterscheidet ursprünglich die Subsysteme anhand ihrer Interaktionsintensität und weist darauf hin, dass innerhalb der Subsysteme mehr und stärkere Interaktionen wirken als zwischen verschiedenen Subsystemen, vgl. Simon (1994), S. 148ff. sowie insbe-

Dieses Verhalten basiert auf der schwachen, aber nicht vernachlässigbaren Kopplung der Subsysteme, weshalb SIMON derart modular aufgebaute Systeme als ‚beinahe zerlegbare Systeme' bezeichnet.[546] Dieser Systemtyp korrespondiert mit der Vorstellung komplexer adaptiver Systeme am Chaosrand, die sich in einem (noch geordneten) Zustand größtmöglicher Beweglichkeit befinden. Damit das System in diesem Zustandsbereich bleibt, darf es sich nicht unkoordiniert ausdehnen, sondern muss beim Wachsen von stabilen Subsystemen Gebrauch machen, die an das bestehende System gekoppelt werden.

• funktionierende Einheiten als Bausteine	→ Wachstum

4.4 Adaption und Evolution von komplexen adaptiven Systemen in statischen Fitnesslandschaften

Während die Kopplungsprinzipien komplexer Systeme und ihre vorgestellten Verhaltensarchetypen prinzipiell unabhängig von der Art der Agenten sind und Grundvoraussetzungen für Selbstorganisationsprozesse und emergente Ordnungsmuster in den entsprechenden Systemen darstellen, erfordert die Evolution von komplexen adaptiven Systemen, die sich in einem permanenten Abstimmungsprozess mit ihrer Umwelt befinden und dabei auch völlig neuartige Eigenschaften oder Verhaltensweisen entwickeln können, zusätzlich adaptive Agenten, die ihre Strukturen im weitesten Sinne verändern können. Ferner bedarf es einer Information, welche die Strukturveränderung im Hinblick auf die erforderliche Anpassung im Sinne von Selektionskriterien bewertet.[547] Auch der Prozess des (Double-loop-)Lernens kann als ein derartiger Evolutionsmechanismus interpretiert werden, der aus einer Menge von konkurrierenden internen Modellen über den Vergleich der jeweiligen Handlungskonsequenzen die effektiveren Modelle favorisiert und ineffektive eliminiert.[548]

Während zunächst im ersten der folgenden Kapitel (4.4.1) allgemeine Erkenntnisse zur selbsttätigen Systementwicklung an den Chaosrand dargestellt werden, beschäftigt sich das zweite (Kapitel 4.4.2) eingehender mit den Bedingungen, unter denen diese Entwicklung möglich ist.

• Adaptivität der Agenten	→ Hervorbringung neuer Eigenschaften → Adaption → Evolution
• Bewertungsfunktion	→ Selektion

sondere S. 156-162. Während die Auswirkungen auf das Systemverhalten wie oben beschrieben mit den Ergebnissen der neueren Komplexitätsforschung im Einklang stehen, ist der Begriff der Interaktion in diesem Zusammenhang zumindest irreführend und soll hier nicht verwendet werden.

546 Vgl. Simon (1994), S. 156ff. sowie die Überlegungen zur strukturierten Vernetzung komplexer Systeme in Fußnote 468.

547 Vgl. Schuster (2001), S. 41.

548 Vgl. Holland (1995a), S. 34 und Gell-Mann (1994), S. 53.

4.4.1 Adaption an den Chaosrand

Um zu zeigen, wie Ordnung aus dem Zusammenwirken von Selbstorganisation und Selektion entsteht, erlaubte KAUFFMAN seinen Booleschen Netzwerken, die im vorangegangenen Kapitel vorgestellt wurden, ihre Verhaltensschemata zu verändern. Dazu konnte zum einen der Parameter K variiert werden, der für die Anzahl der Inputs in die Boolesche Funktion, d.h. die durchschnittliche Anzahl der Kommunikations- bzw. Interaktionspartner eines Agenten im Netzwerk steht, und zum anderen konnte über eine Veränderung der Booleschen Funktionen selber der Abweichungsparameter P eingestellt werden.[549] Die derart mit adaptiven Agenten bestückten Netzwerke erhielten die Aufgabe, sich an einen willkürlich definierten Gesamtzustand anzunähern.[550] Die Netzwerke lösten ihre Aufgaben im Laufe ihrer Anpassungsprozesse dadurch, dass sie aus ihrer Anfangsformation heraus so lange ihre interne Struktur (Parameter K) bzw. die logischen Schemata ihrer Elemente (Parameter P) mutierten, bis sie in eine Formation in der Nähe des Chaosrandes gelangten, die ihnen größtmöglichen Spielraum für ihre Verhaltensmöglichkeiten bot: Im geordneten Regime startende Netzwerke erreichten passendere Varianten, indem sie K erhöhten und P verringerten, Netzwerke die im chaotischen Regime begannen, senkten analog die durchschnittliche Anzahl der Inputs ihrer Elemente und erhöhten die interne Homogenität der Booleschen Funktionen, um dem von außen vorgegebenen Selektionsdruck zu begegnen.[551]

Das Zusammenwirken von Selbstorganisation und Selektion stellt sich somit folgendermaßen dar: Während die Selbstorganisation für die Kommunikation und Interaktion innerhalb des Systems und damit für die Ausbreitung von Neuerungen sorgt, ist es Aufgabe von Mutation und Selektion, das System in einer Formation auf dem Ordnungs-Chaos-Kontinuum einzustellen, die im komplexen Verhaltensbereich liegt.[552] In diesem Bereich erreicht ein System seine maximale Informationsverarbeitungskapazität, die wiederum eine fundamentale Voraussetzung für größtmögliche Adaptionsfähigkeit ist.[553] Als ein Ergebnis kann festgehalten werden: So wie auch BAKS Sandhaufen aus unveränderlichen Agenten selbsttätig in einen Zustand selbstorganisierter Kritizität gerät, kann sich ein komplexes adaptives System mit veränderlichen Agenten selbstorganisiert unter Ausnutzung von Adaptionsprozessen an den Rand des Chaos manövrieren.[554]

• Selbstorganisation	→ systemweite Anpassung
• Selektion	→ Bewegung an den Chaosrand

[549] Vgl. Kauffman (1998), S. 140 oder derselbe (1993), S. 211ff.

[550] Vgl. Kauffman (1993), S. 211 und S. 221ff. oder derselbe (1998), S. 140ff.

[551] Vgl. Kauffman (1993), S. 223.

[552] Vgl. Kauffman (1998), S. 140 und Grothe (1997), S. 48.

[553] Vgl. Stüttgen (1999), S. 226f., Kauffman (1998), S. 140, Lewin (1993), S. 74f. sowie die Ausführungen in Kapitel 4.3.1.1.

[554] Vgl. Lewin (1993) S. 74f. und zur Äquivalenz selbstorganisierter Kritizität und des Chaosrandes vgl. derselbe (1993), S. 83-85.

4.4.2 Adaptive Bewegungen in Fitnesslandschaften

Zur Veranschaulichung allgemeiner Evolutionsprozesse komplexer adaptiver Systeme wird oftmals die natürliche biologische Evolution und ihr Erklärungsmodell der Fitnesslandschaften herangezogen.[555] Diese liefert nicht nur eine eingängige bildliche Vorstellung für Evolutionsvorgänge, sondern macht diese Vorgänge auch für die mathematische Behandlung zugänglich, so dass daraus wichtige Rückschlüsse auf die Merkmale komplexer adaptiver Systeme gezogen werden können.

4.4.2.1 Evolution als Bergsteigen in einer Fitnesslandschaft

Dem von WRIGHT 1932 erstmals formulierten Modell der Fitnesslandschaft liegt die Vorstellung zugrunde, dass ein biologischer Evolutionsprozess als Such- oder Optimierungsprozess aufzufassen ist, in dessen Verlauf eine Population sich von Bereichen niedriger Fitness zu solchen höherer Fitness bewegt.[556] Der Raum, in dem die Population dabei nach Verbesserungen sucht, wird von der Menge ihrer Merkmale aufgespannt und entspricht den möglichen Ausprägungen des Genoms der betreffenden Art, dem in künstlichen Agentenpopulationen die interne Struktur der Agenten entspricht. Eine Änderung des Erbguts in einem Nachkommen bedeutet gegenüber dem Eltern-Organismus eine Positionsveränderung innerhalb des Suchraums.
Über diesem Raum ist nun eine Funktion definiert, die jeder Position einen Wert zuordnet, welcher die Fitness des Organismus mit der betreffenden Erbgut-Ausprägung beschreibt.[557] Die Gesamtheit der Werte über dem Raum der möglichen Genome bildet auf diese Weise die Fitnesslandschaft, die je nach Verteilung hoher und niedriger Fitnesswerte unterschiedlich geformt sein kann.

In natürlichen Populationen sind nicht alle Individuen identisch, sondern zeigen eine Bandbreite an Streuung in ihren Merkmalsausprägungen. Der von ihnen im Raum der möglichen Merkmale besiedelte Bereich ist also kein Punkt, sondern weist eine gewisse Ausdehnung auf.[558] Während nun Mutation als zufällige Merkmalsveränderung bewirkt, dass der Bereich, in dem sich die Population aufhält, vergrößert wird, sorgt die natürliche Auslese für eine Verkleinerung dieses Bereiches. Neutralisieren sich Mutation und Selektion nicht exakt gegenseitig, kann somit grundsätzlich durch die Kombination dieser beiden Mechanismen die Position einer Population im Merkmalsraum im Verlaufe mehrerer Generationen verändert werden. Selektion greift aber nicht, wie die Mutation, zufällig an, sondern eliminiert weniger fitte Individuen einer Population und favorisiert damit die Reproduktion der besser überlebensfähigen Varianten. Damit treibt im Allgemeinen die Selektion eine Population zu einer Verbesserung ihrer durchschnittlichen Fitness.[559] In der über dem Merkmalsraum definierten Fitnesslandschaft erscheint dieser evolutionäre Prozess somit als die

---

[555] Vgl. bspw. Kauffman (1993), S. 33ff., Kauffman (1998), S. 236ff., Bar-Yam (1997), S. 550ff. oder Bak (1996), S. 118ff. Gell-Mann (1994), S. 351ff. spricht in diesem Zusammenhang von ‚Eignungslandschaften', weiterhin wird auch der Begriff ‚Qualifikationslandschaften' verwendet, vgl. Stacey (1997), S. 53ff.

[556] Vgl. Wright (1982), S. 432, Bar-Yam (1997), S. 550 oder Ebeling/Scharnhorst/Montano (1999), S. 447. Die Fitness einer Population im biologischen Sinn steht dabei i.d.R. im Zusammenhang mit deren Überlebens-, Reproduktions- und Wachstumsrate, vgl. bspw. Gell-Mann (1994), S. 351 oder Thompson (1994), S. 97.

[557] Vgl. Ebeling/Scharnhorst/Montano (1999), S. 447.

[558] Vgl. Bak (1996), S. 119 sowie Bar-Yam (1997), S. 538f.

[559] Vgl. Bar-Yam (1997), S. 539ff.

Wanderungsbewegung einer Population, die sich aus einem Tal fortbewegt und einen Hügel erklimmt: Evolution nach diesem Prinzip kann als Prozess des Bergsteigens beschrieben werden.[560]

Zentrales Charakteristikum derartiger adaptiver Wanderungen ist die Verlangsamung des Fortschritts mit zunehmender Fitness: Von einem tief gelegenen Anfangspunkt aus führt fast jeder beliebige Mutationsschritt zu einem Zustand höherer Fitness. Je näher jedoch eine Population einer Bergkuppe kommt, desto mehr mögliche Pfade führen nicht bergauf, sondern bergab, und es muss eine entsprechend größere Anzahl Mutationsversuche unternommen werden, um eine Variante mit verbesserter Fitness zu finden. Hat eine Population einen Gipfel erreicht, gibt es von dort schließlich keine Verbesserungsmöglichkeiten mehr.[561]

Das Modell der biologischen Evolution als Bergsteigen in einer Fitnesslandschaft lässt sich bei der Erforschung komplexer adaptiver Systeme auch auf künstliche Agentenpopulationen anwenden. Dem Genom eines Organismus entspricht hier die interne Struktur eines Agenten mit seinen Merkmalen, und der Einfachheit halber wird häufig angenommen, dass jedes dieser Merkmale prinzipiell nur zwei verschiedene Zustände annehmen kann. Die Anzahl der Merkmale und die Menge der dadurch möglichen verschiedenen internen Strukturen von Agenten spannt den Raum auf, über dem eine Fitnessfunktion definiert ist. Durch ‚Umschalten' von Merkmalen kann ein Agent sich in dieser Fitnesslandschaft bewegen; jede Merkmalsveränderung eines Agenten entspricht somit in der biologischen Evolution einer neuen, veränderten Generation.

• Mutation • Selektion	→	Evolution mit Fitnessverbesserung
• Anzahl der Agenten-Merkmale • Fitnesslandschaft als Bewertungsfunktion	→ →	Basis des Suchraums Gestalt des Suchraums

[560] Vgl. Ebeling/Scharnhorst/Montano (1999), S. 449. Außer dieser schrittweisen Verbesserung kann unter anderen Umständen das Zusammenwirken von Mutation und Selektion aber auch noch andere Konsequenzen wie (Fließ-)Gleichgewicht, die Teilung einer Population in verschiedene Arten oder das Aussterben einer Art nach sich ziehen, vgl. Bar-Yam (1997), S. 538-542. Analog zu den Energie- oder Potentialflächen der Physik werden manchmal die Fitnesslandschaften als Ebenen mit verschiedenen Senken dargestellt, deren Tiefe dann der jeweiligen Fitness entspricht, vgl. bspw. Bar-Yam (1997), S. 539 oder Gell-Mann (1994), S. 351ff.

[561] Vgl. Kauffman (1998), S. 255f. Evolutionsbiologen erklären so die explosionsartige Vermehrung der Arten im Kambrium, das vor 545 Millionen Jahren begann: Da die damals entstehenden ersten Mehrzeller schlecht angepasst waren, standen ihnen Entwicklungsmöglichkeiten nach vielen Seiten offen, und es entstanden viele neue Stämme (100 vs. heute 27). Nach dem großen Artensterben im Perm (vor 286 Millionen Jahren), dem 96 Prozent aller Arten zum Opfer fielen, befanden sich die verbleibenden Arten bereits in höheren Positionen der Fitnesslandschaft und waren damit besser angepasst, so dass keine weiteren Stämme entstehen konnten, sondern die vorhandenen Arten sich weiter entwickelten, vgl. Auyang (1998), S. 200f. In Computersimulationen kann dieser Prozess unter Beibehaltung des Grundprinzips abgekürzt werden, indem nur ein einziger Agent stellvertretend der Evolution unterliegt, der sich zudem nur dann verändern darf, wenn er seine Fitness dabei verbessert.

4.4.2.2 *Typen von Fitnesslandschaften*

Grundsätzlich können drei verschiedene Typen von Fitnesslandschaften unterschieden werden, die Abbildung 4.8 zeigt: Die beiden extremem Erscheinungsformen sind einerseits Landschaften mit einem einzigen hohen Berg (‚Fujiyama') und andererseits schroff zerklüftete Landschaften, wie sie bei einer zufälligen Zuweisung von Fitnesswerten zu den Positionen des Merkmalsraums entstehen. Der dritte Typ umfasst das Spektrum der Möglichkeiten zwischen diesen beiden Extremen.[562]

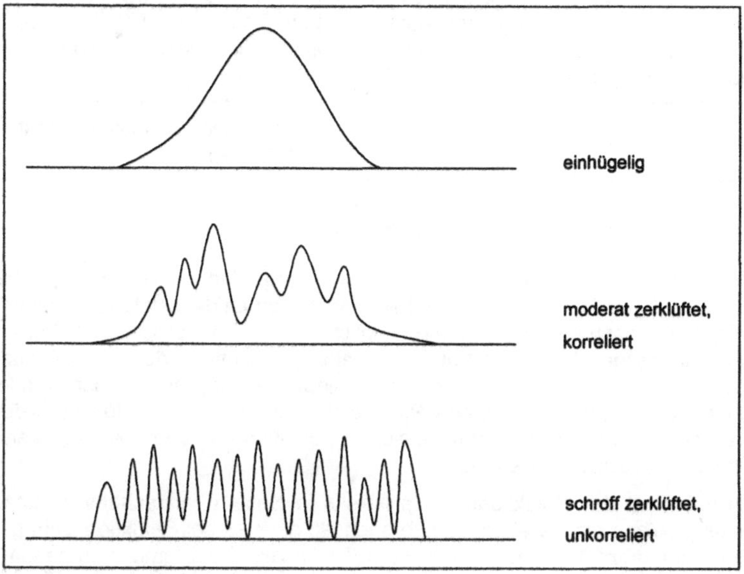

Abbildung 4.8: Typen von Fitnesslandschaften
Quelle: eigene Darstellung

Die einhügelige Landschaft enthält ein einziges sehr hohes globales Fitnessoptimum, zu dem sich ein beliebiger Genotyp, unabhängig von dem Ausgangspunkt seiner Wanderung, unter der Einwirkung von Mutation und Selektion zwangsläufig bewegt. Der Anstieg zum Maximum ist sanft, so dass benachbarte Genotypen, die nur geringfügige Unterschiede zueinander aufweisen, sich auch in ihrer Fitness nur wenig unterscheiden.[563] KAUFFMAN spricht von einer hohen Korrelationsstruktur, welche eine derartige Landschaft aufweist, da der Fitnesswert an einem Punkt des Merkmalsraums bereits Informationen über die Fitnesswerte der Umgebung enthält.[564]

---

[562] Vgl. Kauffman (1993), S. 45.

[563] Kauffman veranschaulicht die Vorstellung einer derartigen Nachbarschaft an einem Genotyp mit nur vier Genen (Merkmalen), von denen jedes in zwei Zuständen (0 oder 1) vorkommen kann. Benachbart ist derjenige Genotyp, der den kleinstmöglichen Unterschied aufweist, indem er sich nämlich nur in nur einem einzigen Merkmal von dem jeweils betrachteten Genotyp unterscheidet und hier statt einer 0 eine 1 aufweist oder umgekehrt. In der obigen Konstellation hat somit jeder Genotyp 4 Nachbarn, entsprechend der Anzahl der Merkmale, vgl. Kauffman (1998) S. 251f.

[564] Vgl. Kauffman (1993), S. 45.

Anders verhält es sich bei den maximal zerklüfteten, schroffen Zufallslandschaften. Hier besteht praktisch keinerlei Korrelation zwischen den Fitnesswerten benachbarter Genotypen, eine Veränderung in nur einem einzigen Merkmal kann jäh von niedrigster zu höchster Fitness oder umgekehrt führen; die Anstiege zu den vielen willkürlich verstreuten Erhebungen sind entsprechend steil und plötzlich, diese Klippen ragen jedoch nicht sehr weit auf.[565]

Für die mehrhügeligen, moderat zerklüfteten Fitnesslandschaften zwischen diesen Extremen gilt generell: je mehr Erhebungen die Landschaft aufweist, desto kleiner werden im Mittel die Höhenunterschiede zwischen Tälern und Erhebungen, desto steiler werden aber zugleich die Anstiege zu diesen Erhebungen, die Korrelation benachbarter Fitnesswerte nimmt somit ab.[566]

• Gestalt der Fitnesslandschaft	→	Korrelation benachbarter Fitnesswerte

4.4.2.3 Adaptionserfolg und Komplexitätskatastrophen

Adaptive Wanderungen nach dem Bergsteiger-Prinzip sind in ihrem Erfolg abhängig von der Gestalt der Fitnesslandschaft. Plausibel erscheint die Leistungsfähigkeit kontinuierlicher Anpassungsverbesserung lediglich für den Fall, dass es tatsächlich wie in einer einhügeligen Landschaft nur einen einzigen Gipfel in der Fitnesslandschaft gibt. Wie oben dargestellt, führt dabei jeder beliebige Anfangspunkt einer Wanderung über einen beständig ansteigenden Pfad letztlich zum globalen Maximum der Fitness. Dieses Vorgehen der kontinuierlichen schrittweisen Verbesserung kann als Exploitation[567] bezeichnet werden.

Jedoch unterliegt das Selektionsprinzip bereits in diesem Landschaftstyp einer Beschränkung: Wenn die Mutationsrate so hoch ist, dass es der Selektion nicht gelingt, die Population durch beständige Auslese auf dem Gipfel der Fitness zu halten, können sich vorteilhafte Varianten nicht ansammeln; die Population wird zunehmend zerstreut. Diesen Vorgang bezeichnet KAUFFMAN als Komplexitätskatastrophe.[568] Da die Mutationsrate mit der Anzahl der Gene in einem Genotyp steigt, können durch Mutation und Selektion offenbar nur begrenzt komplexe Genotypen optimiert werden; übersteigt die Komplexität diesen Schwellenwert, tritt die beschriebene Katastrophe ein.[569] Selektion als Optimierungsprinzip kann also bei zu hoher Mutationsrate bereits in einhügeligen Fitnesslandschaften versagen.

Auch in Zufallslandschaften versagt das Selektionsprinzip: In einer derartigen schroff zerklüfteten Oberflächenstruktur der Fitnesslandschaft wäre die Entdeckung des

---

565 Vgl. McKelvey (1999a), S. 302 und Kauffman (1993), S. 45ff.

566 Vgl. McKelvey (1999a), S. 302. Zu diesen Eigenschaften vgl. auch das einfache Beispiel eines Genotyps mit drei Genen im nachfolgenden Kapitel 4.4.2.4.

567 Allgemein bedeutet ‚Exploitation' die Ausbeutung oder Nutzbarmachung, vgl. Duden Fremdwörterbuch (2001), S. 294. Vgl. auch die Erläuterungen zu Exploitation und Exploration in Kapitel 2.2.2.3.

568 Vgl. Kauffman (1993), S. 36. In deutscher Übersetzung wird der Begriff Fehlerkatastrophe verwendet, vgl. Kauffman (1998), S. 278ff., der jedoch den Zusammenhang mit der Komplexität des Organismus nicht deutlich macht. Auch Brown und Eisenhardt sprechen im Zusammenhang mit zu viel simultaner Neuerung von Fehlerkatastrophe, während sie als Komplexitätskatastrophe die Folgen zu geringer Neuerung bezeichnen, vgl. Brown/Eisenhardt (1998), S. 102-110.

569 Vgl. Kauffman (1993), S. 36 und Kauffman (1998), S. 279.

höchsten aller Gipfel eine Frage des geeigneten Ausgangspunktes des Suchvorgangs, da die Population nach dem beschriebenen Prinzip der adaptiven Wanderung sehr schnell die zufällig angesteuerte nächstbeste Erhebung erklimmen und dort verharren würde. Die Abfolge von Mutation und Selektion mit gradueller Veränderung (Exploitation) sieht nicht vor, ein derartiges lokales Maximum zu verlassen und einen Zustand geringerer Fitness anzunehmen, um erst danach ein noch besseres Anpassungsniveau erreichen zu können.[570] Die Entdeckung neuer Möglichkeiten und Wege, die Exploration abseits des aktuell besetzten Hügels, ist mit schrittweiser Verbesserung nicht möglich. Um in einer schroff zerklüfteten Landschaft eine benachbarte höhere Erhebung zu erreichen, wäre somit eine gleichzeitige und zudem hochgradig koordinierte Mutation vieler verschiedener Merkmale nötig, die einzelnen Individuen zu völlig neuen Eigenschaften verhelfen würde. Ein derartiger gezielter ‚Weitsprung' auf der Fitnesslandschaft ist jedoch extrem unwahrscheinlich.[571] Die Population bleibt in einer Zufallslandschaft somit in der Nähe ihres Startpunktes auf lokalen Maxima gefangen. Da diese Erhebungen überdies zumeist niedrig sind, können in einer solchermaßen gestalteten Landschaft durch Selektion keine großen Fitnessvorteile erzielt werden. Diese prinzipiellen Grenzen der Selektion in stark zerklüfteten Fitnesslandschaften stellen für KAUFFMAN eine weitere Komplexitätskatastrophe dar.[572]

Auch diese zuletzt beschriebene Komplexitätskatastrophe steht wie die weiter oben beschriebene Komplexitätskatastrophe der zu schnellen Mutation bei einhügeligen Fitnesslandschaften im Zusammenhang mit der Komplexität des evolvierenden Organismus, denn dessen Eigenschaften in Bezug auf die Anzahl seiner Gene und deren Verknüpfungen haben Einfluss auf die Gestalt der Fitnesslandschaft, wie im folgenden Kapitel gezeigt wird.

• Gestalt der Fitnesslandschaft	→	Adaptionserfolg
• Verbesserung schrittweise	→	Exploitation
• Veränderung durch Weitsprung	→	Exploration
• Anzahl der Agenten-Merkmale (N)	→	Mutationsrate
• hohe Mutationsraten, extreme Landschaftsformen, Weitsprünge	→	Komplexitätskatastrophen

4.4.2.4 Zusammenhang zwischen Agentenstrukturen und Typen von Fitnesslandschaften

Die innere Struktur eines Organismus bzw. Agenten bestimmt das Aussehen der Fitnesslandschaft, auf der er sich bewegt.[573] Zur Veranschaulichung dieses Sachverhalts dient ein Organismus mit N Genen. Normalerweise sind die Beiträge der verschiedenen Gene zur Gesamtfitness des Organismus nicht unabhängig voneinander, sondern sie beeinflussen sich in gewissem Umfang gegenseitig, wenn bspw. eine

---

570 Vgl. Levy (1993), S. 241ff.

571 Vgl. Kauffman (1998), S. 292 sowie Bak (1996), S. 120, der als Beispiel eine landlebende Art heranzieht, die spontan Flügel entwickeln müsste.

572 Vgl. Kauffman (1993), S. 52ff.

573 Vgl. Kauffman (1998), S. 284.

Veränderung eines einzelnen Gens nur in Kombination mit einer bestimmten Ausprägung eines anderen Gens vorteilhaft ist, bei dessen Fehlen sich jedoch nachteilig auswirkt. Ein derartiges Zusammenwirken von Genen wird epistatische Kopplung genannt.[574]
Jedes der N Gene werde in dieser Art von K anderen Genen beeinflusst. Wenn nun zusätzlich angenommen wird, dass jedes Gen grundsätzlich nur in zwei verschiedenen Zuständen vorliegen kann, entspricht dieses System im Grundsatz einem KAUFFMANschen NK- oder Glühlampen-Modell, wie es bereits in Kapitel 4.3.1.2 vorgestellt wurde. Unterschiede bestehen insofern, als dass die Glühlampen jetzt für einzelne Gene oder Merkmale stehen und der Agent auf Ebene des Gesamtsystems angesiedelt ist, dass bei einer adaptiven Wanderung pro Zeitpunkt jeweils nur eines dieser Merkmale seinen Zustand umschalten darf und dass dieses nicht auf die Zustände, wohl aber auf die Fitnessbeiträge der anderen Merkmale wirkt. So führen die verschiedenen Globalzustände zu unterschiedlichen Gesamtfitnesswerten des Agenten.[575]

Von besonderem Interesse sind hierbei wiederum die beiden Extremfälle der völligen Unabhängigkeit der Fitnessbeiträge der Gene oder Merkmale bzw. deren vollständige Verknüpfung. Der einfachste Fall ergibt sich bei K=0 mit völliger Unabhängigkeit der N Gene: Wenn es keine epistatischen Abhängigkeiten gibt, addiert sich die Gesamtfitness eines derartigen Organismus aus den Einzelwerten der Fitnessbeiträge der verschiedenen Gene. Der fitteste Genotyp ist derjenige, der in allen Genen die bessere der beiden möglichen Ausprägungen zeigt, alle anderen Genotypen sind proportional zur Anzahl ihrer nicht optimalen Genzustände weniger fit. Jeder beliebige Agent kann daher prinzipiell durch sukzessives Umschalten jeweils eines Gens nach einer entsprechenden Anzahl Verbesserungsschritte in den Zustand optimaler Fitness gelangen. Die Fitnesslandschaft, welche genau dieser Situation entspricht, ist die einhügelige glatte, stark korrelierte Fitnesslandschaft.[576] Sie wird somit von einem System erzeugt, dessen Bestandteile unabhängig voneinander sind.

Die Ermittlung der Gesamtfitness eines Genotyps mit $K > 0$, bei dem also epistatische Kopplungen zwischen Genen existieren, verlangt eine etwas differenziertere Betrachtung der einzelnen Fitnessbeiträge. Der Fitnessbeitrag eines einzelnen Gens wird in diesem Fall im Modell durch einen zufälligen Dezimalwert zwischen 0 und 1 repräsentiert, der jeweils einem bestimmten Zustand des betrachteten Gens und seiner K Partner zugeordnet ist. Ein Gen kann somit bei diesem Verfahren, je nach seinem Zustand und dem seiner K Partner, 2^{K+1} verschiedene Fitnessbeiträge liefern. Die Fitness W eines konkreten Genotyps ergibt sich dann aus dem arithmetischen Mittel der Fitnessbeiträge seiner Gene. Dieses Prinzip ist in Abbildung 4.9 an einem Organismus mit N=3 Genen dargestellt, die sich alle gegenseitig beeinflussen, d.h. K=2, woraus sich je nach Konstellation unterschiedliche Fitnessbeiträge W_1, W_2 und W_3 der Gene 1, 2 und 3 ergeben.

---

574 Vgl. Kauffman (1998), S. 259.

575 Vgl. Kauffman (1993), S. 40ff. Kopplungen entsprechen allgemein widerstreitenden, konfliktären Randbedingungen, vgl. Kauffman (1998), S. 263ff. oder Auyang (1998), S. 196ff.

576 Vgl. Kauffman (1993), S. 45f.

1	2	3	W_1	W_2	W_3	$W = \frac{1}{N}\sum_{i=1}^{N} W_i$
0	0	0	0.6	0.3	0.5	0.47
0	0	1	0.1	0.5	0.9	0.50
0	1	0	0.4	0.8	0.1	0.43
0	1	1	0.3	0.5	0.8	0.53
1	0	0	0.9	0.9	0.7	0.83
1	0	1	0.7	0.2	0.3	0.40
1	1	0	0.6	0.7	0.6	0.63
1	1	1	0.7	0.9	0.5	0.70

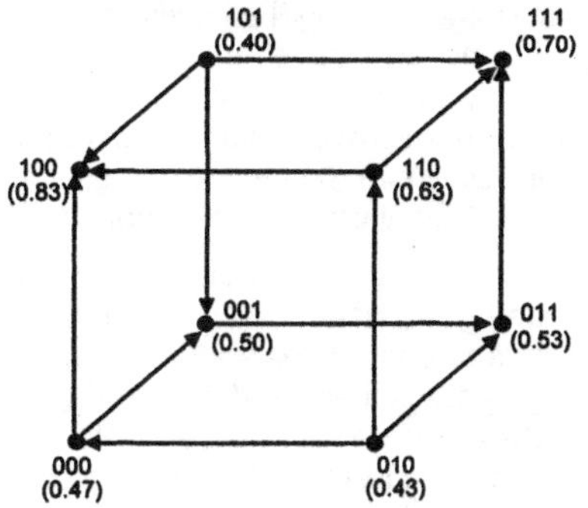

Abbildung 4.9: Fitness dreier Gene mit epistatischer Kopplung
Quelle: Kauffman (1993), S. 42 oder derselbe (1998), S. 262

Jede der Ecken des Würfels repräsentiert einen anderen der 8 möglichen Genotypen dieses Organismus. Angegeben sind zusätzlich auch noch deren durch die beschriebene zufällige Zuweisung gewonnenen Fitnesswerte, die sich aus der Tabelle auf der linken Seite ergeben. Die Pfeile an den Kanten des Würfels verdeutlichen die daraus abgeleiteten Veränderungspfade des Systems bei einer adaptiven Wanderung. Es kann immer nur ein Gen umgeschaltet werden, und die Veränderung geschieht immer in Richtung höherer Gesamtfitness.

Bereits an diesem einfachen Fall zeigt sich eine zentrale generische Eigenschaft einer solchen Wanderung: Von bestimmten Startpunkten aus kann das System das globale Maximum nicht erreichen, die Suche endet in einem lokalen Maximum, das eine Sackgasse darstellt, aus der das System nur unter gleichzeitiger Änderung mehrerer Merkmale entkommen könnte. Übertragen auf die Oberflächenstruktur bedeutet dies, dass hier eine zweihügelige Fitnesslandschaft entstanden ist. Bei einer größeren Anzahl N der Gene entstehen mit zunehmender Zahl K der Kopplungen immer mehr derartiger Sackgassen für adaptive Wanderungen. Zugleich bewirkt die Durchschnittswertbildung bei der Ermittlung der Gesamtfitness eines Genotyps, dass sich diese Fitnesswerte bei steigendem N und K immer weniger unterscheiden: Eine stark zerklüftete, unkorrelierte Landschaft entsteht, die übersät ist mit kleinen, schroff abfallenden Erhebungen.[577] Hier kann es wie in der einhügeligen Landschaft, wie bereits erwähnt, unter Selektionseinfluss zu Komplexitätskatastrophen kommen.

Um gegen jede dieser Katastrophen gewappnet zu sein, sollte ein System somit eine Fitnesslandschaft besitzen, die mehrhügelig, aber zugleich ausreichend korreliert und somit nicht völlig regellos ist.[578] KAUFFMAN stellt fest, dass in moderat zerklüfteten Landschaften, welche diesen Anforderungen genügen, nicht nur lokale Strukturen, sondern auch globale Korrelationen existieren: Die höchsten Erhebungen befinden sich in größter Nähe zueinander und haben das größte Einzugsgebiet an Anfangspunkten, die über adaptive Wanderungen zu ihnen hinführen.[579] Nutzt eine Po-

[577] Vgl. Kauffman (1993), S. 46ff. und vgl. die schematische Darstellung verschiedener Fitnesslandschaften in Abbildung 4.8.

[578] Vgl. Kauffman (1998), S. 267.

[579] Vgl. Kauffman (1993), S. 60f. oder derselbe (1998), S. 269.

pulation in einer derartigen Landschaft nicht nur Mutation und Selektion, um die nächstgelegenen Hügel zu erklimmen (Exploitation), sondern auch noch Rekombination oder die im Kapitel 4.5.3 dargestellte interne Koevolution, um in die Zwischenräume und damit in neue Startpositionen für Wanderungen auf noch höhere Gipfel zu gelangen (Exploration), können die derart erzeugten neuen Genotypen schnell das globale Optimum finden. Derartige moderat zerklüftete Landschaften entstehen, wenn die Anzahl der internen Kopplungen K auch bei großem N klein bleibt.[580]

Im vorangegangenen Kapitel 4.4.1 wurde dargestellt, wie Selbstorganisation und Evolution gemeinsam durch die Modulation der internen Verknüpfungen ein System in die Nähe des Chaosrandes manövrieren können. Im vorliegenden Kapitel wurde gezeigt, dass mit einer Veränderung der internen Struktur eines Systems zugleich auch die Fitnesslandschaft verändert wird, auf der es sich bewegt. Mit der Bewegung zum Chaosrand entsteht somit eine zur weiteren Optimierung besser geeignete Fitnesslandschaft: Selektion und Selbstorganisation bringen Systeme hervor, an denen die Evolution weiterarbeiten kann, und bei denen nicht ihr Wirken in einer Komplexitätskatastrophe endet, oder mit KAUFFMANs Worten: „Adaptive evolution achieves the kind of complex systems which are able to adapt."[581]

• interne Kopplungsstruktur (Anzahl epistatischer Kopplungen K)	→	Gestalt der Fitnesslandschaft
• K = 0	→	einhügelige Landschaft
• K = N	→	schroff zerklüftete Landschaft, Zufallslandschaft
• K ≈ 2	→	moderat zerklüftete Landschaft

4.5 Koevolution von komplexen dynamischen Systemen in gekoppelten dynamischen Fitnesslandschaften

Im vorangegangenen Kapitel wurde von einer statischen Fitnesslandschaft ausgegangen, die von einer einzigen Spezies besiedelt wird, welche auf dieser Landschaft eine adaptive Wanderung unternimmt. Existieren dagegen mehrere Spezies in gegenseitigen Abhängigkeiten (bspw. in Form von Konkurrenz um Nahrung und Lebensraum oder bei Räuber/Beute-Beziehungen), können Änderungen einer Art Auswirkungen auf die Fitness einer anderen Art haben, wobei in diesem Fall nicht die Merkmale dieser anderen Art verändert werden, sondern allein deren Bewertung. Die Fitnessfunktion wird damit dynamisch.[582]

[580] Vgl. Kauffman (1993), S. 60.

[581] Kauffman (1993), S. 235.

[582] Daneben können natürlich auch externe Einflüsse, wie im Falle der biologische Evolution bspw. Klimaänderungen, die Fitnesslandschaft beeinflussen, doch derartige Veränderungen sind zufällig und nicht systeminhärent, vgl. Bak (1996), S. 122. Bereits bei Emery und Trist (1965), S. 25f. finden sich entsprechende Überlegungen zur Charakterisierung turbulenter Unternehmensumfelder: „...the dynamic properties arise not simply from the interaction of the component organizations, but also from the field itself: The ‚ground' is moving." (Emery/Trist (1965), S. 26).

Statische Fitnesslandschaften entstehen allgemein, wie Kapitel 4.4.2.4 gezeigt hat, als Folge der Strukturmerkmale eines Agenten und deren Verknüpfungsbeziehungen. Dynamische Fitnesslandschaften entstehen, wenn Rückkopplungen existieren zwischen der Fitnessbewertung einzelner Agenten und der Dynamik des Systems, das die Agenten miteinander bilden, wenn also die Zuweisung von Fitnesswerten zu Merkmalskombinationen auch abhängig ist von der gesamten Besiedlung des Raumes.[583] In diesem Fall wird von einer adaptiven Fitnesslandschaft[584] oder von gekoppelten Fitnesslandschaften[585] gesprochen. Populationen, die sich auf einer adaptiven Wanderung in einer derartigen adaptiven Fitnesslandschaft bewegen und wechselseitig Einfluss auf ihre jeweilige Fitness haben, sind in einem Prozess der Koevolution miteinander verbunden: „Coevolution occurs when the direct or indirect interaction of two or more evolving units produces an evolutionary response in each."[586]

Nachfolgend werden zunächst in Kapitel 4.5.1 die Grundprinzipien und Verlaufsformen der Koevolution sowie die dafür maßgeblichen Parameter vorgestellt. Kapitel 4.5.2 stellt die Folgen selbstorganisierter Veränderungen dieser Parameter dar, und Kapitel 4.5.3 zeigt Wege auf, wie die Vorteile der Koevolution durch externe Kopplungen auch systemintern realisiert werden können.

4.5.1 Externe Kopplungen zu koevolutionären Systemen

Koevolution tritt ein, wenn mehrere adaptive Agenten sich in wechselseitiger Abhängigkeit entwickeln. Im Agentenmodell können diese Wechselwirkungen durch externe Kopplungen eines Agenten zu einem anderen dargestellt werden, welche direkt auf die Fitness wirken. In der biologischen Evolution sind derartige Wechselwirkungen weit verbreitet, ihre Entstehung ist allerdings aufgrund der langen Zeiträume biologischer Evolution schwierig zu untersuchen.
Das erste der folgenden Teilkapitel beschreibt zur Einführung in die Thematik ein computerbasiertes System, das biologische Koevolution simuliert. Das zweite Teilkapitel stellt typische Verlaufsformen der Koevolution vor, und im dritten Teilkapitel werden anhand von erweiterten NK-Modellen die für diese Verlaufsformen jeweils ursächlichen Systemstrukturen betrachtet, welche weitere Erkenntnisse über die Eigenschaften komplexer adaptiver System bergen.

4.5.1.1 Beispiel: Simulationsprogramm TIERRA

Als Beispiel für ein System mit koevolutionär gekoppelten adaptiven Agenten sei das von RAY entworfene Simulationsprogramm TIERRA angeführt.[587] Anstelle natürlicher

---

[583] Vgl. Ebeling/Scharnhorst/Montano (1999), S. 450.

[584] Vgl. Ebeling/Scharnhorst/Montano (1999), S. 458.

[585] Vgl. Kauffman (1998), S. 334.

[586] Van Valen (1983), S. 1. Der Aspekt der Wechselwirkung kann aber auch bereits in den Evolutionsbegriff gefasst sein: „Evolution wird als kollektive Suche wechselwirkender Populationen nach lokal besseren Lösungen in einer unbekannten Landschaft beschrieben." (Ebeling/Scharnhorst/Montano (1999), S. 467).

[587] Vgl. ausführlich Ray (1992), S. 371ff. Für weitere Beschreibungen und Interpretationen des Programms vgl. Levy (1993), S. 266ff., Stacey (1997), S. 50ff., derselbe (2000a), S. 278ff., Thro (1994), S. 106ff., Cohen/Stewart (1994), S. 415ff., Coveney/Highfield (1995), S. 253ff., Kauffman

Organismen verwendet die Simulation Programmcodes als adaptive Agenten. Diese künstlichen Organismen, deren ‚Aufgabe' darin besteht, als Spezies zu überleben, konkurrieren um Prozessorzeit und Speicherplatz im Computer, ähnlich wie natürliche Organismen um begrenzte Ressourcen konkurrieren. Auch andere Prinzipien natürlicher Evolution wurden in der Simulation umgesetzt: Neben der Reproduktionsfähigkeit der Agenten verfügen diese bspw. nur über eine begrenzte Lebensspanne, und verschiedene Mutationseinflüsse sorgen für eine stete Variation nicht nur der Organismen, sondern auch der Selektionskriterien für die größtmögliche Fitness bestimmter Organismen.
Das Programm kann demonstrieren, wie auf Basis einer einfachen Ausgangssituationen mit einem einzigen adaptiven Agenten (‚Urahn'-Organismus) unter günstigen Umweltbedingungen nach Art der offenen biologischen Evolution eine unvorhergesehene Komplexität verschiedenster ‚Lebensformen' entstehen kann. So können sich aus dem Urahn im Laufe der Simulation Agenten mit unterschiedlichsten Überlebensstrategien entwickeln, bspw. nach dem Räuber/Beute-Prinzip, in Form parasitärer Wesen oder in symbiotischen Beziehungsmustern kooperativer Vermehrung. So etwa begünstigt die Entstehung eines ‚Parasiten', der andere Agenten zur eigenen Reproduktion benötigt, zugleich die Überlebenschancen und Vermehrung eines Wirts, der durch zufällige Mutation Immunität gegen diesen Parasiten gewonnen hat.

4.5.1.2 Dynamik koevolutionärer Kopplungen: Red Queen-Effekt und evolutionär stabile Strategien

Die Entwicklung von Parasiten und von Räuber/Beute-Beziehungen weist auf ein mögliches Dilemma koevolutionärer Prozesse hin: Die Kopplung von Fitnesslandschaften kann zu einem fortwährenden und für keine Seite endgültig zu gewinnenden Prozess des adaptiven ‚Wettrüstens' führen, bei dem in wechselnden Rollen ein Interaktionspartner im Vorteil ist und den anderen in seiner Fitnesslandschaft weit zurückwirft.[588] Ein derartiger koevolutionärer Wettlauf, in dem unterschiedliche Akteure durch die Kopplung ihrer Fitnesslandschaften in einem beständigen Auf und Ab verfangen sind, ohne jemals einen nachhaltigen Vorsprung zu gewinnen, wird als ‚Red Queen-Effekt' bezeichnet.[589]

Die Kopplung von Fitnesslandschaften kann jedoch umgekehrt auch positive Effekte haben: Die Deformierung ihrer Landschaft durch andere Akteure öffnet einer Population unter Umständen neue Suchräume für adaptive Wanderungen. HILLIS untermauerte dieses Phänomen in einem Experiment mit genetischen Algorithmen als Agenten, bei denen ein allein auf Mutation und Selektion beruhender Evolutionsprozess im Ergebnis deutlich schlechtere Anpassungsleistungen hervorrief als ein koevolutionärer Prozess, bei dem neben den Agenten auch deren ‚Parasiten' in die Simulation einbezogen wurden.[590] Die Dynamisierung der Fitnesslandschaft durch die Koevolution von Räuber und Beute erscheint aus diesem Blickwinkel als eine Strategie, um

---

(1998), S. 353ff. oder Gell-Mann (1994), S. 436ff. Hier liegen auch die Ursprünge moderner Computerviren, vgl. Levy (1993), S. 383ff.

[588] Vgl. Kauffman (1998), S. 329.

[589] Die Benennung erfolgte durch van Valen (1973), S. 17f., inspiriert durch die Figur der ‚Red Queen' (dt.: Schwarze Königin) im Kinderbuch von L. Carrol, vgl. auch Barnett/Hansen (1996), S. 140. Die Königin rät darin der Heldin Alice: „Hierzulande mußt du so schnell rennen, wie du kannst, wenn du am gleichen Fleck bleiben willst." (Carroll (1974), S. 39).

[590] Zur ausführlichen Beschreibung dieses Effekts und von Hillis' ‚Ramps'-Simulation vgl. Hillis (1992), S. 313ff. oder Levy (1993), S. 240ff.

das im vorangegangenen Kapitel dargestellte Problem des Steckenbleibens einer Art auf einem lokalen Maximum in der Fitnesslandschaft zu lösen und somit neben Exploitation auch Exploration zu ermöglichen.[591]

Aber auch ein koevolutionärer Prozess kann zum Stillstand kommen. Dieser Fall tritt ein, wenn die koevolvierenden Populationen jede auf ihrer Fitnesslandschaft gleichzeitig ein (lokales) Maximum erreicht haben. In dieser Konstellation stabilisieren sich die Merkmale jeder Population, weshalb dieser stationäre Zustand auch ‚evolutionär stabile Strategie' (ESS) genannt wird.[592] In diesem Zustand erreicht jede Art gegenüber den mit ihr gekoppelten Arten ein relatives Optimum, und das von allen Arten gemeinsam gebildete Gesamtsystem befindet sich in einem Gleichgewichtszustand. Allerdings ist dieses Gleichgewicht sehr empfindlich gegenüber extern induzierten Fitnessveränderungen, wie sie in realen Ökosystemen aus vielen gekoppelten Arten bspw. Klimaschwankungen darstellen, da die mittlere Fitness für alle eher gering ist. Kleinste Störungen können dann katastrophale lawinenartige Umwälzungen über sämtliche gekoppelten Arten hinweg auslösen.[593]

• Koevolutionäre Kopplungen	→ dynamische Fitnesslandschaften → Befreiung aus Sackgassen → Red Queen-Effekt (Wettrüsten) → evolutionär stabile Strategie (Blockierung)

4.5.1.3 Modellierung gekoppelter Fitnesslandschaften

Im Hinblick auf die Gestalt der individuellen Fitnesslandschaften lässt sich sagen, dass die koevolutionäre Dynamik umso leichter in einer evolutionär stabilen Strategie mit Stillstand endet, je zerklüfteter die individuellen Fitnesslandschaften der Akteure sind. Der Grund hierfür ist, dass in zerklüfteten Fitnesslandschaften eine große Zahl lokaler Optima vorhanden ist, so dass alle Akteure viele Möglichkeiten haben, schnell ein lokales Optimum zu erreichen.

Jeder Akteur kann aber einen Gipfel nur dann tatsächlich erklimmen, wenn dieser durch die adaptiven Aktionen der anderen nicht sehr stark verändert wird. Wenn der Gipfel wie im Regime der Roten Königin durch die Adaption der ‚Mitspieler' permanent zurückweicht, bleibt er auf Dauer unerreichbar. Außer von der Struktur der individuellen Fitnesslandschaft, die in Kapitel 4.4.2 besprochen wurde, hängt die koevolutionäre Dynamik somit noch von dem Ausmaß der Verformbarkeit der Landschaftsstruktur durch die jeweils anderen Mitspieler im Koevolutionsprozess ab.[594] Diese Verformbarkeit ist umso höher, je mehr Kopplungen es zwischen den koevolvierenden Arten gibt und je mehr Arten miteinander gekoppelt sind.[595]

---

591 Vgl. Wright (1982), S. 433 oder Thro (1994), S. 113.

592 Vgl. Kauffman (1998), S. 326. Der Evolutionsbiologe John Maynard Smith prägte den Teminus ESS als „evolutionarily stable strategy", vgl. Smith (1982), S. 10ff., der Sachverhalt entspricht einem Nash-Gleichgewicht in der Spieltheorie, vgl. Kauffman (1998), S. 325ff.

593 Vgl. Kauffman/Johnsen (1992), S. 327 oder Paslack (1991), S. 169.

594 Vgl. Kauffman (1998), S. 333.

595 Vgl. Kauffman (1998), S. 336.

KAUFFMAN untersuchte mit seinen NK-Modellen auch die koevolutionäre Dynamik miteinander gekoppelter Agenten, die in diesem Fall biologische Populationen abbilden sollen. Diese sind miteinander zu einem Ökosystem verbunden, in dem Wechselwirkungen der Populationen aufeinander bestehen. Jeder Agent symbolisiert eine andere Population. Als Parameter für die Zerklüftung der Fitnesslandschaft steht dabei, wie in Kapitel 4.4.2.4 beschrieben, die Anzahl K der epistatischen Kopplungen innerhalb einer Art, also die Stärke der internen Kopplung zwischen den Strukturelementen eines Agenten. Als Parameter für die gegenseitige Verformbarkeit der Fitnesslandschaften dienen zum einen die Anzahl S der verschiedenen miteinander vernetzten Populationen im betrachteten Ökosystem sowie zum anderen die Anzahl C der Kopplungen zwischen den koevolvierenden Arten, die angibt, dass jede Population von C Merkmalen aus jeder der übrigen Populationen beeinflusst wird.[596]

Konkret wurde die koevolutionäre Kopplung verschiedener Populationen in KAUFFMANs Modellsystemen als Spiel realisiert, dessen Prinzip im Folgenden für den einfachen Fall von S = 2 Agenten skizziert wird[597]:
Zwei Agenten, die jeweils eine Population einer bestimmten Art symbolisieren, versuchen in diesem Spiel abwechselnd je eine zufällige Mutation ihres Genotyps, um einen höheren Fitnesswert zu erreichen. Dabei darf der Agent in jedem Spielzug wiederum jeweils nur eines seiner Merkmale durch Umschalten von 0 auf 1 oder umgekehrt verändern, sich also nur in einen benachbarten Zustand bewegen. Der Agent nimmt aber nur dann in diesem Spielzug den neuen Genotyp auch an, wenn dieser mit einem Fitnesszuwachs verbunden ist, ansonsten bleibt der Agent in seinem bisherigen Zustand. Nach dieser Entscheidung ist der Spielzug für den einen Agenten beendet, und der zweite Agent ist an der Reihe, der sich ebenso in kleinen Schritten durch seinen eigenen Merkmalsraum bewegen kann.

Die Kopplung der beiden Agenten wird nun über deren jeweilige Fitnessfunktion realisiert: In Abbildung 4.9 ist in einer Tabelle angegeben, wie zu jedem möglichen Zustand eines isolierten Agenten, abhängig von zufällig zugeordneten Beiträgen jeweils K seiner Merkmale, ein Fitnesswert berechnet werden kann. Um eine koevolutionäre Situation mit gegenseitiger Abhängigkeit der Agenten abzubilden, muss diese Fitnesstabelle erweitert werden: Die Fitness W jedes Spielers über dem Merkmalsraum ist nun nicht mehr nur von seinen internen Merkmalen und ihren Kopplungen abhängig, sondern zusätzlich gehen noch C Merkmale des anderen Spielers in die Berechnung ein. Zu jedem Genotyp eines Agenten gibt es dadurch nicht nur wie in Abbildung 4.9 einen einzigen möglichen Fitnesswert W, sondern 2^C, die aus einer vollständigen Permutation über die C Merkmale des Mitspielers entstehen. Welcher der Fitnesswerte dem augenblicklichen Zustand des Spieles zugeordnet wird, hängt dann vom Zustand des Mitspielers ab.

Eine Merkmalsveränderung in Agent 1 hat damit zwei Auswirkungen auf Agent 2: Zum einen verändert sie unmittelbar den Fitnesswert des aktuellen Genotyps von Agent 2, zum anderen verändert sie die gesamte Fitnesslandschaft von Agent 2, da nicht nur dessen momentaner Konstellation, sondern auch allen übrigen seiner möglichen Genotypen damit neue Werte zugeordnet werden. Für den Würfel in Abbildung 4.9 würde dies bedeuten, dass dessen Ecken durch jeden Spielzug des Mitspielers neue Fitnesswerte zugewiesen werden. Dadurch können sich für einen Spieler in jedem Spielschritt neue Wege zu höherer Fitness ergeben oder neue Sackgassen.

596 Vgl. Kauffman (1998), S. 336ff.

597 Vgl. Kauffman/Johnsen (1992), S. 331 oder Kauffman (1993), S. 244.

Wenn beide Mitspieler stecken bleiben, weil jeweils kein höherer Fitnesszustand durch Mutation nur eines Gens erreichbar ist, wird ein evolutionär stabiles Gleichgewicht erreicht, und das Spiel endet.

Bei derartigen Spielen mit unterschiedlichen Konstellationen der Parameter K, C und S stellte sich heraus, dass die geschilderten Extremfälle der Koevolution, Rote Königin und evolutionäre stabile Strategie, dann eintreten, wenn die Werte dieser Parameter entsprechend extrem gewählt werden[598]:

- Das Ökosystem gerät in den chaotischen Zustand endlosen koevolutionären Wettrüstens im Bereich der Roten Königin, wenn die beteiligten Arten Fitnesslandschaften mit nur wenigen Bergen haben, sich also mit niedrigem K individuell eher in einem geordneten Regime befinden. Starke externe Kopplungen, entweder mit vielen beteiligten Arten S oder mit vielen Merkmalen C je gekoppelter Art, sorgen für eine starke Verformung der individuellen Fitnesslandschaften.[599] Warum individuelle relative Ordnung in der Kopplung zu chaotischen Zuständen führen kann, zeigt folgende Überlegung: Weisen die Landschaften jeweils nur eine einzige große Erhebung auf, kann ein Agent über den Selektionsmechanismus dieses für ihn globale Maximum auf einem beliebigen Pfad erreichen. Diese Bedingungen gelten jedoch für alle koevolutionären Mitspieler gleichermaßen. Erreicht ein Agent seinen Gipfel, werden seine Interaktionspartner dadurch unter Umständen in ihren eigenen Optimierungsbestrebungen dramatisch zurückgeworfen, können diesen Zustand jedoch ihrerseits wieder ändern und auf direktem Wege ihren Fitnessgipfel von neuem ansteuern. Auf der Ebene des Gesamtsystems entsteht durch diese permanenten großen Umbrüche Regellosigkeit und Instabilität.[600] Die Fitness der einzelnen Agenten kann zwar durchaus temporär Spitzenwerte erreichen, die mittlere Fitness im Gesamtsystem ist jedoch niedrig.[601]
- Das Ökosystem kommt andererseits durch die gekoppelte Adaption aller Mitspieler schnell in das geordnete Regime der evolutionär stabilen Strategien und damit zum evolutionären Stillstand für alle Beteiligten, wenn jede Art, wie oben dargestellt, mit einer hohen Anzahl K interner Kopplungen stark zerklüftete Fitnesslandschaften besitzt, oder wenn jede Art nur mit wenigen anderen bzw. mit wenigen Merkmalen aus anderen Arten gekoppelt ist.[602] Wenn die Fitnesslandschaften in viele kleine Anhöhen zerklüftet sind, können diese leicht nach dem Zufallsprinzip erklommen werden. Die gegenseitigen Einflüsse der Agenten aufeinander sind in diesem Fall zwar in ihrer individuellen Qualität weniger dramatisch, dafür aber umso häufiger, gleichzeitig bleiben viele Agenten in einem lokalen Sub-Optimum gefangen. Auf Gesamtsystemebene können auch diese permanenten vielen kleinen zufälligen Veränderungen, gepaart mit schlechten Anpassungsleistungen, zur Destabilisierung führen, d.h. der globale Ordnungszustand ist dem gemeinsamen Fortbestehen aller Arten nicht förderlich.[603] Durch das Verharren

[598] Zur Erinnerung: Die Adaption geschieht in den hier geschilderten Fällen allein aufgrund des ‚Umschaltens' eines Merkmals des Genotyps, die internen oder externen Kopplungen (d.h. die Parameter K, C und S) ändern sich dadurch nicht.

[599] Vgl. Kauffman (1998), S. 336ff.

[600] Vgl. Kelly (1997), S. 139.

[601] Vgl. Kauffman (1998), S. 339.

[602] Vgl. Kauffman (1998), S. 336.

[603] Vgl. Stacey (1997), S. 97 sowie McKelvey (1999a), S. 301ff.

auf relativ niedrigen Fitnesshügeln ist allgemein die mittlere Fitness über alle Arten hinweg gering.[604]

Bei Experimenten mit Parameterwerten zwischen den dargestellten Extremformen des geordneten Regimes evolutionär stabiler Strategien und des chaotischen Regime der Roten Königin, die wie gezeigt beide für das Gesamtsystem eine nur geringe mittlere Fitness bewirken, konnte KAUFFMAN belegen, dass ein Maximum der mittleren Fitness in einem Parameterbereich erreicht wird, der in der Mitte zwischen Ordnung und Chaos liegt. Die einzelnen Parameter wirken dabei unterschiedlich auf das Gesamtverhalten: Hohe K-Werte (entsprechend einer großen internen Komplexität der Agenten durch die vielen internen Kopplungen) bewirken einen schnelleren Stillstand des Gesamtsystems, während hohe C- oder S-Werte (die aus Perspektive der Agenten die externen Kopplungen und damit die externe Komplexität widerspiegeln) die koevolutionäre Aktivität forcieren.[605]

Durch Experimente mit verschiedensten Parameterkonstellationen konnte KAUFFMAN feststellen, dass die zentrale Determinante für das Verhalten des Gesamtsystems die Relation von internen zu externen Kopplungen eines Agenten ist: Übersteigt die Anzahl der internen Kopplungen die der externen ($K>C\cdot S$), wird sehr schnell ein Gleichgewichtszustand erreicht. Sind allerdings die internen Kopplungen weit in der Unterzahl gegenüber den externen ($K<C\cdot S$), ist chaotisches Verhalten des Ökosystems die Folge.[606]

In dem moderaten Bereich in der Mitte zwischen Ordnung und Chaos ist unter den Fitnesslandschaften offenbar ein solches Ausmaß an Korrelation etabliert, dass eine dynamische Stabilisierung des Gesamtsystems möglich wird.[607] Bildlich gesprochen, besitzen hier die Gipfel der einzelnen temporären Fitnesslandschaften die maximale Höhe, welche in der verfügbaren Zeit gerade noch erreicht werden kann.[608] Aus Sicht der einzelnen Agenten wird eine Balance zwischen Exploitation im Sinne weiterer Verbesserung auf dem einmal eingeschlagenen Entwicklungspfad und Exploration im Sinne einer Erforschung neuer Gebiete für adaptive Wanderungen hergestellt.[609] Teile des Gesamtsystems befinden sich eine Zeitlang im Gleichgewicht, aber es kommt nicht das gesamte System zum Stillstand. Auch hier sind immer wieder auf der Ebene des Gesamtsystems Veränderungen zu verzeichnen, doch sind dramatische Umbrüche selten und nur kleinere häufiger, die das System jedoch stabilisieren kann.

Diese Verteilung der systemweiten Veränderungsereignisse entspricht einem Potenzgesetz, wie es von BAK als charakteristisch für die selbstorganisierte Kritizität am Chaosrand ermittelt wurde.[610] Auch für die koevolutionäre Gesamtdynamik gekoppelter Systeme gilt somit Ähnliches, wie es für ein isoliertes System in Kapitel 4.3.2 beschrieben wurde: Genau wie ein einzelnes System am Phasenübergang zwischen Ordnung und Chaos, dem Chaosrand, über maximale Anpassungsfähigkeit verfügt, erreicht auch ein Ökosystem aus gekoppelten Systemen genau dann einen optima-

[604] Vgl. Kauffman (1998), S. 339.

[605] Vgl. McKelvey (1999a), S. 308.

[606] Vgl. Kauffman/Johnsen (1992), S. 339ff. und 366.

[607] Vgl. Kauffman (1998), S. 284f.

[608] Vgl. Kauffman (1998), S. 342.

[609] Vgl. Axelrod/Cohen (1999), S. 43ff.

[610] Vgl. Kauffman/Johnsen (1992), S. 343ff. und Kapitel 4.3.2.2.

len ‚Betriebspunkt' im Sinne maximaler Gesamtfitness, wenn es im Übergangsbereich zwischen Ordnung und Chaos operiert. Die treibende Kraft für den Erfolg des gekoppelten Systems ist dabei die Koevolution der miteinander vernetzten Agenten, welche für eine Dynamisierung der individuellen Fitnesslandschaften sorgt: „There is a fundamental difference between simple adaptive evolution and coevolution. Evolution on a fixed fitness landscape [...] is similar to the behavior of a physical system on a well-defined potential energy landscape. [...] In a coevolutionary process, however, the adaptive landscape of one actor heaves and deforms as the other actors make their own adaptive moves."[611]

• Kopplung einhügeliger Fitnesslandschaften	→	Red Queen-Effekt (Wettrüsten)
• Kopplung stark zerklüfteter Fitnesslandschaften	→	ESS (Sackgassen, Blockierung)
• Kopplung moderat zerklüfteter Fitnesslandschaften	→	Exploration und Exploitation auch bei rein schrittweiser Veränderung
• Ausbalancierung interner und externer Kopplungen, Abstimmung von K (interne Kopplungen), C (externe Kopplungen pro Partner) und S (Anzahl Partner)	→ →	Balance von Exploitation und Exploration Sicherstellung weiterer Entwicklung

4.5.2 Evolution der Koevolution

In den obigen Beispielen werden die Parameter K, C und S, welche die innere Struktur eines Ökosystems über die Anzahl der Kopplungen innerhalb der Agenten und zwischen ihnen determinieren, jeweils von außen vorgegeben. Die Adaption eines Agenten besteht ausschließlich in einer Bewegung auf seiner Fitnesslandschaft, entsprechend einer Strukturmerkmalsveränderung (Umschalten eines ‚Gens' von 0 auf 1 oder umgekehrt). Je nachdem, wie die Strukturparameter K, C und S gewählt werden, entwickelt sich das koevolvierende Gesamtsystem unter diesem Mechanismus in ein geordnetes, ein chaotisches oder ein Übergangsregime, das dem Rand des Chaos entspricht.

KAUFFMAN konnte nun zeigen: Auch wenn die Strukturparameter nicht fest vorgegeben sind, sondern die Agenten in einem koevolvierenden System ihre Strukturparameter selbst verändern können, suchen die gekoppelten Agenten im Zusammenspiel die Konstellation mit der maximalen mittleren Fitness auf. In einer ‚Evolution der Koevolution' manövriert sich so das Gesamtsystem selbst an den Chaosrand.[612]
KAUFFMAN modifizierte hierzu sein NK-Modell, indem er das Verhaltensspektrum der Agenten erweiterte. Er ermöglichte es den Agenten nun, in jedem Evolutionsschritt alternativ zu einer Merkmalsmutation auch die Anzahl ihrer internen Kopplungen K

611 Kauffman (1993), S. 238.

612 Vgl. Kauffman (1998), S. 349. Auch in realen Ökosystemen sind diese drei Strukturparameter im Laufe der Evolution prinzipiell variabel, vgl. Kauffman (1993), S. 253. Zur Entwicklung der biologischen Koevolution vgl. ausführlich Thompson (1994), S. 203ff.

zu mutieren. Damit kann ein Agent einerseits eine Bewegung auf der Fitnesslandschaft vollziehen (die zugleich, wie im vorigen Kapitel gezeigt, die Fitnesslandschaft seiner Mitspieler verändert), andererseits hat er die Möglichkeit, die Zerklüftung seiner eigenen Fitnesslandschaft zu beeinflussen.[613]

Die konkreten Spielregeln für die Evolution der Koevolution wurden in KAUFFMANS Untersuchungen bspw. folgendermaßen festgelegt:[614] Das Ökosystem wird als Flächengitter abstrahiert, in dem jede Zelle durch einen Agenten besetzt ist, der jeweils eine (andere) Art symbolisiert. In einem 10x10 Gitter gibt es somit anfangs 100 Arten. Alle Arten bestehen aus der gleichen Anzahl N von Genen. Jede Art ist koevolutiv mit ihren unmittelbar angrenzenden Nachbarn verbunden. Der Parameter S, der die Anzahl der externen Kopplungspartner eines Agenten angibt, ist damit auf 4 fixiert (bzw. für die Agenten in den Ecken auf 2, für die Agenten an den Kanten auf 3), und jede Art beeinflusst die anderen nur mit einem einzigen Merkmal, C ist somit konstant 1. Eine Generation in diesem künstlichen Ökosystem besteht daraus, dass nacheinander alle Agenten in einem Spiel gegen ihre jeweiligen Nachbarn ihren Zustand für die nächste Generation festlegen.

In diesem Spiel kann der betrachtete Agent einen von vier grundsätzlich verschiedenen Spielzügen ausführen: Er kann unverändert seinen aktuellen Zustand in die nächste Generation vererben, er kann eines seiner N Merkmale umschalten, er kann die Anzahl K seiner epistatischen Kopplungen um eins verändern (d.h. erhöhen oder vermindern), oder er kann aussterben und durch einen Eindringling ersetzt werden, der zufällig aus den anderen Arten im Spiel ausgewählt wurde. Welcher Spielzug ausgewählt wird, hängt von der Fitness ab, die jede der vier Varianten im Vergleich mit den Nachbarn bietet.[615] Besitzt der augenblickliche Zustand des Agenten gegenüber den Nachbarn die größte Fitness, wird sich der Agent nicht ändern. Wenn durch Umschalten eines Gens (hierbei müssen alle Varianten ausprobiert werden) ein Zustand mit größerer Fitness herbeigeführt werden kann, wird dieser Zustand in der nächsten Generation eingenommen. Kann durch die Erhöhung oder Verminderung von K um 1 die höchste Fitness erreicht werden, wird dieser Spielzug ausgewählt. Besitzt dagegen der zufällig ausgewählte Eindringling die höchste Fitness im Vergleich zu den Nachbarn des betrachteten Agenten, macht dieser dem Eindringling Platz, indem er in der nächsten Generation dessen Zustand einnimmt. Eine Ökosystemgeneration dauert so in einem 10x10-Gitter 100 einzelne Spiele. Für jede Generation wird festgehalten, wie hoch der Anteil an den verschiedenen Spielzügen ist und welchen Wert der Parameter K der epistatischen Kopplungen im Durchschnitt angenommen hat.

Werden in einem derartigen Flächengitter-Ökosystem diejenigen Agenten weiß gekennzeichnet, welche in der nächsten Generation einen veränderten Zustand haben werden, während diejenigen, welche unverändert bleiben werden, schwarz sind, ist die resultierende koevolutionäre Meta-Dynamik leicht optisch zu erkennen: Je nach

[613] Vgl. Kauffman (1998), S. 343.

[614] Vgl. Kauffman (1993), S. 256ff. sowie derselbe (1998), S. 343ff.

[615] Wie bei den einfachen zellulären Automaten aus Kapitel 4.2 werden dabei aber bei den Nachbarn die Zustände der aktuellen Generation zugrunde gelegt, auch wenn ein Nachbar bereits seinen Zustand für die nächste Generation ermittelt hat. Der neue Zustand wird synchron von allen erst in der nächsten Generation auch tatsächlich angenommen.

Stärke der allgemeinen Mutationsaktivität entstehen verschiedene Bilder ‚eingefrorener' schwarzer und sich verändernder weißer Regionen.[616]

Besteht das Ökosystem aus Agenten, die wie im vorigen Kapitel nur Merkmalsveränderungen, aber keine Kopplungsveränderungen vornehmen dürfen und die keinen zufälligen Invasionen ausgesetzt sind, können unter starrer Vorgabe verschiedener K-Werte typische Muster für den Ordnungs- und den Chaos-Bereich erzeugt werden: Bei hohem K verfällt das System schnell in eine evolutionär stabile Strategie, bei der sich kein Agent mehr ändert: Das gesamte Flächengitter ist schwarz. Dagegen halten sich im chaotischen Bereich lange Zeit ausgedehnte weiß blinkende Bereiche. Lassen die Spielregeln für die Entwicklung des Ökosystems, wie oben dargestellt, auch das Aussterben (Extinktion) einer Art zu, können die verschiedenen K-Regime jedoch nicht mehr so leicht unterschieden werden. Da jede evolutionär stabile Strategie mit der Auslöschung eines der Partner durch einen zufällig ausgewählten Eindringling zerstört wird, ist in einem solchen Spiel kein absoluter Ruhezustand des Gesamtsystems möglich.

Ein einzelnes Extinktionsereignis kann Folgen unterschiedlicher Tragweite haben. Häufig ist die Art, welche die ausgestorbene ersetzt, ihrerseits noch nicht optimal an die neuen Nachbarn angepasst. Daher wird sie in der nächsten Generation den Spielzug ‚Umschalten eines Gens' wählen, um die Fitness zu verbessern. Dies verschlechtert jedoch meistens, wie oben dargestellt, die Fitness und die Fitnesslandschaften ihrer Nachbarn, welche dadurch ihrerseits anfälliger für die Verdrängung durch eine andere Art werden. Auf diese Weise kann sich über die Generationen hinweg ein einzelnes Extinktionsereignis fortsetzen und zu einem mehr oder weniger dramatischen Artensterben ausweiten.
Dabei ist zu beobachten, dass es vergleichsweise selten zu einer Extinktionslawine kommt, welche das gesamte Ökosystem durchzieht, während häufig nur wenige weitere Arten in der Folge eines einzelnen Extinktionsereignisses ebenfalls aussterben. Das Artensterben gehorcht also prinzipiell ebenso wie die Lawinen an einem Sandhaufen einem Potenzgesetz, und diese Tatsache ist unabhängig davon, in welchem Regime sich das Ökosystem befindet.[617] Die verschiedenen Regime unterscheiden sich jedoch in den absoluten Werten des Artensterbens: Zum einen kommt es sowohl im geordneten als auch im chaotischen Regime zu wesentlich mehr Extinktionsereignissen als im mittleren Bereich, zum anderen umfassen die Extinktionsereignisse in beiden Extrembereichen auch noch jeweils mehr Arten.

Die Erklärung hierfür liegt in der mittleren Fitness, welche die Arten in den jeweiligen Regimen aufweisen. Wie im vorangegangenen Kapitel dargelegt wurde, ist nämlich die mittlere Fitness sowohl im geordneten Regime mit großen K-Werten und stark zerklüfteten individuellen Fitnesslandschaften als auch im chaotischen Regime mit niedrigen K-Werten und einem permanenten evolutionären Wettrüsten gleichermaßen gering. Diese im Mittel schlechte Anpassungsleistung führt in beiden Fällen dazu, dass sich viele Arten gegenüber Eindringlingen nicht behaupten können, und so kann ein einzelnes Extinktionsereignis, welches wie oben beschrieben immer auch die unmittelbaren Mitspieler des verdrängten Agenten in Mitleidenschaft zieht, um sich greifen und das gesamte Ökosystem nachhaltig aus der Balance werfen.

Lassen die Spielregeln nun zusätzlich auch eine Veränderung jedes Agenten in K zu, stellt sich in dem koevolvierenden System selbsttätig durch individuelle Mutation und

[616] Vgl. Kauffman (1993), S. 256 und Kauffman/Johnsen (1992), S. 344f.

[617] Zu Sandlawinen und Potenzgesetzen vgl. Kapitel 4.3.2.2.

Selektion der einzelnen Agenten K insgesamt so ein, dass die mittlere Fitness im Gesamtsystem maximal wird. Hier sind im Durchschnitt alle Arten bestmöglich vor der Ausrottung geschützt, weil im Mittel die Agenten evolutionär stabile Strategien mit maximaler Fitness etwas schneller erreichen können als diese durch das vereinzelte Aussterben einzelnen Arten zerstört werden können.[618] Auch in einem derart ausbalancierten System gibt es große und kleine Extinktionslawinen, und ihre Verteilung folgt einem Potenzgesetz, doch insgesamt nehmen die Lawinen die harmlosesten Form an, die für das Ökosystem erreichbar ist. Dieser Bereich der maximalen mittleren Fitness liegt, wie im vorangegangenen Kapitel gezeigt wurde, am Phasenübergang zwischen Ordnung und Chaos.[619] Dieses Übergangsregime am Rande des Chaos strebt das koevolvierende System immer an, unabhängig davon, in welcher Ausgangssituation die Koevolution startet.[620]

Im Kapitel 4.4.2.3 wurde bereits aufgezeigt, dass es für einen Agenten grundsätzlich *von größtem individuellen Vorteil ist, eine moderat zerklüftete Fitnesslandschaft* zu besitzen, die der Vorstellung vom Chaosrand entspricht. Wie die Evolution auf individuelle Agenten einwirkt und sie dadurch in ihrer internen Kopplungsstruktur so modifiziert, dass sich ihre Fitnesslandschaft der optimalen Zerklüftung annähert, wurde in Kapitel 4.4.1 skizziert. Im vorliegenden Kapitel nun wurde dargestellt, dass das individuelle Streben der einzelnen Agenten nach optimal zerklüfteten Fitnesslandschaften auch dem koevolvierenden System als Ganzem zu größtmöglicher Beständigkeit verhilft. Da die Gestalt der Fitnesslandschaft eines einzelnen Agenten in einem gekoppelten System auch von seinen Verbindungen zu seinen Mitspielern abhängt, muss in einem solchen System der Agent seine interne Kopplungsstruktur relativ zu seinen Außenbeziehungen optimieren, um eine optimale Fitnesslandschaft für sich selbst zu erreichen. Dieser Zustand ist dann gegeben, wenn sich interne und externe Kopplungsbeziehungen zahlenmäßig in etwa entsprechen.

Hier bestätigt sich aus Perspektive des einzelnen Agenten ASHBYS ‚Law of requisite variety', dass externe und interne Komplexität sich die Waage halten sollten: „Nur Vielfalt kann Vielfalt zerstören"[621] In der Betrachtung koevolutionärer Systeme erscheint diese Empfehlung allerdings in einem neuen Licht: Mit der Maßnahme der Angleichung der internen Komplexität zerstört der Agent nicht etwa die externe Komplexität, sondern macht diese für den eigenen Fortschritt erst nutzbar.

Indem jeder Agent eigennützig versucht, sich zu seinem individuellen Vorteil zu entwickeln, wird zugleich für das Gesamtsystem der gekoppelten Agenten ein Umfeld geschaffen, in dem alle Agenten erfolgreich miteinander koevolvieren können.[622] „In coevolution, organisms adapt under natural selection via a metadynamics where each organism myopically alters the structure of its fitness landscape and the extent to which that landscape is deformed by the adaptive moves of other organisms, such that, as if by an invisible hand, the entire ecosystem coevolves to a poised state at the edge of chaos."[623]

---

[618] Vgl. Kauffman (1998), S. 348f.

[619] Vgl. Kauffman (1998), S. 342.

[620] Vgl. Kauffman (1998), S. 344f.

[621] Ashby (1974), S. 299.

[622] Vgl. Kauffman/Johnsen (1992), S. 346 und Kauffman (1993), S. 261.

[623] Kauffman (1993), S. 261.

• lokale, subjektive Optimierung jedes Agenten • individuelle Abstimmung interner/externer Beziehungen	→	koevolutionäres System am Chaosrand
• (Öko-)System am Chaosrand	→	größte mittlere Fitness, Schutz des gesamten (Öko-)Systems

4.5.3 Internalisierung der Koevolution

Für große Agenten mit vielen Strukturelementen bzw. Merkmalen besteht nach KAUFFMAN noch eine andere Möglichkeit, wie diese sich – auch bei statischen Fitnesslandschaften – von niedrigen lokalen Fitnessgipfeln befreien können:[624] Mit der internen Strukturierung eines solchen Agenten durch Aufteilung in Felder kann das Prinzip der Koevolution internalisiert und eine Blockade der individuellen Evolution vermieden werden, wie im Folgenden kurz erläutert wird.

Die Methode der adaptiven Wanderung fordert eine ständige iterative Verbesserung (Exploitation), die einen Agenten in einer statischen mehrhügeligen Fitnesslandschaft leicht auf das seiner Startposition nächstgelegene lokale Optimum und damit in eine evolutionäre Sackgasse führt. Der Agent selber ist ‚blind' für die Gesamtstruktur der Fitnesslandschaft, und seine Suchstrategie sieht nicht vor, dass er sich versuchsweise ‚bergab' bewegen und sich kurzfristig verschlechtern kann, um explorativ suchen zu können und langfristig dadurch in das Einzugsgebiet eines noch besseren Maximums zu gelangen. KAUFFMAN forschte nach einer modifizierten Suchstrategie, die dieses Problem umgeht und einen Agenten dazu befähigt, in einer zerklüfteten Fitnesslandschaft nicht den nächstbesten, sondern einen möglichst hohen Fitnesshügel anzusteuern.[625] Diese Strategie muss die Anforderung erfüllen, temporär eine absinkende Gesamtfitness des Agenten zu tolerieren, um lokale Optima verlassen zu können.[626]

---

[624] Vgl. Kauffman (1998), S. 374ff., Kauffman (1995), S. 127ff. sowie Brown/Eisenhardt (1998), S. 229.

[625] Wie das Problem des ‚Traveling Salesman' (Rundreiseproblem) gehört auch das Problem des Aufspürens des globalen Maximums der Fitnesslandschaft zu den NP-vollständigen Entscheidungs- oder Optimierungsproblemen, bei denen die Lösbarkeit an sich gegeben ist, aber kein exaktes Lösungsverfahren hierfür existiert: Die einzige Möglichkeit, das globale Optimum garantiert zu finden, besteht im Vergleich sämtlicher möglichen Lösungen. Da letzteres mit wachsender Größe des Lösungsraums nur noch theoretisch praktikabel ist, wird in derartigen Fällen auf Heuristiken zurückgegriffen, welche sich als brauchbare Verfahren erwiesen haben, um nicht die beste, aber eine der besseren Lösungen zu liefern, vgl. Brüggemann (1995), S. 15ff. Zur Klassifizierung von Entscheidungsproblemen vgl. vertiefend ebenda, S. 82ff.

[626] Dass eine solche Strategie überhaupt erfolgreich sein kann, beweist die Metaheuristik des ‚Simulated Annealing', von der sich auch Kauffman inspirieren ließ, vgl. Kauffman (1998), S. 369-373. Bei dieser Methode wird das Härten von Metall algorithmisch nachgeahmt und auf Optimierungsprobleme angewandt. Ziel eines Härtungsprozesses ist es, ein Werkstück in eine gegenüber dem Ausgangszustand stabilere Molekularstruktur zu überführen. Hierzu wird es erhitzt, wodurch die Moleküle sich freier bewegen können und zunächst eine noch geringere Stabilität aufweisen als zu Beginn. Beim darauffolgenden langsamen Abkühlen jedoch ordnen sich die Moleküle unter geeigneten Bedingungen in einer gegenüber dem Anfangszustand stabileren Struktur an, vgl. Brüggemann (1995), S. 26ff. oder Macready/Meyer (1999), S. 208ff.

Als Ergebnis stellte sich heraus, dass es hierzu nicht eines völlig neuen Suchmechanismus' bedarf. Grundsätzlich kann am Prinzip der schrittweisen Verbesserung über benachbarte Mutanten festgehalten werden, um nach fitteren Genotypen zu suchen. Lediglich der Suchraum, über den bei der adaptiven Wanderung optimiert wird, muss neu definiert werden.
Hierzu wird die Gesamtheit der N Merkmale eines Agenten in mehrere nicht überlappende Felder (Patches) unterteilt, welche jeweils mehrere der N Merkmale enthalten. Die zugrunde liegende Struktur des Agenten bleibt davon unberührt: Wie zuvor besteht er aus N Elementen, von denen jedes mit K anderen Elementen gekoppelt ist. Diese epistatischen Kopplungen bleiben auch über die Feldergrenzen hinweg erhalten. Durch die Feldeinteilung ändert sich lediglich das Kriterium für die adaptive Suche, die sich nun nicht mehr auf den gesamten Agenten, sondern auf die einzelnen Felder und deren abgegrenzte individuelle Fitnesslandschaften konzentriert. Wenn nun ein Element zufällig zur Mutation ausgewählt wird, ist das Kriterium für das Zulassen seiner Zustandsänderung nicht mehr die Verbesserung der Fitness des Gesamtsystems (des Agenten), sondern lediglich die Verbesserung innerhalb des Feldes, in dem sich das betreffende Element befindet.[627]
Durch die Verbindung der Felder über die epistatischen Kopplungen K der einzelnen Elemente untereinander verformen sie, wie bei der externen Koevolution, gegenseitig ihre Fitnesslandschaften. Dies kann für das Gesamtsystem, dessen Fitnessveränderung nun nicht mehr Entscheidungskriterium für eine Mutation, sondern nur noch Ergebnis der Mutationsentscheidungen auf der Basis der Feldeinteilung ist, zeitweilig eine Verschlechterung der Fitness bedeuten. Für den Agenten ist somit durch die Einteilung in Felder (Patches) die Suche nicht mehr streng auf Verbesserung fixiert, sondern erlaubt auch ‚Fehler' in der Entwicklung.

Ob durch die derart internalisierte Koevolution letztendlich dann doch eine bessere Gesamtfitness für den Agenten erreicht wird, hängt, wie KAUFFMAN nachweisen konnte, entscheidend von der adäquaten Definition der Felder ab, in welche der Agent unterteilt wird. Eine wichtige Erkenntnis in diesem Zusammenhang ist, dass es bei dieser Unterteilung nicht etwa auf eine möglichst geschlossene inhaltliche Abgrenzung ankommt (indem bspw. die Felder möglichst um die Hügel der ursprünglichen Fitnesslandschaft gruppiert werden), sondern einzig und allein auf die Größe der Felder.[628]

Auch diesen Effekt simuliert KAUFFMAN mit seinem NK-Modell. Als Basis dient ein 120x120 Zellen messendes Flächengitter, welches nun einen Agenten darstellt, der entsprechend aus $N = 14.400$ Elementen besteht, von denen jedes zwei Zustände (0 und 1) annehmen kann. Jedes Element ist mit seinen $K = 4$ unmittelbaren Nachbarn epistatisch gekoppelt.[629]
Wird das gesamte Gitter als ein einziges Feld betrachtet, entspricht die Situation genau der schrittweisen Verbesserung bei einer adaptiven Wanderung auf der Fitnesslandschaft des Agenten, wobei das System leicht auf einem lokalen Optimum stecken bleibt.[630]

---

627 Vgl. Kauffman (1998), S. 382.

628 Vgl. Brown/Eisenhardt (1998), S. 229.

629 Um das globale Optimum durch Vergleich sämtlicher Lösungen aufzuspüren, müssten hier somit 2^{14400} Genotypen miteinander verglichen werden.

630 Kauffman argumentiert hier nicht im Sinne der Suche einer höheren Erhebung in einer Fitnesslandschaft, sondern im Sinne des Auffindens eines Minimums in einer Energielandschaft, vgl. Kauffman (1998), S. 375. Da dies jedoch keine Änderung des grundsätzlichen Tatbestandes

Wird dagegen die kleinstmögliche Einteilung der Patches gewählt und jedes Element als ein Feld definiert, koevolvieren in diesem Fall 14.400 Felder miteinander. Die Entscheidung, ob sich ein Element umschaltet, hängt allein von seiner eigenen Fitnesslandschaft ab, die aus den 2 möglichen Zuständen des Elements selber in Kombination mit den möglichen Zuständen seiner 4 Nachbarn gebildet wird. Durch diese Kopplungen gibt es für jeden Zustand des Elements in Abhängigkeit vom Zustand seiner Nachbarschaft 16 verschiedene Fitnesswerte. Die Wahrscheinlichkeit ist hoch, dass es unter diesen Umständen für ein Feld sehr häufig vorteilhaft ist, als Folge einer Veränderung in seiner Nachbarschaft seinen Zustand ebenfalls umzuschalten. Permanentes Umschalten in vielen Elementen bedeutet aber für das Gesamtsystem, den Agenten mit 14.4000 Merkmalen, eine dauerhafte ungerichtete Mutation, das Gesamtsystem konvergiert in diesem chaotischen Regime nicht gegen eine (ESS-) Lösung.[631]
Bei den zwischen diesen Extremen liegenden Feldaufteilungen hängt es von der Gestalt der Fitnesslandschaft des Agenten ab, mit welcher Feldgröße die besten Optimierungsergebnisse erzielt werden.[632] So erweist sich in KAUFFMANS Modell bei einer starken epistatischen Kopplung von $K = 12$, die eine stark zerklüftete Fitnesslandschaft erzeugt, eine Feldgröße von 6x6 Zellen optimal. Größere Felder führen zur Bewegung auf schlechtere Optima, während eine weitere Verkleinerung der Felder bereits bei der Größe 5x5 das Gesamtsystem ins chaotische Regime überführt, in dem keine endgültige Position angestrebt wird. Durch Experimente mit diversen Kopplungsdichten und unterschiedlichen Feldgrößen kommt KAUFFMAN zu folgendem Schluss: Auch für die interne Koevolution der Felder gilt, dass das Gesamtsystem genau dann selbstorganisiert die beste Lösung ansteuert, wenn die Feldeinteilung so geschieht, dass sich das koevolvierende System im geordneten Regime in der Nähe des Übergangs zu Chaos befindet.[633]

Obwohl die vorgestellte Methode der Zerlegung in Felder von einer statischen Fitnesslandschaft ausgeht und ein Optimierungsverfahren darstellt, welches sich besonders in hügeligen Fitnesslandschaften zur Auffindung der besseren lokalen Optima eignet, kommen seine Stärken ebenso in dynamischen Fitnesslandschaften, die durch externe Koevolution erzeugt werden, zur Geltung. „Patching Systems so that they are poised on the edge of chaos may be valuable for two quite different reasons: Not only do such systems quickly achieve good compromise solutions under conflicting constraints, but they should also track the moving peaks on a changing fitness landscape very well if the existing environment changes."[634]

---

der Suche nach besseren lokalen Optima bedeutet, soll im Folgenden weiterhin in dem Bild der Fitnesslandschaft argumentiert werden.

631 Vgl. Kauffman (1998), S. 381. Bereits im Kapitel 4.4.2.3 wurde dargelegt, dass eine zu hohe Mutationsrate durch simultane Mutation vieler Merkmale in einer Komplexitätskatastrophe endet.

632 Vgl. Kauffman (1998), S. 382ff.

633 Vgl. Kauffman (1998), S. 388.

634 Kauffman (1995), S. 129.

• Patching	→ Fehlertoleranz des Gesamtsystems
• Feldgröße abgestimmt auf interne Kopplungen	→ Bewältigung konfliktärer Randbedingungen → Befreiung aus Sackgassen auch in statischen Fitnesslandschaften
• inkrementaler Veränderungsmechanismus bei Patching	→ Exploitation und Exploration auch bei statischen Fitnesslandschaften

4.6 Zwischenfazit: Funktionsprinzipien und ein generisches Modell komplexer adaptiver Systeme

Zusammenfassend kann festgehalten werden, dass komplexe adaptive Systeme nichtlineare dynamische Systeme sind, die aus einer großen Anzahl miteinander interagierender Elemente zusammengesetzt sind und sich in einem permanenten Prozess der Interaktion bzw. (Ko-)Evolution im Zusammenspiel mit ihrer Umwelt unvorhersehbar verhalten und entwickeln. Dabei können sie immer wieder neue Eigenschaften, Strukturen oder Verhaltensmuster hervorbringen und zeigen doch auch im Wandel Kohärenz.

Als Basis dieser zentralen Eigenschaft, die nach außen als eine Art von großer Dauerhaftigkeit, Überlebensfähigkeit oder Stabilität erscheint, entpuppt sich bei genauerer Untersuchung der Strukturen und Prozesse in komplexen adaptiven Systemen in Wirklichkeit ein kritischer Zustand zwischen Stabilität und Instabilität, zwischen Ordnung und Unordnung, zwischen Verharren und Veränderung: der Rand des Chaos. Evolutionsfähige komplexe adaptive Systeme bewegen sich selbstorganisiert an den Chaosrand, und sie erreichen eine dynamische Stabilisierung dieses Zustands, indem sie Selbstorganisationsprozesse und Adaption dazu nutzen, dass das Gesamtsystem auch bei Veränderung von Elementen und Strukturen oder äußeren Einwirkungen sich weiterhin in diesem kritischen Zustand am Rande des Chaos befindet, der dem System die größte Anpassungsfähigkeit verleiht. Der Chaosrand ist nicht der optimierte Systemzustand für bestimmte momentan herrschende Randbedingungen, aber er ist derjenige Zustand, der bei einer Veränderung dieser momentanen Randbedingungen die besten Überlebenschancen bietet: „The self-organized critical state with all its fluctuations is not the best possible state, but it is the best state that is dynamically achievable."[635]

Ermöglicht wird komplexen adaptiven Systemen ihr Aufenthalt am Chaosrand und damit ihr langfristiges Bestehen sowohl als individuelle Systeme als auch im Zusammenspiel mit anderen durch einige grundlegende Gestaltungsprinzipien, die sich als typisch für diese Systemklasse erwiesen haben.[636] Diese tragenden Säulen der

[635] Bak (1996), S. 198.

[636] In der Literatur werden diese gemeinsamen Grundprinzipien unterschiedlich detailliert erfasst: So arbeitet bspw. Holland (1995a) sieben gemeinsame Merkmale komplexer adaptiver Systeme heraus (‚aggregation', ‚nonlinearity', ‚flows' und ‚diversity' als Eigenschaften, sowie ‚tags', ‚internal models' und ‚building blocks' als Grundmechanismen). Anderson (1999), S. 219ff. nennt als vier

Architektur von komplexen adaptiven Systemen sind das Prinzip der dezentralen Systemaggregation aus Agenten als elementare oder aggregierte Bausteine und Basiseinheiten allen Systemverhaltens, Prinzipien der Kopplung von Agenten zu Netzwerken, die zu Emergenz fähig sind, Prinzipien der Adaption und Evolution sowie schließlich Prinzipien der Kopplung adaptiver Agenten zu koevolutionären Systemen. Aus diesen grundlegenden Aspekten der Architektur komplexer adaptiver Systeme, die in den folgenden Kapiteln noch einmal im Überblick dargestellt werden, ergeben sich entsprechende Möglichkeiten, ein solches System aktiv zu gestalten, wie sie Kapitel 4.6.5 in einem generischen Modell zusammenfasst.

4.6.1 Prinzip der Systemaggregation aus Agenten

Zentrales Credo der Modellvorstellungen komplexer adaptiver Systeme ist die Feststellung, dass sämtliche Verhaltensweisen oder Ordnungsstrukturen des Gesamtsystems emergent aus dem selbstorganisierten Zusammenwirken der Systemkomponenten in ihrer individuellen Zielverfolgung resultieren. Mit der Emergenz und damit Unvorhersehbarkeit des globalen Systemverhaltens geht jedoch einher, dass dem Systemverständnis auf oberster Ebene enge Grenzen gesetzt sind.

Untersuchungen von komplexen adaptiven Systemen konzentrieren sich aus diesem Grund auf die tieferen Systemebenen und modellieren die dort angesiedelten Komponenten und deren wechselseitigen Interaktionen, die das Systemverhalten generieren. Die als Agenten bezeichneten Komponenten komplexer adaptiver Systeme sind aktive Elemente, deren individuelles Verhalten auf zielgerichteten Regeln basiert.[637] Diese Regeln sind im Schema eines Agenten niedergelegt. Dabei ist der einzelne Agent ‚blind' für das Gesamtsystem, er agiert allein auf Basis seines Schemas und der Beziehungen zu seinen unmittelbaren Interaktionspartnern; ein Ordnungsstreben für das Gesamtsystem existiert an keiner Stelle, sondern Ordnung wird von Selbstorganisationsprozessen getragen.[638] Bereits ein System aus uniformen Agenten mit sehr einfachem Schema ist auf diese Weise in der Lage, emergentes Verhalten zu produzieren.

Adaptive Agenten können ihre Eigenschaften verändern, entweder über Lernprozesse durch Anpassungen individueller Verhaltensschemata oder durch generationsübergreifende Mutations- und Selektionsmechanismen für sämtliche Strukturmerkmale.[639] Elementare Agenten (Massenbauteile) können mit ihren Interaktionspartnern größere Strukturen bilden, die wiederum als (Meta-)Agenten auf einer höheren Ebene aufzufassen sind. Nach diesem rekursiven Prinzip ist ein komplexes adaptives System, das letztlich selbst einen Agenten darstellt, auf Basis seiner internen Interaktionsbeziehungen (temporär und hierarchisch) strukturiert.[640]

---

charakteristische Elemente komplexer adaptiver Systeme: ‚agents with schemata', ‚self-organizing networks sustained by importing energy', ‚coevolution to the edge of chaos' sowie ‚recombination and system evolution' und Axelrod/Cohen (1999), S. 31ff. fokussieren insbesondere die drei bei der Systemevolution wirksamen Prozesse Variation, Interaktion und Selektion als ‚hallmarks of a complex adaptive system'.

[637] Vgl. Kapitel 4.1.

[638] Vgl. Kapitel 4.1.1 sowie Küppers (1996b), S. 122 und S. 134 oder Anderson (1999), S. 222.

[639] Vgl. Kapitel 4.1.1.

[640] Vgl. Kapitel 4.1.2.

4.6.2 Prinzipien der internen Kopplung von Agenten zu Netzwerken

Die Kopplung und Interaktion von Agenten ermöglicht in dem entstehenden Netzwerk Selbstorganisationsprozesse, die Basis emergenter Systemstrukturen oder -verhaltensweisen sind. Während die spontane Ordnung in physikalischen Systemen auf Energieaustauschprozessen beruht, erweist sich bei den komplexen adaptiven Systemen eine Dynamik der Information als Basis für Ordnungsentstehung.[641] Ausschlaggebend für das Verhalten eines Agenten ist jeweils lediglich der Zustand seiner unmittelbaren Interaktionspartner.[642]

Komplexe adaptive Systeme müssen, um als Ganzes anpassungsfähig zu sein, Informationen optimal verarbeiten, d.h. sowohl speichern als auch transportieren können. Dabei verlangt die Speicherfunktion Stabilität, wohingegen für die Transportfunktion Dynamik erforderlich ist. Die Ausprägung dieser widersprüchlichen Funktionen wird in einem komplexen adaptiven System auch vom Ausmaß der Verschiedenheit (Diversität) der beteiligten Agenten beeinflusst, im Wesentlichen hängt sie jedoch von der Kopplungsdichte zwischen den Agenten ab: Ein Maximum an Dynamik wird erreicht, wenn jeder Agent mit allen anderen gekoppelt ist. Kleinste Änderungen, die sich permanent schnell im System ausbreiten, führen in diesem Fall zu chaotischem Systemverhalten und zur Systemauflösung. Ist jeder Agent dagegen nur von jeweils einem anderen Agenten abhängig, erstirbt die Systemdynamik und das System erstarrt in einem Gleichgewichtszustand maximaler Stabilität. Seine größte Informationsverarbeitungskapazität erreicht ein System in einem ausbalancierten Zwischenzustand. Hier ist im Spannungsfeld zwischen Stabilität und Instabilität ausreichend ‚Raum für Neuerung' vorhanden, ohne dass das System dauerhaft in Chaos verfällt.[643] Dieser Zwischenzustand ist der Rand des Chaos.[644]

Ein System, das sich dergestalt ‚auf der Kippe' zwischen Ordnung und Chaos befindet, ist gegenüber kleineren Störungen vergleichsweise stabil, zeigt sich aber angesichts größerer Störungen auch fundamental anpassungsfähig. Grundlage hierfür ist eine eher lose, jeweils lokal konzentrierte Kopplung zwischen den Agenten. Dieses Prinzip gilt ebenso für das Wachstum von komplexen adaptiven Systemen, das über lose angekoppelte funktionierende Module erfolgen sollte.[645]

4.6.3 Prinzipien der Adaption und Evolution

In komplexen adaptiven Systemen ist eine weitere Quelle für Emergenz und echter Innovation die Veränderlichkeit der Agenten selbst. Außer ihr Verhalten auf Basis gegebener Schemata zielstrebig anzupassen, können derartige adaptive Agenten mit der Veränderung ihrer internen Strukturen ihr Verhaltensspektrum und andere Eigenschaften ändern, bspw. ihre Beziehungen zu den Interaktionspartnern und damit auch die Umgebung, innerhalb derer sich ein Agent abstimmen muss.[646]

Individuelle Adaptionsprozesse auf Ebene der Agenten können die Diversität im System steigern und stoßen wiederum Selbstorganisationsprozesse an, welche die Evo-

[641] Vgl. Kapitel 4.3 sowie Langton (1992), S. 41.

[642] Vgl. Kapitel 4.3.1 sowie Anderson (1999), S. 222.

[643] Vgl. Kapitel 4.3.1 sowie Stacey (1997), S. 63ff.

[644] Vgl. Kapitel 4.3.2.

[645] Vgl. Kapitel 4.3.3.

[646] Vgl. Kapitel 4.4.1 und Anderson (1999), S. 225.

lution des Gesamtsystems tragen. Evolution ist hier im Sinne einer irreversiblen zeitlichen Abfolge verschiedener Ordnungszustände zu verstehen, die jeweils Anpassungsleistungen in Bezug auf einen bestimmten Umgebungszustand darstellen. Voraussetzung für Evolution ist ein Bewertungsmaßstab, anhand dessen Anpassungsleistungen selektiert werden können. Evolution wird daher häufig als adaptive Wanderung auf einer Fitnesslandschaft idealisiert, bei der schrittweise zufällig einzelne Merkmale eines Agenten zur Veränderung ausgewählt werden (Mutation bzw. Variation).[647]

Neben der inkrementalen Veränderung bestehen noch weitere mögliche Veränderungsregeln wie Weitsprünge mit der gleichzeitigen Veränderung mehrerer Merkmale, die jedoch aufgrund ihrer mangelnden Zielausrichtung meist problematisch und wenig erfolgversprechend sind.[648] Unter Selektionsdruck werden in den Modellen von komplexen adaptiven Systemen nur diejenigen Veränderungen zugelassen, die zu einer höheren aktuellen Fitness führen.

Bei adaptiven Suchprozessen beeinflusst die Gestalt der Fitnesslandschaft die Chancen für die künftige Überlebensfähigkeit des Systems. Eine einhügelige Fitnesslandschaft verspricht zwar maximale Fitness, ist aber nicht stabil gegenüber Störeinwirkungen, eine schroff zerklüftete Fitnesslandschaft andererseits lässt mit ihren vielen evolutionären ‚Sackgassen' nur eine geringe erreichbare mittlere Fitness erwarten und kann unter ungünstigen Rahmenbedingungen genau wie die einhügelige zur Komplexitätskatastrophe führen. Größte Überlebensfähigkeit verspricht eine korrelierte mehrhügelige, moderat zerklüftete Fitnesslandschaft.[649]

Die interne Kopplungsstruktur eines Agenten hat Einfluss auf die Gestalt seiner Fitnesslandschaft. Je größer die Kopplungsdichte ist, desto mehr und im Durchschnitt niedrigere Hügel weist die zugehörige Fitnesslandschaft auf.[650] Adaptive Systeme entwickeln selbsttätig unter der Einwirkung von Selbstorganisation und Selektion eine lose Kopplungsstruktur, die sie in den komplexen Verhaltensbereich des Chaosrandes manövriert und eine moderat zerklüftete Fitnesslandschaft erzeugt, welche die beste Basis für die weitere Adaptionsfähigkeit des Systems darstellt.[651]

4.6.4 Prinzipien der Kopplung zu koevolutionären Systemen

Koevolution beschreibt die gleichzeitigen adaptiven Wanderungen wechselwirkender Agenten auf der Suche nach individuell optimaler Anpassung an die herrschenden Bedingungen. Sind mehrere adaptive Agenten gekoppelt, hängt der Erfolg bzw. die Fitness jedes einzelnen Agenten auch von den Eigenschaften der Interaktionspartner ab, da diese die herrschenden Bedingungen prägen. Die Adaption eines Agenten kann somit die Fitnesslandschaften der mit ihm verbundenen anderen Agenten deformieren und diese ihrerseits zu neuen Anpassungsleistungen veranlassen. In koevolutionären Kopplungsbeziehungen sind die Fitnesslandschaften der adaptiven

---

[647] Vgl. Kapitel 4.4.2.

[648] Vgl. Kapitel 4.4.2.3.

[649] Vgl. Kapitel 4.4.2.3.

[650] Vgl. Kapitel 4.4.2.4.

[651] Vgl. das Beispiel in Kapitel 4.4.1.

Agenten demnach keine statischen Gebilde, sondern werden dynamisch (adaptive, gekoppelte Fitnesslandschaften).[652]

Die Kopplung der individuellen Fitnesslandschaften erzeugt eine evolutionäre Meta-Dynamik, welche die Koevolution der verbundenen Agenten antreibt.[653] Der adaptiven Wanderung des einzelnen Agenten eröffnen sich dadurch immer neue Wege. Als Ergebnis der verschiedenen Variationen auf Agentenebene entwickelt ein koevolutionäres Gesamtsystem im besten Fall eine große Vielfalt (Varietät, Diversität) unterschiedlicher adaptiver Agenten, die nach Art einer ökologischen Nische an ihre jeweiligen lokalen Interaktionspartner angepasst sind.

Die Empfindlichkeit dieses Gesamtsystems gegenüber Störungen, deren Auswirkungen immer einem Potenzgesetz folgen, hängt von Parametern der Vernetzung in und zwischen den Agenten ab. Während die interne Kopplungsdichte eines Agenten die prinzipielle Gestalt seiner Fitnesslandschaft festlegt, steigt mit der externen Kopplungsdichte im Verhältnis zu anderen adaptiven Agenten der Grad der gegenseitigen Verformbarkeit der Fitnesslandschaften und damit die koevolutionäre Aktivität. Die starke Kopplung von Agenten mit einhügeligen Fitnesslandschaften, die also individuell sich in einer stark geordneten Fitnesslandschaft bewegen, führt zu koevolutionärem Chaos in Form eines unaufhaltsamen Wettrüstens (Red Queen-Effekt). Dagegen lässt die lose Kopplung von chaotischen Agenten mit schroffen, stark zerklüfteten Fitnesslandschaften das koevolutionäre System in einem geordneten Zustand geringer mittlerer Gesamtfitness erstarren (evolutionär stabile Strategie).

Die besten Werte mittlerer Fitness werden in koevolutionären Systemen mit ausgewogenem Verhältnis von internen und externen Kopplungen, im Bereich zwischen Ordnung und Chaos, erreicht. Hier gibt die Dynamisierung der Fitnesslandschaften den einzelnen Agenten auch bei schrittweiser Veränderung neue Impulse zur Adaption (Exploration), die Fitnesslandschaften ändern sich aber nicht zu schnell, so dass in den ruhigeren Phasen die Adaptionsanstrengungen erfolgreich sein können (Exploitation). Koevolutionäre Prozesse in derartigen Systemen am Chaosrand verhelfen Agenten zu höheren Fitnesswerten als die isolierte Evolution dieser Agenten. Die gegenseitige Abhängigkeit im Zusammenwirken mit anderen Agenten nützt in diesem Fall allen Beteiligten und stabilisiert überdies das Gesamtsystem.[654] Wird Agenten in koevolutionären Systemen erlaubt, neben ihren Eigenschaften ebenso die gegenseitigen Vernetzungsstrukturen zu verändern, nähern sie sich auch in diesem Fall selbstorganisiert dem Chaosrand an, wo die Koevolution die besten Ergebnisse erzielen kann.[655]

Das Prinzip der Koevolution lässt sich auch auf die interne Struktur von adaptiven Agenten übertragen. Während die adaptive Wanderung eines Agenten auf permanente Verbesserung festgelegt ist, wird dieses Prinzip aufgebrochen, wenn der Agent intern in Felder (Patches) unterteilt wird, wodurch ein Teil der ursprünglichen epistatischen (internen) Kopplungen dieses großen Agenten zu externen Kopplungen zwischen seinen Patches wird. Die Patches vollführen nun individuell in ihrem Teil der Fitnesslandschaft adaptive Wanderungen. Ein sinnvoller Anpassungsschritt in einem Feld bedeutet aber nicht automatisch die globale Verbesserung des gesamten Agenten, so dass dieses Vorgehen das Gesamtsystem fehlertolerant macht und ihm ähn-

---

652 Vgl. Kapitel 4.5 sowie Kauffman/Johnsen (1992), S. 326 und Stacey (1997), S. 53.

653 Vgl. Kauffman/Johnsen (1992), S. 325.

654 Vgl. Kapitel 4.5.1.

655 Vgl. Kapitel 4.5.2.

lich wie die externe Koevolution die Möglichkeit eröffnet, neue Entwicklungspfade aufzufinden. Dies ist besonders wichtig für Systeme, deren kontinuierlicher Verbesserungsprozess auf einem lokalen Optimum stecken zu bleiben droht.[656]

4.6.5 Allgemeines Modell für die Gestaltung komplexer adaptiver Systeme

Im vorliegenden Kapitel 4 wurde deutlich, dass den charakteristischen Eigenschaften komplexer adaptiver Systeme in den vorgestellten Modellsystemen gezielte Eingriffe in nur wenige Parameter zugrunde liegen. Bei einer Gesamtschau der Eigenschaften komplexer adaptiver Systeme, wie sie in den voranstehenden Teilkapiteln sukzessive entwickelt wurde, konnte gezeigt werden, wie diese Eigenschaften sich emergent aus den entsprechenden Parameterkonstellationen ergeben. Dabei liefert die Komplexitätsforschung als Strukturwissenschaft bei der Ergründung dieser emergenten Eigenschaften vor allem Hinweise auf die Ausgestaltung von Strukturen und Prozessen der Interaktion und Informationsverarbeitung sowie von deren Beteiligten, den Agenten. Ansatzpunkte für die Gestaltung finden sich folglich bei komplexen adaptiven Systemen im Wesentlichen zum einen in Bezug auf die Systemarchitektur zur Ermöglichung bzw. Begrenzung von Interaktions- und Veränderungsprozessen und zum anderen in Bezug auf die konkreten Eigenschaften und Regeln, die für individuelle Agenten in diesen Interaktions- und Veränderungsprozessen gelten. An dieser Stelle soll noch einmal ein Resümee über das Spektrum der hierfür relevanten Parameter bzw. über die damit beschriebenen Gestaltungsobjekte gezogen werden, die im vorliegenden Kapitel identifiziert wurden. Abschließend werden die identifizierten Ansatzpunkte der Gestaltung in einem generischen Modell komplexer adaptiver Systeme zusammengefasst.

Komplexe adaptive Systeme bestehen aus Agenten, die ihrerseits intern strukturiert sind und bestimmte Eigenschaften oder Merkmale wie z.B. Schemata in Form von Verhaltensregeln und Veränderungsregeln und einen inneren Aufbau mit internen (epistatischen) Kopplungen zwischen ihren Merkmalen aufweisen. Der Agentenbegriff lässt sich aufgrund der Selbstähnlichkeit komplexer adaptiver Systeme nicht nur auf elementare Agenten, sondern auch auf ihre Aggregationen verschiedener Stufen und auf komplexe adaptive Systeme selbst anwenden.

Sind die Agenten veränderlich, durchlaufen sie auf Basis ihrer Veränderungsregeln durch beständiges Verbesserungsbestreben eine evolutive Entwicklung, die im Gesamtsystem Diversität von Agenten erzeugen kann und deren Erfolg vom Selektionsmechanismus bzw. der Gestalt der Fitnesslandschaft abhängt, in der sich die Agenten dabei bewegen. Diese Gestalt hängt nicht nur von zufälligen exogenen Faktoren ab, sondern wird maßgeblich vom inneren Aufbau der Agenten beeinflusst.

Durch die externe Vernetzung von Agenten als Elementarbausteinen entstehen größere Systeme, deren informationsbasierte Dynamik unter den Strukturierungsbedingungen des Chaosrandes größtmögliche emergente Komplexität aufweist. Sind die vernetzten Agenten zudem jeweils anpassungsfähig, entstehen unter optimalen Kopplungsbedingungen, bei denen das Verhältnis von internen zu externen Kopplungen eine zentrale Rolle spielt, durch die interdependenten Anpassungsbestrebungen der einzelnen Agenten koevolutive Systeme, ähnlich natürlichen Ökosystemen, deren Mitglieder sich im Verbund bestmöglich entwickeln können. Diese Erkenntnis lässt sich auch intern auf einen Agenten übertragen, indem dieser in Substrukturen

656 Vgl. Kapitel 4.5.3.

oder Patches eingeteilt wird, die sich in lokaler Optimierung koevolutionär entwickeln und dabei dem Agenten neue Entwicklungspfade eröffnen.

Die genannten und in den voranstehenden Kapiteln 4.1 bis 4.5 ausführlich beschriebenen Ansatzpunkte für die Ausgestaltung komplexer adaptiver Systeme betreffen somit nur einige wenige Gegenstände:

- Agenten (abgekürzt AGN)
- Agentenmerkmale (MKM)
- interne Verknüpfungen (INT)
- Verhaltensregeln (VHR)
- Veränderungsregeln (VÄR)
- Diversität (DIV)
- Selektionsmechanismen bzw. Fitnesslandschaften (FIT)
- externe Verknüpfungen (EXT) sowie
- Substrukturen bzw. Patches (PAT)

Für einen kurzen zusammenfassenden Überblick, wie diese neun Gestaltungsobjekte für das gesamte Spektrum der Eigenschaften komplexer adaptiver Systeme ausschlaggebend sind, werden sie nachfolgend in der Tabelle 4.1 noch einmal als Ansatzpunkte der Gestaltung den stichwortartigen Zusammenfassungen der verschiedenen Teilkapitel des vorliegenden Kapitels 4 zugeordnet. Eingehende Erläuterungen zu den dargestellten Zusammenhängen finden sich jeweils dort.

<table>
<tr><td colspan="3">Kapitel 4.1.1.1: Regelbasierte Informationsverarbeitung und Verhaltensdynamik für Selbstordnung</td></tr>
<tr><td>VHR</td><td>• regelbasiertes Verhalten (Schema)</td><td rowspan="2">→ Selbstordnung</td></tr>
<tr><td>MKM</td><td>• Unveränderlichkeit der Agenten</td></tr>
<tr><td colspan="3">Kapitel 4.1.1.2: Strukturdynamik von Agenten für innovative Entwicklung</td></tr>
<tr><td>MKM
INT</td><td>• interne Struktur als Basis verschiedener Eigenschaften</td><td rowspan="2">→ Diversität</td></tr>
<tr><td>VÄR</td><td>• Adaption durch Lernen
• Adaption durch Reproduktionsmechanismen/ Veränderungsregeln</td></tr>
<tr><td colspan="3">Kapitel 4.1.2.2: Allgemeines Modell eines komplexen adaptiven Systems als Aggregation von Agenten</td></tr>
<tr><td>AGN</td><td>• Aggregation/Abgrenzung von Agenten</td><td rowspan="2">→ Schachtelungsprinzip über mehrere Ebenen</td></tr>
<tr><td>MKM
PAT</td><td>• Selbstähnlichkeit</td></tr>
</table>

Tabelle 4.1a: Eigenschaften und zugehörige Gestaltungsobjekte, Teil 1

Kapitel 4.3.1.1: Langtons Topographie zellulärer Automaten		
VHR VÄR	• Korrelation zwischen Zuständen	→ Informationsweitergabe → Informationsspeicherung → Verhaltenskomplexität
Kapitel 4.3.1.2: Kauffmanns NK-Modelle		
DIV	• Verschiedenheit der Schemata/Diversität	→ informationsbasierte Dynamik → Informationsspeicherung → Informationsweitergabe
VHR EXT	• Verknüpfungsdichte/Konnektivität	
DIV VHR EXT	• Gleichzeitige Informationsweitergabe und –speicherung	→ Emergenz von Ordnung → Kohärenz im Wandel
VHR EXT	• geringe Verknüpfungsdichte	
Kapitel 4.3.2.1: Analogievorstellung für den Chaosrand		
VHR	• Konnektivität	→ Verhaltenskomplexität → Informationsverarbeitungskomplexität
VÄR	• Korrelation	
alle	• Chaosrand	→ Balance zwischen Beständigkeit und Beweglichkeit
Kapitel 4.3.2.2: Systemverhalten am Chaosrand: Hebelwirkung und Potenzgesetze		
alle	• Zustand am Chaosrand • kritischer Zustand	→ Hebelwirkung: aus kleinen Anstößen werden große systemweite Veränderungen → Potenzgesetze: häufige kleine, wenige große Veränderungen
Kapitel 4.3.3: Wachstum komplexer adaptiver Systeme		
AGN MKM	• funktionierende Einheiten als Bausteine	→ Wachstum

Tabelle 4.1b: Eigenschaften und zugehörige Gestaltungsobjekte, Teil 2

Kapitel 4.4: Adaption und Evolution von komplexen adaptiven Systemen in statischen Fitnesslandschaften		
MKM VÄR	• Adaptivität der Agenten	→ Hervorbringung neuer Eigenschaften → Adaption → Evolution
FIT	• Bewertungsfunktion	→ Selektion
Kapitel 4.4.1: Adaption an den Chaosrand		
VHR VÄR	• Selbstorganisation	→ systemweite Anpassung → Bewegung an den Chaosrand
FIT	• Selektion	
Kapitel 4.4.2.1: Evolution als Bergsteigen in einer Fitnesslandschaft		
VÄR	• Mutation	→ Evolution mit Fitnessverbesserung
FIT	• Selektion	
MKM	• Anzahl der Agenten-Merkmale	→ Basis des Suchraums → Gestalt des Suchraums
FIT	• Fitnesslandschaft als Bewertungsfunktion	
Kapitel 4.4.2.2: Typen von Fitnesslandschaften		
FIT	• Gestalt der Fitnesslandschaft	→ Korrelation benachbarter Fitnesswerte
Kapitel 4.4.2.3: Adaptionserfolg und Komplexitätskatastrophen		
FIT	• Gestalt der Fitnesslandschaft	→ Adaptionserfolg
VÄR	• Verbesserung schrittweise	→ Exploitation
	• Veränderung durch Weitsprung	→ Exploration
MKM	• Anzahl der Agenten-Merkmale (N)	→ Mutationsrate
MKM VÄR FIT	• hohe Mutationsraten, extreme Landschaftsformen, Weitsprünge	→ Komplexitätskatastrophen

Tabelle 4.1c: Eigenschaften und zugehörige Gestaltungsobjekte, Teil 3

Kapitel 4.4.2.4: Zusammenhang zwischen Agentenstrukturen und Typen von Fitnesslandschaften		
INT	• interne Kopplungsstruktur (Anzahl epistatischer Kopplungen K)	→ Gestalt der Fitnesslandschaft
	• K = 0	→ einhügelige Landschaft
	• K = N	→ schroff zerklüftete Landschaft, Zufallslandschaft
	• K ≈ 2	→ moderat zerklüftete Landschaft
Kapitel 4.5.1.2: Dynamik koevolutionärer Kopplungen: Red Queen-Effekt und evolutionär stabile Strategien		
EXT	• Koevolutionäre Kopplungen	→ dynamische Fitnesslandschaften → Befreiung aus Sackgassen → Red Queen-Effekt (Wettrüsten) → evolutionär stabile Strategie (Blockierung)
Kapitel 4.5.1.3: Modellierung gekoppelter Fitnesslandschaften		
INT EXT	• Kopplung einhügeliger Fitnesslandschaften	→ Red Queen-Effekt (Wettrüsten)
	• Kopplung stark zerklüfteter Fitnesslandschaften	→ ESS (Sackgassen, Blockierung)
	• Kopplung moderat zerklüfteter Fitnesslandschaften	→ Exploration und Exploitation auch bei rein schrittweiser Veränderung
	• Ausbalancierung interner und externer Kopplungen, Abstimmung von K (interne Kopplungen), C (externe Kopplungen pro Partner) und S (Anzahl Partner)	→ Balance von Exploitation und Exploration → Sicherstellung weiterer Entwicklung

Tabelle 4.1d: Eigenschaften und zugehörige Gestaltungsobjekte, Teil 4

Kapitel 4.5.2: Evolution der Koevolution		
VÄR	• lokale, subjektive Optimierung jedes Agenten	→ koevolutionäres System am Chosrand
INT EXT	• individuelle Abstimmung interner/externer Beziehungen	
	• (Öko-)System am Chaosrand	→ größte mittlere Fitness, Schutz des gesamten (Öko-)Systems
Kapitel 4.5.3: Internalisierung der Koevolution		
PAT	• Patching	→ Fehlertoleranz des Gesamtsystems
INT PAT	• Feldgröße abgestimmt auf interne Kopplungen	→ Bewältigung konfliktärer Randbedingungen → Befreiung aus Sackgassen auch in statischen Fitnesslandschaften
VÄR PAT	• inkrementaler Veränderungsmechanismus bei Patching	→ Exploitation und Exploration auch bei statischen Fitnesslandschaften

Tabelle 4.1e: Eigenschaften und zugehörige Gestaltungsobjekte, Teil 5

Abschließend veranschaulicht die Abbildung 4.10 die identifizierten Ansatzpunkte für die Gestaltung komplexer adaptiver Systeme in einem generischen Modell. Ihm liegen die in Abbildung 4.1 und Abbildung 4.2 entworfenen Modellvorstellungen zugrunde, die den grundsätzlichen Aufbau eines allgemeinen adaptiven Agenten bzw. eines komplexen adaptiven Systems darstellen. Aufgrund der Selbstähnlichkeits-Eigenschaft und der Schachtelstruktur komplexer adaptiver Systeme, von der in der Abbildung 4.10 drei Ebenen dargestellt werden, ist die Bezeichnung interner bzw. externer Verknüpfungen dabei nicht eindeutig, sondern von der Betrachtungsebene abhängig, weshalb diese Ansatzpunkte der Gestaltung jeweils sowohl aus Perspektive eines elementaren Agenten als auch aus Perspektive des gesamten komplexen adaptiven Systems gezeigt werden. Die gleiche Problematik trifft die Bezeichnung von Agentenaggregationen, die aus der Sicht eines einzelnen Agenten Meta-Agenten oder -Strukturen darstellen, aus der Sicht des komplexen adaptiven Systems als größtem dargestellten Agenten dagegen Substrukturen oder Patches sind.

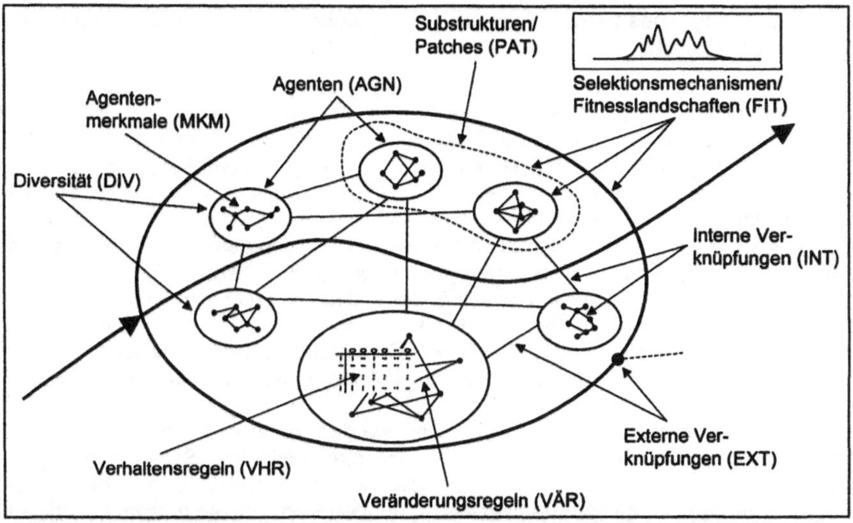

Abbildung 4.10: Generisches Modell für die Gestaltung komplexer adaptiver Systeme
Quelle: eigene Darstellung

Das generische Modell in Abbildung 4.10 zeigt die Gesamtheit der Eingriffs- und Gestaltungsmöglichkeiten, welche für die emergenten Eigenschaften eines komplexen adaptiven Systems ausschlaggebend sind. Die Ausführungen des vorliegenden Kapitels haben gezeigt, dass dabei grundsätzlich zwei Arten von Emergenz zu unterscheiden sind, für die jeweils unterschiedliche Gestaltungsparameter von zentraler Bedeutung sind: Zum einen kann Emergenz im Sinne einer effizienten Selbstordnung in gegebenen Grenzen verstanden werden[657], zum anderen kann der Emergenzbegriff auch die Entstehung vollkommen neuer Aspekte im Sinne einer evolutiven Entwicklung beinhalten[658].

Emergenz im Sinne von Selbstordnung in gegebenen Grenzen zeigen z.B. die in Kapitel 4.1.1.1 vorgestellten Boids, welche sich situativ an immer neue Gegebenheiten anpassen und sich neu anordnen können. Diese Art von Emergenz beruht rein auf der informations- oder regelbasierten Verhaltensdynamik von Agenten und bedarf keiner Agenten, die sich selbst verändern können, wie in Kapitel 4.3 gezeigt wurde. Unter den Bedingungen des Chaosrandes erlangen derartige Systeme die größtmögliche Informationsverarbeitungskapazität und Verhaltenskomplexität. Ihr Verhaltensspektrum ist jedoch aufgrund der Unveränderlichkeit der Agenten prinzipiell beschränkt. So können bspw. die genannten Boids auf unvorhersehbare Hindernisse reagieren, der Schwarm ordnet sich aber stets zu typischen Clustern an und kann keine gänzlich andere Form annehmen. Diese Art der Emergenz als Selbstordnung hängt von der Definition der Agenten (AGN) und deren Kopplung (EXT) ab sowie von den Verhaltensregeln (VHR) der Agenten und der Homogenität bzw. Diversität (DIV) der Regeln, nach denen sich die verschiedenen Agenten verhalten.[659] Um Selbstordnung als emergente Eigenschaft auf Systemebene zu erzeugen, ist somit lediglich

[657] Vgl. Kapitel 4.1.1.1.
[658] Vgl. Kapitel 4.1.1.2.
[659] Vgl. Kapitel 4.3.

die Abstimmung eines kleinen Teils der Gestaltungsparameter komplexer adaptiver Systeme erforderlich.

Emergenz im Sinne von Evolution beruht dagegen auf veränderlichen Agenten. Derart verstandene Emergenz umfasst die Möglichkeit zur Selbstordnung, geht aber darüber hinaus und ermöglicht auch innovative Entwicklungen. Dies erfordert Veränderungsregeln (VÄR) für die Agenten, die nicht nur ihr Verhalten, sondern ihre Merkmale (MKM) im weitesten Sinne verändern können, um sich an Fitnesslandschaften anzupassen. Diese Fitnesslandschaften (FIT) können vorgegeben sein, die grundsätzliche Struktur einer Fitnesslandschaft wird jedoch durch die Merkmale des betreffenden Agenten und die internen Kopplungen (INT) zwischen diesen Merkmalen geprägt.[660] Dynamisch wird eine Fitnesslandschaft durch koevolutive externe Kopplungen (EXT) eines Agenten, deren Größenordnung sich an den internen Kopplungen orientieren sollte, um das System am Chaosrand zu halten. Diversität muss in diesem Fall nicht gestaltet werden, sondern entsteht durch die individuellen Adaptionsprozesse der verschiedenen Agenten.
Innovative Entwicklungen auf Systemebene werden zusammenfassend von einer größeren Anzahl an Gestaltungsparametern komplexer adaptiver Systeme getragen, unter denen die Merkmale und ihre Veränderungsregeln sowie die Anzahl interner und externer Kopplungen an erster Stelle zu nennen sind. Um die Innovationseffekte der Koevolution auch für einen einzelnen Agenten nutzen zu können, bietet sich die Bildung von internen Substrukturen (PAT) an, die miteinander koevolvieren.[661]

Komplexe adaptive Systeme kombinieren im besten Fall die beiden Arten der Emergenz und sind aufgrund ihrer Selbstordnungsfähigkeit gegenüber einer großen Bandbreite von Rahmenbedingungen robust, können sich aber auch aufgrund ihrer Evolutionsfähigkeit innovativ weiterentwickeln. In realen komplexen adaptiven Systemen, insbesondere in den aus der biologischen Evolution entstandenen, werden die entsprechenden Gestaltungsparameter offenbar von den Agenten selbsttätig dergestalt verändert, dass das gesamte System an den Chaosrand manövriert wird, wo es bestmögliche Überlebensaussichten hat.

Im vorliegenden Kapitel wurde dargestellt, wie einfachste Modellsysteme mit abstrakten Agenten und nur zwei Strukturierungsebenen durch gezielte Experimente und Eingriffe in diese Objekte ebenfalls in diesen Zustand versetzt werden können. Inwieweit sich diese Erkenntnisse auch auf reale Systeme außerhalb der Biologie und insbesondere auf Unternehmen anwenden lassen, bleibt im nachfolgenden Kapitel zu untersuchen.

---

660 Vgl. Kapitel 4.4.

661 Vgl. Kapitel 4.5.

5 Übertragungen der Gestaltungsprinzipien komplexer adaptiver Systeme auf Unternehmen

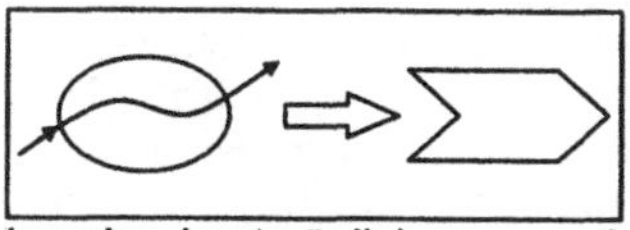

Wie in Kapitel 4 gezeigt wurde, bewerkstelligen es die im Fokus der neueren Komplexitätsforschung stehenden komplexen adaptiven Systeme offenbar immer wieder, externe und interne Veränderungsimpulse bestmöglich zu verarbeiten und bei ihrer Evolution eine Balance zwischen Bewahren und Bewegen aufrechtzuerhalten, die ihre Kohärenz als System gewährleistet. Ohne zentrale Steuerungsinstanz, aber mit großer Autonomie der interagierenden Untereinheiten sind sie in der Lage, Zerstörung abzuwehren und zu ‚überleben', indem sie selbstorganisiert immer neue emergente Ordnungen in Verhalten oder Strukturen hervorbringen und sich damit selber im Einklang mit ihrem Umfeld wandeln.
Überlebens- und Wandlungsfähigkeit wurden in Kapitel 2.3 auch für Unternehmen, die sich in hochdynamischen Umfeldern bewegen, als fundamentale Quellen nachhaltigen Erfolgs identifiziert. Aus dieser Kongruenz der globalen Eigenschaften von komplexen adaptiven Systemen auf der einen Seite und der notwendigen Eigenschaften von Unternehmen im Wandel auf der anderen Seite ergibt sich die Frage, ob und inwiefern sich die Erkenntnisse der Komplexitätsforschung zu den Gestaltungsprinzipien komplexer adaptiver Systeme, wie sie zusammenfassend in Kapitel 4.6 dargestellt wurden, auch auf Unternehmen anwenden lassen, um diese wandlungsfähig zu machen. Diese Frage wurde als zweite Forschungsfrage der vorliegenden Arbeit formuliert, und in Kapitel 2.4.2 wurde gezeigt, dass sich an eine derartige interdisziplinäre Übertragung vielfältige Erwartungen knüpfen.

Seit geraumer Zeit schon werden systemische Modelle auch auf Unternehmen angewendet. Zu den Systemarten, die als Fundamente der Komplexitätsforschung im Kapitel 3 vorgestellt wurden – gleichgewichtige, chaotische, fraktale und dissipative Systeme – lassen sich, wie in den Kapiteln 3.1.5, 3.2.4 und 3.3.5 skizziert, Ähnlichkeiten zu Modellen und Konzepten in der Theorie und Praxis der Unternehmensführung feststellen, die jedoch angesichts hochdynamischer Marktbedingungen aus den genannten Gründen offenbar zu kurz greifen.
Die Komplexitätsforschung bietet nun erstmals ein Erklärungs- und Gestaltungsmodell für Systeme an, die der äußeren Dynamik adäquates Verhalten entgegenstellen können. Zentrale Erkenntnis bei der Erforschung dieser komplexen adaptiven Systeme ist, dass deren hochkomplexe Verhaltensweisen und innovative Weiterentwicklungen nicht auf entsprechend hochkomplexen zentralen Steuerungsmechanismen, sondern auf ganz einfachen zugrunde liegenden dezentralen Funktionsprinzipien beruhen, die wie in Kapitel 4.6 gezeigt mit einigen wenigen Gestaltungsparametern definiert werden können und bei denen die Vernetzung eine zentrale Rolle spielt.

Einige der Erkenntnisse aus der Komplexitätsforschung erscheinen in der Übertragung auf Unternehmen zunächst nicht neu.[662] Die Integration verschiedenster vertrauter und neuer Ansätze der betriebswirtschaftlichen Forschung jedoch, den die Komplexitätsforschung als Struktur- oder Metawissenschaft leisten sollte, könnte ein neues und in sich stimmiges Bild von Unternehmensdynamik und -wandel schaffen,

[662] Vgl. McKelvey (1997), S. 373, Cohen (1999), S. 374f. sowie die detaillierten Ausführungen hierzu in Kapitel 5.2. Stüttgen attestiert bspw. den Komplexitätswissenschaften gute Anschlussfähigkeit an die systemorientierte Managementlehre, vgl. Stüttgen (1999), S. 56ff.

das die Fragmentierung und Inkompatibilität der bestehenden Forschungsansätze zu überwinden hilft und den Weg zu theoretisch fundierten Gestaltungshinweisen ebnet.

Die Erkenntnisse der Komplexitätsforschung können jedoch nicht unbesehen auf soziale oder soziotechnische Systeme übertragen werden, die sich in vielerlei Hinsicht von den in Kapitel 4 vorgestellten Computermodellen unterscheiden. Kapitel 5.1 beschäftigt sich deshalb zunächst mit den Möglichkeiten und Grenzen des interdisziplinären Transfers und stellt auch einige allgemeine, metaphorische Übertragungen der Grundsätze komplexer adaptiver Systeme auf Unternehmen dar. In diesem Zusammenhang ist darauf hinzuweisen, dass auch die Erkenntnisse der Komplexitätsforschung nicht sämtlich revolutionär und neu sind. Sie finden sich, wenn auch nicht in der Gesamtheit und mit dem erst durch die Komplexitätsforschung ermöglichten integrativen Gestaltungswissen, in Teilen bereits in früheren Ansätzen der Unternehmensforschung. In Kapitel 5.2 erfolgt daher auch eine Bestandsaufnahme bestehender derartiger, von der Komplexitätsforschung unabhängiger, aber zu deren Erkenntnissen z.T. ähnlicherAnsätze.

Eine ganzheitliche Perspektive eröffnet Kapitel 5.3, in dem für die Systematisierung detaillierterer Transferansätze ein Ordnungsrahmen entworfen wird, der auch sämtliche in Kapitel 4.6.5 vorgestellten Gestaltungsmöglichkeiten komplexer adaptiver Systeme erfasst. In diesen Rahmen werden dann vorhandene Transferansätze eingeordnet und in Bezug auf ihre Transferleistung sowie ihre Eignung für eine Anwendung im wandlungsfähigen Unternehmen bewertet.

5.1 Möglichkeiten und Grenzen des interdisziplinären Transfers

Das vorliegende Kapitel beschäftigt sich mit der Frage, welche Formen die interdisziplinäre Übertragung von Erkenntnissen im Allgemeinen und speziell aus der Komplexitäts- in die Unternehmensforschung annehmen kann. Insbesondere für den Transfer der Gestaltungsprinzipien komplexer adaptiver Systeme wird diskutiert, welches Potential er bietet und welchen Restriktionen er unterliegt.

5.1.1 Arten interdisziplinären Transfers

Das Spektrum von Möglichkeiten des Erkenntnistransfers zwischen Disziplinen reicht nach BEER mit aufsteigendem Abstraktions- und Ähnlichkeitsgrad von metaphorischer über analoge bis hin zu isomorpher Übertragung:[663]
Metaphorische Vergleiche stellen eher oberflächliche, augenfällige Ähnlichkeiten zwischen den Objekten verschiedener Wissenschaften fest, die sich damit zwar der wissenschaftlichen Validierung oftmals entziehen, dennoch aber u.U. wertvolle Anregungen liefern.
Analogien befinden sich demgegenüber auf einer präziseren Vergleichsebene. Hier werden zwischen den Betrachtungsobjekten in Bezug auf die Analogie übereinstimmende und nicht übereinstimmende Merkmale unterschieden. Damit wird der Vergleich einer wissenschaftlichen Auseinandersetzung zugänglich gemacht. In diesem Sinne gibt es aufgrund der explizit enthaltenen Umfangsbegrenzung oder Gültigkeitseinschränkung auch keine falschen Analogien. „Analogien dienen dazu, in den

[663] Zu den folgenden Erläuterungen allgemeiner interdisziplinärer Vergleiche vgl. Beer (1966), S. 111ff., Scheurer (1997a), S. 246ff. sowie Oeser (1990), S. 25.

Zielwissenschaften bestimmte Phänomene begrifflich zu fassen und die Zielwissenschaft für neue Problemlösungen zu sensibilisieren."[664]
Bei einer Isomorphie-Ähnlichkeitsbeziehung ist dagegen die direkte Transfermöglichkeit unbestritten. Isomorphie liegt nur dann vor, wenn es in beiden Disziplinen funktional identische abstrakte Modelle gibt, deren Elemente und Beziehungen in eineindeutiger Weise aufeinander abgebildet werden können. Allerdings leiden die Aussagekraft und die praktische Verwertbarkeit von Isomorphie-Vergleichen zumeist unter dem hierfür notwendigen hohen Abstraktionsgrad.
Die meisten der vorliegenden Transferansätze der Komplexitätswissenschaft auf Unternehmen bewegen sich auf Ebene der Metapher oder der Analogie.

Begriffe wie bspw. Chaosrand, Gleichgewichtsferne, Emergenz und Fitnesslandschaften laden zu metaphorischen Vergleichen ein, die auf einer oberflächlichen Argumentationsebene Eigenschaften komplexer adaptiver Systeme auf Unternehmen übertragen.[665] Dieses auch als ‚weiche' Komplexitätsforschung bezeichnete Vorgehen reduziert sich auf eine vielfach unwissenschaftliche und schlagwortartige Übertragung assoziationsträchtiger Begriffe aus der Komplexitätsforschung in die populäre Managementliteratur, die trotz dieser offenkundigen Schwäche auf dem Weg zu einer neuen Sichtweise von Unternehmenssystemen durchaus einen Beitrag zu leisten vermag, allerdings noch kein fundiertes Gestaltungswissen vermitteln kann.[666]

Der Analogietransfer dagegen setzt ein tieferes Verständnis voraus. Anstatt oberflächlich einzelne Attribute zu vergleichen, muss er auf eine Übertragung auch der im ursprünglichen Modell wirksamen Mechanismen und Relationen zielen, wie bspw. die Identifikation von Selbstorganisationsprozessen als Ursache für die Entstehung emergenter Phänomene. Dabei können Eigenschaften der Computermodelle nicht direkt auf Unternehmen übertragen, sondern müssen vielmehr interpretiert und operationalisiert werden.[667]

Schließlich ist zur Isomorphie anzumerken, dass zwar die Ergebnisse der Komplexitätsforschung bereits in recht abstrakter Form vorliegen, ihre Übertragung auf Unternehmen muss jedoch deren speziellen Eigenschaften gerecht werden, so dass der Wert eines Isomorphie-Vergleichs fraglich ist.[668] ‚Harte' Komplexitätsforschung in diesem abstrakten Sinn ist auf der Suche nach einer „Theory of everything"[669], welche letztlich die Vielfalt komplexer Phänomene auf eine überschaubare Anzahl von Grundgleichungen und -gesetzen zurückführen soll.[670] Der Nutzen dieses auch als reduktionistische Komplexitätswissenschaft betitelten Forschungszweigs für die Managementforschung muss jedoch bezweifelt werden: „If, indeed, such fundamental principles do exist, they will likely be so abstract as to render them practically useless in the world of organizational management."[671]

---

664 Scheurer (1997a), S. 247.

665 Vgl. Stacey/Griffin/Shaw (2000), S. 201.

666 Vgl. Richardson/Cilliers (2001), S. 6ff.

667 Vgl. Stacey/Griffin/Shaw (2000), S. 202f.

668 Vgl. bspw. Stacey (2001), S. 70f.

669 Vgl. hierzu auch Green/Newth (2001).

670 Vgl. Richardson/Cilliers (2001), S. 5ff.

671 Richardson/Cilliers (2001), S. 6.

Für die Entwicklung fundierter Gestaltungsempfehlungen für wandlungsfähige Unternehmen auf der Grundlage der Komplexitätsforschung kommt somit nur der Analogietransfer infrage.

5.1.2 Potentiale und Grenzen des interdisziplinären Transfers von Komplexitätsforschung auf Unternehmen

Für verschiedene Eigenschaften komplexer adaptiver Systeme und Mechanismen, die in ihnen wirksam werden, gibt es bereits Entsprechungen in unterschiedlichen Anwendungsfeldern der wirtschaftswissenschaftlichen Forschung und Praxis, wie das nachfolgende Teilkapitel eingehender aufzeigen wird. Dies weist darauf hin, dass auch analoger Transfer prinzipiell durchaus möglich ist und in Details bereits erforscht und betrieben wird.

Neu an den Ergebnissen der Komplexitätsforschung sind somit häufig weniger einzelne Aspekte oder Attribute komplexer adaptiver Systeme, die auch auf Unternehmen anwendbar sind, sondern vielmehr deren Integration zusammen mit einer radikal veränderten Sichtweise. Diese neue Sichtweise impliziert erstens einen Mehrebenenansatz[672], bei dem komplexe Eigenschaften höherer Aggregationsebenen sich emergent aus den einfachen Interaktionen ihrer Systembestandteile oder Agenten auf niedrigeren Ebenen ergeben, wobei aus Perspektive der Agenten eine systemübergreifende Umwälzung auf denselben Interaktionen beruht wie eine vernachlässigbare minimale Änderung. Zweitens überwindet die neue Sichtweise mit dem Koevolutionsansatz traditionelle Betrachtungs- bzw. Systemgrenzen. Dadurch kann ein völlig neues Systemverständnis entstehen, welches zugleich den Blick für ein Spektrum neuer Handlungsmöglichkeiten eröffnet.[673]

Mit den Erkenntnissen der Komplexitätsforschung werden bspw. für Phänomene, die bisher vornehmlich auf der Beschreibungsebene registriert wurden, wie die Langlebigkeit mancher Unternehmen, Adam SMITHS ‚invisible hand', die Erschütterung von Unternehmen oder ganzen Wirtschaftssystemen in Lawinen kreativer SCHUMPETERscher Zerstörung, oder auch die organisationale Trägheit gegenüber Veränderungen im Wechsel mit Schüben größerer Umwälzungen nach Art eines unterbrochenen Gleichgewichts (‚punctuated equlibrium') nun zunehmend umfassende theoretische Erklärungsansätze und damit fundiertere Gestaltungshinweise zugänglich.
Auch die Wandlungsfähigkeit von Unternehmen soll mit Hilfe dieser Erkenntnisse unter einem neuen Blickwinkel betrachtet werden. Dabei ist sorgfältig zu untersuchen, inwieweit aus der stark naturwissenschaftlich geprägten Komplexitätsforschung Schlussfolgerungen auch für Management- und Organisationskonzepte gezogen werden dürfen.[674]

Viele der Ergebnisse der Komplexitätsforschung basieren, wie auch in Kapitel 4 gezeigt wurde, auf Computerexperimenten. Bei deren Übertragung müssen wesentliche Unterschiede zwischen den realen Unternehmenssystemen und den abstrakten Modellsystemen berücksichtigt werden:
Im Gegensatz zu den Agenten der Computerexperimente gehorchen bspw. die Angehörigen von Unternehmen nicht lediglich Funktionsprinzipien oder Verhaltensregeln, sondern werden auch von Kräften wie Emotionen, Neugier, Angst, Machtstre-

---

[672] Vgl. Anderson (1999), S. 219f. und Kappelhoff (2002), S. 61.

[673] Vgl. Pascale (1999), S. 86 und Anderson (1999), S. 220.

[674] Vgl. hierzu Kappelhoff (2002), S. 67ff.

ben oder Individualismus angetrieben. Diese realen Agenten nehmen ihre Umwelt zudem vielfach auch über ihre direkten Interaktionspartner hinaus wahr.[675]
Ein weiterer wesentlicher Unterschied besteht in der Tatsache, dass soziale Systeme und ihre Mitglieder nicht ‚blind' nach Art eines Stimulus-Response-Modells ihren Verhaltensschemata folgen, sondern absichtsvolle Handlungen vollziehen, indem sie die Konsequenzen ihrer Handlungen oder neu entstehenden Selektionsdruck vor dem Hintergrund ihrer bisherigen Erfahrungen zu antizipieren versuchen.[676] Die Erforschung der Wechselwirkungen von Selbstorganisationsprozessen, Selektion und rationalen Entscheidungsprozessen steht noch aus.[677]
Die Art der Selektion und damit zusammenhängend die Interpretation des Begriffs ‚Fitness' in Bezug auf Unternehmen oder ihre einzelnen Subsysteme, der sich in den Modellbetrachtungen auf zufällige abstrakte Zahlenwerte reduzieren lässt, ist für reale Organisationen noch weitgehend ungeklärt.[678] Ebenso entstehen hier Variationen jeglicher Art zumeist nicht als zufällige Mutationen, sondern sind Ergebnis intentionaler Aktionen, deren Resultate zwar nicht voraussehbar, jedoch seitens der Akteure mit gewissen Erwartungen verknüpft sind.[679] Unternehmen und ihre Einheiten können sich dabei innerhalb derselben Generation vielfach verändern[680], und die Veränderungen sämtlicher Agenten in einem System geschehen in der Regel nicht synchron[681].
Reale Variationen sind dabei nicht wie in den Computerexperimenten auf Verbesserungen begrenzt, durch die zudem in den abstrakten Systemen keine zusätzlichen Kosten entstehen,[682] und die Zeiträume, in denen reale Variationen ihre Wirkung entfalten, sind ungleich länger als bei den agentenbasierten Simulationsmodellen.

Stimmen gegen die Übertragbarkeit von Erkenntnissen der Komplexitätsforschung auf Unternehmen richten sich denn auch gegen die vermeintlich zu simple Architektur computergestützter Systeme, die weit entfernt von der Unternehmensrealität angesiedelt sei.[683] Andererseits werden stark idealisierte und abstrakte Modelle jedoch auch als Chance angesehen, die herrschende Paradigmenvielfalt zu überwinden, zu neuen Grundeinsichten zu gelangen und zur Theoriebildung beizutragen.[684] Gerade weil die Erkenntnisse der Komplexitätsforschung sich für metaphorische Übertragun-

---

[675] Vgl. Stacey (1997), S. 79ff. und McKelvey (1997), S. 375.

[676] Vgl. bspw. Holland (1988), S. 119, Goodwin (2000), S. 46 oder Madhok/Phene (2001), S. 249.

[677] Vgl. McKelvey (2001), S. 153f.

[678] Vgl. bspw. Weibler/Deeg (1999), S. 305 oder Kappelhoff (2000b), S. 380f.

[679] Vgl. Lewin/Regine (1999), S. 198 oder Barnett/Hansen (1996), S. 139.

[680] Vgl. Oliver/Roos (2000), S. 29.

[681] Vgl. Lomi/Larsen (1999), S. 275.

[682] Vgl. Levinthal (1997), S. 938.

[683] So moniert Haeckel, dass die Unternehmensbeispiele für emergente Strategien bspw. bei VISA zumeist aus Organisationen stammen, die zum einen nur sehr wenig vertikale Kommunikation erfordern und damit keine echten Mehrebenensysteme darstellen, und bei denen zum anderen die einzelnen Untereinheiten nur ein sehr begrenztes Funktionsspektrum erfüllen können, vgl. Haeckel (1999), S. 47. Anderson (1999), S. 224f. warnt davor, sich bei der Übertragung zu eng an die Metapher der adaptiven Landschaften zu halten, da die Unternehmensrealität eine viel größere Zahl widerstreitender Randbedingungen aufweise, als sich in einer ein- oder zweidimensionalen Fitnesskennzahl ausdrücken ließe.

[684] Vgl. McKelvey (1997), S. 363ff., Carley/Gasser (1999), S. 306 mit einem Überblick über verschiedene Modellierungsansätze oder Kappelhoff (2000b), S. 383.

gen bestens eignen, muss eine ernsthaftere wissenschaftliche Auseinandersetzung auf der Modellebene stattfinden, um fundierte Einsichten entwickeln zu können.[685]

Wie radikal diese neuen Einsichten anwendbar sind, ist ebenso zu hinterfragen. Die konsequente Verlagerung jeglicher Aktion auf Ebene der Agenten in komplexen adaptiven Systemen, bei der keinerlei zentrale Eingriffs- oder Lenkungsmöglichkeit mehr besteht, wird bei der Übertragung auf Unternehmen abgelehnt. Explizites Systemdesign, um gezielt gewünschte Emergenzeigenschaften hervorzubringen, muss aber in den meisten Fällen ebenso ausgeschlossen werden.[686] Das Management kann aus dem Blickwinkel der Komplexitätsforschung kein objektiver Analyst und Gestalter des Gesamtsystems mehr sein, sondern ist als Agent mit beschränktem Überblick lediglich einer unter vielen Teilnehmern des Geschehens (dieser Umstand wird allgemein als Beobachterproblem bezeichnet).[687]

Ansätze des Analogietransfers werden die beschriebenen Limitationen berücksichtigen und ihre Handlungsempfehlungen entsprechend anpassen, während Ansätze des metaphorischen Transfers in der Regel diese Einschränkungen nicht reflektieren.

5.1.3 Metaphorische Übertragungen der Komplexitätsforschung

Bei der metaphorischen Übertragung werden lediglich in einzelnen Attributen komplexer adaptiver Systeme Parallelen zu Unternehmen gezogen und einer zumeist oberflächlichen Deutung zugeführt. So kritisiert bspw. KAPPELHOFF in Bezug auf Übertragungen im strategischen Management: „Es wird eine semantische Wahlverwandtschaft zwischen der eigenen Theoriesprache und der Begrifflichkeit der Komplexitätstheorie entdeckt, die sich allein auf assoziative Verknüpfungen beschränkt, ohne den jeweiligen Theoriekontext genauer zu berücksichtigen."[688] Dabei wird z.B. das Konzept der Fitnesslandschaft als Strategielandschaft oder als Wissenslandschaft[689] übertragen, oder es wird argumentiert, Unternehmen seien grundsätzlich aufgrund einer großen Zahl von Agenten (Organisationseinheiten oder Unternehmensmitglieder) sowie der Interaktionsregeln zwischen ihnen komplexe adaptive Systeme, weshalb sie zu entsprechendem Verhalten in der Lage seien.[690]

Eine zentrale und im Zusammenhang mit Unternehmen zunächst paradox anmutende Erkenntnis bezüglich dieses Verhaltens ist, wie vorangehend dargelegt wurde, die Feststellung, dass Gleichgewicht bzw. Stabilität keinesfalls Zustände sind, die den Fortbestand des betreffenden komplexen adaptiven Systems garantieren und daher erstrebenswert sind, sondern im Gegenteil das Überleben des Systems gefährden

---

685 „If a science is not centered around (preferably) formalized computational or mathematical models, it has little chance of being effective or adequate [...] This message tells us very clearly that in order for an organizational complexity science to avoid faddism and scientific discredit, it must become model-centered." (McKelvey (1999b), S. 25)

686 Vgl. Green/Newth (2001), S. 3 und Clark (1999), S. 48.

687 Vgl. Stacey/Griffin/Shaw (2000) S. 205-206 sowie Goodwin (2000), S. 46. Viele der nachfolgend in Kapitel 5.3 dargestellten Übertragungsansätze kombinieren daher gestalterische Eingriffe seitens einer Führungsebene mit Phasen selbstorganisierter Agenteninteraktion, um die Entstehung emergenter Eigenschaften einerseits überhaupt zu ermöglichen und andererseits zugleich zu lenken.

688 Kappelhoff (2000b), S. 351, vgl. ähnlich auch Fuller/Moran (2001), S. 51 oder Stacey/Griffin/Shaw (2000), S. 154ff.

689 Vgl. hierzu bspw. Oliver/Roos (2000), S. 34ff. oder Servatius (2000), S. 232ff.

690 Vgl. bspw. Baskin (2000), S. 36.

können, da dieses im Gleichgewicht träge und unfähig wird, angesichts neuer Herausforderungen angemessen zu agieren und sich zu wandeln.[691] Zwischen derartig gefährlicher Stabilität und ebenso zerstörerischer vollkommener Instabilität befindet sich mit dem ‚Rand des Chaos' eine Zone der permanenten emergenten Erneuerung, der auch bestmöglicher Ausgangspunkt für jegliche Weiterentwicklung ist. Insbesondere dieser Begriff hat als Metapher mit den ihm anhaftenden Assoziationen von Kreativität, Innovationskraft und Überlebensfähigkeit Eingang in diverse Publikationen auch der Management- und Organisationsforschung gefunden.[692]

Unternehmen erreichen diese Neuerungszone jedoch nicht automatisch, sondern müssen dorthin manövriert werden. Obwohl auch die metaphorischen Übertragungsansätze zugestehen, dass eine gezielte Steuerung komplexer adaptiver Systeme grundsätzlich nicht möglich ist, gibt es doch Vorstellungen, wie die Rahmenbedingungen der selbstorganisierten Entwicklung von Unternehmen hin zum Chaosrand aussehen könnten und welche Führungsaufgaben dabei zu leisten sind. Dabei wird in Übereinstimmung mit den Ergebnissen der naturwissenschaftlichen Komplexitätsforschung immer wieder betont, dass der Fokus bei Unternehmen, die Strategien am Chaosrand verfolgen, nicht auf konventionell verstandener Effizienzsteigerung oder Optimierung liegen kann, sondern auf Flexibilität, Adaption unter fortlaufendem Wandel und Evolution im Zeitverlauf im Sinne einer kontinuierlichen Neuerfindung.[693]

Die metaphorischen Ansätze zeigen sich zumeist sehr optimistisch in Bezug auf die positiven Effekte von Autonomie und Selbstorganisation, die ohne viel Zutun einer Führungsfunktion das Unternehmenssystem in den gewünschten Neuerungszustand treiben sollen. Eine erste Hürde besteht jedoch dabei bereits in der Identifikation des Chaosrandes bzw. der Komplexität des gegenwärtigen Zustands einer Organisation und ihres Umfelds.[694]
Während das Urteil, in welchem Regime sich ein System befindet, bei den in Kapitel 4 vorgestellten Computerexperimenten immer ex post vorgenommen wird und vornehmlich an Aspekten von Vernetzungsstrukturen und Diversität der Agenten festgemacht werden kann, ist dieses Urteil bei ungleich vielschichtigeren Unternehmen einerseits sicherlich von einer größeren Zahl von Parametern abhängig, müsste jedoch andererseits situativ ad hoc fällbar sein, um von Nutzen zu sein. BROWN und EISENHARDT bieten hierfür eine Reihe von Checklisten an, die allerdings eher plakativen Charakter haben.[695] Auch die Hinweise, wie diese Neuerungszone für Unternehmen zu erreichen sei, und weitere ‚Lehren' aus der Komplexitätsforschung fallen in den metaphorischen Übertragungsansätzen zumeist ebenso pauschal wie vage aus, wie auch die folgende weitere exemplarische Auswahl belegt.

Metaphorische Interpretationen der Komplexitätsforschung weisen unter anderem darauf hin,

- dass die gezielte Steuerung von Unternehmen unmöglich ist und emergente Lösungen evolviert anstatt geplant werden müssen[696] und

[691] Vgl. Youngblood (1997), S. 10 oder Pascale (1999), S. 86.

[692] Vgl. bspw. Dubinskas (1994), Beinhocker (1997), Stacey (1997), Youngblood (1997), Brown/Eisenhardt (1998), Conner (1998), Pascale (1999) oder Pascale/Millemann/Gioja (2000), die jeweils diesen Begriff sogar explizit im Titel tragen.

[693] Vgl. bspw. Brown/Eisenhardt (1998), S. 19.

[694] Vgl. Marion (1999), S. 164 und Reiß (2004), S. 281.

[695] Vgl. Brown/Eisenhardt (1998), S. 30f., S. 61, S. 85, S. 94f., S. 130f. und S. 169. Zur Kritik daran vgl. auch Stacey (2000a), S. 309-311 oder Kappelhoff (2000b), S. 351ff. und S. 381.

[696] Vgl. Lissack (1999), S. 118 und Lewin/Regine (1999), S. 202f.

- dass sogar mehr erreicht werden kann, indem weniger getan (d.h. gezielt zu steuern versucht) wird[697];
- dass kleine Veränderungen große Auswirkungen nach sich ziehen können, weshalb Wandel prinzipiell durch viele kleine Experimente unterstützt werden muss[698] und
- dass auch Störungen und Fehler längerfristig positive Auswirkungen haben können, so dass es Aufgabe des Managements sein sollte, gezielt bspw. durch die Einbringung konträrer Meinungen oder neuer Perspektiven Störungen oder ‚Rauschen' im Unternehmenssystem zu verursachen[699];
- dass auf Individual-, Gruppen- und Unternehmensebene jeweils eine Balance zwischen der Anpassung an das eigene Umfeld und dessen aktiver Gestaltung erforderlich ist[700],
- dass Unternehmensleistungen durch Gliederung der Organisation in miteinander kommunizierende, aber sich selbst optimierende Teilbereiche verbessert werden können[701],
- dass es Aufgabe der Führung ist, auf Gegenseitigkeit beruhende Beziehungen zwischen einzelnen Personen, Teams oder ganzen Unternehmen zu etablieren, um Innovationskraft und Emergenz zu unterstützen[702],
- dass Entscheidungsprozesse verteilt und die individuelle Autonomie vergrößert werden müssen[703], wobei zu beachten ist
- dass Selbstorganisation nur unter Bedingungen entstehen kann, die in gewissem Ausmaß Wettbewerb zulassen[704], ferner
- dass Autonomie, Kreativität, Interaktion, Diversität, Offenheit und die Bildung von Netzwerken mit unternehmensexternen Elementen gefördert werden sollten[705],
- dass mit zunehmender Diversität der Agenten vielfältigere emergente Muster entstehen können, weshalb Kreativität in Teams durch Verschiedenheit der Menschen in Bezug auf Kultur, Alter, Erfahrung, Persönlichkeiten und Geschlecht unterstützt werden kann[706] und
- dass der wichtigste Fitnessaspekt für Unternehmen das Wissen ist, weshalb der Kartierung und Gestaltung von Wissenslandschaften auf individueller, Gruppen- und Unternehmensebene eine zentrale Bedeutung zukommt.[707]

Letztlich manifestiert sich in derartigen Hinweisen die Forderung nach einer Abkehr vom statischen Denken und einer Hinwendung zu einem dynamischen Unternehmensbegriff, dessen praktische Gestaltungsimplikationen damit jedoch noch nicht zufrieden stellend dargelegt werden können. Vielfach handelt es sich bei den Empfehlungen um eine nachträgliche Reformulierung bekannter Einsichten der Managementforschung in der Sprache der Komplexitätsforschung, von denen entsprechend

---

697 Vgl. Stacey (2001), S. 229.

698 Vgl. Lewin/Regine (1999), S. 203 oder Oliver/Roos (2000), S. 180.

699 Vgl. Lissack (1999), S. 118.

700 Vgl. Oliver/Roos (2000), S. 2ff.

701 Vgl. Lissack (1999), S. 118.

702 Lewin/Regine (1999), S. 202.

703 Vgl. Richardson/Cilliers/Lissack (2001), S. 6.

704 Vgl. Cilliers (2000), S. 25.

705 Vgl. Merry (2000), S. 38.

706 Vgl. Lewin/Regine (1999), S. 203.

707 Vgl. Oliver/Roos (2000), S. 34ff. sowie S. 63ff.

keine neuen Anstöße ausgehen können.[708] Allerdings bieten gerade diese Parallelen zu bekannten Einsichten aus verschiedenen anderen wirtschaftswissenschaftlichen Forschungsgebieten wichtige Anknüpfungspunkte für einen fundierten interdisziplinären Transfer.

5.2 Vorarbeiten in den Wirtschaftswissenschaften mit Parallelen zu Gestaltungsprinzipien der Komplexitätsforschung

Grundlegende Eigenschaften komplexer adaptiver Systeme lassen sich bereits in verschiedenen Einzelaspekten bestehender wirtschaftswissenschaftlicher Theorien und Konzepte wiederfinden.[709] Dies sollen die folgenden Kapitel anhand ausgewählter Beispiele für die charakteristischen Gestaltungs- und Funktionsprinzipien komplexer adaptiver Systeme, der Modellierung auf Basis von Agenten, der Kopplung von Agenten zu Netzwerken und der Mechanismen zur Weiterentwicklung mit Adaption und Bildung koevolutionärer Systeme, belegen.[710] Mit der jeweils kurzen und fokussierten Darstellung der verschiedenen Forschungsgebiete soll insbesondere aufgezeigt werden, wo der Transfer von Gestaltungsprinzipien komplexer adaptiver Systeme auf Unternehmen bereits auf andere Vorarbeiten zurückgreifen kann, die sich nicht explizit auf die neuere Komplexitätsforschung beziehen, und wie sich diese Vorarbeiten ggf. von den Ergebnissen der Komplexitätsforschung unterscheiden.

5.2.1 Vorarbeiten mit Parallelen zum Agentenmodell

Die Mehrebenenmodelle der Komplexitätsforschung besagen, dass Agenten sich zu Meta-Agenten verschiedenster Aggregationsstufen zusammenschließen können.[711] Auf Unternehmen bezogen ergeben sich daraus zumindest zwei mögliche Perspektiven, indem zum einen ganze Unternehmen als Agenten oder zum anderen Unternehmen als Systeme von Agenten aufgefasst werden können.

Eher als Modellvorstellungen von Einzelunternehmen sind volkswirtschaftliche Betrachtungen kompatibel mit den agentenbasierten Modellen der Komplexitätsforschung und der ihnen innewohnenden Grundannahme, dass die einzelnen Akteure im Geschehen unabhängig voneinander und auf ihren eigenen Vorteil bedacht agieren und dabei lediglich im Rahmen und auf Basis der für sie wahrnehmbaren Parameter ihr Verhalten ausrichten. Exemplarisch für Vorarbeiten im Bereich ‚Unternehmen als Agenten' werden daher im Folgenden in Kapitel 5.2.1.1 zunächst Aspekte des Population Ecology-Ansatzes vorgestellt, der ganze Branchen, Industrien oder Märkte als Systeme begreift, in denen Unternehmen die elementaren unabhängigen Agenten bilden.

Anschließend werden im Kapitel 5.2.1.2 Ansätze aufgeführt, nach denen Unternehmen ihrerseits als Systeme von (teilautonomen) Agenten begriffen werden können. Diesbezügliche Modellvorstellungen finden sich vor allem in produktionsorientierten Konzepten wie bspw. der modularen Fabrik oder dem Fraktalen Unternehmen.

---

[708] Vgl. Kappelhoff (2000b), S. 380.

[709] Vgl. Cohen (1999), S. 374f.

[710] Vgl. die Zusammenfassung dieser Prinzipien in Kapitel 4.6.

[711] Vgl. Kapitel 4.1.2.2.

5.2.1.1 *Unternehmen als Agenten: Population Ecology-Ansatz*

Bereits seit den 1970er Jahren existieren Konzepte zur Erklärung der Evolution von Unternehmen in Anlehnung an biologische Evolutionsprozesse. Diese Arbeiten im Rahmen des von HANNAN und FREEMAN[712] begründeten Population Ecology-Ansatzes können jedoch eher als Makro-Theorie charakterisiert werden.[713] Die evolutionären Prozesse hierbei beruhen auf Mechanismen der Variation, Selektion und Retention (Bewahrung).[714] Die Arbeiten betreffen zumeist Aspekte der Entwicklung ganzer Populationen oder Gruppen von Unternehmen, wobei die Autoren für diese Prozesse vornehmlich externe Selektionseinflüsse verantwortlich machen.[715] Die untersuchte Populationsdynamik besteht zumeist in der Gründung oder Elimination von Organisationen.[716] Unternehmensinterne Interaktionsprozesse, vor allem Lernprozesse, werden von diesen Modellen nicht in Betracht gezogen, ebenso wenig eine Veränderung der wirkenden Evolutionsmechanismen.[717]

Als Äquivalente zu den Genen in Organismen werden dabei auch in Organisationen interne Merkmale als Träger der Evolution ausgemacht. NELSON und WINTER setzen organisationale Routinen den Genen gleich und modellieren diese bspw. als die von einem Unternehmen verwendete Produktionstechnik und seinen Kapitalstock.[718] Bei ALDRICH und MCKELVEY heißen die entsprechenden Merkmale „Comps".[719] Diese sind Elemente organisationalen Wissens, die in ihrer Gesamtheit den ‚Compool' oder Genotyp einer Organisation bzw. einer Population ausmachen.[720] Evolution wird dadurch getragen, dass sich die Comps erfolgreicher Unternehmen schneller in der gesamten Population verbreiten als andere.

Während die verschiedenen Ansätze mit der Population die gleiche Betrachtungsebene fokussieren, Variation sowie Selektion als wesentliche Evolutionsmechanismen identifizieren und von gegebenen, unflexiblen Basiseinheiten[721] als Träger der Evolution ausgehen, bestehen die Unterschiede zwischen ihnen in der Ebene, auf der sie diese Basiseinheiten lokalisieren. So sichert die Replikation von Routinen bzw. Comps den Fortbestand der Organisation und deren Replikation wiederum den der Spezies usw. Auch das Schachtelungsprinzip von Organisationseinheiten vom Job über die Arbeitsgruppe, die Organisation, die Population, die Community bis hin zum ‚Ökosystem' lässt sich in diesen Ansätzen nachvollziehen.[722]

---

[712] Vgl. Hannan/Freeman (1977).

[713] Vgl. Kieser/Woywode (2001), S. 271.

[714] Vgl. Kieser (2002), S. 69f.

[715] Unter einer Population kann in diesem Zusammenhang eine Gruppe von interagierenden Organisationen verstanden werden, die über ähnliche Fähigkeiten verfügen. In einer Gruppe von Populationen (Community) existieren verschiedene Populationen mit wechselseitigen Einflüssen, vgl. Baum/Singh (1994), S. 8ff. Überblicke über das Forschungsgebiet geben Kieser/Woywode (2001), S. 255-275 und Welge/Al-Laham (2003), S. 65-72.

[716] Vgl. Kieser/Woywode (2001), S. 258 und 271 sowie Weibler/Deeg (1999), S. 299ff.

[717] Vgl. Weibler/Deeg (1999), S. 301 und Kieser/Woywode (2001), S. 272.

[718] Vgl. Nelson/Winter (1982), S. 14, S. 98ff. und S. 209ff.

[719] „Competence elements (comps) [...] are defined as the elements of knowledge and skill that, in total, constitute the dominant competence of an organization." (McKelvey/Aldrich (1983), S. 112).

[720] Vgl. Kieser/Woywode (2001), S. 259.

[721] „In population-ecology theory, there is no place for flexibility" (Volberda (1998), S. 47).

[722] Vgl. die Klassifikation von Baum/Singh (1994), S. 10ff.

Bei den Evolutionsprozessen wird davon ausgegangen, dass Organisationen zu komplex sind, um durch planvolle Gestaltung in einen erwünschten Zustand überführt werden zu können, und zudem zu träge, um im Einklang mit der Veränderungsgeschwindigkeit der Umwelt gestaltet zu werden.[723] Diese Annahme in Kombination mit der begrenzten Rationalität der Entscheidungsträger macht intentionale Organisationsgestaltung undurchführbar. Anstatt planvoll zu gestalten, werden lediglich zufällige Variationen generiert, über deren Nützlichkeit und Fortbestand (Retention) allein die Umwelt durch Selektion entscheidet.[724] Traditionelle Funktionen des Managements werden durch diese Perspektive nachhaltig in Frage gestellt, und ihm bleibt nur, diese Evolutionsprozesse geschehen zu lassen und möglichst wenig zu behindern.[725]

Zusammenfassend kann zum Population Ecology-Ansatz und seinen Varianten festgehalten werden, dass er zwar grundsätzlich selektierende Einflüsse der Umwelt auf die Entwicklung von Unternehmenspopulationen erfasst und Wissenselemente als wichtige Basiseinheiten der Evolution identifiziert,[726] jedoch sowohl die Umwelt als auch die wirkenden Evolutionsmechanismen als weitgehend gegeben ansieht und deren Einfluss auf die Entwicklung gegenüber Möglichkeiten der aktiven und zielgerichteten Adaption von Unternehmen zu stark in den Mittelpunkt stellt.[727] Im Sinne der Entwicklungslinie der Komplexitätsforschung, die wie in Kapitel 4 dargestellt auch Ansätze der Evolutionsbiologie verarbeitet, kann der Population Ecology-Ansatz als ein früher Übertragungsansatz eingeordnet werden, welcher die dynamischen Aspekte der neueren Entwicklungen noch nicht berücksichtigt.

5.2.1.2 Unternehmen als Agentensysteme: Modulare Fabrik und Fraktales Unternehmen

Angesichts des Versagens funktionaler Organisationskonzepte in hochdynamischen Märkten entstanden zu Beginn der 1990er Jahre neue Ansätze der Restrukturierung von Unternehmen mit Einzelaspekten wie teilautonome Arbeitsgruppen, Fertigungssegmentierung oder Center-Strukturen oder mit umfassenden Konzepten wie die modulare Fabrik[728] oder das Fraktale Unternehmen[729], die nachfolgend kurz dargestellt werden. Zusammenfassend können sie als Modularisierungskonzepte bezeichnet werden.[730] Gemeinsam ist ihnen der Kerngedanke, Unternehmen in relativ kleine, überschaubare Einheiten zu organisieren, die in dezentraler Entscheidungskompetenz und Ergebnisverantwortung integrierte Teilaufgaben bewältigen und dabei unter Nutzung nicht-hierarchischer Koordinationsformen prozess- und kundenorientiert zur Wertschöpfung beitragen.[731]

---

[723] Vgl. Kieser/Woywode (2001), S. 255f.

[724] Vgl. Kieser/Woywode (2001), S. 253 und Volberda (1998), S. 47ff.

[725] Vgl. Deser (1997), S. 66ff. oder Volberda/Baden-Fuller (1998), S. 374f.

[726] Vgl. Kieser/Woywode (2001), S. 271f.

[727] Vgl. Volberda (1998).

[728] Vgl. Wildemann (1998).

[729] Vgl. Warnecke (1995). Diese Bezeichnung unterstreicht den umfassenderen Anspruch gegenüber der ursprünglichen Bezeichnung als ‚Fraktale Fabrik' in Warnecke (1992).

[730] Zu derartigen Konzepten auf unterschiedlichen Unternehmensebenen vgl. ausführlich Picot/Reichwald/Wigand (2001), S. 241ff.

[731] Vgl. Picot/Reichwald/Wiegand (2001), S. 230 oder Bund (2000), S. 343.

Das Konzept der modularen Fabrik ist mit den Zielen Durchlaufzeitverkürzung, Bestandsreduzierung, Qualitätsverbesserung und Produktivitätssteigerung verbunden, die durch Fertigungssegmentierung erreicht werden sollen.[732] Fertigungssegmente sind produktorientierte Organisationseinheiten der Produktion mit spezifischer Wettbewerbsstrategie, die mehrere Stufen der logistischen Kette umfassen und auch indirekte Funktionen beinhalten können. Die entstehenden ‚Fabriken in der Fabrik' sollen zu einer durchgängigen Markt- und Zielausrichtung beitragen.[733] Wichtige Gestaltungsaspekte sind Ressourcenausstattung für quantitative, qualitative und zeitliche Produktionsflexibilität sowie weitreichende Autonomie der Segmente durch einen hohen Grad an Funktions- und Informationsintegration.[734]

Im Konzept des Fraktalen Unternehmens wird das Unternehmen als ein offenes System verstanden, das aus selbständigen, in ihrer Zielausrichtung selbstähnlichen Unternehmenseinheiten (Fraktalen) besteht, die in dynamische Organisationsstrukturen eingebunden sind.[735] Auch die Fraktale sind ‚Fabriken in der Fabrik', sie sind selbständig agierende Unternehmenseinheiten mit eindeutig beschreibbaren Zielen und Leistungen, die sich selbst organisieren und optimieren und dabei widerspruchsfrei den Zielen des Unternehmens als Ganzes folgen.[736] Dabei interagieren sie im Unternehmen nach Regeln des Wettbewerbs und der Kooperation.[737]
Die Idealvorstellung des Fraktalen Unternehmens zielt auf eine Harmonisierung von Umfeldanforderungen und Unternehmensleistung und auf einen Wandel aus eigener Kraft, der nicht nur die reaktive Anpassung auf externe Veränderungen, sondern auch aktive Umfeldgestaltung ermöglicht.[738] Erste erfolgreiche Realisierungsansätze Fraktaler Unternehmen in der Industrie konzentrieren sich jedoch vornehmlich auf operative Bereiche[739], obwohl Fraktalen Unternehmen auch eine hohe strategische Anpassungsfähigkeit attestiert wird[740], für die allerdings „Neuland in Bezug auf die Unternehmensführung"[741] betreten werden müsste.

Die vorgestellten Konzepte beziehen sich in erster Linie auf den Prozess der Leistungserstellung und verfolgen hierbei vornehmlich Flexibilitäts-, Effizienz- und Qualitätsziele in Anlehnung an (gegebene) strategische Unternehmensziele. Defizite weisen sie dagegen noch bei der in turbulenten Umfeldern immer mehr an Bedeutung gewinnenden Frage nach den Gestaltungsparametern auch für strategische Beweglichkeit auf. Mit ihrer Fokussierung auf die Leistungserstellung decken sie somit nur einen kleinen Teil des Potentials ab, das komplexen adaptiven Systemen zugeschrieben wird.

---

[732] Vgl. Wildemann (1998), S. 430ff.

[733] Vgl. Wildemann (1998), S. 47ff.

[734] Zur Produktionsflexibilität vgl. Wildemann (1998), S. 90f. und zur Autonomie vgl. ebenda, S. 107ff.

[735] Vgl. Warnecke (1995), S. 25 und derselbe (1999), S. 20f. Die Namensgebung wurde inspiriert von der Vielfalt der Formen, die in fraktalen Objekten durch Rückkopplung einfachster Bildungsvorschriften entstehen kann, vgl. Warnecke (1992), S. 141ff.

[736] Vgl. Warnecke (1992), S. 147 sowie Warnecke (1999), S. 20f.

[737] Vgl. Zahn/Schmid (1996), S. 102f.

[738] Vgl. Warnecke (1995), S. 25.

[739] Vgl. hierzu verschiedene Praxisbeiträge in Warnecke/Bullinger (Hrsg., 1995) oder Warnecke (Hrsg.,1995).

[740] Vgl. Warnecke (1999), S. 21 und Dillerup (1998), S. 170.

[741] Zahn (1995), S. 157.

5.2.2 *Vorarbeiten mit Parallelen zu Vernetzungsprinzipien in Agentensystemen*

Die Prozesse in den Modellen der Komplexitätsforschung basieren auf einer Dynamik der Information, und die Fragen, wie Informationen durch die Agenten verarbeitet werden und wie die Agenten durch Vernetzung interagieren und sich gegenseitig beeinflussen können, haben entscheidende Auswirkungen auf die Entwicklung des komplexen adaptiven Gesamtsystems. Hierfür lassen sich Parallelen in den Wirtschaftswissenschaften finden:
Auch für soziale Systeme wurde bereits in der Vergangenheit eine Organisation in dezentraler und lockerer Kopplung gefordert, wie sie die Komplexitätsforschung als Milieu des Chaosrandes identifiziert hat. Dies ist Thema von Kapitel 5.2.2.1. Ebenso wurden Informationen und Wissen als wesentliche Treiber der Dynamik und des Erfolgs von Unternehmen ausgemacht. Ansätze zum gezielten Wissensmanagement, wie sie Kapitel 5.2.2.2 darstellt, haben die systematische Nutzung dieses zentralen Elements durch Unternehmen zum Ziel. Die Idee, Verhaltensrichtlinien in Form von Regeln niederzulegen, ist für Organisationen ebenfalls nicht neu. In Kapitel 5.2.2.3 werden diesbezügliche Parallelen zu den Regeln für Agenten in komplexen adaptiven Systemen untersucht.

5.2.2.1 *Lose Kopplungen*

Überlegungen zur Kopplungsdichte haben, basierend auf den Arbeiten WEICKS[742] zum Konzept der losen Kopplung, bereits in den 1970er Jahren Eingang in die Organisationstheorie gefunden. Grundlage für dieses Konzept lieferten Erkenntnisse der allgemeinen Systemtheorie, so dass sich auch dieser Ansatz als ein früher Abzweig im ‚Stammbaum' der Komplexitätsforschung einordnen lässt.

Während die ursprünglichen Überlegungen in WEICKS Konzept durchaus breit angelegt waren,[743] fokussieren sich konkrete Realisierungsansätze auf die intraorganisationale Kopplung ganzer Subsysteme von Unternehmen und sind zumeist Gegenstand von Produktionskonzepten, die in engem Zusammenhang mit den in Kapitel 5.2.1.2 vorgestellten modularen Organisationskonzepten stehen. Nach dem Prinzip der strukturierten Vernetzung werden dabei stabile, in Grenzen sich selbst regulierende modulartige Teilsysteme gebildet, die dadurch gekennzeichnet sind, dass die Beziehungen in Anzahl und Intensität innerhalb der Module hoch, zwischen den Modulen jedoch gering sind.[744] Für eine derartige Abgrenzung von Teileinheiten des Produktionssystems bietet sich eine Orientierung an Zwischen- oder Endprodukten der Leistungserstellung an.[745] Strukturierte Vernetzung wird ebenfalls unterstützt, wenn das Prinzip der losen Kopplung auch im Produktaufbau Anwendung findet, indem durch eine weitgehende Normierung von Schnittstellen ein hoher Grad an Unabhängigkeit im Design der Produktkomponenten erreicht wird, der bei Veränderun-

---

[742] Vgl. bspw. Weick (1976), S. 1ff., Weick (1995), S. 163ff. sowie Orton/Weick (1990), S. 203ff.

[743] Vgl. Weick (1976), S. 208, der auch die Kopplung von Individuen, Entscheidungen, Ideen oder Prozessen thematisiert.

[744] Vgl. Stüttgen (1999), S. 152ff., Warnecke (1992), S. 154f. und Wildemann (1998), S. 107ff. Zum Prinzip der strukturierten Vernetzung vgl. Vester (1980), S. 40f. und Fußnote 468.

[745] Vgl. Picot/Reichwald/Wigand (2001), S. 232. Warnecke nennt für das Fraktale Unternehmen als weitere Strukturierungskriterien Verfahren und Betriebsmittel, Informations- und Kommunikationsbedarf, Materialfluss, Personal oder Lern- und Erfahrungserfordernisse, vgl. Warnecke (1992), S. 156.

gen den Koordinationsaufwand zwischen den zuständigen Organisationseinheiten minimiert.[746]

Das Organisationsprinzip der losen Kopplung wird als Möglichkeit zur Bewältigung steigender (Produkt-)Komplexität angesehen, die sowohl extern erzeugt als auch intern bspw. durch Größenwachstum oder Variantenvielfalt induziert werden kann. Als positive Effekte einer losen Kopplung von Organisationseinheiten werden höhere Flexibilität und Effizienz, eine zeitliche und sachliche Unabhängigkeit der Teilsysteme sowie größere Robustheit gegenüber Störungen genannt.[747]

Mit diesem Ziel wird deutlich, dass die beschriebenen Anwendungen eher gleichgewichtsorientiert und um raschen Ausgleich unvorhersehbarer Störeinflüsse bemüht sind und weniger die mit der Adaptionsfähigkeit verbundenen wandlungsorientierten Aspekte komplexer adaptiver Systeme reflektieren. Während sich in den komplexen adaptiven Systemen die ‚Inseln im Chaos' selbstorganisiert und temporär herausbilden, werden die stabilen Unterstrukturen hier zumeist produktorientiert entworfen und festgeschrieben.

5.2.2.2 *Wissen und Information als Basis für emergente Neuerungen*

Evolutionsprozesse und damit Innovationen beruhen auf der Variation von einzelnen Bauteilen oder Merkmalen im Systemgefüge. Während diese Eigenschaften in den Simulationsexperimenten der Komplexitätsforschung als Zeichenketten und zufällig zugeordnete zahlenmäßige Fitnessbeiträge abstrahiert werden, sind es in Unternehmen Ressourcen im weitesten Sinne, deren Variation und Neukombination zu Innovation führen kann.[748] Wie in Kapitel 2.2 ausgeführt, haben hierbei die intangiblen Ressourcen und vor allem die Ressource Wissen zentrale Bedeutung erlangt, so dass mittlerweile von einer Wissensökonomie die Rede ist.[749] Das im Folgenden kurz vorgestellte Konzept des Wissensmanagements wird in der Unternehmenspraxis als Möglichkeit angesehen, das dieser Ressource innewohnende Innovationspotential zu aktivieren.

Obwohl es auch vereinzelt an biologischen Vorbildern ausgerichtete Ansätze des Wissensmanagements gibt[750], wird im konventionellen Wissensmanagement-Ansatz davon ausgegangen, dass Wissen letztlich ein Produktionsfaktor ist, der ein an seine Besonderheiten angepasstes Management erfordert.[751] Dieses folgt häufig einer pragmatischen Vorgehensweise, wie sie in dem von PROBST, RAUB und ROMHARDT formulierten Konzept des Wissensmanagements systematisch dargestellt wird.[752] Als Kernprozesse oder Bausteine des Wissensmanagements gelten hier Wissensidentifikation, Wissenserwerb, Wissensentwicklung, Wissens(ver)teilung, Wissensnutzung und Wissensbewahrung, die als eher operative Aktivitäten in zyklischer Abfolge, aber mit gegenseitiger Vernetzung zu verstehen sind. Zur strategischen Verankerung des Wissensmanagements werden ferner zwischen Wissensbewahrung und Wissens-

---

[746] Vgl. Sanchez/Mahoney (1996), S. 63ff.

[747] Vgl. Stüttgen (1999), S. 177 und Wildemann (1998), S. 107.

[748] Vgl. die Ausführungen zum Resource-based View in Kapitel 2.2.

[749] Vgl. bspw. Servatius (2000), S. 218, Teece (2000), S. 3ff. oder Krogh/Nonaka/Aben (2001), S. 421.

[750] Vgl. bspw. die Ausführungen zu ‚Knowledge Ecosystems' bei Servatius (2000), S. 216ff. oder die Herleitung einer ‚Information Ecology' bei Davenport/Prusack (1997), S. 28-45.

[751] Vgl. bspw. Stewart (1998), S. 65ff. oder Haun (2002), S. 8ff.

[752] Vgl. Probst/Raub/Romhardt (1997).

identifikation die Bausteine ‚Wissensbewertung' und ‚Wissensziele' eingebracht, die eine Orientierung an den Unternehmenszielen gewährleisten sollen.[753]

Die Anwendung dieses Modells geht vielfach mit einem instrumentellen Verständnis von Wissensmanagement einher und setzt auf Informations- und Kommunikationstechnologien zur Datenverarbeitung, Datenspeicherung, Datendistribution usw.[754] Zugleich erweist sich jedoch immer wieder die vielschichtige Interaktion von Trägern impliziten Wissens in ‚Gemeinschaften von Praktikern' als Quelle innovativer Impulse und macht neben den Datenbanksystemen den unmittelbaren Informations- und Wissensaustausch zu einem Anliegen des Wissensmanagements.[755]
Der technikzentrierte Ansatz ist dementsprechend nur für dokumentiertes, explizites Wissen geeignet, dessen sinnvolle Nutzungsmöglichkeiten mit Anwachsen der Datenbasis und beschleunigter Wissensveralterung zunehmend von der zentralen Strukturierung und Pflege eines solchen ‚Knowledge Warehouse' abhängen. Die technologiebasierte Vernetzung möglichst vieler Organisationsangehöriger kann zudem zu einem Überangebot von Informationen und Wissen für Einzelpersonen und damit zu Ineffizienz bei deren Nutzung führen.[756]
Um derartige Effekte zu vermeiden, wird ein ganzheitliches Wissensmanagement gefordert, das neben den beschriebenen Unterstützungstechnologien auch Aspekte der Organisation, des Human Resource Management und der Strategie sinnvoll integriert.[757] Die in der Praxis verzeichneten drei Generationen von Wissensmanagementansätzen, von denen die erste das technikzentrierte Informationsmanagement mit anderen Inhalten weiterführte, die zweite sich auf das Explizieren impliziten Wissens konzentrierte und die dritte versuchte, mit lern- und netzwerkbasierten Konzepten selbst unbewusstes Wissen zu Tage zu fördern, lassen diese integrativen Aspekte noch vermissen und setzen vornehmlich auf zentrale Wissenssteuerung und -verwaltung.[758]

Zusammenfassend kann somit zu den Vorarbeiten auf dem Gebiet der Informationsdynamik festgehalten werden: Obgleich die zentrale Bedeutung von Wissen für Innovation und Unternehmenserfolg erkannt ist, sind die Ansätze zu dessen Nutzung noch zu einseitig darauf ausgerichtet, Wissen auf Basis moderner Informations- und Kommunikationstechnologie zu explizieren, zu konservieren, unternehmensweit verfügbar zu machen und damit zentral zu verwalten. Wissensmanagement sieht Wissensbestände statt dynamisch eher statisch in Form von „knowledge assets"[759] oder als „intellektuelles Kapital"[760] und widmet der Informationsdynamik zwischen unabhängigen Agenten und deren Interaktionsprozessen noch zu wenig Aufmerksamkeit, die in den Modellen der Komplexitätsforschung als eigentliche Auslöser und Träger von Emergenzphänomenen identifiziert wurden.

---

753 Vgl. Probst/Raub/Romhardt (1997), S. 49ff.

754 Vgl. Bullinger/Wagner/Ohlhausen (2000), S. 79.

755 Vgl. Brown/Duguid (1999), S. 79ff., Zahn/Foschiani/Tilebein (2000), S. 58f. oder Disterer (2001), S. 679f.

756 Vgl. Nedeß/Jacob (2000), S. 100ff., die als Beispiel hierfür das Internet anführen.

757 Vgl. Bullinger/Wagner/Ohlhausen (2000), S. 79f., Ghoshal/Gratton (2002), S. 34ff., Haun (2002), S. 96ff. und Al-Laham (2003), S. 50ff.

758 Vgl. Manville (1999), S. 91ff.

759 Vgl. bspw. Teece (1998), S. 55 oder derselbe (2000), S. 12ff.

760 Vgl. bspw. Teece (1998), S. 55 und Bullinger/Wagner/Ohlhausen (2000), S. 82f. Ein konzeptionelles Modell, das explizit die Dynamik der Wissensbasis enthält, findet sich bei Amelingmeyer (2002), S. 185ff.

5.2.2.3 Koordination durch Regeln

Allgemein bezeichnen Regeln in sozialen Systemen „für einen abgegrenzten Adressatenkreis gültige, dauerhafte Restriktionen individuellen und kollektiven Tuns, welche die Zielsetzung haben, individuelles und kollektives Handeln für bestimmte Problemfälle und Problemklassen vorzustrukturieren und dadurch effektives und effizientes Handeln in wiederkehrenden Entscheidungssituationen zu ermöglichen."[761] Regeln in Organisationen dienen grundsätzlich der Koordination und der Motivation von Aufgabenträgern.[762]

Regeln können jedoch durchaus auch dysfunktional wirken, indem sie zu Inflexibilisierung und Bürokratisierung beitragen, organisationales Lernen durch Änderungsresistenz verhindern oder die Eigeninitiative und damit die Motivation der Organisationsmitglieder hemmen.[763] Regeln führen zu Effizienzvorteilen, da sie Unsicherheit und Konflikte reduzieren und für bestimmte repetitive Aufgaben Routinen schaffen.[764] Regelbasiertes Verhalten im Zusammenhang mit komplexen adaptiven Systemen zielt jedoch häufig gerade nicht auf die detaillierte tayloristische Vorgabe und Regelung repetitiver Verhaltensweisen, sondern bezweckt das auf wenigen einfachen Regeln und Selbstorganisationsprozessen basierende emergente Verhalten des Gesamtsystems, das deshalb innovativ sein kann, weil die Regeln veränderlich sind.

Generell kann zwischen Gebotsregeln und Verbotsregeln unterschieden werden. Während Erstere eine zielorientierte Vorstrukturierung des Handelns darstellen, stecken Letztere einen Handlungsbereich ab, der vom jeweiligen Akteur nach eigenem Ermessen genutzt werden kann.[765]

Als extreme Formen der Entstehung von Regeln stehen sich (dezentrale) Evolution und (zentrale) Konstruktion gegenüber. Es zeigt sich jedoch, dass weder vollkommen evolutionäre Regelentstehung noch die ausschließliche Gestaltung von Regeln in explizitem Design durch eine autorisierte Instanz ein optimales Regelwerk kreieren können, sondern erst eine Kombination aus beiden Gestaltungsprinzipien kann die jeweiligen Probleme überwinden helfen.[766]

Neben das Problem, geeignete Regeln in geeigneter Weise zu finden, tritt in Unternehmen die weitere Herausforderung, die Befolgung von Regeln zu gewährleisten. In diesem Punkt besteht ein erheblicher Unterschied zwischen Regelbeachtung in Organisationen und der automatischen Regelanwendung in den computerbasierten komplexen adaptiven Systemen.

Für die Regelbefolgung in Unternehmen unterscheidet BURR drei Kategorien von Regeln: anreizeffiziente Regeln, durch Modifikation anreizeffiziente und nicht-anreizeffiziente Regeln. Ideale Regeln der ersten Kategorie sind so formuliert, dass

---

[761] Burr (1998), S. 314.

[762] Vgl. Burr (1999), S. 1162ff., Kieser/Koch/Woywode (1999), S. 128 und Burr (1998), S. 314ff.

[763] Vgl. Burr (1999), S. 1164, derselbe (1998), S. 324f. und Kieser/Koch/Woywode (1999), S. 128f.

[764] Vgl. Kieser/Koch/Woywode (1999), S. 128 sowie Burr (1999), S. 1162 und die dort angegebene Literatur.

[765] Vgl. Burr (1998), S. 322.

[766] Vgl. Burr (1998), S. 320 und Burr (1999), S. 1165. Als Probleme der evolutionären Regelentstehung werden die Unwahrscheinlichkeit der Regelausbildung und -beachtung in großen Gruppen sowie mögliche Fehlentwicklungen genannt, die von einer Vielzahl der Betroffenen nicht gewünscht werden. Probleme des von außen vorgegebenen Regeldesigns ergeben sich dagegen aus dem mangelnden Detailwissen und der begrenzten Rationalität der regelsetzenden Instanz sowie aus der fehlenden Prognostizierbarkeit der Regelauswirkungen, vgl. Burr (1998), S. 318ff.

ihre Befolgung zugleich individuellem und kollektivem Interesse dient, indem der Akteur durch alleinige Verfolgung seiner Eigeninteressen gleichzeitig das Gesamtinteresse der regelsetzenden Organisation fördert. Regeln der zweiten Kategorie sind dadurch gekennzeichnet, dass bei ihnen individuelles und kollektives Interesse nicht von vornherein übereinstimmen, ihre Beachtung jedoch durch die Schaffung von Sanktions- oder Anreizmechanismen oder ergänzenden Institutionen wie Vertrauen, Reputation oder Unternehmenskultur erreicht werden kann. Nicht-anreizeffiziente Regeln schließlich zeichnen sich durch eine unüberwindbare Divergenz privater und kollektiver Interessen bei gleichzeitig fehlender Sanktionierbarkeit aus.
Diese Unterscheidung unterstellt die Kenntnis eines kollektiven Interesses, welche in der Komplexitätsforschung nicht gefordert wird. Beide Perspektiven lassen sich aber in Übereinstimmung bringen, wenn für die Beurteilung des kollektiven Interesses immer nur die in unmittelbarer zeitlicher Nähe folgenden Konsequenzen von Regelanwendungen herangezogen werden.[767]

Festzuhalten bleibt, dass Eingriffe im Sinne eines Regeldesign in Organisationen zum einen offenbar grundsätzlich notwendig sind und dass zum anderen dieses Regeldesign immer in einem Spannungsfeld konkurrierender Ziele wie Eigeninteresse vs. Gesamtinteresse, Flexibilität vs. Verbindlichkeit oder Motivation vs. Kontrolle stattfindet.[768] Die Komplexitätsforschung betont beim regelbasierten Verhalten dagegen prinzipielle Kopplungsaspekte, die Homogenität oder Diversität der Regeln und die Möglichkeit, Regeln zu verändern, um innovatives Systemverhalten zu erzielen.

5.2.3 Vorarbeiten mit Parallelen zu Adaption, Evolution und Koevolution

Innovativ können nur solche Systeme sein, die nicht nach den immer gleichen Regeln handeln, sondern ihr Verhalten, ihre Strukturen und ihre Eigenschaften im weitesten Sinne verändern können. In komplexen adaptiven Systemen wurde die Adaption als fortwährende Annäherung in kleinen Schritten an einen definierten Zustand besserer Fitness als geeigneter Grundmechanismus identifiziert, um die Evolution einzelner, aber auch vernetzter Agenten voranzutreiben. Ähnlich basiert auch die Idee des organisationalen Lernens auf ständig in verschiedenen Unternehmensebenen ablaufenden Lernprozessen.[769] Das Konzept der Lernenden Organisation, das bereits eingangs in Kapitel 2.2.2.2 vorgestellt wurde, soll im Folgenden in Kapitel 5.2.3.1 noch einmal im Lichte der Komplexitätsforschung einer kritischen Betrachtung unterzogen werden.

Ein Ergebnis der Strategieprozessforschung ist, dass auch das Verhalten und die Strategieanpassung von Unternehmen häufig nicht durch zentrale Planung und Strategieformulierung zustande kommt, sondern Strategien formieren sich emergent aufgrund vieler Einzelentscheidungen auf verschiedensten Unternehmensebenen.[770]

---

767 In diesem Zusammenhang sei auch an die in Kapitel 4.5.3 dargestellte interne Koevolution erinnert, die temporär auch solche Entwicklungen zulässt, welche dem ‚Gesamtinteresse' des Systems entgegenwirken.

768 Vgl. Burr (1998), S. 322ff.

769 Allerdings können Adaption als (nicht notwendigerweise lernbasierte) Anpassung an aktuelle geänderte Umweltgegebenheiten und Lernen als Ansammlung von Erfahrungen, die vergangene Anpassungen widerspiegelt und damit evtl. aktuelle Anpassung sogar verhindert, auch als sehr verschiedene Aktivitäten interpretiert werden, vgl. ausführlich hierzu Levinthal (1994), S. 170ff. oder derselbe (1996), S. 28ff.

770 Vgl. Hahn/Simanek (2000), S. 23.

Die Anknüpfungspunkte dieses Forschungsgebiets zur Komplexitätsforschung zeigt Kapitel 5.2.3.2 auf.

Die Modelle komplexer adaptiver Systeme belegen die positive Wirkung von externen Kopplungen für die vernetzten Einheiten. Durch den gegenseitigen Einfluss auf den Erfolg bei gekoppelten Fitnesslandschaften, der durchaus auch negativ sein kann, wird bei geeigneten Vernetzungsstrukturen das gesamte System stabilisiert und zugleich werden für alle gekoppelten Einheiten die Rahmenbedingungen für bestmöglichen Adaptionserfolg geschaffen. Unabhängig von der naturwissenschaftlichen Komplexitätsforschung und von den in Kapitel 5.2.1.1 beschriebenen Konzepten der evolutorischen Ökonomik hat sich das Thema der Kopplung von Unternehmen in Netzwerken zu einem aktuellen Schwerpunkt der Diskussion sowohl in der Wissenschaft als auch in der Praxis entwickelt, wie auch in Kapitel 2.2.2.1 deutlich wurde. Unternehmensnetzwerke und ihr Vergleich mit den Agentennetzwerken der Komplexitätsforschung stehen daher im Mittelpunkt der Betrachtungen von Kapitel 5.2.3.3.

5.2.3.1 Exploration und Exploitation bei organisationalem Lernen

Im Konzept des organisationalen Lernens wird unterschieden zwischen Verbesserungslernen (Single-loop-learning), das mit reiner Verhaltensänderung und Lernen in kleinen Schritten in Verbindung gebracht wird, und Erneuerungslernen (Double-loop-learning), das mit der Veränderung auch der handlungsleitenden Modelle und Routinen eine Art ‚Weitsprung' im Lernprozess darstellt und damit radikale Innovationen ermöglicht. Dominierend im Lern- und Anpassungsverhalten von Unternehmen ist jedoch zumeist das Lernen in kleinen Schritten.[771]
Diese inkrementalen Lernanstrengungen laufen auf Lernpfaden ab, die auf eine Optimierung bestehender Unternehmensprozesse und Exploitation vorhandener Fähigkeiten zielen, ohne die zugrunde liegenden Annahmen, Strukturen und Routinen zu hinterfragen.[772] Ein beständiges Fortschreiten auf einem solchen Lernpfad birgt die Gefahr, in eine Kompetenzfalle zu geraten, bei der Kernkompetenzen zu Kern-Inkompetenzen werden, das Unternehmen nur noch bestehende Prozesse und Produkte optimiert und zu echten Innovationen nicht mehr in der Lage ist.
Aber auch das innovative Erneuerungslernen im Sinne einer Exploration neuer Möglichkeiten birgt Gefahrenpotentiale, da es kurzfristig risikoreicher ist, Experimente erfordert und Kontrolle erschwert. Ein Übermaß dieser fundamentaleren Art des Lernens kann zu einer Zerstreuung der Kräfte, Orientierungslosigkeit und einem Verlust organisationaler Identität führen und somit das Überleben des Unternehmens ebenso gefährden wie Konzentration auf inkrementale Verbesserung.[773]

Ähnliche Probleme stellen in der Entwicklung komplexer adaptiver Systeme die Komplexitätskatastrophen bei adaptiven Wanderungen in ungeeigneten Fitnesslandschaften dar, wie Kapitel 4.4.2 gezeigt hat. Während das Konzept des organisationalen Lernens aber nur einen inhaltlichen Ausweg sieht, nämlich durch eine bewusste zentrale Steuerung und Kombination von explorativem und exploitativem Lernen dem pfadabhängigen Verbesserungslernen oder der Zerstreuung der Kräfte zu entge-

[771] Vgl. Lewin/Long/Carroll (1999), S. 538.

[772] Vgl. Levinthal/March (1993), Zahn/Tilebein (2000), S. 119 oder Lewin/Long/Carroll (1999), S. 537.

[773] Vgl. grundlegend hierzu March (1991).

hen[774], wurde in den Modellen der Komplexitätsforschung erkannt, dass die bestmögliche Mischung aus Exploration und Exploitation letztendlich eine Frage der geeigneten zugrunde liegenden Struktur des Systems sowohl nach innen als auch in Bezug auf seine externen Kopplungen ist. Diese Strukturen ermöglichen Interaktionsprozesse, welche die dynamische Stabilisierung des Systems tragen und es in einen Zustand des unterbrochenen Gleichgewichts überführen, in dem identische zugrunde liegende Mechanismen situationsspezifisch inkrementale oder auch radikale Veränderungen auslösen können.

Der als ‚Lernen lernen' identifizierte organisationale Lernprozess des ‚Deuterolearning' müsste somit nach den Erkenntnissen der Komplexitätsforschung darauf abzielen, das Unternehmen in einen derartigen dynamischen Gleichgewichtszustand zu manövrieren. In den Konzepten des organisationalen Lernens ist dieser Ansatz jedoch noch nicht verankert. Sie betonen zwar im Gegensatz zu dem oben vorgestellten konventionellen Wissensmanagement die Bedeutung von Interaktions- und Lernprozessen, jedoch fokussieren sie in erster Linie auf das inkremental oder radikal innovative Ergebnis dieser Prozesse und versuchen dies durch zentrale Steuerung zu beeinflussen und Lerninhalte vorzugeben, anstatt wie die Komplexitätsforschung nach Funktionsmechanismen zu forschen, die beiden Lernprozessen gleichermaßen zugrunde liegen.

5.2.3.2 Strategieprozesse und emergente Strategien

Im Rahmen der Strategieprozessforschung wird untersucht, auf welche Art und auf Basis welcher Vorgänge strategische Entscheidungen zustande kommen.[775] In neueren Steuerungsansätzen für Unternehmen wird dabei nicht mehr die zentralisierte rationale Einzelentscheidung in den Mittelpunkt gestellt, sondern die Organisation wird als komplexes soziales System angesehen, in dem auch dezentrale Initiativen und Potentiale Strategieprozesse auslösen können.[776]

Im Unterschied zu den Modellen komplexer adaptiver Systeme wird in den Konzepten dezentraler Steuerung von Unternehmen nicht vollständig auf zentrale Kontrolle verzichtet.[777] So ordnet bspw. QUINN in seinem Konzept des Logischen Inkrementalismus zwar den Anstoß und die Vorformulierung von Strategien dezentralen Subsystemen zu, eine wichtige Funktion des Managements ist es jedoch, diese vielfältigen Initiativen zu prüfen, zu ordnen und ggf. zu einer Gesamtstrategie zu integrieren sowie den gesamten Prozess indirekt zu steuern, so dass die Strategie letztlich eine zentrale Architektur erhält.[778]

Auch nach MINTZBERGS ‚Grassroots Model of Strategy Formation' können strategische Ideen zwar zunächst überall im Unternehmen wie Unkraut in einem Garten entstehen und anfangs wild wuchern, aber auch hier ist das Management gefordert, die-

[774] „Effective learning requires a balance between exploration and exploitation but ...such a balance is continually threatened by tendencies for both exploration and exploitation to be self-reinforcing" (March (1996), S. 278).

[775] Vgl. Rühli/Schmidt (2001), S. 532f.

[776] Vgl. Schreyögg (2000), S. 395f.

[777] Vgl. Hahn/Simanek (2000), S. 23.

[778] Vgl. Quinn (1980), S. 97ff., Schreyögg (2000), S. 399ff. und Mintzberg/Ahlstrand/Lampel (1998), S. 180ff.

se emergenten Strategieentstehungsprozesse zu erkennen und wenn nötig einzugreifen, indem es manche der ‚Pflanzen' hegt, andere dagegen jätet.[779]
MINTZBERG räumt zwar die Möglichkeit gänzlich unintendierter Strategieformierung ein, bei der sich (Handlungs-)Muster aufgrund unternehmensexterner Einwirkungen oder interner Notwendigkeit ‚von selbst' ergeben, sieht bei dieser Art der Strategieentstehung allerdings die Möglichkeit zu lernen unterbunden, die sich nur dann bietet, wenn die entstehende Strategie auch einer kritischen Reflexion unterzogen werden kann.[780] Lernen ist für Unternehmen jedoch unerlässlich, da es nur so möglich ist, Erfahrungen bspw. in Bezug auf Marktmechanismen oder Unternehmensfähigkeiten zu sammeln, auf die in zukünftigen Entscheidungssituationen zurückgegriffen werden kann, um adäquate neue, robuste Strategien zu schaffen.[781]

In den Computermodellen der komplexen adaptiven Systeme kann dieser Aspekt vernachlässigt werden, da die Agenten sich per Definition bei einer Variation nur verbessern dürfen und daher nicht erst wie Unternehmen aus der gesamten Menge der Veränderungsmöglichkeiten diejenige mit der größten Erfolgswahrscheinlichkeit ermitteln müssen. Somit sind die Modelle der Komplexitätsforschung in dieser Hinsicht stark vereinfacht und lassen keine Aussagen über diesen Auswahlprozess zu, allerdings weisen die Computerexperimente darauf hin, dass das Spektrum der wählbaren Verhaltensmöglichkeiten am Chaosrand mit entsprechenden Strukturen am größten ist.

5.2.3.3 Unternehmensnetzwerke

Unternehmensnetzwerke sind eine allgegenwärtige aktuelle Form interorganisationaler Beziehungen. Ihnen werden verschiedenste Vorteile zugeschrieben, die zum Teil Parallelen zu den Eigenschaften komplexer adaptiver Systeme aufweisen. Als Netzwerk wird allgemein eine auf die Realisierung nachhaltiger Wettbewerbsvorteile zielende Organisationsform ökonomischer Aktivitäten bezeichnet, die durch komplex-reziproke, eher kooperative denn kompetitive und relativ stabile Austauschbeziehungen zwischen rechtlich selbständigen, aber interdependenten Unternehmungen geprägt ist.[782]

Im Unterschied zu den Modellen der Komplexitätsforschung, bei denen Kopplungen entweder gegeben oder Gegenstand zufälliger Mutationsversuche sind, ist in Unternehmensnetzwerken die Etablierung von Kopplungen in Form interorganisationaler Beziehungen ein Entscheidungstatbestand und hängt von den Erwartungen an die (positiven) Auswirkungen der Kopplung ab, und die Allianzdynamik ist davon abhängig, inwieweit die Teilnehmer diese Erwartungen bestätigt finden.[783]
Hierunter ist vor allem die Fähigkeit des gesamten Netzwerks zu nennen, auf geänderte Marktanforderungen schnell zu reagieren bei gleichzeitiger effizienter marktlicher Koordination der Beteiligten mit ihren spezifischen Kernprozessen.[784] Zudem können in Netzwerken Ressourcen, Informationen und Wissen gemeinsam genutzt

[779] Vgl. Mintzberg/Ahlstrand/Lampel (1998), S. 196ff. oder Mintzberg (1998), S. 719ff.

[780] Vgl. Mintzberg/Ahlstrand/Lampel (1998), S. 195.

[781] Vgl. Mintzberg/Ahlstrand/Lampel (1998), S. 198.

[782] Vgl. Sydow (1992), S. 79, speziell zu den Kooperationsaspekten in Netzwerken vgl. auch Herbst (2002), S. 73ff.

[783] Die Entscheidung kann insofern nicht nur aus freiem Willen, sondern bspw. auch aus Wettbewerbsdruck entstehen, vgl. Zahn/Foschiani (2002a), S. 72ff.

[784] Vgl. Bühner/Tuschke (1999), S. 453.

werden, und Netzwerke bieten Möglichkeiten zum gemeinsamen Lernen, zur Erschließung neuer Märkte sowie zur Entdeckung neuer Geschäftschancen.[785]
Die Netzwerkperspektive bietet eine erweiterte Sichtweise auf Unternehmen, in welche deren externe Beziehungen explizit einbezogen werden. Da diese nach den Erkenntnissen der Netzwerkforschung das Verhalten und die Leistung von Unternehmen beeinflussen, stellen sie ‚Beziehungskapital' dar, das die Basis für Wissenstransfer und gemeinsames Lernen von Allianzpartnern bildet.[786]
Es konnte empirisch festgestellt werden, dass starke Bindungen für die Ausbeutung von im Netzwerk vorhandenem Wissen (Exploitation), schwache Bindungen dagegen für die Generierung von neuem Wissen förderlich sind.[787] Dieser Befund deckt sich nur zum Teil mit den Ergebnissen der Komplexitätsforschung, die darauf hinweist, dass neben den externen Bindungen zwischen den Partnern auch deren interne Bindungen und vor allem das Verhältnis dieser beiden für die Dynamik des Verbundes entscheidend sind.[788]
Bestehendes Beziehungskapital kann andersherum auch zu einer Verkrustung von interorganisationalen Strukturen und zur Schwächung der Innovationskraft des Netzwerks führen, wenn bei Interaktionsprozessen zwischen Unternehmen nur etablierte Beziehungen genutzt und verfestigt werden. Anders als bei den Modellen der Komplexitätsforschung wird die Metastruktur ‚Unternehmensnetzwerk' nicht aus wechselnden Agenten, sondern meist aus demselben Kreis von Teilnehmern gebildet, so dass die Zugehörigkeit zu einem Netzwerk auch wegen der sich verfestigenden gegenseitigen Beziehungen u.U. den Eintritt in ein anderes unterbindet.[789] Netzwerkdynamik wird mehr als Abfolge statischer Strukturen denn als permanenter Prozess gesehen.[790]
Die Überlegungen, dass Netzwerke wiederum als eigenständige kollektive Akteure interpretiert werden können, die sich durch Kommunikation konstituieren[791], decken sich mit den Vorstellungen der Komplexitätsforschung zur Aggregierbarkeit des Agentenmodells.

Aus der Perspektive der Komplexitätsforschung stellt sich der Netzwerkansatz als ein Versuch dar, die positiven Auswirkungen externer Kopplungen gezielt herbeizuführen und zu verstärken, die sich in relativer Stabilität des Netzwerk-Clusters bei gleichzeitiger (operativer) Flexibilität zeigen. Implizit wird häufig angenommen, dass sich die Netzwerkunternehmen als kooperierende Partner und nicht als Wettbewerber verstehen.[792] Außerhalb der virtuellen Grenze dieses Clusters gelten die ‚Gesetze des Marktes', während die Unternehmen innerhalb des Netzwerks kooperative Verbindungen pflegen.
Bei dieser Sichtweise wird somit zwar eine höher aggregierte Systemgrenze gezogen, die statt des einzelnen Unternehmens auch seine Beziehungen zu anderen im Netzwerk in den Mittelpunkt stellt und insofern kompatibel ist mit dem Schachtelmodell der Komplexitätsforschung. Allerdings basieren nach dem Netzwerkansatz die externen und internen Beziehungen auf den verschiedenen Aggregationsebenen des

[785] Vgl. Zahn/Foschiani (2002b), S. 266 und die dort angegebene Literatur.
[786] Vgl. Kale/Singh/Perlmutter (2000), S. 220ff. und Zahn (2001a), S. 21f.
[787] Vgl. Rowley/Behrens/Krackhardt (2000), S. 384 und Zahn/Foschiani (2002a), S. 71f.
[788] Vgl. Kapitel 4.5.1.3.
[789] Vgl. Zahn/Foschiani (2002b), S. 268.
[790] Vgl. Kappelhoff (2000a), S. 51.
[791] Vgl. Holtbrügge (2001), S. 343.
[792] Vgl. Staber (2000), S. 75.

Netzwerks nicht wie bei den komplexen adaptiven Systemen auf den gleichen Mechanismen, und die potentiell förderliche Wirkung auch negativer gegenseitiger Einflüsse wie bspw. Konkurrenzbeziehungen bleibt weitgehend unbeachtet.

5.2.4 Stellenwert der Vorarbeiten in den Wirtschaftswissenschaften

In den voranstehenden Kapiteln konnte aufgezeigt werden, dass für eine Übertragung der Erkenntnisse der Komplexitätsforschung auf Unternehmen bereits eine Reihe von Anknüpfungspunkten existiert. Zugleich wurden in den Ausführungen jedoch auch die Unterschiede und Begrenzungen dieser vorgestellten Konzepte im Vergleich zu den Erkenntnissen der neueren Komplexitätsforschung deutlich gemacht.

Neben diesen spezifischen inhaltlichen Unterschieden, die bereits ausführlich besprochen wurden, bildet sicherlich auch die Verteilung dieser Anknüpfungspunkte über eine Vielzahl von Forschungsgebieten mit jeweils individuellen Zielsetzungen, unterschiedlichen Betrachtungshorizonten, speziellen Terminologien und eigenen theoretischen Fundamenten ein Hindernis für eine fundierte Übertragung zentraler Erkenntnisse der Komplexitätsforschung auf Unternehmen. Offensichtlich fehlt ein Integrationsrahmen für die verschiedenen Einzelaspekte.

Dass die Komplexitätsforschung als Meta- oder Strukturwissenschaft diese Integration prinzipiell leisten könnte, ist bei der Darstellung der Parallelen und Anknüpfungspunkte deutlich geworden. Dabei dürften die voranstehend aufgeführten Erkenntnisse der Einzelwissenschaften jedoch nicht negiert werden, sondern sollten eine Erweiterung und Ergänzung im Sinne einer neuen, dynamischen Sichtweise von Unternehmen erfahren, die aus den Forschungsergebnissen zu komplexen adaptiven Systemen resultiert. Bestehende Transferansätze der Komplexitätsforschung auf Unternehmen, wie sie im nachfolgenden Kapitel dargestellt werden, können einen Ausgangspunkt für ein solches integratives Gesamtkonzept darstellen.

5.3 Systematisierung und Bewertung bestehender Anwendungen der Komplexitätsforschung auf Unternehmen

Im vorliegenden Kapitel soll das bereits vorliegende Spektrum des interdisziplinären Analogietransfers von Erkenntnissen der Komplexitätsforschung auf Unternehmen einer näheren Untersuchung unterzogen werden, um zur Beantwortung der dritten Forschungsfrage der vorliegenden Arbeit zu gelangen, wie sich Erkenntnisse der Komplexitätsforschung auf Unternehmen übertragen lassen und welche Gestaltungsempfehlungen sich daraus für wandlungsfähige Unternehmen ergeben.
Dazu wird zunächst auf Basis der in Kapitel 4 vorgestellten Eigenschaften komplexer adaptiver Systeme in Kapitel 5.3.1 ein Ordnungsrahmen entwickelt, der eine systematische Erfassung und Bewertung bestehender Transferansätze erlaubt. In den sich anschließenden Kapiteln 5.3.2 bis 5.3.5 werden verschiedene in der Literatur beschriebene Transferansätze erläutert und in den Ordnungsrahmen eingeordnet. In diese Betrachtungen werden dabei nur solche Ansätze einbezogen, die sich ausdrücklich auf die neuere Komplexitätsforschung und ihre Teilgebiete beziehen. Abschließend werden die verschiedenen betrachteten Übertragungsansätze im Hinblick auf ihre Transferleistungen und ihre Eignung für ein Gestaltungskonzept wandlungsfähiger Unternehmen bewertet, das Gegenstand von Kapitel 6 ist.

5.3.1 Ordnungsrahmen zur Systematisierung von Transferansätzen

Auch die Ansätze des Analogietransfers der Komplexitätsforschung auf Unternehmen, die allerdings noch nicht sehr zahlreich vorliegen, zielen wie der metaphorische Transfer häufig darauf ab, in den betrachteten Problemfeldern einen Zustand wie am Rande des Chaos zu erreichen, in dem ohne permanente zentrale Steuerung die Emergenz von Lösungen auch für nicht absehbare Herausforderungen möglich wird. Die Zielsetzungen und Betrachtungsperspektiven der bislang vorhandenen Übertragungsansätze auf Unternehmen und entsprechend deren Gestaltungs- und Handlungsempfehlungen können sich jedoch in vielfältiger Hinsicht unterschieden.

Um sie zu systematisieren und ihre Relevanz für wandlungsfähige Unternehmen untersuchen zu können, wird zunächst ein Ordnungsrahmen erstellt, der unter Verwendung der Erkenntnisse aus Kapitel 4 und unter Berücksichtigung der Spezifika des Anwendungsfalls ‚Unternehmen' die folgenden Kategorien betrachtet:

- Emergenzebene: Bei der Einordnung von Transferansätzen ist zu untersuchen, auf welcher Strukturierungsebene innerhalb oder außerhalb von Unternehmen die von dem jeweiligen Ansatz postulierten emergenten Eigenschaften entstehen sollen.
- Emergenzart und Emergenzeigenschaften: Die vorhandenen Transferansätze zielen auf sehr unterschiedliche Emergenzeigenschaften ab. Diese Unterschiede muss der Ordnungsrahmen ebenfalls erfassen und eine Zuordnung zu den zwei Arten der Emergenz, emergente Selbstordnung bzw. emergente Neuerung, ermöglichen.
- Agenten: Da sich wie in den abstrakten Modellen der Komplexitätsforschung auch in den Transferansätzen auf Unternehmen die betrachteten Eigenschaften der Emergenzebene durch Anwendung von Gestaltungsprinzipien komplexer adaptiver Systeme auf einer untergeordneten Ebene ergeben, schließt sich die Frage nach eben dieser Gestaltungsebene an, wobei insbesondere von Interesse ist, welche Elementareinheit im jeweiligen Transferansatz das Analogon zu einem Agenten darstellt.
- Handlungsempfehlungen: Hier ist zu untersuchen, welche Hinweise für den jeweiligen konkreten Anwendungsfall aus dem betrachteten Transferansatz an die Unternehmensführung ergehen.
- Ansatzpunkte der Gestaltung: Schließlich müssen die Handlungsempfehlungen im Sinne der in Kapitel 4.6.5 abgeleiteten Ansatzpunkte der Gestaltung komplexer adaptiver Systeme eingeordnet werden.

Die genannten Kategorien des Ordnungsrahmens und seine Anwendung werden im Folgenden noch eingehender erläutert.

Ordnungskategorie ‚Emergenzebene'

Emergenz lässt sich in den in Kapitel 4 beschriebenen verschiedenen Experimenten mit künstlichen, computerbasierten komplexen adaptiven Systemen zumeist visuell als Musterbildung aus farbig markierten Zellen oder als Besiedlungs- bzw. Veränderungsdynamik von Fitnesslandschaften erkennen. Bei der Übertragung dieser Ergebnisse auf Unternehmen müssen jedoch sowohl die Emergenzebene als auch die emergente Musterbildung oder Dynamik als Emergenzeigenschaft spezifisch interpretiert werden. Der Grundgedanke der Emergenz erfordert dabei prinzipiell eine Unterscheidung von zumindest zwei Ebenen, der Ebene der Agenten und der Ebene der Emergenz. Die erste Kategorie des Ordnungsrahmens befasst sich mit der

Emergenzebene als derjenigen in dem jeweiligen Transferansatz angegebenen Ebene von Unternehmen, auf der emergente Eigenschaften zutage treten sollen.

Diese Ebenen der Entstehung emergenter Eigenschaften lassen sich dabei grundsätzlich in einem breiten Spektrum ansiedeln, das nicht nur alle unternehmensinternen organisationalen Ebenen umfasst, sondern von der Branche über das Unternehmensnetzwerk und ein einzelnes Unternehmen und dessen Hierarchieebenen oder Strukturierungseinheiten bis schließlich hin zu einzelnen Individuen reicht. Für die Ordnungskategorie ‚Emergenzebene' kann somit zusammenfassend das gesamte Spektrum zwischen Individuum und Branche angegeben werden.

Ordnungskategorien ‚Emergenzart' und ‚Emergenzeigenschaften'

Wie bei den Emergenzeigenschaften der Musterbildung oder der Besiedlungsdynamik von Fitnesslandschaften in künstlichen, computerbasierten komplexen adaptiven Systemen ist auch bei der Übertragung auf Unternehmen zu unterscheiden, auf welche Art von Emergenz sie abzielen. Grundsätzlich sind, wie in Kapitel 4.6.5 dargelegt wurde, zwei verschiedene Interpretationen von Emergenz zu unterscheiden, die jedoch für soziale Systeme wie Unternehmen nicht immer ganz trennscharf differenziert werden können: Emergenz als Selbstordnung und Emergenz als Neuerung.

Wird Emergenz als Selbstordnung verstanden, sind hierzu keine veränderlichen Agenten erforderlich. Die Bedingungen des Chaosrandes, unter denen die Informationsverarbeitungskapazität und die Verhaltenskomplexität eines Systems am größten sind, können durch Festlegung und Abstimmung weniger Parameter erreicht werden. Entsprechende Transferansätze zielen somit auf größtmögliche Effizienz und Flexibilität innerhalb eines festgelegten Aufgaben- und Handlungsspektrums, für das Regeln vorgegeben werden müssen, die eine effiziente Formierung in der gewünschten Attraktorstruktur erzeugen.

Wird Emergenz dagegen im Sinne von Neuerung verstanden, kann sie auch gänzlich innovative Ergebnisse und Entwicklungen umfassen. Diese Fähigkeit, ohne zentrale Steuerung emergente innovative Charakteristika hervorzubringen und sich im Einklang mit dem Umsystem zu wandeln, macht eine wesentliche Besonderheit komplexer adaptiver Systeme aus, weshalb viele Transferansätze genau diese Eigenschaft zu übertragen suchen. Für derart verstandene Emergenz, welche die Möglichkeit zur Selbstordnung umfasst, aber auch Evolution und grundlegende Veränderung beinhaltet, ist die Veränderlichkeit von Agenten und Strukturen im weitesten Sinne erforderlich.
Im Gegensatz zu den Computerexperimenten, bei denen auch diese innovative Art von Emergenz sich, wie die Selbstordnung, als Musterbildung niederschlägt, können sich jedoch Kreativität und Innovation in Unternehmen auf höchst unterschiedliche Weise manifestieren. Transferansätze, die Prinzipien von komplexen adaptiven Systemen übertragen um kreative, neue Lösungen generierende Strukturen und Prozesse in Unternehmen zu etablieren, müssen entsprechend noch detaillierter nach der von ihnen geförderten emergenten Eigenschaft unterschieden werden.

In der Ordnungskategorie ‚Emergenzart' ist somit generell zu unterscheiden zwischen emergenter Selbstordnung zur effizienten Aufgabenbearbeitung und emergenter Neuerung im Sinne von Entwicklung, Innovation oder Wandel. Diese grundsätzliche Unterscheidung steht dabei in einem engen Zusammenhang mit den Annahmen über die Agenten, wie im nächsten Abschnitt noch eingehender erläutert wird. Innerhalb dieser generellen Unterscheidung können die verschiedenen Transferansätze wiederum sehr unterschiedliche konkrete Emergenzeigenschaften adressieren, die im Ordnungsrahmen jeweils unter der Ordnungskategorie ‚Emergenzeigenschaften' aufgeführt werden.

Ordnungskategorie ‚Agenten'

Die auf zellulären Automaten basierenden Computerexperimente der Komplexitätsforschung, in denen die Agenten farbig markierte Zellen in einer definierten räumlichen Anordnung sind, oder die NK-Modelle, in denen die Agenten Vektoren aus N Elementen mit einem begrenzten Wertespektrum und einer zugehörigen Position auf einer Fitnesslandschaft sind, beinhalten eine sehr starke Abstraktion bezüglich der Agenten. Ein Transfer auf unternehmensbezogene Fragestellungen macht es zwingend erforderlich, dass diese abstrakten Agentenmodelle interpretiert und problemspezifisch konkretisiert werden.
Im Gegensatz zu den Computerexperimenten, bei denen die Agenten immer in der zur Emergenzebene nächstniedrigen Aggregationsebene angesiedelt werden, müssen sich die Agenten bei Übertragungsansätzen auf Unternehmen zwar auch auf einer relativ zur Emergenzebene niedrigeren Ebene befinden, abgesehen von dieser Einschränkung können sie jedoch auch bei ansonsten identischen Emergenzeigenschaften und -ebenen durchaus unterschiedlich definiert werden. Was als Agent definiert wird, hängt zum einen sicherlich von den bereits existierenden realen Strukturierungseinheiten der jeweils betrachteten konkreten Problemsituationen ab und kann aus diesem Grund sehr verschieden sein. Die Verschiedenheit der Agenten in unterschiedlichen Transferansätzen wird jedoch zum anderen anhand der Überlegungen zu den verschiedenen Emergenzqualitäten auch aus einem weiteren Grund erklärlich:

Wird Emergenz als Selbstordnung verstanden, so beruht diese auf regelbasierter Verhaltensdynamik des Netzwerkes aus Agenten und bedarf lediglich eines entsprechenden Regelwerks, das im Zeitverlauf aber, genau wie die Agenten, nicht mehr verändert wird. Für einen derartigen Ansatz eignen sich als Agenten prinzipiell alle Organisationseinheiten vom Individuum bis hin zum Unternehmensnetzwerk.

Wird Emergenz jedoch auch als kreative Neuerung und Wandel im Zeitverlauf aufgefasst, erfordert dies, wie die Ausführungen in Kapitel 4.4 und 4.6 gezeigt haben, adaptive Agenten. Im Spektrum potentieller Agenten ist der Mensch das wichtigste selbsttätig zu ‚Strukturadaption', Lernen und unvorhersehbarer Veränderung fähige Element. Bei Ansätzen, die emergente Neuerungen fördern wollen, wird somit in den meisten Fällen die erwünschte Emergenz auf einer Interaktion von Individuen basieren. Allerdings stehen diese Individuen häufig stellvertretend für größere Organisations- oder andere Strukturierungseinheiten wie Teams, Geschäftsbereiche, Unternehmen oder auch Produkte und interagieren im Namen dieser Einheiten. Andersherum sind die Individuen dann auch in der Lage, Veränderungen eben dieser Strukturierungseinheiten zu bewirken, so dass, obwohl die Basis für jegliche Änderungen die Personenebene bildet, doch von diesen größeren Strukturierungseinheiten im Sinne von Agenten gesprochen werden kann.

Außer diesen beiden von den Computerexperimenten der Komplexitätsforschung vorgegebenen Möglichkeiten des unveränderlichen und rein regelbasierten Verhaltens auf der einen Seite und der emergenten Neuerung ausschließlich durch unvorhersehbare autonome, selbstinitiierte Veränderung oder Kreativität von Personen als Agenten auf der anderen Seite existiert bei Unternehmen noch eine weitere Möglichkeit, wie Emergenz entstehen kann: Strukturveränderungen können hier nicht nur durch die Agenten selbst im Zuge ihrer interaktiven Optimierungs- und Anpassungsbestrebungen vorgenommen werden, sondern sie können auch durch Eingriffe seitens einer übergeordneten Führung initiiert werden, der verschiedene Möglichkeiten zur Gestaltung des Unternehmenssystems offen stehen. So können u.a. auch die Agenten in einem Unternehmen beliebig definiert und im Rahmen einer Führungsfunktion gestaltet werden. Hierbei kommen jedoch nicht nur vorhandene Organisationseinheiten in Betracht, sondern das Agentenmodell ist je nach bezweckter Emergenzeigenschaft auch auf abstrakte Einheiten wie bspw. Wissensbestände oder Strategien anwendbar.

Zur Ebene der Agenten bei der Übertragung von Prinzipien komplexer adaptiver Systeme auf Unternehmen kann somit festgehalten werden: Sie muss immer der Emergenzebene untergeordnet sein, kann aber unter dieser Voraussetzung auf dem gesamten Spektrum der organisatorischen Hierarchie vom Unternehmensnetzwerk bis hin zum Individuum angesiedelt sein. Die Definition der Agenten muss sich dabei nicht notwendigerweise an den tatsächlich existierenden Organisationseinheiten orientieren und kann auch abstrakte Qualitäten von Organisationseinheiten wie bspw. Strategien betreffen.
Die Agenten lassen sich grob in drei Gruppen einordnen: Erstens können Agenten in als ihren Verhaltensmustern und Strukturen festgelegte, unveränderliche und somit nicht-adaptive Einheiten angesehen werden. Zweitens können sie als teil-adaptiv charakterisiert werden, wenn davon ausgegangen wird, dass sie sich in Grenzen selbst an Veränderungen anpassen, diese Grenzen, Veränderungsprozeduren oder Anreize dazu jedoch von einer übergeordneten Führung vorgegeben werden müssen, und drittens können Agenten als autonom-adaptiv angesehen werden, so dass in diesem Fall keine Möglichkeit besteht, die Agenten in ihren Veränderungen in irgendeiner Weise außer durch nachträgliche Selektion zu beeinflussen. Die Klassifikation in diese drei Gruppen muss die Ordnungskategorie ‚Agenten' erfassen.

Ordnungskategorie ‚Handlungsempfehlungen'

In dieser Kategorie werden die wichtigsten Gestaltungs- und Handlungsempfehlungen für Unternehmen stichwortartig wiedergegeben, die in der Literatur zum jeweils betrachteten Transferansatz abgeleitet werden. Entsprechend den sehr unterschiedlichen Zielrichtungen der vorgestellten Transferansätze und ihrer Annahmen bezüglich der Agenten sind auch diese Empfehlungen in Inhalt und Umfang hochgradig verschieden, so dass in dieser Ordnungskategorie keine weitere Klassifikation sinnvoll ist.
Die Ordnungskategorie ‚Handlungsempfehlungen' fasst die Gestaltungs- und Handlungshinweise aus den Transferansätzen lediglich im Überblick zusammen. Eine weitergehende Systematisierung erfolgt erst durch deren Interpretation in der Kategorie ‚Ansatzpunkte der Gestaltung'.

Ordnungskategorie ‚Ansatzpunkte der Gestaltung'

Das generische Modell eines komplexen adaptiven Systems aus Kapitel 4.6 bildet die Grundlage der Ordnungskategorie ‚Ansatzpunkte der Gestaltung'. Dort wurden anhand der Ergebnisse der naturwissenschaftlichen Komplexitätsforschung neun Objekte identifiziert, deren Eigenschaften in geeigneter Kombination ein komplexes adaptives System ausmachen[793]:

- Agenten (AGN)

[793] Vgl. Abbildung 4.10.

- Agentenmerkmale (MKM)
- interne Verknüpfungen (INT)
- Verhaltensregeln (VHR)
- Veränderungsregeln (VÄR)
- Diversität (DIV)
- Selektionsmechanismen bzw. Fitnesslandschaften (FIT)
- externe Verknüpfungen (EXT) sowie
- Substrukturen bzw. Patches (PAT)

Wenn Unternehmen oder ihre Unter- bzw. Oberstrukturen als komplexe adaptive Systeme angesehen werden, ergeben sich prinzipiell aus jedem der neun Objekte Ansatzpunkte für die Gestaltung von Unternehmensstrukturen und -prozessen im weitesten Sinne. Aus Sicht von Unternehmen sollten die genannten Objekte somit sämtlich Eingriffsmöglichkeiten darstellen, und die entsprechenden Übertragungsansätze sollten Hinweise dazu liefern, wie und in welchem Ausmaß die entsprechende Eigenschaft im Unternehmen zu implementieren ist und welche lenkenden Eingriffe unter welchen Umständen vorgenommen werden sollten.
Um die untersuchten Übertragungsansätze und speziell die von ihnen abgegebenen Handlungsempfehlungen vergleichbar zu machen, wird in der Ordnungskategorie ‚Ansatzpunkte der Gestaltung' im Folgenden jeder Ansatz analysiert und daraufhin untersucht, an welchen der identifizierten Objekte zur Gestaltung eines komplexen adaptiven Systems er angreift. Dazu wird bereits bei der Beschreibung eines Übertragungsansatzes an den entsprechenden Textstellen in Klammern auf die jeweils betroffenen Gestaltungsmöglichkeiten verwiesen.

Formblatt zur Einordnung von Übertragungsansätzen in den Ordnungsrahmen

Mit Hilfe der voranstehend beschriebenen Ordnungskategorien ‚Emergenzebene', ‚Emergenzart', ‚Emergenzeigenschaften', ‚Agenten', ‚Handlungsempfehlungen' und ‚Ansatzpunkte der Gestaltung' können nun nachfolgend bestehende Transferansätze der Komplexitätsforschung auf Unternehmen vollständig dahingehend erfasst werden, wie sie die in Kapitel 4 identifizierten Grundprinzipien komplexer adaptiver Systeme interpretieren und problemspezifisch übertragen. Zur Erfassung dient ein Formblatt, wie es Abbildung 5.1 zeigt, mit sieben Feldern, welche die sechs oben beschriebenen Ordnungskategorien sowie die Quellenangaben zu den jeweils betrachteten Transferansätzen enthalten.

Bei der Analyse bestehender Übertragungsansätze hinsichtlich ihrer Beiträge in diesen Kategorien erscheint für den Zweck der vorliegenden Arbeit eine erste Strukturierung entlang der Ordnungskategorie ‚Emergenzebene' sinnvoll, um die nachfolgende Anwendung dieser Erkenntnisse auf das Modell des wandlungsfähigen Unternehmens zu erleichtern. Dabei wird in den folgenden Ausführungen mit der Betrachtung der Individualebene begonnen, da bei fortschreitender Ebenenaggregation die Möglichkeiten zu gestaltenden Eingriffen immer zahlreicher werden und die Gestaltungsoptionen untergeordneter Ebenen einschließen.
Bei der Benennung der Emergenzart wird zunächst zwischen Selbstordnungs- und Neuerungsemergenz unterschieden. Die speziellen Emergenzeigenschaften im betrachteten Fall sind dann dem Feld mit der Ordnungskategorie ‚Emergenzeigenschaften' zu entnehmen.
Die Ordnungskategorie ‚Agenten' beschreibt, welche Organisations- oder sonstige Einheit im jeweiligen Ansatz als Agent angesehen wird. Zusätzlich wird als ein zentrales Agentenmerkmal angegeben, ob diese Agenten als nicht-adaptiv, als autonom

adaptiv oder als teil-adaptiv und durch die Führung veränderungsbedürftig angesehen werden, wobei letztere Klassifikation, wie bereits dargelegt, in den in Kapitel 4 vorgestellten natürlichen oder computerbasierten Systemen nicht vorkommt, sondern eine Besonderheit bei der Übertragung auf Unternehmen darstellt.
Dann folgt eine Zusammenstellung der im jeweiligen Transferansatz angegebenen konkreten Gestaltungs- und Handlungsempfehlungen für Unternehmen, und als Letztes wird eine Einordnung der Gestaltungsempfehlungen in das generische Modell komplexer adaptiver Systeme aus Kapitel 4.6 vorgenommen.

Auf die beschriebene Weise werden nachfolgend sämtliche untersuchten Transferansätze nach dem in der Abbildung 5.1 dargestellten Formblatt klassifiziert.

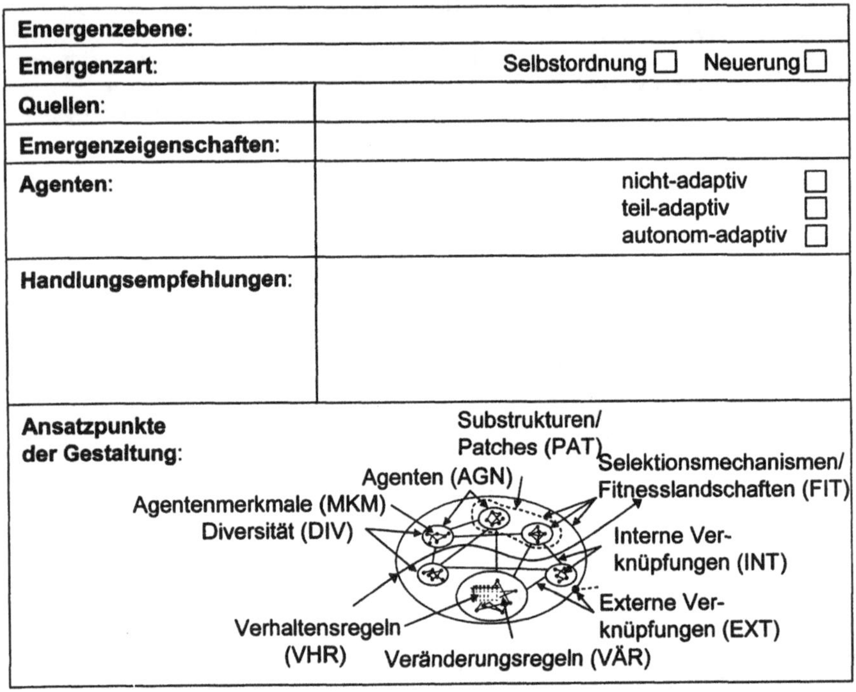

Abbildung 5.1: Formblatt zur Einordnung von Transferansätzen in den Ordnungsrahmen
Quelle: eigene Darstellung

5.3.2 Einordnung bestehender Übertragungsansätze mit der Emergenzebene ‚Individuum'

Die Architektur der computergestützten komplexen adaptiven Systeme legt es nahe, auf unterster Ebene die Individuen in einem Unternehmen den Agenten gleichzusetzen. Viele Übertragungsansätze basieren denn auch auf Personen als Elementaragenten und sehen erste Emergenzmöglichkeiten auf einer aggregierten Organisationsebene, wie in Kapitel 5.3.3 dargestellt wird. Bei den im Folgenden skizzierten Konzepten zu ‚Memen' in Kapitel 5.3.2.1 und zu ‚complex responsive processes' in Kapitel 5.3.2.2 wird die Agentenebene jedoch noch unterhalb der einzelnen Person angesiedelt, und Emergenz zeigt sich entsprechend bereits auf der Ebene des Individuums. Dabei kann zwar keine klare Trennung zwischen Emergenz als Selbstordnung und Emergenz als Neuerung identifiziert werden, die beiden nachfolgenden Transferansätze betonen jedoch eher Innovationsaspekte.

5.3.2.1 Emergenz von Bewusstsein, Kultur und Wissen durch Meme als Agenten

Ein kulturbezogenes Pendant zum evolutionsbiologischen Zweig der Komplexitätsforschung bildet die Vorstellung von Memen. Mit diesem durch DAWKINS bereits 1976 geprägten Begriff wird das Prinzip der Gene auch auf Kulturelemente wie bspw. Sprache allgemein, Gedanken, Melodien, Schlagwörter, wissenschaftliche Theorien, aber auch Handlungsregeln oder individuelle Fertigkeiten und Gewohnheiten und Ähnliches angewendet, die als Meme bezeichnet werden.[794]
Als Speicherort für Meme können neben dem Gehirn bspw. auch Medien und Artefakte wie Maschinen oder Kunstwerke dienen.[795] Meme als kulturelle bzw. soziale Äquivalente der Gene werden nicht wie diese physisch vererbt, sondern sie vermehren sich durch Imitation im weitesten Sinne und breiten sich auf diese Weise von einem menschlichen Gehirn zum nächsten aus. Meme sind daher bei ihrer Vermehrung nicht wie Gene auf die zeitaufwendige vertikale Weitergabe von Generation zu Generation beschränkt, sondern können sich auch schnell horizontal innerhalb einer einzigen Generation ausbreiten.[796]
Meme werden in dieser Perspektive als eigenständige Einheiten verstanden, deren Ziel ihre eigene Replikation ist, wozu sie allerdings als Vehikel der Interaktion von Individuen bedürfen, um deren Aufmerksamkeit sie konkurrieren.[797] Replikation mit kleinen Abweichungen (Variation) wird auch hier wie bei den Genen zur Quelle von Neuerungen. Durch die schnelle horizontale Verbreitung der Meme erhalten Adaption und Evolution sozialer Gebilde eine wesentliche Beschleunigungsmöglichkeit gegenüber der biologischen Evolution.[798]

Einige Übertragungsansätze der Komplexitätsforschung fassen Meme als Agenten auf, die durch ihre Interaktion im Individuum ein emergentes Bewusstsein oder in einer sozialen Gruppe eine emergente Kultur erschaffen.[799] Damit identifizieren sie eine Agentenebene, die noch unterhalb des Individuums liegt. Die Interaktion dieser Agenten ist zwar auf Personen als Träger angewiesen, diese können jedoch die eigenständige Aktivität der Meme, ihre Mutation und die ‚Infektion' weiterer Personen nur sehr begrenzt beeinflussen. In dieser Perspektive stellen sich Bewusstsein und Kultur als komplexe adaptive Systeme dar, in dem Meme als Agenten miteinander in Beziehung treten. In der schnellen Veränderlichkeit von Memen sehen die Autoren einen Vorteil, der rasch zu emergenten Neuerungen führen kann. Die starke Veränderungsdynamik wird jedoch durch die stabilisierende Wirkung der emergenten Kultur bzw. des emergenten Bewusstseins am Rande des Chaos ausbalanciert. Ein-

---

794 Vgl. Dawkins (1994), S. 304ff. und Blackmore (2000), S. 32f.

795 Vgl. Blackmore (2001), S. 230-233.

796 Vgl. Williams (2000), S. 273.

797 Vgl. Battram (1999), S. 66ff., Blackmore (2000), S. 31ff. oder Dawkins (1994), S. 316.

798 Vgl. Marion (1999), S. 132.

799 Vgl. zum folgenden Absatz bspw. Battram (1999), S. 65ff., Marion (1999), S. 131ff., Oliver/Roos (2000), S. 139ff. oder Stacey/Griffin/Shaw (2000), S. 179ff.

flussmöglichkeiten auf diesen Prozess bestehen, sind aber in der Vorhersehbarkeit ihrer Auswirkungen stark begrenzt.

Emergenzebene: Individuum	
Emergenzart:	Selbstordnung ☐ Neuerung ■
Quellen:	Battram (1999), Marion (1999), Oliver/Roos (2000), Stacey/Griffin/Shaw (2000)
Emergenzeigenschaften:	Bewusstsein, Kultur
Agenten:	Meme — nicht-adaptiv ☐ teil-adaptiv ☐ autonom-adaptiv ■
Handlungsempfehlungen:	• Entwicklung beobachten • Neue Ideen aufspüren und unterstützen • Diversität von Ideen fördern • Sich nicht von allen Memen infizieren lassen • Auch stabilisieren
Ansatzpunkte der Gestaltung:	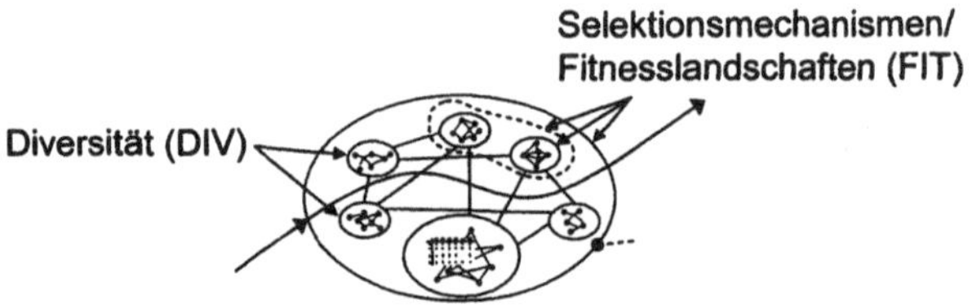

Abbildung 5.2: Mem-Konzept im Ordnungsrahmen
Quelle: eigene Darstellung

Handlungsempfehlungen aus diesen Übertragungsansätzen zielen auf die Inhalte von Memen und ermutigen dazu, neue Ideen aktiv zu suchen und zu unterstützen und dadurch die Diversität unter den Agenten zu fördern. Hierbei handelt es sich aber lediglich um eine nachträgliche Selektion neuer Variationen ohne vorherige Möglichkeit der Einflussnahme auf deren Entstehung. Von den Eingriffsmöglichkeiten in komplexe adaptive Systeme sind in diesem Konzept folglich nur die Gestaltung der Diversität (DIV) bzw. die Ausübung von Selektionsmechanismen (FIT) betroffen. In der obigen Abbildung 5.2 werden diese Transferansätze der Komplexitätsforschung, die Meme zur Basis haben, entsprechend in den Ordnungsrahmen eingeordnet.

5.3.2.2 Emergenz von Wissen in ‚complex responsive processes'

Bei seinen Überlegungen zu komplexen responsiven Prozessen (‚complex responsive processes'), in die auch Erkenntnisse aus der Psychologie und der Strukturationstheorie einfließen, stellt STACEY nicht wie bei den Konzepten zu Memen inhaltliche Aspekte, sondern die kommunikativen Interaktionsprozesse, in denen sich neue Ideen entwickeln, in den Vordergrund. Diese Interaktionsprozesse werden von STA-

CEY ‚complex responsive processes' betitelt.[800] STACEYS Modell unterscheidet in seinen grundlegenden Funktionsprinzipien nicht zwischen sozialer Gruppe und Individuum und ließe sich somit auch auf einer aggregierten Emergenzebene anwenden.[801]

Nach diesem Modell können komplexe responsive Prozesse bereits auf individueller Ebene zur Emergenz neuer Vorstellungen, neuen Wissens und neuer Ideen führen, da die Agentenebene unterhalb des Individuums bei den Symbolen[802] angesiedelt wird. Symbole können zwar nicht unabhängig von der Kommunikation der Personen interagieren, das Wissen dieser Personen oder Gruppen entsteht allerdings erst als permanenter Prozess der Strukturierung dieser Symbole in der Gegenwart.[803] Explizites Wissen im konventionellen Verständnis ist in diesem Sinne dann kein ‚echtes' Wissen, sondern ein Hilfsmittel mit Symbolcharakter, zu dem in einem Kommunikationsprozess immer wieder neue emergente Bedeutung entstehen muss.[804] Diese Bedeutung wird jedoch nicht immer identisch repliziert. Andersartige Interpretationen verschiedener Agenten, Fehler oder neue Teilnehmer in den Kommunikationsprozessen, Abweichungen und Missverständnisse öffnen den Weg zu einer selbstorganisierten Neustrukturierung der Symbole und zur Entstehung neuen Wissens.[805]

So genannte Themen (‚themes') strukturieren nach STACEY diesen selbstorganisierten Kommunikationsprozess, nicht nur durch eine inhaltliche Resonanz zwischen den Beteiligten (‚narrative themes'), sondern ebenso durch vorgegebene Regeln wie bspw. organisationale Prozesse oder wissenschaftlich belegte Vorgehensweisen (‚propositions', ‚rules').[806] Eine weitere wichtige Strukturierung erfährt der Prozess durch die Einbettung in Themen, die Machtstrukturen oder -beziehungen (‚power relations') reflektieren. Diese Machtbeziehungen wirken als lokale Restriktionen für die Dynamik des aktuell stattfindenden Kommunikationsprozesses, die jedoch den handelnden Personen nicht unbedingt bewusst sind, und können als solche bspw. auch dafür ursächlich sein, dass ein solcher Prozess lediglich repetitiv ist, aber keine emergenten Neuerungen hervorbringt.[807]

STACEY unterscheidet fünf verschiedene Arten von machtbezogenen Themen, die sich in den kommunikativen Prozessen überlagern und sich in den Dimensionen offiziell vs. inoffiziell, bewusst vs. unbewusst sowie in der konkreten Situation legitim vs. nicht legitim (‚shadow') unterscheiden können. Offizielle Themen spiegeln bspw. die definierten hierarchischen Machtstrukturen in der kommunizierenden Gruppe und sind damit per Definition zugleich bewusst und legitim. Auch inoffizielle Themen können bewusst und legitim sein, wenn sich bspw. die Meinungsführerschaft einer kompetenten Person herausbildet. Als unbewusste legitime Machtbeziehungen können

[800] Vgl. Stacey (2001).

[801] Nach Stacey (vgl. derselbe (2000b), S. 36) gelten diese Prozesse auch für höher aggregierte Organisationsebenen im Sinne einer fraktalen, selbstähnlichen Betrachtung. Stellvertretend werden sie hier auf der individuellen Ebene beschrieben.

[802] Dabei sind ‚protosymbols' Sinneswahrnehmungen und Gefühle, ‚significant symbols' enthalten Bedeutungen wie Gesten und Wörter, und zu den ‚reified symbols' schließlich gehören Symboldarstellungen wie geschriebene Worte und bildliche Darstellungen, vgl. Stacey (2000a), S. 352-355 und S. 374f.

[803] Vgl. Stacey (2001), S. 100ff. sowie derselbe (2000a), S. 357 und S. 371ff.

[804] Vgl. Stacey (2001), S. 144, Stacey (2000b), S. 23 und Stacey (2000a), S. 358.

[805] Vgl. Stacey (2001), S. 143.

[806] Vgl. Stacey (2001), S. 147.

[807] Vgl. Stacey/Griffin/Shaw (2000), S. 165f.

dagegen gemeinsame Vorurteile bezeichnet werden, da das Merkmal der Legitimität sich jeweils nur auf die betrachtete Kommunikationssituation und die Einstellung der handelnden Personen bezieht. Nicht legitime, aber bewusste inoffizielle Themen liegen dann bspw. bei verdeckter Koalitionsbildung vor, in der unbewussten Variante können inoffizielle Themen als nicht reflektierte Annahmen über die Favorisierung bestimmter Personen oder Untergruppen auftreten.[808] Machtbeziehungen wirken aber nicht nur restriktiv, sondern können andererseits bestimmte Kommunikationsprozesse und Aktionen ermöglichen und fördern.[809]

STACEY stellt sich mit seinen Überlegungen radikal der in Kapitel 5.2.2.2 beschriebenen konventionellen Wissensmanagement-Perspektive entgegen, nach der ein zentrales Management der Wissensbasis einer Organisation notwendig ist, um das vorzugsweise explizit vorliegende Wissenskapital der Organisationsmitglieder bestmöglich nutzen zu können. Wissen dieser Art ist für STACEY lediglich ein Hilfsmittel mit Symbolcharakter, Wissen im Sinne von Bedeutungsentstehung aus Symbolen ist vielmehr ein persönlicher oder interpersoneller Vorgang. Als Konsequenz dieser Ansicht hält es STACEY nicht für möglich, Wissen im konventionellen Sinn zu managen. Lernen bzw. Wissensentstehung ist im Gegenteil ein sehr lokal begrenzt stattfindender, situationsabhängiger und selbstorganisierter Prozess, dessen Rahmenbedingungen, nicht jedoch dessen Ergebnisse beeinflussbar sind.[810]

Diese Möglichkeiten der Einflussnahme im Sinne des oben entwickelten Ordnungsrahmens auf die Entstehung neuen Wissens, neuer Verhaltensweisen und neuer Ideen auf individueller Ebene ergeben sich nicht pauschal, sondern aus der jeweiligen Kommunikationssituation heraus. Sie liegen nur in sehr begrenztem Ausmaß bei einer übergeordneten Instanz, die der kommunizierenden Gruppe nicht angehört und können hier bspw. durch die Vorgabe von Regeln und ‚Tools' in Form von Hierarchien, Berichtssystemen, Wissensmanagementsystemen im konventionellen Sinn etc. ausgeübt werden. Diese Möglichkeiten können als Vorgabe von Verhaltensregeln (VHR) interpretiert werden.

Stärkere Einflussmöglichkeiten haben allein die kommunizierenden Individuen durch ihre Aktionen im Moment der Kommunikation. Hierunter ist vornehmlich die Neugestaltung und Veränderung der Machtbeziehungen zu nennen, da die Möglichkeit zur Teilhabe individueller Personen an kommunikativen Prozessen durch die Wirkung von Machtbeziehungen zementiert oder behindert werden kann.[811] Die Analyse dieser Beziehungen durch kommunizierende Gruppen stellt eine Veränderungsregel (VÄR) im Sinne der Klassifikation der Gestaltungsansätze dar. Diese förderlichen oder hinderlichen Beziehungen als Rahmenbedingungen in der Kommunikation deutlich zu machen und evtl. zu verändern bedeutet zugleich die Vernetzungsstrukturen innerhalb der kommunizierenden Gruppe (INT) und damit den Wissensprozess selbst zu verändern.[812]

Der geschilderte Transferansatz der ‚complex responsive processes' geht zusammenfassend von stark eigenständigen Agenten aus, die sich selbst verändern und

---

[808] Für ein Fallbeispiel mit der Identifikation der fünf Themenarten vgl. Stacey (2001), S. 169ff.

[809] Vgl. Stacey/Griffin/Shaw (2000), S. 190.

[810] Vgl. Stacey (2000a), S. 318.

[811] Vgl. Stacey (2001), S. 187ff. und S. 227f. „The essence of the complex responsive process perspective is the social as simultaneous cooperative and competitive relating, forming and being formed by power relations" (Stacey (2001), S. 230).

[812] Vgl. Stacey (2001), S. 231f.

ihre internen Strukturen gestalten müssen. Eine Führungsfunktion kann hier nur Verhaltensregeln (Werkzeuge) und grobe Veränderungsregeln vorgeben und ist ansonsten auf eine eher passive Rolle festgelegt, wie der untenstehende Überblick in Abbildung 5.3 noch einmal zeigt.

<table>
<tr><td colspan="2">Emergenzebene: Individuum</td></tr>
<tr><td colspan="2">Emergenzart: Selbstordnung ☐ Neuerung ■</td></tr>
<tr><td>Quellen:</td><td>Stacey (2000a), Stacey (2000b), Stacey (2001), Stacey/Griffin/Shaw (2000)</td></tr>
<tr><td>Emergenzeigenschaften:</td><td>Wissen, Ideen, Verhalten</td></tr>
<tr><td>Agenten:</td><td>Symbole
nicht-adaptiv ☐
teil-adaptiv ☐
autonom-adaptiv ■</td></tr>
<tr><td>Handlungsempfehlungen:</td><td>• Kommunikationsprozesse strukturieren durch Vorgabe von Regeln und Werkzeugen (Hierarchien, Berichtssysteme, Wissensmanagement)
• Machtbeziehungen in Kommunikationssituationen hinterfragen und verändern
• Entwicklung beobachten</td></tr>
<tr><td colspan="2">Ansatzpunkte der Gestaltung:
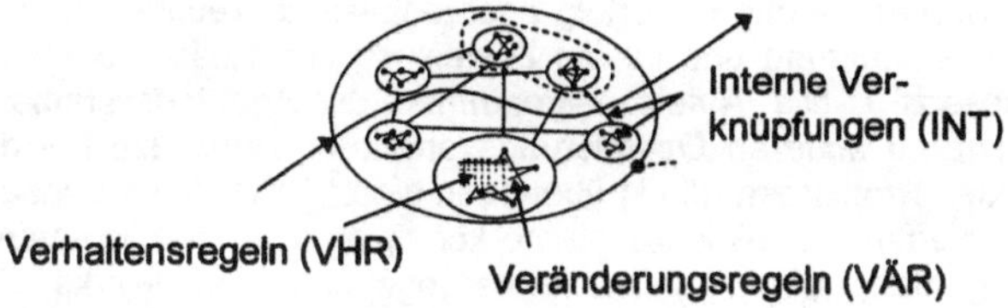</td></tr>
</table>

Abbildung 5.3: Komplexe responsive Prozesse im Ordnungsrahmen
Quelle: eigene Darstellung

5.3.3 Einordnung bestehender Übertragungsansätze mit der Emergenzebene ‚Organisationseinheit'

Während es bei Individuen schwierig ist, zwischen Selbstordnungs- und Neuerungsemergenz zu differenzieren, wird diese Unterscheidung für höher aggregierte Organisationseinheiten möglich, weshalb die Ausführungen des vorliegenden Kapitels nach diesen beiden qualitativ unterschiedlichen Emergenzeigenschaften gegliedert sind. Kapitel 5.3.3.1 stellt Übertragungsansätze der Komplexitätsforschung auf Unternehmen vor, die auf Selbstordnung und Flexibilität abzielen, während die in Kapitel 5.3.3.2 thematisierten Ansätze Neuerung und Kreativität zum Ziel haben.

5.3.3.1 *Emergenz von Selbstordnung und Flexibilität durch regelbasiertes Verhalten von Agenten*

Aus der Erforschung staatenbildender Insekten sowie von künstlichen Systemen nichtadaptiver homogener Agenten wie den Boids geht die Erkenntnis hervor, dass komplexem Verhalten auf Systemebene durchaus sehr einfache Verhaltensregeln zugrunde liegen können, die in ihrem Zusammenwirken dennoch zu selbstordnenden emergenten Anpassungsleistungen des Gesamtsystems führen.[813] Entsprechend groß ist die Motivation, diese Prinzipien regelbasierter Dynamik auf Unternehmen und ihre Leistungserstellungsprozesse zu übertragen, da konventionelle zentrale Steuerungsmethoden in turbulenten Umfeldern zunehmend an ihre Grenzen stoßen. Die Steuerungsprobleme sind bei hoher Turbulenz mit einer Vielzahl konfliktärer Randbedingungen behaftet, zentrale Größen können sich relativ zu der verfügbaren Reaktionszeit schnell ändern und es sind komplexe Abläufe zu steuern, deren Verhalten nicht vorhersehbar ist und auch strukturelle Änderungen, bspw. des Materialflusses, umfassen kann.[814]

Anwendungsfelder für Übertragungen nichtadaptiver Agentenmodelle der Komplexitätsforschung sind entsprechend vor allen Dingen operative Prozesse. Ziel ist es hier, die Eigenschaften von selbstordnenden Agentensystemen der Komplexitätsforschung wie ihre Effizienz im Sinne von Reaktionsschnelligkeit, ihre Flexibilität sowie ihre Robustheit und Fehlertoleranz gegenüber dem Ausfall einzelner Elemente oder sonstiger Störungen auch auf die operativen Subsysteme von Unternehmen zu übertragen.[815]

Hier werden bereits mit Erfolg agentenbasierte Technologien zur Prozess- und Produktionssteuerung und für die Zuweisung von Ressourcenbelegungen getestet und eingesetzt.[816] Die ‚Ameisenalgorithmen' der Agentensysteme stehen dabei in Konkurrenz zu anderen Optimierungsverfahren, denen sie bei dynamisch sich verändernden Problemen häufig überlegen sind.[817] Die Steuerungsarchitekturen der agentenbasierten Produktionssysteme konzipieren die betrachteten Produktionseinheiten als Agenten, die im Rahmen eines gegebenen Regelwerks relativ autonom agieren, sich auf dieser Basis selbst organisieren und damit dem gesamten betrachteten Leistungsprozess zu einer effizienten Ordnung verhelfen sollen. Vorgegeben wird somit nicht mehr die zentrale Steuerung eines Prozesses, sondern die Regeln für das Verhalten der einzelnen beteiligten Agenten, die diese dann situationsspezifisch zur Anwendung bringen.

Humane Agenten

Handelt es sich bei den Agenten um Personen, können ihnen direkte Handlungsregeln vorgegeben werden. In sequentiellen Arbeitsabläufen mit definierten Zuständigkeiten werden bereits erfolgreich Ameisenalgorithmen eingesetzt.
Ein Beispiel sind Kommissionier- und Verpackungsvorgänge in Vertriebszentren, bei denen konventionell an einer Linie verschiedene Personen an festen Positionen ste-

[813] Vgl. Kapitel 4.1.

[814] Vgl. Macready/Meyer (1999), S. 186 sowie Dannegger/Preuß/Schroff (2001), S. 37.

[815] Vgl. Bonabeau/Dorigo/Theraulaz (1999), S. 6f.

[816] Vgl. die Beispiele bei Bonabeau/Meyer (2001).

[817] Vgl. Bonabeau/Dorigo/Theraulaz (1999), S. 272, die gleichzeitig darauf hinweisen, dass im Falle statischer Probleme konventionelle Optimierungsverfahren effizienter sind.

hen, die jeweils nur für ein begrenztes Warenspektrum zuständig sind, nacheinander die Waren ihres Zuständigkeitsbereichs in die Verpackung einlegen und diese dann an die nächste Person weiterreichen. Dabei kann es, je nach Art der Aufträge und persönlichem Arbeitstempo, an verschiedenen Stellen zu Stauungen oder auch zu Leerzeiten kommen, die auch durch eine zentrale Steuerung häufig nicht vermeidbar sind. Durch Einführung von Handlungsregeln (VHR), die Selbstorganisation ermöglichen, kann dieses Problem behoben werden:
Alle Personen werden, beginnend mit der langsamsten am Beginn des Prozesses, nach ihrem Arbeitstempo angeordnet, so dass jede Person mit zwei weiteren interagiert (EXT). Jede Person arbeitet dann so lange und mit entsprechend variablem Zuständigkeitsspektrum an einem Auftrag, bis dieser von der nachgelagerten Position des Packprozesses übernommen wird, dann begibt sich die Person zur vorgelagerten Position und übernimmt dort den nächsten Auftrag. Dieser ‚Ameisenalgorithmus' zur Selbstordnung wird mittlerweile erfolgreich bspw. in den Vertriebszentren der Verlage McGraw-Hill und Bantam-Doubleday-Dell oder bei Blockbuster Music, aber auch bei der Herstellung von Kleidungsstücken eingesetzt und führt ohne zentrale Steuerung zu einer gleichmäßigen Verteilung der Arbeit und überdies zu erheblichen Produktivitätsgewinnen.[818]

Die Einordnung dieses Transferansatzes, der Personen als Agenten definiert (AGN), in den Ordnungsrahmen veranschaulicht Abbildung 5.4.

Emergenzebene: Organisationseinheit	
Emergenzart:	Selbstordnung ■ Neuerung □
Quellen:	Macready/Meyer (1999), Bonabeau/Meyer (2001)
Emergenzeigenschaften:	Produktivität, Effizienz der Produktion, gleichmäßige Ressourcenauslastung, Flexibilität
Agenten:	Individuen — nicht-adaptiv ■ teil-adaptiv □ autonom-adaptiv □
Handlungsempfehlungen:	• In sequentiellen Arbeitsabläufen Agenten festlegen und anordnen • Geeignete Handlungsregeln finden und durchsetzen
Ansatzpunkte der Gestaltung:	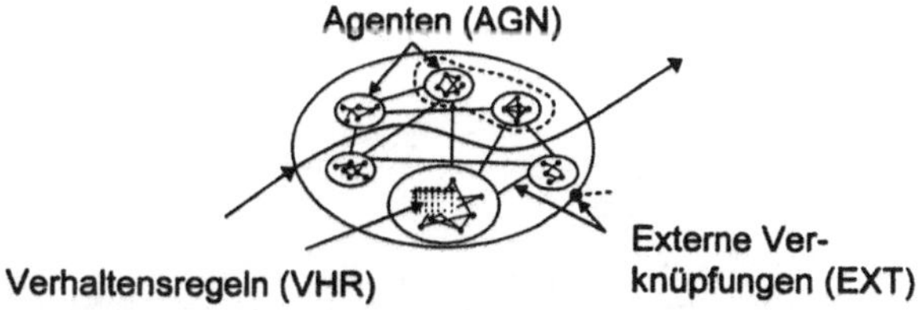

Abbildung 5.4: Humane Agenten mit festen Verhaltensregeln im Ordnungsrahmen
Quelle: eigene Darstellung

[818] Zu den genannten Beispielen vgl. Bonabeau/Meyer (2001), S. 43f. und Macready/Meyer (1999), S. 190f.

Technische Ressourcen und deren Software-Repräsentanten als Agenten

Handelt es sich bei den Agenten um technische Ressourcen oder aggregierte Organisationseinheiten, können ihre relevanten Eigenschaften durch Software-Programme repräsentiert werden, die miteinander in Interaktion treten und ebenfalls Agenten oder auch „Software-Ameisen"[819] heißen.
Am Fallbeispiel einer Lackieranlage mit zehn Lackierkabinen für Lastwagen bei General Motors kann dieses Prinzip verdeutlicht werden[820]: Im konventionellen Betrieb wurde in dem geschilderten Fall durch eine zentrale Steuerung jeder Karosserie, die montiert wurde, von vornherein eine Lackierkabine zugewiesen, wobei das zentrale Optimierungsprogramm dabei bspw. versuchte, kostspielige Farbwechsel zu vermeiden. Jedoch konnten in diese Optimierungsprozedur keine unvorhergesehenen Reparatur- und Wartungsarbeiten einfließen, weshalb immer wieder Kabinen leer standen, während sich vor defekten Kabinen mit stark nachgefragten Farben Bearbeitungsrückstaus bildeten, die in der Folge zu Auslieferungsverzögerungen führten.
Die Modellierung der Lackierkabinen als Agenten dagegen erfordert lediglich zwei einfache Regeln, die auf eine Minimierung von verlorener Zeit (,keep busy') sowie eine Minimierung von Farbwechseln (,do not waste paint') abzielen. Mit diesen Regeln (VHR) ausgestattet treten die zehn Kabinen um die Lackierung jeder Karosserie, die vom Band läuft, in einen Bietwettbewerb. Dabei erhält diejenige Kabine den Zuschlag, welche den höchsten Erfüllungsgrad bei den gewichteten Eignungskriterien aufweist, welche die gegenwärtige Lackierfarbe der Kabine, die Dringlichkeit des Auftrags und die Verfügbarkeit der Kabine berücksichtigen. Die Eignungskriterien spannen somit eine Eignungs- oder Fitnesslandschaft (FIT) auf, in der sich je nach Auftrag und gegenwärtigem Zustand der Lackierkabinen die Agenten an unterschiedlich guten Positionen befinden, um den aktuellen Auftrag zu gewinnen. Aus diesem agentenbasierten Ansatz resultiert in dem geschilderten Fallbeispiel eine deutlich effizientere Steuerung mit einem höheren durchschnittlichen Output und weniger Farbwechseln als bei konventioneller zentraler Steuerung.

Die untenstehende Abbildung 5.5 mit der Klassifikation der beschriebenen Steuerungsansätze im Ordnungsrahmen zeigt noch einmal die Grundgedanken dieses Vorgehens auf. Die Definition der Agenten (AGN) und ihrer Merkmale (MKM) stellt darin eine grundlegend erforderliche Aktion im Sinne der Gestaltungsmöglichkeiten komplexer adaptiver Systeme dar.

---

[819] Bonabeau/Meyer (2001).

[820] Zum nachfolgenden Beispiel und weiteren Anwendungsmöglichkeiten vgl. Macready/Meyer (1999), S. 196ff. oder Bonabeau/Meyer (2001), S. 42f.

Emergenzebene: Organisationseinheit	
Emergenzart:	Selbstordnung ■ Neuerung □
Quellen:	Macready/Meyer (1999), Bonabeau/Meyer (2001)
Emergenzeigenschaften:	Effizienz der Produktion, Flexibilität, Robustheit gegen Störungen
Agenten:	Technische Produktionsressourcen — nicht-adaptiv ■ teil-adaptiv □ autonom-adaptiv □
Handlungsempfehlungen:	• Agenten und relevante Merkmale festlegen • Ziele und Gewichtungen für Ressourcenallokation definieren • Geeignete Regeln finden • Software mit Verhandlungsprozeduren erstellen und implementieren
Ansatzpunkte der Gestaltung:	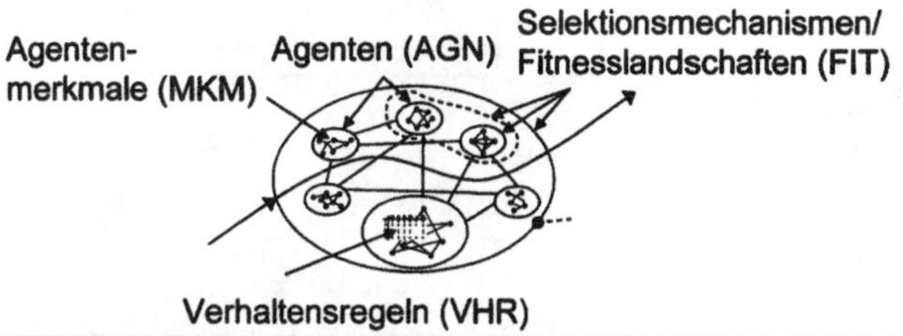

Abbildung 5.5: Steuerung technischer Ressourcen im Ordnungsrahmen
Quelle: eigene Darstellung

Neben derartigen Ansätzen zur Lösung von Ressourcenbelegungsproblemen[821] existieren weitergehende Einsatzmöglichkeiten von Agententechnologien, bei denen nicht nur die Zuordnung von Aufträgen zu festen betrieblichen Einheiten (VHR) über Software-Agenten geschieht, sondern die Produktionseinheiten selbst als Agenten bezüglich ihres Standorts mobil sind und durch ihre Software-Agenten auch über Layout und Umstrukturierungen der Informations- und Materialflüsse miteinander verhandeln können (VÄR). Auf diese Weise ist eine selbstorganisierte Strukturanpassung im Sinne einer Neuanordnung vorhandener Ressourcen möglich.
Auch hier wird neben den Regeln für die Verhandlungen zwischen den Agenten auch die Standortlandkarte jedes Agenten von außen vorgegeben, in die zur Evaluierung (FIT) des momentanen Standorts des Agenten Kriterien wie bspw. die Intensität des Produktionsflusses, der Verknüpfungsgrad mit anderen Agenten oder der Umzugsaufwand einfließen.[822] Derartige Agentensysteme, die vorhandene Ressourcen angesichts aktueller Aufträge selbstorganisiert zu neuen Prozessen zusammenstellen, sind bei geeigneter Standardisierung der Software-Agenten auch in der überbetrieblichen Produktionssteuerung einsetzbar.[823]

---

[821] Vgl. hierzu auch Mönch/Gmilkowsky (2001).

[822] Vgl. Wiendahl/Harms (2001), S. 9ff.

[823] Vgl. hierzu die Ausführungen zu interorganisationaler Kooperation in Kapitel 5.3.5.1.

Gegenüber der Steuerung ortsfester, unveränderlicher technischer Ressourcen besteht in diesem Ansatz überdies eine Eingriffsmöglichkeit bei den Veränderungsregeln, wie Abbildung 5.6 zeigt.

Emergenzebene: Organisationseinheit	
Emergenzart:	Selbstordnung ■ Neuerung □
Quelle:	Wiendahl/Harms (2001)
Emergenzeigenschaften:	Layout des Produktionsprozesses
Agenten:	Technische Produktionsressourcen — nicht-adaptiv □ teil-adaptiv ■ autonom-adaptiv □
Handlungsempfehlungen:	• Mobile, flexible Produktionseinheiten als Agenten schaffen • Merkmale, Ziele und Gewichtungen für Layoutevaluierung vorgeben • Veränderungsregeln festlegen • Software entwickeln
Ansatzpunkte der Gestaltung:	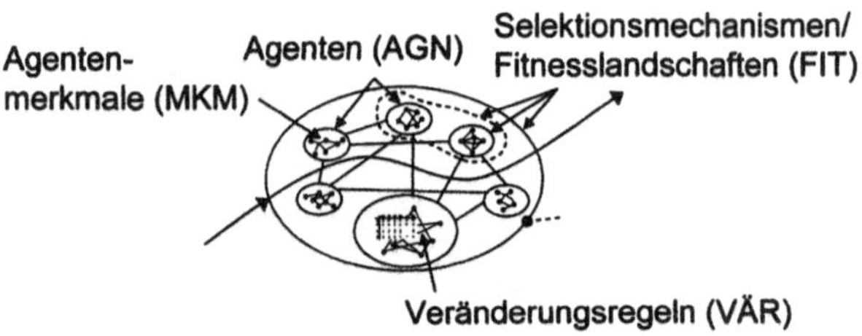

Abbildung 5.6: Layout mobiler technischer Ressourcen im Ordnungsrahmen
Quelle: eigene Darstellung

Trotz vielversprechender Ansätze bei den agentenbasierten Systemen zur Prozesssteuerung oder zu anderweitiger Erzeugung von ‚Schwarm-Intelligenz'[824] sind noch einige ungelöste Probleme mit dieser Art Systeme verbunden:[825]

- Ein grundsätzliches Problem bei allen Anwendungen von agentenbasierten Modellen ist der Entwurf geeigneter Regeln (VHR, VÄR) und Ziele (FIT). Die Interaktionen zwischen den Agenten müssen so gestaltet werden, dass das gesamte System sich unter einer großen Bandbreite möglicher Rahmenbedingungen stets selbst zu einem möglichst optimalen Zustand ordnet. Für das Regeldesign existiert jedoch noch keine abgesicherte Methode. Häufig werden hier Simulationsexperimente zugrunde gelegt.
- Ebenso geschieht die Definition der Agenten (AGN) und ihrer Eigenschaften (MKM) noch nicht methodengestützt. So sind bspw. keine generellen Aussagen darüber möglich, ob lernende Agenten zur Lösung einer bestimmten Problemsituation nichtadaptiven Agenten überlegen sind, weil auch noch keine Evaluierungsmethoden für die Leistungsfähigkeit von Agentensystemen existieren.

[824] Vgl. Bonabeau/Meyer (2001), S. 38 oder Heuer (2003), S. 106.

[825] Vgl. Bonabeau/Dorigo/Theraulaz (1999), S. 271.

- Die Emergenz der Lösungen, die das erklärte Ziel der agentenbasierten Systeme darstellt, hat neben dem Vorteil, dass sie bei geeigneten Regeln selbstorganisiert, effizient, schnell und robust funktioniert, auch den Nachteil, dass die Lösungen und ihre Entstehung für die Anwender nicht länger transparent und vorhersehbar sind. Die Zuverlässigkeit des betreffenden Systems kann im klassischen Sinne nicht nachgewiesen werden, mit der Umstellung auf Ameisenalgorithmen geht gegenüber konventionellen Steuerungen oft eine größere Streubreite in der Prozesseffizienz einher, und die Reaktion des Systems auf völlig unvorhersehbare Ereignisse ist im Vorfeld unklar. Diese Aspekte haben einen Kontrollverlust zur Folge, der insbesondere bei sicherheitsrelevanten Prozessen ein Problem darstellt.[826] Häufig wird daher das agentenbasierte System lediglich als rechnergestütztes Simulationsmodell abgebildet, mit dessen Hilfe bspw. verschiedene Reaktionsmaßnahmen auf Störungen getestet werden können. Die Entscheidungen über tatsächliche Steuerungsmaßnahmen und Veränderungen werden dann nicht selbstorganisiert vom System getroffen, sondern bleiben weiterhin in Menschenhand.[827]

Die genannten Aspekte erklären die weit verbreitete Skepsis gegenüber der Agententechnologie. In der industriellen Praxis ist die Akzeptanz agentenbasierter Systeme daher noch gering, und erste Anwendungen befinden sich zumeist noch im Versuchsstadium.[828]

5.3.3.2 Emergenz von Neuerung und Kreativität durch Lernen und Diversität

Als emergente Eigenschaften, die auf der Ebene von Organisationseinheiten entstehen können, werden in der Literatur vor allem Wissen und technologische Innovationen genannt.[829] Während Übertragungsansätze auf individueller Ebene, wie in Kapitel 5.3.2 gezeigt, davon ausgehen, dass Wissensbestandteile wie Meme oder Symbole unabhängig von einzelnen Individuen existieren und eigenständige Agenten darstellen, sehen die Übertragungsansätze auf höher aggregierter Ebene Individuen oder Teams bzw. Gruppen als Agenten an, die in ihren internen Strukturen und Eigenschaften verschiedenartig sind und deren Interaktionen die entsprechenden emergenten Eigenschaften hervorbringen können.

Die Diversität (DIV) ist dabei eine zentrale Voraussetzung und Quelle für emergente neue Eigenschaften. Anders als bei den selbstordnenden Systemen aus unveränderlichen Agenten mit vorgegebenen Verhaltensregeln wird hier jedoch davon ausgegangen, dass die Agenten adaptiv sind und ihre Diversität selbst entwickeln, indem sie bspw. ihre mentalen Modelle oder ihre Kommunikationsbeziehungen verändern (VÄR).

---

[826] Vgl. Wiendahl/Harms (2001), S. 12.

[827] So setzt bspw. Central Japan Railway ein agentenbasiertes Simulationstool ein, um bei unvorhergesehenen Störungen und in Notfallsituationen schnell Alternativen für die Umleitung der Züge auf dem Streckennetz zu generieren, vgl. Macready/Meyer (1999), S. 193f. Einige Unternehmensberatungen haben sich auf die agentenbasierte Simulation von Produktions- und Logistikprozessen spezialisiert und konnten damit bspw. für Southwest Airlines und Procter&Gamble durch ‚Schwarmintelligenz' Effizienzvorteile erzielen, vgl. Heuer (2003).

[828] Vgl. Dangelmaier et al. (2001), S. 22, Timm et al. (2001), S. 13, Becker/Herchenhein (2001), S. 32 sowie Heuer (2003), S. 107.

[829] Diese emergenten Eigenschaften werden z.T. auch erst höher, auf der Unternehmensebene angesiedelt.

Übereinstimmend mit den wissensfokussierten Ansätzen auf individueller Ebene wird auch hier betont, dass ein zentraler Beitrag der Komplexitätsforschung zum Wissensmanagement darin besteht, Wissen nicht als eine Bestandsgröße, sondern vielmehr als einen Prozess zu sehen, in dem Wissen als eine zweckorientiert in einen aktuell präsenten Kontext entstehende emergente Eigenschaft auftaucht, die sich situativ zwar in Sprache, Technologie etc. manifestiert, aber aufgrund ihres prozessualen Charakters permanent weiterentwickelt wird und daher provisorisch ist.[830] Zwar werden durch diese Sichtweise klassische Instrumente des Wissensmanagements, wie sie Kapitel 5.2.2.2 dargestellt hat, nicht überflüssig, doch ihr Potential zur Nutzenstiftung liegt dann weniger in der Verwaltung großer Mengen expliziten Wissens als Selbstzweck, sondern vielmehr in der Schaffung und Unterstützung lokaler Interaktionsumgebungen, die Wissensemergenz begünstigen.[831]

Anhand eines einfachen koevolutionären Modells, welches eingangs nur von Agenten einer einzigen Population bevölkert wird, zeigt ALLEN[832], dass diese Emergenz nur dann möglich ist, wenn es den Agenten erlaubt wird, sich zu verändern (VÄR) und über explorative Lernvorgänge Diversität (DIV) zu entwickeln. Dadurch bilden sich neue Populationen heraus, die bspw. Gruppen, Unternehmen oder andere Gemeinschaften repräsentieren können. Durch die wirksamen koevolutionären Kopplungen (EXT) zwischen diesen Populationen entsteht in einem Selektions- und Selbstorganisationsprozess ein dynamisches, eher symbiotisches denn kompetitives Gesamtsystem, in dem die einzelnen Agenten nur geringem Wettbewerbsdruck ausgesetzt sind und zwischen den Populationen Synergien wirken.

In diesem permanenten Prozess koevolviert jeder Akteur innerhalb der Möglichkeiten und Beschränkungen, die aus dem Wissen, den Entscheidungen und dem Verhalten der anderen resultieren. Das Ergebnis ist unvorhersehbar und lediglich eine Möglichkeit unter vielen: „What emerge are structural attractors, ecologies of behaviors, beliefs, and strategies, clustered in a mutually consistent way, and characterized by a mixture of competition and symbiosis. This nested hierarchy of structure is the result of evolution and is not necessarily 'optimal' in any way, because there is a multiplicity of subjectivities and intentions, fed by a web of imperfect information and diverse interpretative frameworks."[833]

Statt die Effizienz von Evolution und Koevolution als ‚Optimierungsprozeduren' für die Nutzung und Verarbeitung von Wissen herauszustreichen, weisen die Übertragungsansätze darauf hin, dass es gerade die Unzulänglichkeiten, Fehler und Missverständnisse in Kommunikations- und Lernprozessen sind, die letztlich neue Erkenntnisse ermöglichen und dem gesamten System zu neuen Qualitäten verhelfen.[834] Abbildung 5.7 fasst die Aspekte der beschriebenen Modelle, welche Erkenntnisse der Komplexitätsforschung mit dem Ziel der Neuerung und Kreativität auf Organisationseinheiten übertragen, im Ordnungsrahmen zusammen.

---

[830] Vgl. Lissack (2000), S. 86ff.

[831] Vgl. Lissack (2000), S. 87f.

[832] Vgl. zu diesem Modell Allen (2001), S. 31ff. sowie Allen (1998), S. 62 oder Allen (2000), S. 87f.

[833] Allen (2001), S. 41.

[834] Vgl. March (1994), S. 39 und Allen (2001), S. 41.

Emergenzebene: Organisationseinheit	
Emergenzart:	Selbstordnung ☐ Neuerung ■
Quellen:	Allen (1998), Allen (2000), Allen (2001), March (1994)
Emergenzeigenschaften:	Wissen, Innovationen, Synergien
Agenten:	Individuen, Teams — nicht-adaptiv ☐ teil-adaptiv ■ autonom-adaptiv ☐
Handlungsempfehlungen:	• Lokale Kommunikationsstrukturen schaffen • Wissensmanagementinstrumente einsetzen • Fehlertolerant sein • (Exploratives) Lernen fördern • Diversität sich entwickeln lassen • Interaktionsmöglichkeiten zwischen verschiedenen Gruppen etablieren
Ansatzpunkte der Gestaltung:	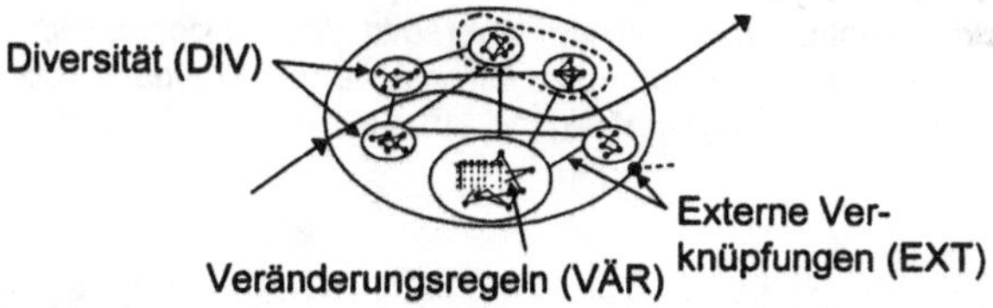

Abbildung 5.7: Lernende Organisationseinheiten im Ordnungsrahmen
Quelle: eigene Darstellung

5.3.4 Einordnung bestehender Übertragungsansätze mit der Emergenzebene ‚Unternehmen'

Auf Unternehmensebene zielt der Transfer von Ergebnissen der Komplexitätsforschung vor allem auf emergente Neuerungseigenschaften und nicht auf Flexibilität und Selbstordnung, die wie im vorhergehenden Kapitel gezeigt eher in den Subsystemen der Produktion gesucht werden. Als emergente Neuerungen auf Unternehmensebene werden in den Transferansätzen bspw. Innovationen in Technologien und Produkten (Kapitel 5.3.4.1), Synergien (Kapitel 5.3.4.2) oder emergente Strategien (Kapitel 5.3.4.3) untersucht. Auch Innovationsprozesse (Kapitel 5.3.4.4. und 5.3.4.5) und Wettbewerbsvorteile (Kapitel 5.3.4.6) werden mit Unterstützung der Komplexitätsforschung untersucht. Die Entstehung und Veränderung derartiger Neuerungseigenschaften wird in den vorhandenen Transferansätzen unter verschiedenen Blickwinkeln betrachtet und mit unterschiedlichen Gestaltungsaspekten unterstützt. Dies soll in den nachfolgenden Kapiteln reflektiert werden.

5.3.4.1 Emergenz von Neuerung und Kreativität durch Veränderungsregeln

Auch bei der Entstehung emergenter Neuerungen auf Ebene des Gesamtunternehmens wird häufig auf regelbasierte Dynamik gesetzt, wobei in den betreffenden Konzepten nicht Handlungsregeln zur Selbstordnung, sondern Veränderungsregeln (VÄR) zur Evolution des Unternehmens und seiner Strategien definiert werden.

EISENHARDT und SULL fordern bspw., dass einfache Regeln bereits konkret in der Formulierung von Grundprinzipien für strategische Prozesse angelegt werden sollten.[835] Mit How-to-Regeln, die Basiswissen zu Unternehmensprozessen beinhalten, Begrenzungsregeln, die klare inhaltliche Limits für das Engagement des Unternehmens setzen, Priorisierungsregeln, die Transparenz bei der Erstellung eine Rangfolge von neuen Ideen und Geschäftsmöglichkeiten schaffen (FIT), Timingregeln, die bestimmte Prozesse zeitlich limitieren und schließlich Austrittsregeln, deren alleinige Existenz bereits auf die Vergänglichkeit von Erfolgen in turbulenten Märkten hinweist, soll ein fester Rahmen abgesteckt und unternehmensweit kommuniziert werden. Innerhalb dieses Rahmens soll dann jedoch für einzelne Unternehmenseinheiten oder sogar Individuen als Agenten größtmögliche Bewegungsfreiheit herrschen (VÄR).[836] Dieses Vorgehen baut auf die emergenten Qualitäten der selbstorganisiert in den definierten Freiräumen entstehenden (kurzfristigen) Erfolge.[837] Neben der inhaltlichen Ausformulierung der Regeln, die unternehmensspezifisch sein muss, ist dabei generell deren Anzahl (MKM) eine erfolgskritische Größe: Wenn Regeln als Rahmenbedingungen und Restriktionen der Entwicklung einzelner Agenten angesehen werden, so etablieren sie damit Kopplungen (INT) zwischen verschiedenen Unternehmenseinheiten. Während einerseits diese Kopplungen für eine effiziente unternehmensinterne Koordination verschiedener Aktivitäten sorgen, können sich andererseits zu viele Regeln lähmend auf die Dynamik des Unternehmens auswirken.[838]

---

[835] Vgl. Eisenhardt/Sull (2001), S. 109.

[836] Vgl. Eisenhardt/Sull (2001), S. 110ff.

[837] Vgl. Eisenhardt/Sull (2001), S. 116.

[838] Vgl. Eisenhardt/Sull (2001), S. 112f.

Emergenzebene: Unternehmen	
Emergenzart:	Selbstordnung ☐ Neuerung ■
Quellen:	Eisenhardt/Sull (2001), Bonabeau/Meyer (2001)
Emergenzeigenschaften:	Neue Geschäftsideen, neue Projekte, neue Strategien, (kurzfristiger) Erfolg
Agenten:	Unternehmenseinheiten (Geschäftsbereiche), Individuen — nicht-adaptiv ☐ teil-adaptiv ■ autonom-adaptiv ☐
Handlungsempfehlungen:	• Freiräume für neue Entwicklungen schaffen • Möglichst wenige, einfache Regeln für strategische Prozesse festlegen: How-to-Regeln, Begrenzungsregeln, Priorisierungsregeln, Timingregeln • Rekrutierungsregeln zur selbstorganisierten Ressourcenverteilung verwenden
Ansatzpunkte der Gestaltung:	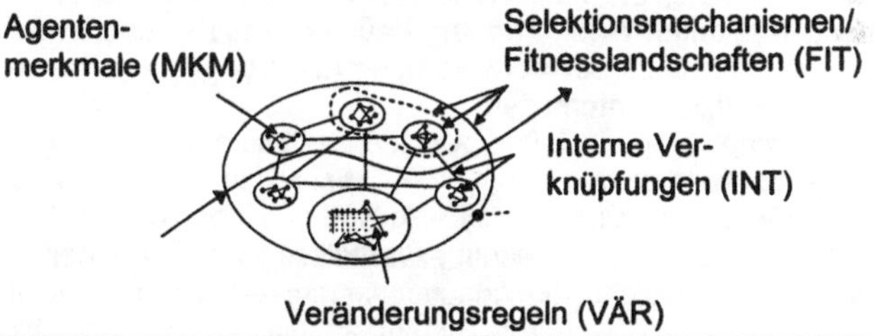

Abbildung 5.8: Regelbasierte Unternehmensveränderung im Ordnungsrahmen
Quelle: eigene Darstellung

Ähnliche Veränderungsmechanismen werden nach BONABEAU und MEYER durch Rekrutierungsregeln etabliert, welche die Möglichkeit begründen, innerhalb eines Unternehmens eine Gefolgschaft und die zugehörigen Ressourcen für die Umsetzung einer Idee oder die Durchführung eines neuen Projektes selbständig zu suchen, ohne dass die Unternehmensführung zunächst involviert sein muss. In unbeständigen und kurzlebigen Märkten sollen Unternehmen auf diese Weise ohne zentralisierten Anstoß neue Geschäftschancen aufspüren können, indem selbstorganisiert die besten im Unternehmen generierten Ideen die größte Gefolgschaft und die meiste Zustimmung finden.[839] Die Etablierung von (Veränderungs-)Regeln (VÄR) sowie deren Modifikation wird aber weiterhin als Aufgabe der Führung definiert,[840] so dass die Agenten in den genannten Konzepten als nur begrenzt veränderlich angesehen werden müssen, wie auch die Zusammenfassung im Ordnungsrahmen in der obigen Abbildung 5.8 zeigt.

---

[839] Vgl. Bonabeau/Meyer (2001), S. 46ff. Über ähnliche Regeln zu neuen Projekten bei BP berichten Ghoshal/Gratton (2002), S. 35ff.: Während dort traditionell in vertikalen Entscheidungsprozessen durch eine höhere Hierarchiestufe über neue Projekte entschieden wurde, müssen nun im Rahmen des sog. ‚peer challenge' Pläne zunächst in einem horizontalen Entscheidungsprozess bei den Angehörigen der gleichen Hierarchiestufe Zustimmung finden, um überhaupt zur endgültigen Entscheidung in die höhere Hierarchieebene weitergeleitet zu werden.

[840] Vgl. Eisenhardt/Sull (2001), S. 113ff. und Bonabeau/Meyer (2001), S. 48.

5.3.4.2 Emergenz von Synergien durch ‚Patching' und ‚Coevolving'

Als weiteres Emergenzphänomen können auf Gesamtunternehmensebene Synergieeffekte durch koevolutionäre Bindungen in Form intraorganisationaler Kopplungen entstehen. Die unter dem Eindruck der Komplexitätsforschung entstandenen Konzepte hierzu unterscheiden sich in einigen Punkten vom konventionellen Verständnis kollaborativer unternehmensinterner Zusammenarbeit.

EISENHARDT und GALUNIC sehen in den verschiedenen Geschäftsbereichen eines Unternehmens mögliche Basiseinheiten der internen Koevolution: „multibusiness corporations are coevolving ecosystems"[841]. In konventionellen Denkmodellen lassen sich Synergieeffekte durch bereichsübergreifende Zusammenarbeit erzielen, in deren Verlauf dauerhafte kooperative Verbindungen etabliert werden, welche bspw. die gemeinsame Nutzung von Markennamen, Produktionseinrichtungen oder besonderen Produktentwicklungsfähigkeiten zum Inhalt haben. Ziele derartiger unternehmensinterner Kooperationen sind Effizienz- und Größenvorteile.
In hochdynamischen Märkten müssen diese Ziele um Anpassungsfähigkeit erweitert werden.[842] Entsprechend kann der inhaltliche Bezug von Verbindungen hier nur ein Aspekt der Gestaltung von intraorganisationalen koevolutionären Kopplungen sein. Anpassungsfähigkeit kann entsprechend den Ergebnissen der Komplexitätsforschung erst durch einen zweiten, häufig ebenso wesentlichen Aspekt erreicht werden, der die Anzahl der Verbindungen (INT) betrifft, welche die verschiedenen Einheiten zu anderen unterhalten.
In den Computersimulationen der Komplexitätsforschung kann eine zu große Anzahl interner koevolutionärer Kopplungen ebenso zu einer Gefährdung für das Gesamtsystem führen wie eine zu kleine Anzahl von Kopplungen.[843] Übertragen auf Unternehmen ist somit das Spannungsverhältnis zwischen einer zu großen Anzahl von Verbindungen, welche die Adaption hemmen kann, und einer zu geringen Anzahl von Verbindungen, wodurch Synergiepotentiale ungenutzt bleiben würden, insbesondere in dynamischen Märkten ständig neu auszutarieren. EISENHARDT und GALUNIC identifizieren mit ‚Patching' und ‚Coevolving' zwei Strategieprozesse, welche im Zusammenspiel diese Aufgabe leisten sollen.[844]

Patching

Der Patching-Prozess (PAT) betrifft vornehmlich den oben beschriebenen inhaltlichen Aspekt der Unternehmens-Koevolution und zielt auf die unablässige Neugruppierung von Geschäften angesichts sich verändernder Märkte. Dabei spielt jedoch auch die Größe der (temporär) definierten ‚Patches' als Unternehmenseinheiten eine Rolle: In turbulenten Umfeldern unterstützen kleinere Einheiten besser die notwendige Fokussierung und Agilität, während in wenig veränderlichen Märkten größere Unternehmenseinheiten ihre Synergieeffekte ausspielen können.[845]

---

[841] Eisenhardt/Galunic (2000), S. 92.

[842] Vgl. Eisenhardt/Galunic (2000), S. 92.

[843] Vgl. die Beschreibung der Computerexperimente in Kapitel 4.5.3.

[844] Vgl. Eisenhardt/Galunic (2000), S. 98ff.

[845] Vgl. Kauffman (1995), S. 127ff. und Eisenhardt/Brown (1999), S. 78. Als Beispiel für Wettbewerbsvorteile, die unter sonst gleichen Bedingungen allein aus der Größe der unternehmensinternen Patches resultieren können, führen die Autorinnen das Wirtschaftsmagazin ‚Economist' an, das im Vergleich zu seinem Konkurrenten ‚Business Week' in größere Patches unterteilt ist, die jeweils ein vergleichsweise größeres Themengebiet abdecken. Die dort arbeitenden Journalisten sind ent-

Der Patching-Prozess umfasst die Kombination, das Aufsplitten, den Transfer, die Neuaufnahme oder die Aufgabe von Geschäften.[846] Im Zuge dieser Aktivitäten werden somit die Agenten neu definiert (AGN). Im Gegensatz zur Reorganisation jedoch, bei der in einer einmaligen außergewöhnlichen Kraftanstrengung eine vermeintlich optimale neue Struktur implementiert werden soll, geht es hier um zumeist kleinere, aber fortlaufende Veränderungen, mit denen jeweils grobe Adjustierungen der strategischen Orientierung auf Unternehmensebene vorgenommen werden, welche dann im weiteren Verlauf der selbstorganisierten Feinabstimmung (VÄR) durch die Geschäftseinheiten überlassen werden.

Das Patching als grobe Richtungsvorgabe ist eine Gestaltungsaufgabe der Führung.[847] Die Basis eines funktionierenden Patching-Prozesses, bei dem Patches immer wieder neu formiert werden können, bilden konsistente unternehmensweite Kennzahlen- sowie Vergütungs- und Anreizsysteme (FIT) sowie ein Organisationsaufbau, der prinzipiell modulare Eigenschaften aufweist (MKM).[848] Damit wird dem Aufbau komplexer adaptiver Systeme aus funktionierenden Einheiten Rechnung getragen, die miteinander kombinierbar sind.

Mit seiner Ausrichtung an den sich verändernden Marktgegebenheiten unterstützt Patching die Adaption nach außen hin und fungiert gleichzeitig als Abstimmungsprozess zwischen den externen und den internen Unternehmensbeziehungen.[849] Die Wahrscheinlichkeit, eine Veränderung im Umfeld erfolgreich zu überstehen, ist abhängig von der internen epistatischen Kopplungsdichte im Unternehmen und am größten bei geringer Dichte, wenn die Fitnesslandschaft moderat zerklüftet und korreliert ist.[850] Im Gegensatz zu konventionellen unabhängigen Unternehmenseinheiten, die eher wenig und selten Kontakt untereinander pflegen, ist es für das Funktionieren des Patching und der daran anschließenden Abstimmungsprozesse unerlässlich, dass Patches miteinander interagieren und in beständigen Austauschprozessen (INT) stehen.[851]

Die Grundidee des Patching wird in Abbildung 5.9 in den Ordnungsrahmen aufgenommen.

---

sprechend breit informiert und vielfältig einsetzbar, weshalb insgesamt ein geringerer Personalbedarf besteht, die einzelnen Beschäftigten jedoch beim ‚Economist' daher eine relativ bessere Vergütung erhalten. Dies führt zu einem selbstverstärkenden Prozess, der dem Economist breiter interessierte Journalisten zuführt, die komplexe Sachverhalte durchdringen und darstellen können und somit die Zeitschrift sowohl für Leser als auch für neue Mitarbeiter noch attraktiver machen, vgl. Eisenhardt/Brown (1999), S. 78.

[846] Vgl. Eisenhardt/Galunic (2000), S. 98f. oder vertiefend Eisenhardt/Brown (1999), S. 75f.

[847] Vgl. Eisenhardt/Brown (1999), S. 74ff., die erfolgreiche Patching-Prozesse nicht zuletzt speziellen Mustererkennungsfähigkeiten der Führungskräfte zuschreiben, die ebenso auf Intuition wie auf aussagekräftigen Kennzahlen beruhen. Patching gehört damit zu den „strategic design actions derived from a certain form of management logic" (Dijksterhuis/Van Den Bosch/Volberda (1999), S. 570).

[848] Vgl. Eisenhardt/Brown (1999), S. 78-79.

[849] Die Anzahl der externen koevolutionären Kopplungen (externe Komplexität) limitiert den möglichen Vorteil interner Kopplungen (interne Komplexität), vgl. McKelvey (1999c), S. 288. Bestmögliche Ergebnisse können nach Kauffmans Computerexperimenten und Ashbys Gesetz der erforderlichen Varietät dann erzielt werden, wenn beide sich in etwa die Waage halten, vgl. Kapitel 4.5.2.

[850] Vgl. Levinthal (1996), S. 34ff.

[851] Vgl. Lissack (1999), S. 115.

Emergenzebene: Unternehmen	
Emergenzart:	Selbstordnung ☐ Neuerung ■
Quellen:	Eisenhardt/Brown (1999), Eisenhardt/Galunic (2000), Lissack (1999)
Emergenzeigenschaften:	Marktorientierung
Agenten:	Geschäftsbereiche — nicht-adaptiv ☐ teil-adaptiv ■ autonom-adaptiv ☐
Handlungsempfehlungen:	• Permanent strategische Ausrichtung des Unternehmens korrigieren durch Neugestaltung (Kombination, Aufsplitten, Transfer, Aufnahme, Aufgabe) von Geschäften • Feinabstimmung den Unternehmenseinheiten überlassen • Organisation modular aufbauen • Unternehmensweit konsistente Kennzahlen-, Anreiz- und Vergütungssysteme schaffen
Ansatzpunkte der Gestaltung:	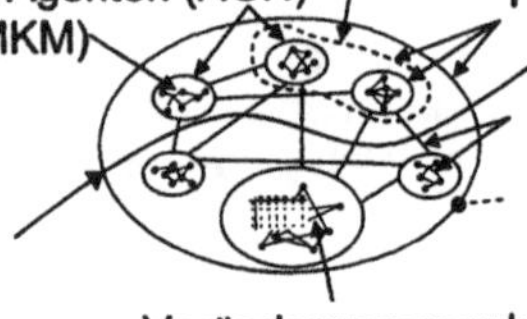

Abbildung 5.9: Patching im Ordnungsrahmen
Quelle: eigene Darstellung

Coevolving

Austauschprozesse zu etablieren ist Gegenstand des Coevolving-Prozesses, in dessen Verlauf sich zwischen den sich verändernden Patches (neue) Beziehungen der unternehmensinternen Zusammenarbeit ergeben, die Synergien fördern. Ziel dieses Prozesses ist jedoch nicht die konventionelle Förderung von Kooperationen im Sinne einer Maximierung ihrer Zahl und Abstimmung ihrer Inhalte, sondern vielmehr eine Optimierung der Beziehungen in Inhalt und Anzahl, die auch eine Beschränkung bedeuten kann (INT).

Analog zu den obigen Überlegungen zur Größe der Patches ist eine stabilisierende Vielzahl von Verbindungen zwischen Geschäftseinheiten in wenig veränderlichen Märkten sinnvoll, dynamische Märkte erfordern jedoch bewegliche Unternehmenseinheiten, die relativ unabhängig und nur durch wenige interne Restriktionen gebunden sind.[852] Anstatt daher unternehmensinterne Kooperation per se zu belohnen, setzen koevolutionäre Unternehmen vielmehr auf internen Wettbewerb. Sie gestalten Fitnesslandschaften (FIT), indem sie Anreize für herausragende individuelle Ergeb-

[852] Vgl. Eisenhardt/Galunic (2000), S. 97f.

nisleistungen der Geschäftseinheiten schaffen, und sorgen lediglich für regelmäßigen Informationsaustausch zwischen deren Führungskräften.

Emergenzebene: Unternehmen	
Emergenzart:	Selbstordnung ☐ Neuerung ■
Quelle:	Eisenhardt/Galunic (2000)
Emergenzeigenschaften:	Synergien, unternehmensinterne Kooperation
Agenten:	Geschäftsbereiche — nicht-adaptiv ☐ teil-adaptiv ■ autonom-adaptiv ☐
Handlungsempfehlungen:	• Anreizsysteme für Individualleistungen der Einheiten schaffen • Informationsaustausch und Kontakte zwischen den Einheiten sicherstellen • Kooperation selbstorganisiert entstehen lassen
Ansatzpunkte der Gestaltung:	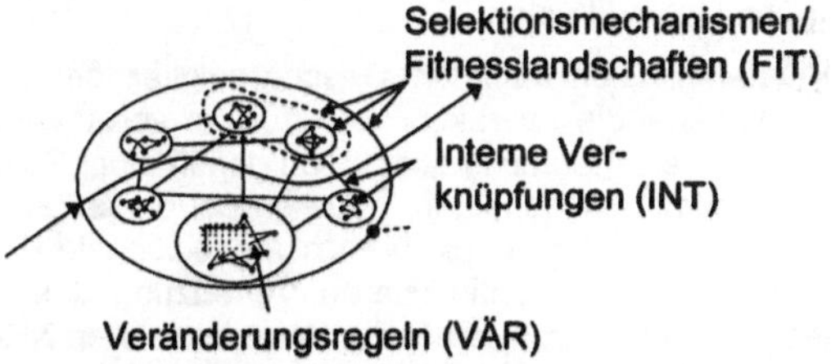

Abbildung 5.10: Coevolving im Ordnungsrahmen
Quelle: eigene Darstellung

Kooperation zwischen verschiedenen Einheiten kommt unter diesen Umständen selbstorganisiert nur dann zustande, wenn nach Art einer Win-Win-Situation alle Beteiligten sich davon Vorteile versprechen (VÄR).[853] „In fact, it's a bit counterintuitive – build collaborative teams and yet reward self-interest, let competition flourish, don't worry too much about efficiency, collaborate less to gain more. Coevolving turns the corporation into an ecosystem [...]."[854] Abbildung 5.10 gibt die wesentlichen Elemente des Coevolving-Konzeptes in den Kategorien des Ordnungsrahmens wieder.

Zusammenfassend lässt sich festhalten, dass die Transferansätze zu Patching und Coevolving die Idee der internalisierten Koevolution auf Unternehmen zu übertragen suchen. Dabei liegt der Fokus vornehmlich auf den internen Wettbewerbsbeziehungen, während die Frage der optimalen Größe der Patches, welche in den Computerexperimenten als wesentlich für den Erfolg der internalisierten Koevolution identifiziert wurde, unbeantwortet bleibt.

---

[853] Vgl. Eisenhardt/Galunic (2000), S. 100f. Dies kann bspw. auch durch entsprechende Anreizsysteme unterstützt werden, welche die Bewertung einer Unternehmenseinheit auch mit den Leistungen anderer Einheiten verknüpfen: Durch eine Regel, welche die besten drei Geschäftseinheiten für die Leistungsverbesserung der schlechtesten drei verantwortlich machte, gelang es bspw. BP, das ‚not invented here'-Syndrom abzuschaffen und das Teilen von unternehmenseigenem Wissen zu forcieren, vgl. Ghoshal/Gratton (2002), S. 35.

[854] Eisenhardt/Galunic (2000), S. 101.

5.3.4.3 *Emergenz von komplexen Strategien in komplexen Unternehmensstrukturen*

Unternehmen müssen Strategien generieren, welche der Komplexität ihrer Umfelder gerecht werden. Strategieprozesse und ihre Organisation stehen im Mittelpunkt des Übertragungsansatzes von BOISOT.[855] Angesichts zunehmender Komplexität der Unternehmensumfelder sucht er mit Hilfe der KAUFFMANschen NK-Modelle nach Hinweisen darauf, wie Strategieprozesse gestaltet sein sollten, um diese Komplexität adäquat in Unternehmensstrategien umsetzen zu können.[856]
Dazu wird strategisches Denken mit Daten- und Informationsverarbeitungsprozessen gleichgesetzt, in denen unternehmensinterne Agenten an sie gerichtete Informationen strukturieren und interpretieren und diese überlappenden, aber nicht notwendigerweise identischen Interpretationen als agentenspezifisches Wissen mit anderen Agenten teilen. Zwei Prozesse charakterisieren dieses Geschehen, zum einen der Prozess der Datenverarbeitung, der die Strukturierung der Informationen durch die einzelnen Agenten beschreibt, und zum anderen der Prozess der Datendiffusion, der den Informationsfluss bzw. die Wissensteilung zwischen den Agenten beschreibt. Strategien sind dann das emergente Ergebnis dieser Prozesse der Datenverarbeitung und Datendiffusion.[857]

Die Datendiffusion kann als Geschwindigkeit der Datenverteilung verstanden werden. Sie bildet die Interaktionsstruktur der verbundenen Agenten ab und wird durch den Anteil der Agenten bestimmt, an den in einer Zeiteinheit eine bestimmte Information übermittelt werden kann. [858] Je größer diese Zahl ist, desto höher ist die Komplexität der Datendiffusion, die BOISOT als relationale Komplexität bezeichnet. Diese relationale Komplexität, die interne Vernetzung des Netzwerkes der Agenten, setzt BOISOT mit dem Parameter K der KAUFFMANschen NK-Modelle gleich.[859]

Bei der Datenverarbeitung unterscheidet BOISOT weiterhin zwei Dimensionen, mit deren Hilfe die Komplexität der Datenverarbeitung erfasst werden kann: Kodifizierung als eine dieser Dimensionen erlaubt eine Zuordnung von Daten zu klaren Kategorien nach eindeutigen Regeln und beschleunigt den Datenverarbeitungsprozess durch das Ausräumen von Zweifelsfällen. Abstraktion als die zweite Dimension betrifft die minimal erforderliche Anzahl der Kategorien zur Strukturierung von Daten: Je weniger Kategorien hier zu einer sinnvollen Unterscheidung der Daten benötigt werden, d.h. je abstrakter die Kategorien sind, desto effizienter können die Datenverarbeitungsprozesse ablaufen. Abstrakte, kodifizierte Daten weisen somit die geringste Verarbeitungskomplexität auf, während nicht kodifizierbare und zugleich konkrete, d.h. nicht abstrahierbare Daten größte Verarbeitungskomplexität erfordern.[860]
Im Unterschied zur oben beschriebenen relationalen Komplexität beziehen sich diese beiden Dimensionen auf inhaltliche Aspekte der Datenverarbeitung und werden daher von BOISOT als ‚kognitive Komplexität' bezeichnet.[861] In BOISOTs Konzept korrespondiert diese kognitive Komplexität mit dem Homogenitätsparameter P der KAUFF-

[855] Zu den folgenden Ausführungen vgl. Boisot/Child (1999) sowie Boisot (2000).

[856] Vgl. Boisot (2000), S. 116.

[857] Vgl. Boisot (2000), S. 117.

[858] Vgl. Boisot/Child (1999), S. 240ff. und Boisot (2000), S. 118.

[859] Vgl. Boisot/Child (1999), S. 241ff.

[860] Vgl. Boisot/Child (1999), S. 239ff. und Boisot (2000), S. 117f.

[861] Vgl. Boisot/Child (1999), S. 241.

MANschen NK-Modelle[862]: Dieser Parameter, der für die Wahrscheinlichkeit der Aktivierung einer Verbindung zwischen zwei Agenten steht, kann zwischen dem Wert 0,5 (wenn diese Aktivierung rein zufällig geschieht) und dem Wert 1 liegen (wenn die Aktivierung feststeht und nicht verändert werden kann). Entsprechend ordnet BOISOT hohe kognitive Komplexität, die mit großer Unsicherheit der Dateninterpretation verbunden ist, dem P-Wert 0,5 zu, während geringe kognitive Komplexität mit entsprechend hoher Sicherheit bezüglich der Bedeutung der erhaltenen Information einem P-Wert von 1 entspricht.

In den NK-Modellen gibt es verschiedene Paarungen von K- und P-Werten, die ein System an den Chaosrand bringen: Systeme mit stark einheitlicher Informationsverarbeitung können eine viel stärkere Vernetzung bewältigen, ohne ins Chaos abzugleiten, als Systeme mit zufällig generierter Informationsverarbeitung der einzelnen Agenten, bei denen sich ein Wert von K=2 als grenzwertig erweist. Andersherum kann ein System mit gegebener Vernetzung durch Veränderung des Homogenitätsparameters in ein geordnetes Regime überführt werden.[863]

Einen ähnlichen Zusammenhang konstatiert auch BOISOT zwischen kognitiver und relationaler Komplexität: Je besser Daten abstrahiert und kodifiziert werden können, desto schneller und problemloser lassen sie sich auch an eine Vielzahl von Agenten verteilen. Als Beispiel wird hier der Wertpapierhandel angegeben, bei dem Informationen vollständig in Preisen und Mengen kodifiziert sind und in Sekundenschnelle global an zahllose Agenten verteilt werden, deren Handlungen z. T. automatisiert sind. Kognitiv komplexes Wissen dagegen braucht zur Übermittlung viel Zeit und kann nur an wenige Agenten weitergegeben werden, wie es das extreme Beispiel eines Zen-Meisters und seiner Schüler illustriert, dessen Wissen persönlich und implizit ist und nur durch Beispiel und Erfahrung weitergegeben werden kann und entsprechend von den anderen Agenten langwierig interpretiert und erlernt werden muss.[864]

Es gibt somit bei der Kombination von kognitiver Komplexität P und relationaler Komplexität K nur eine begrenzte Menge sinnvoller Paarungen, denen BOISOT vier verschiedene organisationale Formen (Bürokratie, Markt, Lehensorganisation und Clan) zuordnet:[865]

- Bürokratien mit ihrer zentral gesteuerten Informationsdiffusion geben klare Informationskategorien, Strukturen und Prozesse vor, so dass die einzelnen Agenten mit wenig komplexen Daten umgehen (großes P) und aufgrund der hierarchischen Organisation ebenso nur in wenige Kommunikationsprozesse eingebunden sind (kleines K). Sowohl relationale als auch kognitive Komplexität sind gering, und die daraus kombinierte Gesamtkomplexität das Systems und mithin seine Fähigkeit zur Informationsverarbeitung ist gering.
- Märkte, die im Wesentlichen über Preisinformationen gesteuert werden, erlauben aufgrund der starken Kodifizierung und Abstraktion dieser Informationen (großes P) die Verbindung einer Vielzahl von Agenten (großes K) und kombinieren somit geringe kognitive Komplexität mit hoher relationaler Komplexität. Diese Paarung resultiert in einer mittleren Gesamtkomplexität dieser Organisationsform.

---

[862] Vgl. Boisot/Child (1999), S. 242 und Boisot (2000), S. 124f.

[863] Vgl. hierzu die Ausführungen in Kapitel 4.3.1.2.

[864] Vgl. Boisot (2000), S. 118f.

[865] Vgl. Boisot/Child (1999), S. 241ff. sowie Boisot (2000), S. 119ff.

- Lehensorganisationen, wie sie für kleine Familien- oder Startup-Unternehmen typisch sind und in denen starke persönliche Loyalität gegenüber Personen oder Ideen vorherrscht, basieren häufig auf nicht kodifiziertem und nur implizit vorliegendem Wissen (kleines P), und Abstimmungsprozesse funktionieren auf Basis von Hierarchien und gemeinsamen Werten, die in persönlichen Kommunikationsprozessen gewonnen werden. Eine derart hohe kognitive Komplexität erlaubt nur eine begrenzte Anzahl von Mitgliedern (kleines K) und damit geringe relationale Komplexität. Insgesamt entsteht hier eine mittlere Gesamtkomplexität.
- Clans schließlich, wie sie bspw. in netzwerkähnlichen Organisationen bestehen, sind nicht-hierarchische Organisationsformen, die auf gegenseitigem Vertrauen der Agenten basieren und in denen gemeinsame Zielvorstellungen und horizontale Koordination durch Verhandlungsprozesse erreicht werden. Die Informationsdiffusion ist hier höher als bei den Lehensorganisationen (mittleres K) und erzeugt eine mittlere relationale Komplexität, und die kognitive Komplexität ist ebenfalls hoch (kleines P). Dieser Organisationsform attestiert BOISOT hohe Gesamtkomplexität und siedelt sie am Chaosrand an.

Für Strategieprozesse und ihre Organisation ergeht aus diesen Überlegungen die Empfehlung, von der Komplexitätsreduktion, wie sie durch eine Bürokratie erzielt wird, hin zu einer Form zu gelangen, die auch Komplexitäts-Absorption erlaubt, wie es bei Märkten, Lehensorganisationen und insbesondere bei Clans der Fall ist. Bei der Wahl einer konkreten Organisation sind immer die spezifischen Informationsmerkmale der Unternehmensumfelder und deren Komplexität zu berücksichtigen, da die Etablierung und der Unterhalt komplexer Organisationsformen mehr Energie erfordert, und die Vorhaltung von zu viel Komplexität ein entsprechend schlechtes Kosten-Nutzen-Verhältnis nach sich zieht. Um allen Herausforderungen der Umwelt gewachsen zu sein, bedarf es adäquater Prozesse der strategischen Informationsverarbeitung und -verteilung, die situationsspezifisch Komplexität reduzieren wie auch absorbieren können. Durch Variation der kognitiven (DIV) und der relationalen Komplexität (INT) und damit Anpassungen der Organisationsstruktur können die Strategieprozesse entsprechend adjustiert werden.

Die heutigen turbulenten Umfelder erfordern Strukturen, die Merkmale von Märkten, Lehensorganisationen oder Clans tragen und die emergenten, innovativen Aspekte von Strategien stärker betonen.[866] Unter diesen drei Organisationsformen besitzt der Clan die größte Komplexität und bietet damit das größte Potential für Adaption und Erneuerung.[867]

---

[866] Vgl. Boisot (2000), S. 131f.

[867] Vgl. Boisot/Child (1999), S. 244.

Emergenzebene: Unternehmen	
Emergenzart:	Selbstordnung ☐ Neuerung ■
Quellen:	Boisot/Child (1999), Boisot (2000)
Emergenzeigenschaften:	Komplexe Strategien
Agenten:	Individuen, Unternehmenseinheiten — nicht-adaptiv ☐ teil-adaptiv ■ autonom-adaptiv ☐
Handlungsempfehlungen:	• Komplexitätsabsorbierende Organisationsformen etablieren • Kognitive Komplexität von Strategieprozessen durch Informationsabstraktion und Kodifizierung gestalten • Relationale Komplexität durch Vernetzung von Organisationseinheiten gestalten
Ansatzpunkte der Gestaltung:	

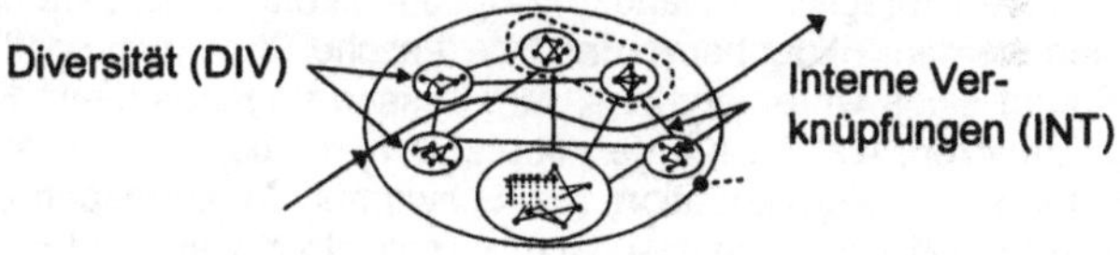

Abbildung 5.11: Komplexität von Organisationsstrukturen im Ordnungsrahmen
Quelle: eigene Darstellung

Diese Perspektive der Komplexitätsforschung auf Unternehmen bietet einen Erklärungsansatz für die Probleme, mit denen sich einzeln erfolgreiche Unternehmen mitunter bei strategischen Allianzen, Joint Ventures oder anderen Kooperationsformen überraschend konfrontiert sehen: Möglicherweise verfolgen die Kooperationspartner unterschiedliche Strategien der Komplexitätsabsorption, so dass an den Schnittstellen keine Kompatibilität vorliegt.[868] Im Ordnungsrahmen in Abbildung 5.11 ergeben sich für diesen Transferansatz, der sich explizit auf die Modellparameter K und P bezieht, entsprechend die Ansatzpunkte ‚Diversität' und ‚interne Kopplungen'.

5.3.4.4 Emergenz von Innovation und Erfolg durch Gestaltung von Fitnesslandschaften

Neben den oben beschriebenen Eingriffsmöglichkeiten, die als Rekonfiguration der organisationalen Architektur eingeordnet werden können[869], besteht weiterhin die Möglichkeit, die spezifischen Fitnesslandschaften verschiedener unternehmensinter-

[868] Vgl. Boisot (2000), S. 130. Besonders augenfällig identifizieren Boisot/Child dieses Problem im Falle der Joint Ventures amerikanischer Unternehmen, die vorzugsweise Komplexität durch interne Marktstrukturen zu bewältigen suchen, mit chinesischen Unternehmen, deren Komplexitätsbewältigung traditionell auf umfangreichen sozialen Abstimmungsprozessen und persönlichen Netzwerken wie bei Clans basiert, vgl. Boisot/Child (1999), S. 247ff.

[869] Vgl. Anderson (1999), S. 229.

ner Agenten oder des Gesamtunternehmens gezielt zu gestalten (FIT) oder Suchstrategien in bestehenden Landschaften zu definieren (VÄR), um die Emergenz von Neuerungen und deren Evolution zu fördern.
Ausgehend von KAUFFMANS Überlegungen zur Gestalt von Fitnesslandschaften lassen sich einige grundlegende Hinweise zum „Landscape Design"[870] in Unternehmen und zu effizienten Suchstrategien anstellen. Anstelle von Veränderungsmöglichkeiten mit offenem Ausgang werden beim Landscape Design direkt die Landschaften vorgegeben, in denen die Agenten – dies können Individuen, Unternehmenseinheiten oder auch ganze Organisationen sein – sich mit der Absicht bewegen, ihre individuelle Fitness bzw. die des Unternehmens zu verbessern. Die Fitness derartiger Agenten kann dabei nicht in einer einzigen Kennzahl erfasst werden, sondern muss ein mehrdimensionales Konstrukt sein, bspw. ein ganzes System von Kennzahlen, in dem abhängig von der strategischen Zielsetzung unterschiedliche Aspekte im Zeitverlauf verschiedene Gewichtung erfahren können.

Landscape Design für Unternehmen

Beim unternehmensweiten Landscape Design wird eine Landschaft der Unternehmensfitness vorgegeben (FIT). Die Formulierung von Unternehmensstrategien und die Angabe strategischer Handlungsoptionen können als derartige Landschaften verstanden werden: Bildet bspw. das PORTERsche Strategiemodell die Basis der Strategiefindung eines Unternehmens, wird dessen angenommene Fitnesslandschaft drei Hügel besitzen, welche mit den strategischen Positionen Kostenführerschaft, Differenzierung und Konzentration auf Schwerpunkte korrespondieren. Eine derartige Repräsentation der Fitnesslandschaft mag stark von der tatsächlichen Landschaft abweichen, in der sich das Unternehmen bewegt, besitzt aber unabhängig von ihrem Realitätsbezug auf jeden Fall handlungsleitende Wirkung für die Unternehmensagenten.

Auch hier ist wie bei den computergestützten Agentenmodellen davon auszugehen, dass den einzelnen Agenten nicht die gesamte Fitnesslandschaft im Detail und somit ebenso wenig der höchste Punkt darin bekannt ist, sondern dass sie lediglich in der Lage sind, positive und negative Gradienten zu erkennen. Damit können sie abschätzen, ob eine bestimmte Veränderung ihres derzeitigen Zustands jeweils eine relative Verbesserung darstellen würde oder nicht. Wichtig beim Entscheidungsverhalten der Agenten ist somit nicht der absolut höchste erzielbare Fitnesswert oder Payoff, sondern die Struktur der Landschaft, welche mögliche Pfade und Suchstrategien nahe legt. Die tatsächliche Fitness des Gesamtunternehmens, also dessen Erfolg, ergibt sich bei diesen Überlegungen aus den kombinierten Aktionen der verschiedenen Unternehmensangehörigen oder -einheiten als Agenten.

Eine einhügelige Fitnesslandschaft entsteht entsprechend dem KAUFFMANschen NK-Modell bei völliger Unabhängigkeit der Beiträge einzelner Agenten. Wenn unter dieser Annahme jeder seine Tätigkeit bestmöglich versieht, wird das Gesamtoptimum erreicht, das somit eine Kollektion universeller Best Practices darstellt, die in individuellen inkrementellen Lernprozessen erreichbar sind.

Hängen die Erfolgsbeiträge der verschiedenen Agenten jedoch zum Teil voneinander ab, entstehen mehrhügelige Fitnesslandschaften, die nicht nur Exploitation über schrittweise Verbesserungen, sondern ebenso auch Explorationsaktivitäten unter-

---

[870] Zum Begriff des Landscape Design und zu den nachfolgenden Ausführungen vgl. Levinthal/Warglien (1999).

stützen. Explorative Bewegungen können bspw. in einer Kombination von anfänglichen Weitsprüngen und nachfolgender schrittweiser Anpassung, also in einer bestimmten Sequenz von Veränderungsprozessen (VÄR), Innovationen zum Durchbruch verhelfen.

Bei den Weitsprüngen, welche durch gleichzeitige Veränderung vieler Agenten entstehen, ist es sinnvoll, auf die Neukombination von in sich abgestimmten Teillösungen im Sinne von Modulen oder Building Blocks zurückzugreifen, da sich aufgrund der Korreliertheit der Fitnesslandschaft Bereiche hoher Fitness mit großer Wahrscheinlichkeit in der Nähe weiterer solcher Bereiche befinden. Die Agenten bzw. Strategien sollten dementsprechend einen modularen Aufbau aufweisen (MKM).

Fitnesslandschaften dürfen jedoch nicht zu stark zerklüftet sein: nur intern lose gekoppelten Unternehmen mit entsprechend moderat zerklüfteten Landschaften kann es gelingen, vorhandene Wettbewerbsvorteile auszuschöpfen, während sie gleichzeitig explorativ tätig sind, um neue Quellen zukünftigen Erfolgs zu entdecken. Durch zu viele unternehmensintern wirksame Kopplungen und Restriktionen (INT) schroff zerklüftete Fitnesslandschaften lassen für die Gleichzeitigkeit von Exploitation und Exploration dagegen keinen Raum.[871] Eine derartige, meist in einem langen Prozess gewachsene zu hohe interne Kopplungsdichte wird aus der Perspektive der Komplexitätsforschung für die Unbeweglichkeit vieler Großunternehmen verantwortlich gemacht.[872]

Abbildung 5.12 zeigt die Einstufung des unternehmensweiten Landscape Design-Konzeptes von LEVINTHAL und WARGLIEN in den Ordnungsrahmen.

---

[871] Vgl. Levinthal (1997), S. 949.

[872] Vgl. McKelvey (1999a), S. 314.

Emergenzebene: Unternehmen	
Emergenzart:	Selbstordnung ☐ Neuerung ■
Quelle:	Levinthal/Warglien (1999)
Emergenzeigenschaften:	Unternehmenserfolg, Veränderungseffizienz
Agenten:	Individuen, Unternehmenseinheiten, Strategien — nicht-adaptiv ☐ teil-adaptiv ■ autonom-adaptiv ☐
Handlungsempfehlungen:	• Struktur der Unternehmens-Fitnesslandschaft durch Formulierung von Strategien, Kennzahlensysteme und Kommunikation strategischer Handlungsoptionen gestalten • Strategien modular aufbauen und nicht zu viele Restriktionen etablieren • Abfolge von Veränderungsaktivitäten vorgeben
Ansatzpunkte der Gestaltung:	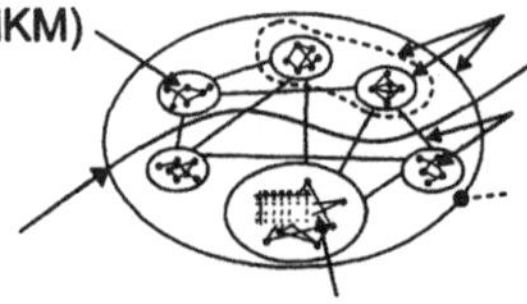

Abbildung 5.12: Landscape Design für Unternehmen im Ordnungsrahmen
Quelle: eigene Darstellung

Landscape Design für Unternehmenseinheiten

Außer dem unternehmensweiten Landscape Design bietet sich auch die Gestaltung der Fitnesslandschaften für Subsysteme des Gesamtunternehmens an. Wenn einzelne definierte Agenten (AGN) in Unternehmen mit eigenen Fitnesslandschaften versehen werden (FIT), die nach Art koevolutionärer Systeme miteinander gekoppelt sind (EXT), wird sich deren Verhalten nicht mehr an der kollektiven (Unternehmens-) Fitnesslandschaft ausrichten, sondern am eigenen Erfolg in den jeweiligen individuellen Fitnesslandschaften. Diese müssen entsprechend gut aufeinander abgestimmt sein, um die individuellen Adaptionsbestrebungen nicht in einer kollektiven Komplexitätskatastrophe enden zu lassen oder das Gesamtsystem in einer suboptimalen evolutionär stabilen Strategie festzusetzen.

Emergenzebene: Unternehmen	
Emergenzart:	Selbstordnung ☐ Neuerung ■
Quelle:	Levinthal/Warglien (1999)
Emergenzeigenschaften:	Unternehmenserfolg, Unternehmensveränderung
Agenten:	Unternehmenseinheiten nicht-adaptiv ☐ teil-adaptiv ■ autonom-adaptiv ☐
Handlungsempfehlungen:	• Spezifische Fitnesslandschaften für verschiedene Unternehmenseinheiten vorgeben und sowohl untereinander als auch mit der Erfolgslandschaft des Gesamtunternehmens abstimmen • Geeignete Kennzahlensysteme etablieren
Ansatzpunkte der Gestaltung:	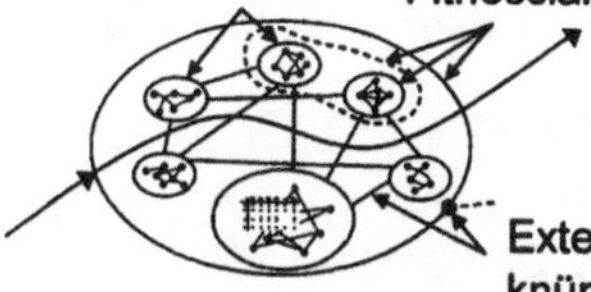

Abbildung 5.13: Landscape Design für Unternehmenseinheiten im Ordnungsrahmen
Quelle: eigene Darstellung

Bei der Entwicklung von Kennzahlensystemen zur Strategieunterstützung sind diese grundsätzlichen Überlegungen zu Fitnesslandschaften zu berücksichtigen: Einfache Kennzahlensysteme werden häufig den internen Kopplungsstrukturen eines Unternehmens nicht gerecht und bilden durch die Ausblendung von Abhängigkeiten zwischen verschiedenen Handlungsfeldern zu stark abgeflachte, nivellierte Fitnesslandschaften, die keine Orientierung bieten können. Dagegen laufen Kennzahlensysteme mit stark ausgeprägten internen Verknüpfungen über verschiedene Agentenebenen wie die Balanced Scorecard Gefahr, durch das Aufzeigen vieler interdependenter potentieller Auswirkungen einzelner Handlungen die individuellen Agenten zu lähmen und ihre effektive Adaption sogar zu unterbinden.[873]
Im Ordnungsrahmen stellt sich der Ansatz von LEVINTHAL und WARGLIEN zum Landscape Design für Unternehmenseinheiten wie in Abbildung 5.13 angegeben dar.

Im Konzept des Landscape Design wird stets von begrenzt veränderlichen Agenten ausgegangen. Diese sollen mit ihren Veränderungen die Hügel der gegebenen Fitnesslandschaft erklimmen. Aktiv gestaltendes Element ist letztendlich der Landschafts-Designer, welcher eine bestimmte Absicht mit der Gestaltung der Fitnesslandschaft verbindet und versucht, das Gesamtsystem auf diesem Weg in die gewünschte Richtung zu beeinflussen. Eine selbstorganisierte Veränderung der zugrunde liegenden Strukturen ist nur sehr begrenzt erwünscht: „A good landscape design depends upon the designer's belief about the organization's external context and, in particular, the designer's belief about what might comprise effective adaptive

[873] Levinthal/Warglien (1999), S. 354.

performance in a dynamic environment."[874] Die Gestaltungseingriffe bei den vorgestellten Varianten des Landscape Design betreffen vornehmlich die Fitnesslandschaften direkt und weniger die zugrunde liegenden Verknüpfungen, die im Nachhinein angepasst werden sollen.

5.3.4.5 *Erfolgreiche Innovations- und Veränderungsprozesse durch Navigieren in Fitnesslandschaften*

Weniger auf die Endergebnisse von Veränderungsprozessen, sondern vielmehr auf die Effizienz dieser Prozesse zielen die im Folgenden behandelten Transferkonzepte der Komplexitätsforschung. Damit rückt das erfolgreiche Navigieren von Unternehmen in Landschaften, die verschiedene Aspekte der Unternehmenstätigkeit abbilden, in den Betrachtungsschwerpunkt dieser Übertragungsansätze. Überlegungen zu Fitnesslandschaften werden hierbei herangezogen, um effiziente Veränderungsprozeduren (VÄR) für Unternehmen zu entwickeln, die bspw. bei Technologieinnovationen oder bei der Strategieentwicklung zum Tragen kommen. Von den entsprechenden Fitnesslandschaften wird dabei angenommen, dass sie fix gegeben sind und somit durch die Unternehmen selbst nicht mehr verändert werden können.

Technologieinnovationen

Technologische Innovationen werden bei Transferansätzen der Komplexitätsforschung als adaptive Suchprozesse in Technologielandschaften interpretiert. Diese Landschaften lassen sich zum einen als Bewertungsräume über einem Merkmalsraum auffassen, dessen Dimensionalität sich ändern kann. Unter dieser Voraussetzung entspricht eine radikale Innovation dem Entstehen eines völlig neuen Merkmals und damit einer weiteren Dimension, während eine inkrementale Innovation lediglich die Werte bestehender Parameter ändert.
Die Dimension einer Technologielandschaft kann jedoch zum anderen auch als unveränderlich angesehen werden. Unter dieser Voraussetzung ist eine radikale Innovation als ein ‚Weitsprung' auf dieser Landschaft mit der gleichzeitigen Veränderung mehrerer Merkmale zu interpretieren, während bei einer inkrementalen Innovation lediglich ein einziges Merkmal verändert wird.[875]

Die grundlegende Konstellation in dieser letzteren Interpretation kann wiederum in einem NK-Modell dargestellt werden, in dem die suchenden Agenten aus N Merkmalen (MKM) bestehende ‚Produktionsrezepte' oder Produkte sind. Deren Merkmale beeinflussen sich u.U. gegenseitig und unterliegen damit jeweils K internen Kopplungen (INT), und jedem konkreten Produktionsrezept ist eine Bewertung zugeordnet, deren Gesamtheit die zugehörige Fitnesslandschaft erzeugt.
Angepasst an die jeweilige Gestalt der Fitnesslandschaft lassen sich dann unterschiedliche Vorgehensweisen bei der Technologieinnovation argumentativ untermauern: KAUFFMAN et al. konnten modellgestützt nachweisen, dass sich in moderat zerklüfteten Landschaften eine kombinierte Vorgehensweise als sinnvoll und wirtschaftlich erweist. Diese Vorgehensweise (VÄR) enthält anfangs Weitsprünge, bei denen gleichzeitig mehrere Merkmale der Produktionsrezepte oder der Produkte verändert werden, setzt dann im weiteren Verlauf jedoch auf inkrementale Verbesserungen. Diese theoretisch belegte Erklärung deckt sich mit empirischen Beobachtungen zu neuen Technologien, bei denen zu Beginn viele verschiedene Designtypen

[874] Levinthal/Warglien (1999), S. 344.

[875] Vgl. Ebeling/Scharnhorst/Montano (1999), S. 462f.

existieren, die sich jedoch relativ schnell auf einige wenige reduzieren, welche anschließend jeweils weiter verbessert werden.[876]
Ein derartiger Zusammenhang lässt sich analog auch bei organisationalen Veränderungen feststellen: Die Wahrscheinlichkeit, dass radikale Veränderungen erfolgreich sind, ist am größten, wenn die Organisation sich noch weit entfernt von den Gipfeln der Fitnesslandschaft befindet; mit zunehmendem Erfolg werden Weitsprünge in der Fitnesslandschaft hingegen immer weniger aussichtsreich.[877]

FLEMING und SORENSON unterstreichen die Bedeutung der Kenntnis der Fitnesslandschaft bei Technologieinnovationen, um adäquate Innovationsstrategien verfolgen zu können.[878] In Fitnesslandschaften, die auf modularem Produktdesign basieren und die nur einen oder wenige Hügel aufweisen, ist eine inkrementelle Innovationsstrategie sinnvoll, allerdings sollte sie aufgrund ihrer leichten Imitierbarkeit kombiniert werden zum einen mit Bemühungen, das unternehmenseigene Wissen und damit die einzelnen Produktmodule bspw. durch Patente zu schützen, und zum anderen mit weiteren Unternehmensfähigkeiten, die ein Alleinstellungsmerkmal darstellen, bspw. schnelle Produkteinführung, effiziente Lieferketten oder überragender Kundenservice.[879]

Für zerklüftete Technologielandschaften dagegen identifizieren die Autoren zwei alternative Strategien:
Wenn die Technologielandschaft unbekannt ist, kann eine Strategie nach dem Schrotflintenprinzip verfolgt werden, bei der in kurzer Zeit in einem ersten Schritt sehr viele ungerichtete Innovationen hervorgebracht werden, die dann einer rigorosen Auslese unterworfen werden. Dazu müssen entsprechend eindeutige und stringente Auswahlkriterien gegeben sein.[880]
Als zweite mögliche Strategie bei zerklüfteter Technologielandschaft schlagen die Autoren das ‚Technology mapping' vor. Darunter ist die, vornehmlich über Grundlagenforschung in den betroffenen Technologien und eine gute Anbindung an die entsprechenden wissenschaftlichen Einrichtungen zu erreichende aktive ‚Kartierung' der Technologielandschaft zu verstehen, um Möglichkeiten und Grenzen verschiedener Alternativen unterscheiden und frühzeitig die lohnenswerten Entwicklungspfade identifizieren zu können.[881]

Da sich die beschriebenen Transferansätze auf NK-Modelle statischer Fitnesslandschaften stützen, sind einerseits die Produktions- oder Produktmerkmale und deren Verknüpfungen zu analysieren und zu gestalten, andererseits kommt, wenn diese

[876] Vgl. Kauffman/Lobo/Macready (2000). Diese Beobachtung beschreiben Abernathy/Utterback als ‚dominant design', vgl. Abernathy/Utterback (1978), S. 44f.

[877] Vgl. Levinthal (1997), S. 938.

[878] Vgl. zu den folgenden Ausführungen Fleming/Sorenson (2003).

[879] Vgl. Fleming/Sorenson (2003), S. 18f. Als Beispiel für ein Unternehmen mit dieser Strategie wird der Computerhersteller Dell genannt, dessen Wettbewerbsvorteil bei seinen aus Standardbauteilen montierten PCs weniger auf überlegenen Produkten als vielmehr auf einem der Konkurrenz überlegenen Management der Lieferkette beruht, vgl. Fleming/Sorenson (2003), S. 19.

[880] Als Beispiel hierfür nennen die Autoren die Erfindung der Glühlampe durch Thomas Edison, der eine große Anzahl von Variationen hinsichtlich Form, Material und anderer Merkmale schuf und diese dann auf Basis ihrer Leuchtdauer selektierte, vgl. Fleming/Sorenson (2003), S. 20.

[881] Hier geben die Autoren das Beispiel des Tintenstrahldruckers an, der bei Hewlett-Packard deswegen als erstes zur Marktreife gebracht werden konnte, weil die beteiligten Mitarbeiter auf fundierteres Wissen in den entsprechenden Grundlagenwissenschaften zurückreifen konnten als bei der Konkurrenz, vgl. Fleming/Sorenson (2003), S. 21f.

Parameter vorgegeben sind, vor allem den Strategie- bzw. Veränderungsregeln eine zentrale Bedeutung zu. Dies verdeutlicht die in Abbildung 5.14 dargestellte Eingruppierung der beschriebenen Ansätze zu Technologieinnovationen in den Ordnungsrahmen.

Emergenzebene: Unternehmen	
Emergenzart:	Selbstordnung ☐ Neuerung ■
Quellen:	Kauffman/Lobo/Macready (2000), Fleming/Sorenson (2003)
Emergenzeigenschaften:	Effiziente Technologieinnovation
Agenten:	Produkte, Produktionsrezepte nicht-adaptiv ☐ teil-adaptiv ■ autonom-adaptiv ☐
Handlungsempfehlungen:	• Zeitliche Steuerung der Veränderungsprozesse an die Gestalt der Fitnesslandschaft anpassen, die vom Produkt abhängt • In moderat zerklüfteten Landschaften zuerst radikale, dann inkrementelle Innovationen suchen
Ansatzpunkte der Gestaltung:	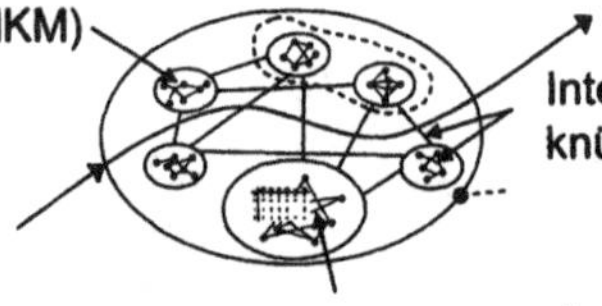

Abbildung 5.14: Technologieinnovationen im Ordnungsrahmen
Quelle: eigene Darstellung

Strategieinnovationen

Ähnliche Empfehlungen für das Navigieren in bestehenden Fitnesslandschaften (VÄR) gibt BEINHOCKER für den Fall der Strategieentwicklung als evolutionärer Suchprozess, bei dem Strategien die verschiedenen Agenten darstellen, welche ein Unternehmen als Population auf die Wanderung durch eine Fitnesslandschaft schickt, in der die Profitabilität der verschiedenen möglichen Strategien abgebildet ist.[882]

[882] Vgl. Beinhocker (1999a), S. 50ff. oder derselbe (1999b), S. 98ff.

Emergenzebene: Unternehmen	
Emergenzart:	Selbstordnung □ Neuerung ■
Quellen:	Beinhocker (1999a), Beinhocker (1999b), Levinthal (1997)
Emergenzeigenschaften:	Effiziente Strategieentwicklung (in moderat zerklüfteten Fitnesslandschaften)
Agenten:	Strategien — nicht-adaptiv □ teil-adaptiv ■ autonom-adaptiv □
Handlungsempfehlungen:	• Negative Gründereffekte umgehen: bei der Strategieentwicklung schrittweise Verbesserungen mit größeren Veränderungen kombinieren
Ansatzpunkte der Gestaltung:	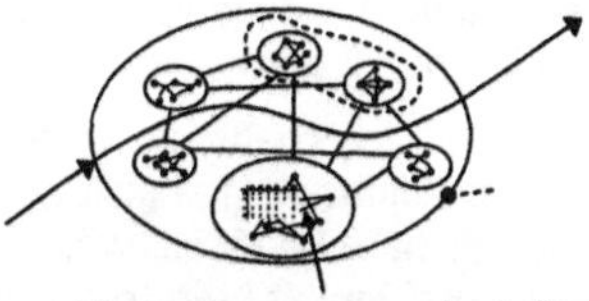

Abbildung 5.15: Strategieinnovationen im Ordnungsrahmen
Quelle: eigene Darstellung

Beinhocker argumentiert, dass nicht nur Ökosysteme, sondern auch Wirtschaftssysteme bei der Gestalt der Fitnesslandschaften nicht zu Extremen neigen, sondern zumeist moderat zerklüftete Landschaften bilden, die zudem korreliert sind, so dass sich höhere Hügel in der Nähe weiterer hoher Hügel befinden. In einer solchen Fitnesslandschaft besteht eine geeignete grundsätzliche Vorgehensweise zur Entwicklung eines erfolgreichen Strategiemixes in einer Kombination aus schrittweisen Verbesserungen vorhandener Strategien zur Bezwingung eines Hügels und mittleren Weitsprüngen zur Entdeckung neuer, aber ebenfalls hoher Hügel mit entsprechenden andersartigen Strategien.[883] Rein inkrementelle Verbesserungen sind durch den Startpunkt der adaptiven Wanderung auf ein lokales Gebiet beschränkt. Sie führen über beständige Anpassung zwar zu einem lokalen Maximum, können sich jedoch nicht aus diesem Einzugsbereich der Anfangsbedingungen befreien, die als Gründereffekte oder frühe Weichenstellungen im positiven oder negativen Sinne im weiteren Verlauf des Entwicklungspfades auf diese Weise stets präsent bleiben.[884]

Auch dieser Transferansatz konzentriert sich hauptsächlich auf die Frage, welche Veränderungsregeln für welche Art Fitnesslandschaft am besten geeignet sind. Die Abbildung 5.15 mit der Eingliederung in den Ordnungsrahmen weist entsprechend nur diesen einen Ansatzpunkt der Gestaltung aus.

[883] Vgl. Beinhocker (1999b), S. 101 oder derselbe (1999a), S. 51.

[884] Vgl. bspw. Levinthal (1997), S. 948 oder Denrell/March (2001), S. 524ff.

5.3.4.6 Wettbewerbsvorteile durch Strategie- und Wissensgestaltung

NK-Modelle von Strategien lassen sich auch auf Wettbewerbssituationen anwenden, wie RIVKIN zeigt.[885] Der Autor verwendet ein NK-Modell, um die Frage zu klären, unter welchen Umständen es einem Unternehmen (Replikator) gelingen kann, eine eigene erfolgreiche Strategie zu replizieren, während zugleich einem Konkurrenten (Imitator) die Imitation dieser Strategie erschwert wird.

In diesem Modell sind Unternehmensstrategien die Agenten, die jeweils aus N verschiedenen Entscheidungstatbeständen mit je zwei möglichen Lösungen bestehen. Von den N Entscheidungen beeinflussen sich jeweils K nach Art epistatischer Kopplungen gegenseitig in ihrem Erfolgsbeitrag.[886] Mit zufällig gewählten Parametern N und K wird in dem Experiment eine fixe Fitnesslandschaft generiert, die hier eine Erfolgs- bzw. Payoff-Landschaft der verschiedenen Strategien darstellt. Als Ziel, das sowohl der Replikator als auch der Imitator unabhängig voneinander in derselben festgelegten Fitnesslandschaft erreichen sollen, wird der höchste Punkt der Landschaft gewählt. Dieser Punkt soll diejenige Strategie bezeichnen, welche der Replikator zu einem früheren Zeitpunkt bereits einmal eingenommen hatte.

Bei dem Bestreben beider Unternehmen, diese Strategie ein weiteres Mal zu erreichen, wird die Annahme zugrunde gelegt, dass aufgrund kausaler Ambiguität nach außen hin dem Imitator nicht bekannt ist, welche Entscheidungskombination die richtige ist. Interne kausale Ambiguität führt ferner dazu, dass auch der Replikator seine eigene Erfolgsstrategie nicht ohne weiteres kopieren kann, allerdings soll er bei der Suche danach in der Fitnesslandschaft drei Vorteile gegenüber dem Imitator haben[887]:

- Bei seiner adaptiven Wanderung startet er näher am Ziel als der Imitator, d.h. seine Strategie beinhaltet von Anfang an mehr richtige Entscheidungen.
- Bei Weitsprüngen in der Fitnesslandschaft, die gleichzeitig mehrere strategische Entscheidungen verändern, hat der Replikator eine bessere Trefferquote als der Imitator, da er über Erfahrung verfügt.
- Nach Weitsprüngen weiß nur der Replikator, welche seiner Entscheidungen bereits richtig sind und daher nicht mehr verändert werden müssen.

Der resultierende Wettbewerbsvorteil für den Replikator wird durch die Differenz seines Fitnesswertes zu dem seines Imitators gemessen, nachdem beide auf ihrer adaptiven Wanderung durch die (statische) Fitnesslandschaft in einer Sackgasse stecken geblieben sind. Unter diesen Annahmen lassen sich Aussagen zum einen über die optimale interne Kopplungsstruktur (INT) von Strategien und zum anderen über günstige Suchstrategien (VÄR) treffen, die interne kausale Ambiguität überwinden helfen:
Strategien mit lauter unabhängigen Entscheidungstatbeständen (K=0), die eine einhügelige Landschaft generieren, führen dazu, dass in jedem Fall – unabhängig von den jeweiligen Startpunkten, den Suchstrategien und der angenommenen Trefferquote des Replikators – beide Kontrahenten das Ziel am Ende sicher erreichen. Eine solche Strategie wäre, wie in Kapitel 5.3.4.4 bereits dargelegt, eine Kollektion von unabhängigen universellen Best Practices und für alle Mitspieler gleichermaßen

[885] Zu dem nachfolgend beschriebenen Modell vgl. Rivkin (2001), S. 280ff.

[886] Als Beispiel hierfür nennt Rivkin „investments in machines that permit production of a complex product line are made more valuable on the margin if a firm also employs a highly trained salesforce that can promote the product line effectively“ (Rivkin (2001), S. 281).

[887] Vgl. Rivkin (2001), S. 282.

leicht zu implementieren.[888] Diese Art von Strategie ist somit nicht empfehlenswert, da sie keinen Kopierschutz bietet.
Strategien mit starker interner Kopplung dagegen (K nahe N-1) erzeugen eine stark zerklüftete Fitnesslandschaft, in der sowohl der Imitator als auch der Replikator schnell auf lokalen Maxima stecken bleiben. Eine solche komplexe Strategie ist nur zu empfehlen, wenn der Ausgangspunkt des Replikators sehr nah am Zielpunkt liegt und der Imitator weit davon entfernt startet.
Ein Informationsvorsprung des Replikators in Bezug auf die richtige Strategie lässt sich daher andersherum nur dann in einen Wettbewerbsvorteil umwandeln, wenn er der Kopplungsstruktur der Strategie angemessen ist, d.h. bei einer komplexen, stark interdependenten Strategie erfordert das Ausmanövrieren eines Imitators einen größeren Informationsvorsprung, ausgedrückt als Abstand in den Startpositionen auf der Fitnesslandschaft, als bei einer Strategie aus zumeist unabhängigen Entscheidungstatbeständen.
Starten beide Kontrahenten dagegen aus ähnlichen Positionen, kann der Replikator einen signifikanten Wettbewerbsvorteil nur dann erzielen, wenn die Fitnesslandschaft moderat zerklüftet ist, die entsprechenden strategischen Entscheidungstatbestände mithin nur geringe interne Kopplungen aufweisen (INT). Dies gilt auch dann, wenn die beiden Wettbewerber auch Weitsprünge auf der Fitnesslandschaft vollführen können (VÄR). In diesem Fall besitzt der Replikator bessere Informationen über die einzuschlagende Richtung, droht jedoch wie der Imitator in zu stark zerklüfteten Landschaften auf zufällig erreichten Hügeln stecken zu bleiben.

Diese grundsätzlichen Überlegungen zu Strategien können auch auf anderes Wissen übertragen werden, das unternehmensintern repliziert werden muss. Mit den geschilderten Ergebnissen wird deutlich, dass nicht alles Wissen gleich gut als Quelle nachhaltigen Erfolgs geeignet ist, sondern der Fokus auf Wissen mit einer moderaten internen Kopplungsstruktur (INT) liegen sollte.[889] Zugleich erklären sich hiermit aus dieser Perspektive der Komplexitätsforschung die Bemühungen, im Rahmen des Wissensmanagements Wissen unternehmensintern zu explizieren: Damit gewinnt ein Unternehmen für den Fall der erforderlichen Replikation einen Informationsvorsprung (falls es gleichzeitig gelingt, einen Abfluss dieses Wissens nach außen zu verhindern) und ist besser in der Lage, korrekte Komponenten vernetzter Entscheidungen identifizieren zu können. Auf die Wissens-Agenten trifft dann in diesem Fall das Merkmal der Modularität oder des Aufbaus aus Building Blocks zu (MKM), das eine wesentliche Eigenschaft komplexer adaptiver Systeme darstellt.

Nachfolgend werden in Abbildung 5.16 die vorgestellten Erkenntnisse zur Strategie- und Wissensgestaltung nach RIVKIN im Ordnungsrahmen zusammengefasst.

---

[888] Vgl. Levinthal/Warglien (1999), S. 344.
[889] Vgl. Rivkin (2001), S. 287f.

Emergenzebene: Unternehmen	
Emergenzart:	Selbstordnung ☐ Neuerung ■
Quelle:	Rivkin (2001)
Emergenzeigenschaften:	Strategiereplikation, Wettbewerbsvorteile
Agenten:	Strategien, Wissen — nicht-adaptiv ☐ teil-adaptiv ■ autonom-adaptiv ☐
Handlungsempfehlungen:	• Strategische Entscheidungstatbestände (moderat) koppeln, um Strategien vor Nachahmung zu schützen • Ähnlich starke Wettbewerber nicht mit komplexen Strategien herausfordern • Unternehmenseigenes Wissen aktiv managen
Ansatzpunkte der Gestaltung:	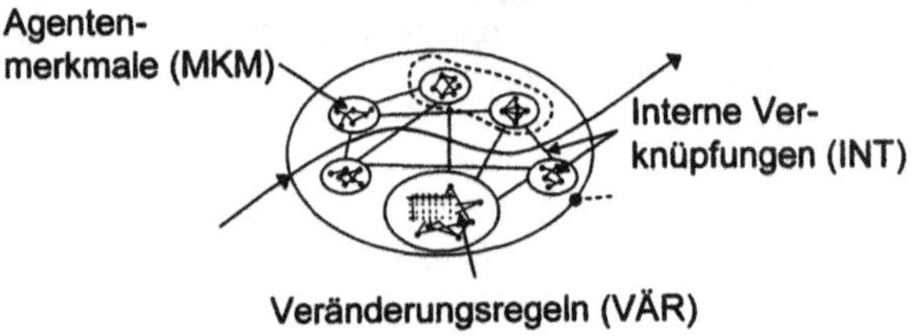

Abbildung 5.16: Strategie- und Wissensgestaltung im Ordnungsrahmen
Quelle: eigene Darstellung

5.3.5 Einordnung bestehender Übertragungsansätze mit der Emergenzebene ‚Unternehmensnetzwerk/Branche'

Bei den Übertragungsansätzen, die sich auf emergente Eigenschaften der Netzwerk- oder Branchenebene konzentrieren, kann wiederum grundsätzlich in Ansätze mit Selbstordnungs- oder Flexibilitätseigenschaften (Kapitel 5.3.5.1) und Ansätze mit Neuerungseigenschaften (Kapitel 5.3.5.2) unterschieden werden.

5.3.5.1 Emergenz von Selbstordnung und Flexibilität durch regelbasiertes Verhalten von Agenten

Diejenigen Übertragungsansätze, welche sich oberhalb der Unternehmensebene mit der Emergenz von Selbstordnung und Flexibilität befassen, können den folgenden drei grundsätzlichen Zielrichtungen zugeordnet werden: Zum Ersten gibt es übergreifende volkswirtschaftliche Betrachtungen, sie wollen Erklärungsmodelle für die Dynamik ganzer Unternehmenspopulationen finden; zweitens existieren Transferansätze mit wirtschaftspolitischer Zielrichtung, sie gehen von gegebenen Handlungsregeln der Agenten aus und versuchen, geeignete Rahmenbedingungen zu erforschen, unter denen die Agenten das angestrebte Ordnungsverhalten produzieren, und drittens schließlich betrachten kooperationsorientierte Transferansätze Ressourcenallokationsprobleme und versuchen wie bei der analogen unternehmensinternen Fragestellung geeignete Handlungs- und Interaktionsregeln für die entsprechenden Agenten zu definieren. Da die Modelle mit den ersten beiden genannten Zielrichtungen keine Handlungsempfehlungen für einzelne Unternehmen entwickeln, werden sie zwar der Vollständigkeit halber beschrieben, aber nicht in den Ordnungsrahmen einsortiert, weil dieser die Gestaltungsmöglichkeiten aus Unternehmensperspektive erfasst.

Volkswirtschaftliche Transferansätze

Volkswirtschaftliche Betrachtungen waren in den Wirtschaftswissenschaften unter den ersten Anwendungsfeldern für Übertragungen von Agentenmodellen aus der Komplexitätsforschung.[890] Parallelen finden sich in der gleichzeitigen Interaktion vieler verteilter Einheiten, in gegenseitigen Abhängigkeiten, im Fehlen globaler Steuerungsmechanismen, in der Vielschichtigkeit der Interaktionen, in kontinuierlich an verschiedenen Stellen stattfindenden Adaptionsversuchen, in der Existenz von Nischen mit speziell daran angepassten Einheiten sowie in der beständigen Veränderung, welcher das Gesamtsystem unterworfen ist.[891]
Die treibende Frage bei der Untersuchung von Selbstordnungs- und Evolutionsprozessen von Unternehmen auf der Populationsebene ist häufig, wie im Sinne der ‚unsichtbaren Hand' aus lokalen Interaktionen der unterschiedlichen Agenten, deren strategisches Handeln sich allein aus ihrer begrenzten subjektiven Perspektive motiviert, dennoch auf der aggregierten Ebene der Population globale Strukturen entstehen. Zelluläre Automaten mit unveränderlichen Regeln ähnlich wie das Game of Life[892] werden zur Simulation derartiger Fragestellungen verwendet[893], aber auch Modelle, welche die Adaption der einzelnen Agenten erlauben. Ziel dabei ist zumeist vorrangig Theoriebildung auf volkswirtschaftlicher Ebene und weniger die Ableitung von Gestaltungsempfehlungen für einzelne Unternehmen, weshalb die volkswirtschaftlichen Transferansätze an dieser Stelle nicht in den Ordnungsrahmen eingegliedert werden.

Transferansätze mit wirtschaftspolitischer Zielrichtung

Handlungsempfehlungen in Bezug auf die Gestaltung geeigneter Umfelder für die Unternehmensagenten stehen im Mittelpunkt von Übertragungsansätzen aus wirtschafts- und regionalpolitischer Perspektive. Hier stehen industrielle Cluster als räumlich konzentriert operierende Ansammlungen von meist kleineren Unternehmen der gleichen Branche im Mittelpunkt des Interesses.
Derartige Cluster, wie sie bspw. das Silicon Valley darstellt, können als komplexe adaptive Systeme interpretiert werden, die sich aus vielen unabhängig agierenden Unternehmensagenten herausbilden. Die Selbstorganisationsprozesse zwischen diesen miteinander kommunizierenden und interagierenden Unternehmen leisten ohne zentrale Steuerung die Integration und effiziente Koordination dieser Agenten, und als emergente Eigenschaft ergibt sich neben der räumlichen Anordnung auch Wettbewerbsfähigkeit für den gesamten Cluster.[894]

Zur Erklärung von Selbstordnungsprozessen und emergenten räumlichen Strukturen in industriellen Clustern werden dabei auch agentenbasierte Simulationsmodelle he-

[890] Zu entsprechenden frühen Übertragungen, die häufig von den Pionieren der Komplexitätsforschung selbst geleistet wurden, vgl. bspw. Kauffman (1988), Holland (1988) oder Arthur (1988).

[891] Vgl. Holland (1988), S. 117f.

[892] Vgl. Kapitel 4.2.2.

[893] Vgl. bspw. Lomi/Larsen (1996), S. 1293.

[894] Vgl. Rullani (2002), S. 40ff.

rangezogen, an denen bspw. günstige Rahmensetzungen der Wirtschaftspolitik oder andere Rahmenbedingungen erprobt werden können, die eine gewünschte Ansiedlungsdynamik fördern.[895] Die Unternehmen werden hierin als Agenten mit spezifischen Zielen und Handlungsmustern modelliert, die in ihren Präferenzen und Interaktionen nicht direkt, sondern nur indirekt über die Gestaltung ihrer Umfeldbedingungen beeinflusst werden können.
Derartige Ansätze könnten als Versuche interpretiert werden, übergeordnete Fitnesslandschaften (FIT) für Unternehmenspopulationen oder Branchen zu gestalten, die sich in diesem Zusammenhang allerdings nicht auf interorganisationale Wettbewerbsaspekte stützen, sondern Standortfaktoren im weitesten Sinne reflektieren. Wesentliche Voraussetzung zur tatsächlichen Entstehung von industriellen Clustern sind jedoch neben den gestaltbaren günstigen äußeren Bedingungen zusätzlich auch Agenten, die als Entrepreneure mit ihrer lokalen Umgebung interagieren wollen und sowohl in Krisen wie auch bei sich darbietenden Chancen innovationsbereit sind.[896]

Bezüglich der genannten Transferansätze zu industriellen Clustern kann zusammenfassend festgehalten werden, dass sie der politischen Entscheidungsfindung helfen, sie zielen jedoch nicht auf die Entscheidungsunterstützung einzelner Unternehmen ab. Daher erfolgt an dieser Stelle keine Einordnung in den Ordnungsrahmen.

Transferansätze für interorganisationale Kooperation

Aus der Perspektive einzelner Unternehmen ist auf Netzwerkebene der Einsatzbereich für selbstordnende Systeme aus der Komplexitätsforschung stark kooperationsorientiert und liegt in der Gewährleistung möglichst störungsfreier Produktions- und Logistikprozesse in Produktionsnetzwerken und Supply Chains durch entsprechende Planungs-, Steuerungs- und Optimierungsmethoden. Für diese Problemstellungen sind die unternehmensintern eingesetzten PPS-Systeme ungeeignet, und die konventionellen interorganisationalen Informationsflüsse erlauben häufig keine abgestimmte Planung und Steuerung der Produktion.[897]
Diese Art überbetrieblicher Selbstordnungsprozesse ähnelt damit von der Aufgabenstellung her den in Kapitel 5.3.3.1 vorgestellten innerbetrieblichen Ressourcenallokationsproblemen. Bestehende Lösungsansätze machen sich entsprechend ähnliche Agententechnologien zunutze[898], wobei hier die Eingriffsoptionen der Unternehmen vornehmlich die grundsätzliche Entscheidung zum Zusammenschluss in einem Netzwerk (EXT) sowie die Entwicklung geeigneter Handlungsregeln (VHR) betreffen, während die Agenten und ihre Eigenschaften in diesem Fall mit den Unternehmen gegeben sind.

Die hierfür vorhandenen Lösungen sind allerdings noch problembehaftet. Ein eher technisches Problem liegt in der häufig fehlenden Kompatibilität verschiedener Insellösungen unternehmens- oder aufgabenspezifischer Agentensysteme, dem mit internationalen Standardisierungsbemühungen entgegengewirkt werden soll.[899] Ein weiteres, mehr grundsätzliches Problem der Agententechnologie, das sich vor allem bei

---

[895] Vgl. bspw. Fornahl/Brenner (2001) für einen modellbasierten Transferansatz oder Lane (2002), der die Bedingungen für Entstehung und Entwicklung von Silicon Valley und italienischen industriellen Distrikten untersucht.

[896] Vgl. Feldman/Francis (2002), S. 209.

[897] Vgl. Dangelmaier et al. (2002), S. 640.

[898] Beispiele hierzu finden sich bei Bodendorf/Butscher/Zimmermann (2001), Scholz-Reiter/Höhns (2001) sowie bei Dangelmaier et al. (2002).

[899] Vgl. Timm et al. (2001) S. 13f.

derartig hoch aggregierten Unternehmens-Agenten bemerkbar macht, stellt deren starres Zielsystem dar. Die Agentensysteme können nur im Rahmen dieses Zielsystems nahe am Optimum liegende Konfigurationen finden, sie können jedoch nicht selbsttätig Ziele verändern. Die Unternehmensstrategien, denen die Zielsysteme entsprechen, sind aber in turbulenten Umfeldern möglicherweise bereits nach kurzer Zeit obsolet, weshalb auch die Eignungslandschaften (FIT) der Agenten einer häufigeren Anpassung bedürften.[900]

Emergenzebene: Netzwerk/Branche	
Emergenzart:	Selbstordnung ■ Neuerung □
Quellen:	Bodendorf/Butscher/Zimmermann (2001), Scholz-Reiter/Höhns (2001), Dangelmaier u.a.(2002)
Emergenzeigenschaften:	Effizienz, Robustheit, Flexibilität von unternehmensübergreifenden Produktionsnetzwerken und Supply Chains
Agenten:	Unternehmen — nicht-adaptiv ■ teil-adaptiv □ autonom-adaptiv □
Handlungsempfehlungen:	• Überbetriebliche Koordination dem Agentensystem überlassen • Geeignete Regeln für die selbstordnende Prozessgestaltung implementieren • Kompatibilität der eigenen Produktionssteuerung sicherstellen • Zielsystem definieren und regelmäßig anpassen
Ansatzpunkte der Gestaltung:	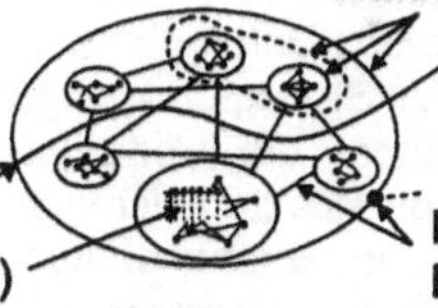

Abbildung 5.17: Interorganisationale Flexibilität und Selbstordnung im Ordnungsrahmen
Quelle: eigene Darstellung

In der Praxis konnten agentenbasierte Systeme zur überbetrieblichen Produktions- und Logistiksteuerung noch keinen Durchbruch erzielen, was auch auf Akzeptanzprobleme seitens der Nutzer zurückgeführt wird, die hier einen sensiblen Bereich der Unternehmenssteuerung berührt sehen. Diese Skepsis vermögen die eher intransparenten Agentensysteme mit ihren emergenten Lösungen offenbar nicht zu zerstreuen.[901]

Prinzipiell bietet die Komplexitätsforschung mit den Agentensystemen jedoch die Möglichkeit, die anspruchsvolle Aufgabe der kompetenzbasierten unternehmensübergreifenden Ressourcenzuordnung effizient zu lösen, wenn geeignete Regeln

[900] Vgl. Timm et al. (2001), S. 14.

[901] Vgl. Becker/Herchenheim (2001), S. 32.

etabliert werden. Diese Handlungsregeln zu finden ist eine zentrale Aufgabe innerhalb der genannten Transferansätze mit Fokus auf interorganisationale Kooperation, wie deren Einordnung in den Ordnungsrahmen in Abbildung 5.17 zeigt.

5.3.5.2 Emergenz von Neuerung durch Koevolution mit externen ‚Mitspielern'

Neue Strategien und Handlungsmöglichkeiten für Unternehmen zu finden und damit neue Möglichkeiten, Nutzen im Sinne von Wettbewerbsvorteilen zu erzielen, ist die Absicht derjenigen Übertragungsansätze, die auf emergente Neuerungen und Innovationseffekte auf Branchenebene setzen. Die hierzu vorliegenden Modelle sind nicht von vornherein kooperationsorientiert wie die oben vorgestellten Ansätze der unternehmensübergreifenden Ressourcenallokation, sondern geben auch Aufschluss über geeignetes Verhalten in Wettbewerbssituationen. Die Überlegungen zu Koevolution in komplexen adaptiven Systemen spielen bei diesen Übertragungsansätzen eine zentrale Rolle. Koevolution in Zusammenhang mit Unternehmen bedeutet, dass die Veränderungen eines Unternehmens in einem Kontext zu sehen sind, der die Veränderungen von Wettbewerbern, Technologien, Märkten, politischen Randbedingungen etc. reflektiert.[902]

Generische Beschreibung für die Koevolution von Unternehmen und ihren Umwelten

LEWIN, LONG und CARROLL schlagen auf der Basis umfangreicher Literaturstudien einen Beschreibungs- und Untersuchungsrahmen zur Entstehung neuer organsiationaler Formen durch die Koevolution von Unternehmen und ihren Umwelten vor, um die diversen internen wie externen Perspektiven auf Unternehmensadaption zu integrieren.[903] Koevolution wird hier verstanden als „the joint outcome of managerial intentionality, environment, and institutional effects"[904].

Als interne Faktoren, welche die Anpassung von Unternehmen im Sinne der Mikroevolution beeinflussen, identifizieren die Autoren

- die Art der organisationalen Adaption (Exploration bzw. Exploitation), da das langfristige Überleben eines Unternehmens davon abhängt, ob es ihm gelingt exploitative und explorative Strategien in angemessener Weise zu kombinieren;
- Leistung (Performance), die wiederum mit der Adaptionsart in Zusammenhang steht, da Exploitation sich zumeist in zeitnahen und abschätzbaren Ergebnissen auswirkt, während die Ergebniswirkungen von Explorationsstrategien eher mit Unsicherheit behaftet sind und sich erst in größerem zeitlichen Abstand zeigen;
- strategische Absicht (Strategic Intent) als unerlässliche Voraussetzung, Rahmenbedingungen für Innovation zu schaffen und bspw. ‚slack resources' in Explorationsaktivitäten zu engagieren;
- Handeln und Grundhaltung der Führungskräfte (Managerial Action), die sich bspw. in deren Risikoneigung und Kontrollbedürfnis ausdrücken; sowie

---

[902] Vgl. McKelvey (1999a), S. 299.

[903] Zu den Ausführungen dieses Abschnitts vgl., wenn nicht anders angegeben, Lewin/Long/Carroll (1999) und die dort angegebene Literatur.

[904] Lewin/Volberda (1999), S. 526, vgl. auch Dijksterhuis/Van den Bosch/Volberda (1999), S. 569 sowie Madhok/Phene (2001), S. 248.

• katalysierende Faktoren, zu denen die Fähigkeit neues Wissen zu assimilieren (‚absorptive capacity'[905]), die unternehmensspezifische historische Entwicklung, die im betreffenden Unternehmen vorherrschende ‚Managementlogik'[906] und eine von den Autoren ‚Legacy' benannte Größe gehören, in der sich in einer Art ‚Erbe' vergangener Entscheidungen und Entwicklungen bspw. Unternehmenscharakteristika wie Ruf, Marktposition, Marken, Größe oder Beziehungen zu anderen Marktteilnehmern widerspiegeln.

Zwischen den genannten Aspekten der Mikroevolution bestehen wiederum Interdependenzen, zugleich existieren jedoch auch Wechselwirkungen mit externen Einflüssen. Diese externen Faktoren, die im Wesentlichen die Makroevolution tragen, sind in der jeweiligen branchenspezifischen Wettbewerbsdynamik, die jedoch nicht unabhängig vom Verhalten der einzelnen Marktteilnehmer entsteht[907], und in länderspezifischen institutionalen Rahmenbedingungen wie bspw. der Struktur der Kapitalmärkte, dem Bildungssystem oder der Regulationsdichte zu suchen. Als weitere externe Rahmensetzungen für die Koevolution werden allgemeine makroökonomische, technologische, soziale und politische Umfeldbedingungen aufgeführt.

Die betrachteten Faktoren zusammen mit ihren gegenseitigen Wechselwirkungen ergeben ein nichtlinear vernetztes Mehrebenenmodell, das die prinzipielle Einbettung intraorganisationaler Dynamik in einen koevolutionären externen Kontext zeigt. Dieses Modell und ähnliche koevolutionäre Ansätze[908] schaffen einen generischen neuen Betrachtungsrahmen, geben jedoch noch nicht die dynamischen Interaktionen der verschiedenen identifizierten Aspekte wieder und sind damit weniger als fertige Übertragungsansätze, sondern eher als Ausgangspunkt für erforderliche weitere theoretische und empirische Untersuchungen einzuordnen.[909] Zur Gewinnung von Gestaltungshinweisen und Handlungsoptionen für einzelne Unternehmen sind sie weniger geeignet, genauso wie verschiedene Übertragungsansätze, die aus volkswirtschaftlicher Perspektive die Evolution ganzer Branchen betrachten[910]. Daher wird auch für den Ansatz von LEWIN, LONG und CARROLL keine Klassifikation nach dem Ordnungsrahmen vorgenommen.

---

[905] Vgl. ursprünglich Cohen/Levinthal (1990), S. 128 und zu einer erweiterten Unterscheidung zwischen ‚potential absorptive capacity' und ‚realized absorptive capacity' vgl. Zahra/George (2002), S. 190ff.

[906] „Management logics are defined as sets of macrolevel beliefs and values that strongly influence management practice and theory" (Dijksterhuis/Van den Bosch/Volberda (1999), S. 570). Vgl. ähnlich auch Bettis/Prahalad (1995), S. 6ff. zur unternehmensintern vorherrschenden ‚dominant logic'. Da Managementlogik aber nicht nur individuell, sondern auch gesellschaftlich geprägt ist, wird dieser Faktor ebenso als allgemeine Rahmenbedingung in das Modell von Lewin et al. aufgenommen. Volberda (vgl. derselbe (1998), S. 17ff.) stellt ausführlich die historische Entwicklung der Managementperspektiven von der klassischen über die moderne zur postmodernen Managementlogik dar. Kieser argumentiert, dass auch kurzlebige ‚Moden und Mythen des Organisierens' letztlich zum erfolgreichen Wandel beitragen können, vgl. Kieser (1996), S. 21 und S. 30ff.

[907] „As firms introduce hypercompetitive strategies into an industry or learn to 'compete on the edge', they themselves become accelerators of disorder for the industry" (Lewin/Long/Carroll (1999), S. 541).

[908] Vgl. zu einem Überblick Lewin/Volberda (1999), S. 520.

[909] Vgl. Lewin/Long/Carroll (1999), S. 547.

[910] Vgl. hierzu bspw. die Simulationsexperimente von Allen (1998), S. 66ff.

Koevolutionäre Wettbewerbsmodelle

Ausdrücklich Handlungsoptionen generieren wollen dagegen solche Modelle, die koevolutionäre Konstellationen zwischen Unternehmen auf der Basis von NK-Modellen der Komplexitätsforschung untersuchen. Werden zwei oder mehr Unternehmen gemeinsam als ein komplexes adaptives System betrachtet, müssen deren jeweilige Fitnesslandschaften als veränderlich angesehen werden, da sie sich wechselseitig in ihrem Erfolg beeinflussen. Der Aspekt der (koevolutionären) externen Kopplungen zwischen Unternehmen (EXT) spielt unter diesem Gesichtspunkt demnach eine zentrale Rolle.
Einige Transferansätze betrachten vor diesem Hintergrund verschiedene Formen von unternehmensübergreifenden Beziehungen bis hin zu Fusionen und Akquisitionen unter dem Blickwinkel der Komplexitätsforschung.[911] Indem sie diese Beziehungsgeflechte als koevolutionäre Systeme betrachten, ergänzen sie die konventionellen Kooperations- und Netzwerkkonzepte.
Aber nicht nur kooperative Verbindungen zwischen Unternehmen, sondern auch die kompetitiven Beziehungen zu Wettbewerbern sowie Beziehungen zu Kunden, Lieferanten und Komplementoren sind koevolutionäre Kopplungen im Sinne der Komplexitätsforschung, deren Übertragungen auf der Netzwerk- oder Branchenebene somit eine umfassende Betrachtung von Unternehmen in ihren Marktumfeldern implizieren. In dieser Betrachtungsweise ist der Markt nicht eine a priori existierende Realität, sondern entsteht emergent erst durch die Interaktionen der involvierten Akteure. Aus der Perspektive eines individuellen Unternehmens kommt dann dem Management der Außenbeziehungen des Unternehmens eine ähnliche Bedeutung wie dem Management seiner internen Ressourcen und Prozesse zu.[912]

Um interorganisationale Beziehungen zu erfassen und koevolutionäre Systeme zu modellieren, müssen wie in Kapitel 4.5.1.3 gezeigt die NK-Modelle mit ihren N Unternehmenseinheiten, die jeweils von K anderen internen Einheiten beeinflusst werden, um weitere Parameter erweitert werden, welche in diesem Fall die Anzahl S der gekoppelten Unternehmen sowie die Anzahl C der unternehmensübergreifenden Abhängigkeitsbeziehungen erfassen. Veränderungen in einer Unternehmenseinheit betreffen unter diesen Umständen dann nicht nur die Fitness des unmittelbar zugehörigen Unternehmens, sondern über die unternehmensübergreifenden Beziehungen möglicherweise auch die Fitness der anderen Wettbewerber oder sonstigen gekoppelten ‚Mitspieler'.

McKelvey transferiert Kauffmans Experimente auf Unternehmen mit dem Ziel, Empfehlungen für die Gestaltung intra- und interorganisationaler Beziehungen zu geben (INT, EXT), die aus Sicht der Komplexitätsforschung Wettbewerbsvorteile für das betreffende Unternehmen begünstigen.[913] Unabhängig von externen Kopplungen oder der Anzahl von Unternehmenseinheiten gilt: Eine zu hohe interne Komplexität durch zu viele interne Kopplungen K zwischen den N Elementen der eigenen unternehmensinternen Wertkette führt zu einem Wettbewerbsnachteil, da in den korrespondierenden stark zerklüfteten Fitnesslandschaften schnell Sackgassen erreicht werden. Eine Erhöhung der internen Komplexität empfiehlt sich daher nur dann, wenn die externen Kopplungen C entsprechend dicht sind, da sich beide ungefähr die Waage halten sollten. In jedem Fall sollten bei Anpassungsbestrebungen nicht zu

---

[911] Vgl. bspw. McKelvey (1999a) oder Mathews (2001).

[912] Vgl. Mathews (2001), S. 85ff.

[913] Vgl. McKelvey (1999a), S. 294 und S. 302ff.

viele Elemente auf einmal geändert werden – extreme Weitsprünge sind zu vermeiden, ständige radikale Neuerungen scheinen aus dieser Perspektive keine ausgeprägten Wettbewerbsvorteile zu versprechen.

Werden verschiedene Wettbewerber mit unterschiedlichen C- und K-Werten verglichen, weisen McKELVEYs Simulationsergebnisse darauf hin, dass ein Unternehmen dann Wettbewerbsvorteile erzielen kann, wenn seine interne und externe Beziehungsdichte jeweils etwas unter derjenigen seiner Wettbewerber liegen, was zusammen mit der Erkenntnis, dass niedrige K-Werte im Allgemeinen günstiger sind, eine entsprechende Fokussierung der externen Beziehungen nahe legt. Dennoch sollten sich die Parameterwerte für K und C im Rahmen der entsprechenden Werte der gesamten koevolutionären Gruppe bewegen, da eine starke Abweichung wiederum zu Selektionsnachteilen führt.
Die koevolutionären Gruppen mit einer relativ kleinen Mitgliederzahl S erweisen sich dabei als besonders stabil und leistungsfähig. Wenn eine solche Gruppe relativ eng untereinander verknüpft ist, verbessert eine individuelle Anpassung eines Unternehmens zu dessen eigenem Vorteil häufig auch den Erfolg der ganzen Gruppe.[914] Die entsprechenden Verknüpfungen müssen dabei nicht kooperativer Natur sein, auch kompetitive Beziehungen erzeugen innerhalb der verbundenen Unternehmen ein höheres Maß an Anpassung und Innovation.[915] Auch dieses Simulationsergebnis impliziert eine Fokussierung der externen Beziehungen nicht nur in Bezug auf die Anzahl pro Partner und damit die Bindungsintensität, sondern auch in Bezug auf die Anzahl der Netzwerkpartner oder Wettbewerber selbst.

Abbildung 5.18 mit der Eingliederung der beschriebenen Überlegungen in den Ordnungsrahmen zeigt noch einmal deutlich, dass der Übertragungsansatz von McKELVEY sich in seinen Gestaltungsempfehlungen vornehmlich auf die Herstellung eines optimalen Verhältnisses zwischen internen und externen Beziehungen eines Unternehmens konzentriert.

---

[914] Als Beispiel nennt McKelvey hier die durch die drei eng verknüpften Unternehmen IBM, Intel und Microsoft erzielten Erfolge mit der offenen PC-Architektur gegenüber dem proprietären System der Konkurrenz Apple, das keine derartige koevolutionäre Nische bildet, vgl. McKelvey (1999a), S. 311.

[915] Vgl. McKelvey (1999a), S. 314f.

Emergenzebene: Netzwerk/Branche	
Emergenzart:	Selbstordnung ☐ Neuerung ■
Quelle:	McKelvey (1999)
Emergenzeigenschaften:	Überleben im Wettbewerb, Wettbewerbsvorteile, Erfolg
Agenten:	Unternehmen — nicht-adaptiv ☐ teil-adaptiv ■ autonom-adaptiv ☐
Handlungsempfehlungen:	• Inter- und intraorganisationale Beziehungen abstimmen und nicht zu zahlreich werden lassen • Nicht nur Kooperationspartner, sondern auch Wettbewerber, Kunden, Lieferanten und Komplementoren betrachten • Koevolutionäre Gruppen klein halten • Bei Fusionen oder Akquisitionen auf Beziehungsbalance achten
Ansatzpunkte der Gestaltung:	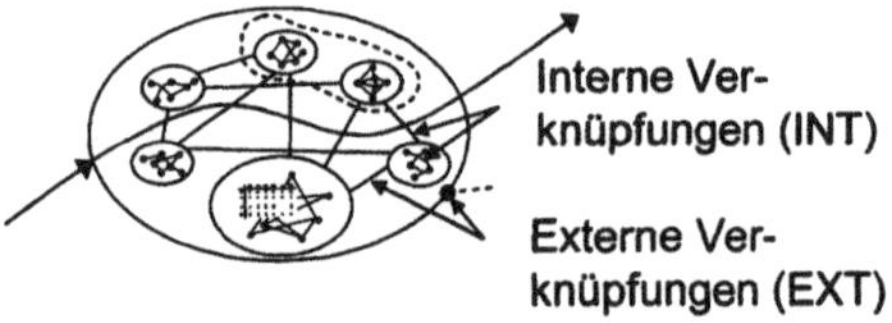

Abbildung 5.18: Interorganisationale Koevolution im Ordnungsrahmen
Quelle: eigene Darstellung

Aus den beschriebenen Modellbetrachtungen kann geschlossen werden, dass für ein Unternehmen zum Überleben im Wettbewerb und zur Verbesserung der eigenen Fitness nicht nur die Gestaltung der internen Prozesse und Netzwerke maßgeblich ist, sondern ebenso die bewusste Einbindung in externe Beziehungen und Netzwerke sowie ein geeignetes Verhältnis dieser beiden Kopplungsstrukturen zueinander. Optimale Komplexitätslevel in diesem Sinne werden damit zu einer kardinalen Voraussetzung für Wettbewerbsvorteile.[916] Auf Basis dieser Überlegungen sind daher Fusionen oder Unternehmensübernahmen durchaus kritisch zu betrachten, da sie externe Beziehungen internalisieren und interne Beziehungsgeflechte durch radikale Neuorganisation zerstören. Dabei kann leicht die Balance externer und interner Kopplungsstrukturen verloren gehen.[917]

[916] Vgl. McKelvey (1999a), S. 314. Levinthal/Warglien begründen auf diese Weise aus der Perspektive der Komplexitätsforschung den Erfolg von Mass Customization: Die gestiegene Anzahl der Verbindungen zwischen einem Unternehmen und seinen Kunden durch das aufgrund der Produktvielfalt erweiterte Kundenspektrum müsste eigentlich ein Vielfaches an interner Vernetzung der Produktionsprozesse nach sich ziehen. Diese interne Komplexität wird aber dadurch reduziert, dass die Anzahl der internen Kopplungen zwischen den Produkten und dem Produktionsprozess durch Modularisierung in Grenzen gehalten wird. Damit kann eine Ausbalancierung externer und interner Kopplungen erfolgen, vgl. Levinthal/Warglien (1999), S. 352f.

[917] Vgl. Stacey (2001), S. 233.

5.3.6 Bewertung bestehender Übertragungsansätze

Nach der Darstellung verschiedenster Übertragungsansätze der Komplexitätsforschung auf Unternehmen und ihrer Systematisierung im Ordnungsrahmen ist abschließend zu fragen, inwieweit sie die Erkenntnisse der Ursprungsdisziplin umsetzen und in welcher Hinsicht sie sich für die Gestaltung wandlungsfähiger Unternehmen eignen. In die nachfolgende Bewertung fließen daher nur diejenigen Transferansätze aus den Kapiteln 5.3.2 bis 5.3.5 ein, welche tatsächlich Handlungsempfehlungen für Unternehmen enthalten und entsprechend in den Ordnungsrahmen einsortiert wurden.

Die Untersuchung voranstehender Ansätze hat ergeben, dass der Erkenntnistransfer in Analogieform weit über die pauschale metaphorische Übertragung hinausgeht und konkrete Gestaltungsaspekte für Unternehmen aufzeigen kann. Eine verallgemeinerte und zusammenfassende Darstellung der verschiedenen Transferansätze lässt die Grundzüge eines nach den Prinzipien komplexer adaptiver Systeme gestalteten Unternehmens wie folgt erkennen:

Unter den Gestaltungsmöglichkeiten komplexer adaptiver Systeme stellt auch in Unternehmen die Definition und Abgrenzung von Agenten (AGN) sowie die Festlegung ihrer Merkmale (MKM) eine zentrale Option dar. Es hat sich gezeigt, dass das Agentenmodell sowohl auf Organisationsstrukturen als auch auf abstrakte Einheiten wie Produkte und Wissen anwendbar ist.
Die Liste der Gestaltungsobjekte bietet jedoch noch weitere Eingriffsmöglichkeiten, die von verschiedenen Transferansätzen ebenfalls betrachtet werden. Besondere Aufmerksamkeit gilt häufig den verschiedenen Arten von Regeln. Werden bspw. unter der Zielsetzung emergenter Selbstordnung für eine Anwendung von Prinzipien komplexer adaptiver Systeme auf Unternehmen die definierten Agenten als unveränderlich angesehen, müssen zur Entstehung informationsbasierter Selbstordnung für die Agenten geeignete Handlungsregeln (VHR) gefunden werden, mit denen der angestrebte Ordnungszustand in größtmöglicher Flexibilität gegenüber Störungen erreicht werden kann.
Dabei ist auch die Interdependenz der Aktionen verschiedener Agenten zu berücksichtigen (EXT), die bspw. durch eine andere Agentendefinition, Zusammenlegung oder Teilung von Agenten verändert werden kann. Schließlich ist zu prüfen, ob die Ausstattung der Agenten mit identischen oder mit unterschiedlichen Regeln eher zielführend ist (DIV).
Sollen dagegen die Agenten sich auch selbsttätig verändern können, weil Kreativitäts-, Innovations- oder Wandlungsziele der emergenten Neuerung angestrebt werden, erweitert sich damit auch das Spektrum der Gestaltungs- und Eingriffsoptionen für die Führungsfunktion. So kann bspw. ein Rahmen im Sinne einer Bewertungsfunktion oder Fitnesslandschaft für die erlaubten selbsttätigen Veränderungen der Agenten abgesteckt werden, der zulässige Veränderungsinhalte und Ausmaße benennt und ggf. einschränkt (VÄR, MKM). Analog zu den adaptiven Wanderungen in den in Kapitel 4 vorgestellten Computerexperimenten, bei denen nur jeweils ein benachbarter besserer Zustand angenommen werden darf, sind auch für die Agenten in Unternehmen entsprechende Veränderungsregeln zu formulieren, die hier für verschiedene Veränderungsinhalte unterschiedlich festgelegt werden können (VÄR).
Die Ergebnisse einer Veränderung müssen einer Bewertung unterzogen werden, die bspw. in Gestalt einer Fitnesslandschaft geeignete Variationen selektiert. Außer durch die interne Strukturierung der Agenten kann deren jeweilige Fitnesslandschaft in Unternehmen ganz entscheidend durch die jeweils übergeordnete Führung ge-

formt werden, die damit der Wirkung von internen Adaptions- und Lernprozessen, Selbstorganisations- und Selektionsmechanismen eine Richtung geben kann (FIT). Dabei müssen die Fitnesslandschaften der verschiedenen Agenten zum einen nicht identisch gestaltet sein (DIV), zum anderen können sie überdies in einer koevolutionären Dynamik dynamisch gekoppelt werden, indem bspw. kompetitive Beziehungen zwischen den entsprechenden Agenten etabliert werden (INT, PAT).
Doch nicht nur für die unternehmensinternen Agenten können auf diese Weise Rahmenbedingungen für ihre Entwicklungsmöglichkeiten gesetzt werden: Als in seinen Entscheidungen freier (Meta-)Agent kann das Unternehmen respektive seine Führung nicht nur seine interne Strukturierung selbst bestimmen (INT), sondern auch die Art und Anzahl seiner Außenbeziehungen (EXT). Damit hat es die Möglichkeit, die prinzipielle Gestalt der Fitnesslandschaft festzulegen, auf der es sich im Wettbewerb bewegt, und deren Dynamik durch eine passende Kopplung an externe Mitspieler im Marktgeschehen zu beeinflussen.

Bei der obigen integrierenden Darstellung wurden sämtliche Gestaltungsmöglichkeiten komplexer adaptiver Systeme einbezogen. Die vorgestellten Transferansätze lassen jedoch im Einzelnen ein derart umfassendes Konzept noch nicht erkennen. Eine detailliertere Analyse und Gegenüberstellung der mit Hilfe des Ordnungsrahmens analysierten Transferansätze macht deren Grenzen und Probleme, aber ebenso deren Potential für die Verwendung im wandlungsfähigen Unternehmen deutlich.

Grenzen und Probleme vorhandener Übertragungsansätze

Bei einer vergleichenden Betrachtung der im vorliegenden Kapitel behandelten Transferansätze zeigt sich, dass noch kein Ansatz das volle Potential komplexer adaptiver Systeme ausschöpft:

- Die vorhandenen Ansätze des Analogietransfers, welche mit unterschiedlichsten Zielsetzungen und aus verschiedensten Blickwinkeln Gestaltungsprinzipien komplexer adaptiver Systeme für Unternehmen interpretieren und dabei häufig auch von Simulationsmodellen Gebrauch machen, konzentrieren sich zumeist auf Detailprobleme, die in den Ordnungskategorien ‚Emergenzebene', ‚Emergenzeigenschaften' und ‚Agenten' ersichtlich sind. Die in den Modellvorstellungen dieser Transferansätze zugrunde gelegten Restriktionen und Vereinfachungen legen zugleich die begrenzte Aussagekraft der daraus gewonnenen Gestaltungsempfehlungen offen. Diese Gestaltungsempfehlungen betreffen je nach Ansatz so unterschiedliche Aspekte wie bspw. Wissen, Produktionsprozesse, Produkte, Unternehmensorganisation oder interorganisationale Verbindungen und können somit bei einer umfassenden Übertragung der Erkenntnisse der Komplexitätsforschung auf unternehmensbezogene Fragestellungen lediglich spezifische Einzelbausteine bilden.
- Ebenfalls aus einer Betrachtung der Ordnungskategorien ‚Emergenzebene' und ‚Agenten' geht klar hervor, dass die Erkenntnisse der Komplexitätsforschung bisher noch nicht in Mehrebenenmodelle umgesetzt werden. Die betrachteten Transferansätze beziehen sich jeweils nur auf zwei Aggregationsstufen. Die eine Stufe ist diejenige Ebene, in der sich die emergenten Eigenschaften zeigen sollen, die andere Stufe ist die Ebene der Agenten, die unterhalb der Emergenzebene liegt und den angestrebten emergenten Eigenschaften entsprechend ausgestaltet sein muss. Der fraktale oder geschachtelte Aufbau komplexer adaptiver Systeme über mehr als zwei Aggregationsstufen hinweg wird in keinem der Ansätze explizit auf Unternehmen übertragen.

- In den Ordnungskategorien ‚Emergenzart' und ‚Emergenzeigenschaften' wird zudem deutlich, dass die bestehenden Ansätze entweder auf Effizienz- und Flexibilitätsziele oder aber auf Innovationsziele fokussieren, aber nicht auf beide Ziele zugleich.
  Ansätze mit Effizienz- und Flexibilitätszielen sehen die Analogien zur Komplexitätsforschung in den Selbstordnungsfähigkeiten komplexer adaptiver Systeme. Diese Ansätze, die sich z.T. auch bereits im Stadium der technischen Realisierung und Anwendung befinden, bauen im Allgemeinen auf Systeme aus nicht-adaptiven Agenten, die meist durch entsprechende Software-Agenten repräsentiert und selbstorganisiert gesteuert werden, wobei die Regeln für die Steuerung und deren Bewertung extern vorgegeben werden müssen. Typischerweise handelt es sich bei den Agenten dieser Systeme um Produktionsressourcen, deren konventionelle Steuerung aufgrund der Komplexität des dabei entstehenden Optimierungsproblems nicht mehr effizient möglich ist. Derartige Agentensysteme lassen sich sowohl unternehmensintern als auch unternehmensübergreifend in Produktionsnetzwerken und Supply-Chains anwenden. Probleme können aus der mangelnden Transparenz der selbstorganisierten Abstimmungsprozesse und aus der (beabsichtigten) Unfähigkeit zur selbsttätigen Veränderung der Agenten, ihrer Handlungsregeln und Ziele entstehen, die nur extern angepasst werden können und somit auf Umfeldturbulenzen nur in begrenztem Maße innerhalb ihrer Selbstordnungsmöglichkeiten reagieren können.
  Ansätze mit Innovationszielen oder Effektivitätszielen sehen Analogien zur Komplexitätsforschung in den emergenten Neuerungen, zu denen komplexe adaptive Systeme fähig sind. Unter diesen Ansätzen sind prinzipiell zwei Richtungen zu unterscheiden: Zum einen existieren Transferansätze, die modellgestützt sind und sich eng an die NK-Systeme der Komplexitätsforschung halten. Der Vorteil dieser Modelle sind klare, in ihren Auswirkungen nachvollziehbare Gestaltungshinweise, nachteilig sind jedoch die mit den Modellierung zumeist einhergehenden starken Vereinfachungen, die letztlich auf Kosten der tatsächlichen Anwendbarkeit gehen. Zum anderen existieren Transferansätze, die nicht explizit Simulationsmodelle beinhalten, aber dennoch versuchen, die Ergebnisse der Komplexitätsforschung als Analogiequelle zu verwenden und auf Unternehmenssysteme zu übertragen, wobei deren Vielschichtigkeit Berücksichtigung findet. Diese Ansätze unterscheiden sich von den in Kapitel 5.1.3 skizzierten metaphorischen Übertragungsansätzen durch ihre expliziten Bezüge zu Detailaspekten der Komplexitätsforschung und ihre Hinweise auf die Grenzen ihrer Einsatzmöglichkeiten. Kein Ansatz liefert jedoch konkrete Gestaltungshinweise für die gleichzeitige Verfolgung von Effizienz- und Effektivitätszielen.
- Im Unterschied zu den Computerexperimenten der Komplexitätsforschung, bei denen zumeist einmalig Rahmenbedingungen gesetzt werden und dann das System in seiner weiteren Entwicklung sich selbst überlassen bleibt, gehen die betrachteten Transferansätze zumeist davon aus, dass in Unternehmen häufige Eingriffe in diese Entwicklung erforderlich sind. Hierin zeigt sich wiederum die fehlende Operationaliserbarkeit des Chaosrandes für Unternehmenssysteme. Die Handlungsempfehlungen der betrachteten Transferansätze sind in der Regel als wiederkehrende Gestaltungsaufgabe der jeweiligen übergeordneten Führung gedacht, wie eine Analyse der Ordnungskategorie ‚Agenten' zeigt: Die meisten Ansätze gehen von nicht-adaptiven oder teil-adaptiven Agenten aus. Mit dieser Annahme ist die Notwendigkeit für eine übergeordnete Führungsfunktion verbunden, immer wieder gestaltend einzugreifen, sei es um einem System nicht-adaptiver Agenten zu neuen Attraktoren oder Zielen und entsprechenden Verhaltensregeln

zu verhelfen, sei es um die teil-adaptiven Agenten in einem System einerseits zu Veränderungen zu bewegen oder andererseits im Gegenteil deren selbsttätige Veränderung zu kanalisieren und einzudämmen. In jedem Fall ist es, anders als in den ursprünglichen Ansätzen der Komplexitätswissenschaft, bei deren Übertragung auf Unternehmen Aufgabe der Führung, die Entwicklung von Emergenz kritisch zu beobachten und ggf. immer wieder in das zugeordnete (Teil-)System einzugreifen.

- Werden Transferansätze mit gleichartigen angestrebten emergenten Eigenschaften miteinander in der Ordnungskategorie ‚Handlungsempfehlungen' verglichen, so zeigt sich, dass das gleiche Ziel von verschiedenen Tansferansätzen mit sehr unterschiedlichen Handlungsempfehlungen verfolgt wird. So soll z.B. die emergente Entstehung von Strategien im Ansatz von EISENHARDT und SULL mit der Vorgabe von möglichst wenigen, einfachen Regeln erreicht werden (vgl. Kapitel 5.3.4.1), im Ansatz von BOISOT jedoch mit der Gestaltung der Unternehmenskomplexität durch Vorgabe einer geeigneten Organisationsform mit den zugehörigen Informationsverarbeitungsprozessen (vgl. Kapitel 5.3.4.3). Hier wird deutlich, dass die Interpretation, die beim interdisziplinären Transfer zwingend erforderlich ist, und deren Fokussierung auf Detailprobleme einen weiten Spielraum bei der Ableitung von Handlungsempfehlungen für Unternehmen eröffnen, so dass diese Handlungsempfehlungen zwischen den verschiedenen Transferansätzen nicht unbedingt kompatibel sind.
- Die Systematisierung der Handlungsempfehlungen in der Ordnungskategorie ‚Ansatzpunkte der Gestaltung' unterstreicht zum einen noch einmal, dass gleichartige Emergenzeigenschaften in den verschiedenen Konzepten mit sehr unterschiedlichen Mitteln erreicht werden sollen, und macht zum anderen deutlich, dass jeder der vorgestellten Ansätze lediglich einen kleinen Ausschnitt aus dem Spektrum der Gestaltungsmöglichkeiten komplexer adaptiver Systeme nutzt. Zum Teil hängt dies mit dem eingeschränkten Fokus der Ansätze entweder auf Selbstordnungs- oder auf Neuerungsziele zusammen, zum Teil werden jedoch Einsichten, welche die Komplexitätsforschung bietet, nicht übertragen. So gehen bspw. die in Kapitel 5.3.4.4 beschriebenen Konzepte des Landscape Design davon aus, dass Fitnesslandschaften von der Führung direkt vorgegeben werden sollten. Indem sie kaum auf den Zusammenhang zwischen der Gestalt von Fitnesslandschaften und der internen Struktur der zugehörigen Agenten eingehen, lassen diese Konzepte somit wichtige endogene Stellhebel für die Gestaltung von Fitnesslandschaften außer Acht.
- Eine klare Grenze für gestaltende Eingriffsmöglichkeiten ist bei dem wesentlichen kreativen Element eines Unternehmens, dem Menschen gegeben, wie die Übertragungsansätze mit der Emergenzebene ‚Individuum' erkennen lassen. Die Agenten in diesen Ansätzen, die Kultur- oder Wissensbausteine, sind autonom, und somit entzieht sich nach diesen Vorstellungen die Entstehung neuen Wissens bei einzelnen Personen der gezielten Einflussnahme durch eine übergeordnete Führung. Dieses ‚Kreativitätsproblem' lässt sich erst auf einer höher aggregierten Ebene teilweise lösen, in der es darum geht, den Individuen in einem Unternehmen geeignete Interaktionsumgebungen zu schaffen, die zusammen mit der Diversität dieser Agenten die Voraussetzungen, aber keine Garantie für Kreativität, Lernen und emergente Neuerungen bilden.

Potentiale der Anwendung vorhandener Übertragungsansätze auf wandlungsfähige Unternehmen

Neben den oben genannten Kritikpunkten sind jedoch auch positive Aspekte und neue Erkenntnisse der bestehenden Transferansätze, insbesondere im Hinblick auf deren Verwendung im Modell des wandlungsfähigen Unternehmens zu nennen:

- Es existieren Transferansätze mit den verschiedensten Emergenzebenen vom Individuum bis hin zur gesamten Branche, d.h. in jeder dieser Ebenen, die sich ähnlich auch im Modell des wandlungsfähigen Unternehmens finden, lassen sich offenbar grundsätzlich Erkenntnisse der Komplexitätsforschung übertragen. Auch wenn die Vernetzung der verschiedenen Konzepte in einem Mehrebenenmodell bisher noch aussteht, zeigt dies die prinzipielle Anwendbarkeit der Komplexitätswissenschaft auf wandlungsfähige Unternehmen, die über mehrere Ebenen hinweg selbstähnlich aufgebaut sind.
- Radikale Umgestaltungen (‚Weitsprünge') und Fusionen können nur in den wenigsten Fällen erfolgversprechend sein. Die Transferansätze der Komplexitätsforschung bauen dagegen auf ständige Veränderungsprozesse in vielen gleichzeitigen kleinen Schritten, die für die einzelnen beteiligten Handelnden keine großen Umwälzungen darstellen. Auch auf diese Weise können im Ganzen große Veränderungen entstehen, dabei wird jedoch stets ein dynamisches Gleichgewicht des gesamten Systems gewahrt.
- Ein Teil der Übertragungsansätze stützt sich direkt auf die computerbasierten Modelle der Komplexitätsforschung, und zur Verfolgung von Effizienzzielen mittels Agententechnologien stehen bereits erste technische Realisierungen zur Verfügung. Damit sind die Grundsteine für Modelle gelegt, die mehrere Ebenen und verschiedene Zielarten miteinander verbinden können. Anhand derartiger Modelle könnte die Entwicklung wandlungsfähiger Unternehmen im Experiment beobachtet werden.
- Die explizite Betrachtung nicht nur der internen, sondern ebenso der externen Kopplungen eines Unternehmens zu Wettbewerbern, Partnern und anderen Akteuren im Marktgeschehen und ihr Erklärungsbeitrag zu Wettbewerbsvorteilen, Fitnesslandschaften und anderen erfolgsrelevanten Aspekten eröffnet eine neue Perspektive auf Gestaltungsmöglichkeiten, welche die Unternehmensgrenze überschreiten.
- Die Bedeutung von Wissensmanagement für wandlungsfähige Unternehmen wird in den betrachteten Transferansätzen relativiert: Zwar ist explizites Wissen wichtig und unterstützt im Sinne von ‚Building Blocks' Innovationen, letztlich kann technisch unterstütztes Wissensmanagement jedoch nur ein Hilfsmittel hierfür sein. (Neue) Bedeutung erlangt das abgelegte Wissen erst in Kommunikations- und Interaktionsprozessen, die entsprechend gefördert und gestaltet werden müssen.
- Das breite Spektrum der mit den Transferansätzen angestrebten emergenten Eigenschaften zeigt, dass sich grundsätzlich durch die Gestaltung von Unternehmen als komplexe adaptive Systeme beide Emergenzarten und damit sowohl Effizienz- als auch Effektivitätsziele unterstützen lassen, auch wenn diese beiden Aspekte bisher noch nicht gleichzeitig in einem Ansatz thematisiert werden. Die Balance dieser beiden Ziele ist ein wesentliches Charakteristikum natürlicher komplexer adaptiver Systeme und soll auch mit wandlungsfähigen Unternehmen realisiert werden.
- Flexibilität, Störungsresistenz und Effizienz der Leistungserstellung auf intra- oder interorganisationaler Ebene kann dabei offenbar sehr gut durch die Verwendung

nicht-adaptiver Agentenmodelle erreicht werden. Ansätze der Komplexitätsforschung werden hier verwendet, um herkömmliche Steuerungs- und Optimierungsprozeduren zu ersetzen, die angesichts turbulenter Umfelder an ihre Grenzen stoßen.

- Emergente Neuerungen in Unternehmen erfordern als notwendige Bedingung in vielen Aspekten eine Organisation, welche über größtmögliche Informationsverarbeitungskapazität und Verhaltenskomplexität verfügt. Derartige Bedingungen sind bei Strukturen am Rande des Chaos erfüllt. Die neuerungsorientierten Transferansätze versuchen daher diese Strukturprinzipien auf unterschiedlichste Objekte von der Strategie über die interne Unternehmensorganisation bis hin zu interorganisationalen Allianzen anzuwenden. Diese Strukturen sind jedoch nur eine Voraussetzung für emergente Neuerungen: Wie im Konzept des wandlungsfähigen Unternehmens ist in den Transferansätzen der Komplexitätsforschung letztlich das kreative Element der Mensch, dessen Kreativität allerdings kaum direkt beeinflussbar ist. Wenn es um das Ziel der Erneuerung geht, wird daher nicht angestrebt, maschinenartige, perfekt funktionierende Systeme mit den erforderlichen Strukturen in Unternehmen zu realisieren, wie es in früheren Übertragungen der Systemwissenschaften oftmals der Fall war, sondern es wird betont, dass Verschiedenartigkeit der Handelnden, Ungenauigkeit in der Kommunikation, Lernen und eigenmächtige Veränderungen von Handlungen, Routinen und Strukturen auch auf unterster Unternehmensebene unersetzliche Quellen für innovative emergente Ergebnisse sind. Um die Zone der Erneuerung zu erreichen, ist es notwendig, auch auf Anstöße aus derartigen ‚Fehlern' zu vertrauen. Übertragungen der Komplexitätsforschung bergen somit auch die Forderung nach einer humanzentrierten, fehlertoleranten und lernfreundlichen Unternehmenskultur.

6 Implikationen für die Gestaltung wandlungsfähiger Unternehmen aus der Perspektive der Komplexitätsforschung

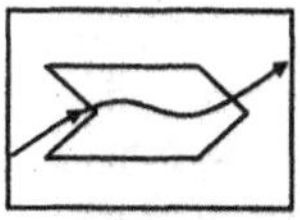

Aus den in Kapitel 4 vorgestellten Erkenntnissen der Komplexitätsforschung und den daraus abgeleiteten Gestaltungsmöglichkeiten komplexer adaptiver Systeme sowie aus der Analyse bereits existierender Übertragungen der Komplexitätsforschung auf unternehmensrelevante Fragestellungen in Kapitel 5 sind nun im Sinne der dritten Forschungsfrage dieser Arbeit Schlüsse dahin gehend zu ziehen, welche Empfehlungen die Komplexitätsforschung für die Gestaltung wandlungsfähiger Unternehmen impliziert.
Ziel ist es, auf Basis der genannten Vorarbeiten das in Kapitel 2.3 dargestellte Idealmodell des wandlungsfähigen Unternehmens zu konkretisieren und aufzuzeigen, auf welche Weise Wandlungsfähigkeit durch Übertragung der Gestaltungsaspekte komplexer adaptiver Systeme erreicht werden kann. Dazu werden zunächst in Kapitel 6.1 die zentralen Eigenschaften des wandlungsfähigen Unternehmens – Flexibilität, Wandelbarkeit und Wandlungsfähigkeit – aus der Perspektive komplexer adaptiver Systeme eingeordnet und bewertet. Daran anschließend werden in Kapitel 6.2 anhand des in Kapitel 4 entworfenen und in Abbildung 4.10 dargestellten allgemeinen Modells komplexer adaptiver Systeme und ihrer Gestaltungsmöglichkeiten für die verschiedenen Ebenen im wandlungsfähigen Unternehmen Gestaltungsimplikationen aufgezeigt, die sich aus den Erkenntnissen der Komplexitätsforschung aus Kapitel 4 und ihrer Übertragungen auf Unternehmen aus Kapitel 5 ergeben. Kapitel 6.3 schließlich fasst die gewonnenen Erkenntnisse zur Gestaltung wandlungsfähiger Unternehmen als komplexe adaptive Systeme im Überblick zusammen.

6.1 Implikationen für die zentralen Eigenschaften des wandlungsfähigen Unternehmens

Wird ein wandlungsfähiges Unternehmen als komplexes adaptives System aufgefasst, so lassen sich aus Perspektive der Komplexitätsforschung zunächst bezüglich seiner geforderten grundlegenden Eigenschaften Flexibilität, Wandelbarkeit und Wandlungsfähigkeit einige generelle Überlegungen anstellen.
Flexibilität bedeutet, dass ein Unternehmen einen gegebenen, begrenzten und von vornherein bekannten Spielraum an möglichen Aktionen, bspw. bezüglich seiner Produktvarianten und Produktionsmengen, ausnutzen kann, um veränderten Umweltanforderungen zu entsprechen. Ist dieser Flexibilitätsspielraum jedoch ausgeschöpft, kann darüber hinaus keine weitere Anpassung erfolgen.
Die Forderung nach Wandelbarkeit des wandlungsfähigen Unternehmens betrifft die Anpassbarkeit der technischen Ressourcen an unvorhersehbare Änderungen der Umfelder, die vom Flexibilitätsspielraum nicht abgedeckt werden. Die Wandelbarkeit einer technischen Ressource beinhaltet entsprechend die Möglichkeit zu deren radikaler Veränderung in nicht vorhersehbarer Weise.
Wie Abbildung 2.1 zeigt, sind im Idealmodell des wandlungsfähigen Unternehmens Flexibilität und Wandelbarkeit notwendige Bestandteile der Wandlungsfähigkeit, die aber erst durch die Kombination dieser Eigenschaften mit der Kreativität eines sozialen Teilsystems realisiert werden kann. Diese Idealvorstellung soll nachfolgend aus der Sicht der Komplexitätsforschung beurteilt werden.

Flexibilität

Flexibilität, wie sie in der Definition des wandlungsfähigen Unternehmens verstanden wird, kann mit ihrem vordefinierten und festgelegten Umfang an Verwendungs- und Veränderungsmöglichkeiten und mit ihrem Fokus auf effiziente Leistungserstellung in definierten Aufgabenumfeldern den Selbstordnungseigenschaften komplexer adaptiver Systeme zugeordnet werden. Entsprechend lässt sich Flexibilität mit den vorgestellten Agententechnologien auf jeder Ebene des wandlungsfähigen Unternehmens von der Leistungseinheit bis hin zum Netzwerk aus wandlungsfähigen Unternehmen unterstützen. Dabei ist im Sinne der Selbstähnlichkeit des Modells auf Kompatibilität der technischen Systeme verschiedener Ebenen zu achten.
Diese Systeme, die von nicht-adaptiven Agenten ausgehen, deren Verhaltensregeln fest vorgegeben werden, stellen jedoch in turbulenten Umfeldern keine langfristig tragbare Lösung dar. Mit ihnen kann zwar jeweils kurzfristig große Flexibilität, weitgehende Störungsfreiheit und Effizienzsteigerung gegenüber konventionellen Steuerungsmethoden erzielt werden, Anpassungen an veränderte externe Gegebenheiten bedürfen jedoch des Eingriffs einer übergeordneten Führung. Da die Handlungsregeln und die Ziele derartiger Agentensysteme somit stets von außen vorgegeben werden und sich die Systeme in dieser Hinsicht nicht selbsttätig verändern, ist im wandlungsfähigen Unternehmen eine Unterstützung derartiger Vorgaben durch Simulationstechniken sinnvoll, um die Auswirkungen neuer Zielvorstellungen oder veränderter Verhaltens- und Verhandlungsregeln für die betreffenden Agenten (z.B. Leistungseinheiten) vor der tatsächlichen Implementierung zu erproben.

Wandelbarkeit

Wandelbarkeit ist nach der Definition in Kapitel 2.3.1 eine passive Eigenschaft der technischen Ressourcen des wandlungsfähigen Unternehmens. Sie beschreibt die externe Anpassbarkeit der Ressourcen in ihren Merkmalen, deren Anzahl und deren Ausprägungen an zunächst noch nicht bekannte Anforderungen und ist insofern eine Erweiterung gegenüber der Flexibilitätsdefinition, die von im Voraus bekannten Merkmalen und ihren möglichen Ausprägungen ausgeht. Wandelbarkeit wird in der Idealvorstellung des wandlungsfähigen Unternehmens für einen unverzichtbaren Bestandteil der Wandlungsfähigkeit gehalten.

Die Erkenntnisse der Komplexitätsforschung jedoch relativieren die Bedeutung der Wandelbarkeit für die Wandlungsfähigkeit von Unternehmen aus zwei Gründen:
Erstens kann Wandelbarkeit zwar zu einer fundamentalen Umgestaltung des technischen Teilsystems eines wandlungsfähigen Unternehmens genutzt werden und so dessen Betätigung in völlig veränderten Aufgabenumfeldern ermöglichen. Allerdings haben die Experimente und theoretischen Überlegungen der Komplexitätsforschung gezeigt, dass radikale Veränderungen (Weitsprung-Adaptionen) nur in den wenigen Fällen erfolgreich sein können, in denen sich ein Agent – in diesem Fall ein Unternehmen, eine Organisations- bzw. Leistungseinheit oder ein Individuum – genau am Rande der höheren Hügel einer moderat zerklüfteten Fitnesslandschaft befindet. Dies kann bspw. in der Entstehungsphase einer technischen Innovation der Fall sein, tritt jedoch allgemein sehr selten auf, so dass im Einzelfall der potentielle Nutzen von wandelbaren Ressourcen kritisch geprüft werden muss.
Zweitens werden in den Experimenten der Komplexitätsforschung selbst die seltenen Weitsprünge im Rahmen der bekannten Merkmale von Agenten und deren möglicher Ausprägungen realisiert. Derartige Agenten, die aus einer vorab bekannten Anzahl von Merkmalen mit ebenso bekannten Zuständen bestehen, fallen jedoch unter die

Flexibilitätsdefinition des wandlungsfähigen Unternehmens. Allerdings wird im konventionellen Verständnis Flexibilität häufig nur in Bezug auf die beiden Merkmale Produktarten und Produktionsmengen definiert. Wenn es gelingt, den Begriff der Flexibilität auf weitere Aspekte zu erweitern, um die Zahl N der veränderbaren Merkmale der Agenten zu vergrößern, so erfüllt dieser Ansatz bereits wesentliche Anforderungen an den Aufbau von Agenten in komplexen adaptiven Systemen.

Es ist daher kritisch zu hinterfragen, ob tatsächlich beliebige Wandelbarkeit die Idealvorstellung für technische Ressourcen im wandlungsfähigen Unternehmen sein sollte, oder ob nicht im Rahmen einer erweiterten Flexibilität der einzelnen Ressourcen bereits genügend Veränderungsmöglichkeiten gegeben sind, um die Veränderungsprozesse eines komplexen adaptiven Systems zu tragen, und daher eher bspw. eine möglichst offene Schnittstellengestaltung der technischen Ressourcen im Mittelpunkt der Bemühungen stehen sollte. Aus der Perspektive der Komplexitätsforschung lässt sich die Forderung nach Wandelbarkeit als notwendige, unabdingbare Voraussetzung für Wandlungsfähigkeit somit nicht belegen.

Wandlungsfähigkeit

Wandlungsfähigkeit im Modell des wandlungsfähigen Unternehmens beinhaltet die gleichzeitige Erfüllung von Effizienz- und Effektivitätskriterien und eine Balance zwischen Exploitation und Exploration. Wandlungsfähigkeit soll ermöglichen, dass bei Veränderungsprozessen zielstrebig nicht nur das Unternehmen, sondern auch dessen Umwelt verändert werden kann. Insbesondere die Kreativität der Unternehmensangehörigen wird als eine unverzichtbare Grundlage von Wandlungsfähigkeit genannt, die Flexibilität und Wandelbarkeit umfasst.

Die Erkenntnisse der Komplexitätsforschung belegen, dass es derartige Systeme gibt und unterstützen die Forderung nach Veränderungs- und Lernmöglichkeiten auf individueller Ebene als wesentliche Quelle der Balance zwischen Exploration und Exploitation. Die Komplexitätsforschung kann aber nur zu Fragen der hierfür in den verschiedenen Anwendungsgebieten grundsätzlich erforderlichen Strukturen und Prozesse beitragen. Andere in diesem Zusammenhang wichtige Fragestellungen wie bspw. die des individuellen Wollens oder Könnens werden von ihr nicht im Detail adressiert.

Die Definition von Wandlungsfähigkeit in Kapitel 2.3 fordert Zielstrebigkeit bei der Veränderung. Diese Forderung lässt sich durch die Erkenntnisse zur Gestaltung von komplexen adaptiven Systemen jedoch nicht vollständig untermauern.
Durch die emergente Qualität seiner Selbstordnung oder seiner innovativen Eigenschaften ist ein komplexes adaptives System eben gerade nicht als zielstrebig zu charakterisieren, da ein (Fern-)Ziel von vornherein gar nicht feststeht. Im Gestaltungsfokus können demnach auch nicht direkt die gewünschten Eigenschaften liegen, sondern vielmehr die Rahmenbedingungen der untergeordneten Ebenen für Emergenz dieser gewünschten Eigenschaften auf höher aggregierten Ebenen. Die sich auf dieser Basis emergent entwickelnden Muster, Verhaltensweisen und innovativen Eigenschaften sind beeinflussbar, aber nicht zielorientiert im Sinne der Erreichung eines Fernziels steuerbar.
Den modellierten Agenten in komplexen adaptiven Systemen ist jedoch das Nahziel der Verbesserung mit jedem Schritt zu eigen, so dass eine beständige Fitnessverbesserung eintritt. Diese ist bei komplexen adaptiven Systemen jedoch nicht nur mit Effizienzsteigerung und Exploitation bereits bekannter Möglichkeiten verbunden, sondern kann ebenso die Erkundung neuer Möglichkeiten anstoßen und damit die

Effektivität beeinflussen, wenn die Veränderungen von einzelnen Agenten in kleinen Schritten auf einer übergeordneten Ebene insgesamt emergente Neuerungen bewirken.

Eine wesentliche Erkenntnis der Komplexitätsforschung für das wandlungsfähige Unternehmen besteht in diesem Zusammenhang darin, dass Exploitation und Exploration nicht zwei unabhängig voneinander ablaufende und getrennt steuerbare Aktivitäten sind, sondern dass sie Teil und Ergebnis desselben Veränderungsprozesses sind. Dieser Veränderungsprozess verläuft auf unterster Ebene beständig in kleinen Schritten und hält bei geeigneter Systemgestaltung das gesamte System in einem permanenten dynamischen Prozess, der zum einen stabilisierend wirken, zum anderen aber auch zu größeren oder kleineren Systemerschütterungen führen kann. Sowohl Exploitation als auch Exploration beruhen dabei prinzipiell auf denselben Regeln für das Verhalten bzw. die Veränderung der elementaren Agenten. Eine Trennung der Ziele Exploration und Exploitation und der damit verbundenen (Entscheidungs-)Prozesse ist daher aus Perspektive der Komplexitätsforschung in wandlungsfähigen Unternehmen nicht angebracht, obwohl auch die Übertragungsansätze der Komplexitätsforschung auf Unternehmen diese beiden Ziele bislang getrennt behandeln.

Für die Gestaltung wandlungsfähiger Unternehmen bedeutet diese Überlegung, dass eine Separierung von Tagesgeschäft auf der einen Seite und Entwicklungsprozessen auf der anderen Seite aus der Sicht der Komplexitätsforschung nicht zielführend sein kann. Um gleichzeitig Effektivität und Effizienz zu erreichen muss einerseits der Leistungserstellungsprozess unterstützt werden, indem er bspw. wie gezeigt von Agententechnologien gesteuert wird. Hierzu muss auch die Möglichkeit gehören, neue Varianten der Leistungsprozesse mit Hilfe von Simulationsmodellen rechnergestützt zu beurteilen. Andererseits müssen strategische Prozesse, die letztlich auch die Ausrichtung und den Wandel des gesamten Unternehmens betreffen, schon auf unterster Ebene wurzeln.

In der Definition wandlungsfähiger Systeme bzw. Unternehmen in Kapitel 2.3 wird bei Veränderungen weiterhin zum einen zwischen reaktiven und antizipativen Veränderungen und zum anderen zwischen Eingriffen zur Systemveränderung und Eingriffen zur Umfeldveränderung unterschieden. Die Koevolutionsperspektive der Komplexitätsforschung macht diese Unterscheidung entbehrlich, da mit der Etablierung externer Kopplungen ein größeres System entsteht, in dem Ursache und Wirkung zyklisch miteinander verbunden sind. Ein komplexes adaptives System bezieht nicht nur Veränderungsimpulse von außen, sondern gibt über seine koevolutionären Kopplungen ebensolche Impulse an seine Umgebung ab, so dass auch auf dieser Ebene eine permanente gegenseitige Anpassungsdynamik resultiert, die für alle verbundenen Einheiten immer neue Entwicklungsmöglichkeiten eröffnen sollte. Hieraus ergibt sich die Forderung an das wandlungsfähige Unternehmen und auch an seine Einheiten, eine über die jeweils eigene Grenze hinausreichende Perspektive zu pflegen und die Außenbeziehungen bewusst zu gestalten, um damit zugleich die eigene Entwicklung wie auch die des Umfeldes zu ermöglichen.

Zusammenfassend kann somit zu den grundlegenden Eigenschaften des wandlungsfähigen Unternehmens festgestellt werden: Wandlungsfähigkeit als umfassende Eigenschaft lässt sich durch die Erkenntnisse der Komplexitätsforschung unterstützen, auch wenn die Komplexitätsforschung im Detail unterschiedliche Sichtweisen und Stellenwerte von Flexibilität und Wandelbarkeit nahe legt. Für die wichtige Frage der gleichzeitigen Realisierung von Effizienz und Effektivität bieten die Komplexitätsforschung und ihre Übertragungen auf Unternehmen Hinweise, wie Wandlungsfähigkeit als dauerhafte, aber nicht statische, sondern immer wieder von neuem emergent entstehende tragfähige Kombination von Exploitation und Exploration erreicht werden kann.

6.2 Implikationen für das Ebenenmodell des wandlungsfähigen Unternehmens

Als Grundstruktur des in Kapitel 2.3.2 dargestellten Idealmodells des wandlungsfähigen Unternehmens wird der selbstähnliche Aufbau über verschiedene Unternehmensebenen hinweg gefordert. Der Grundbaustein hierfür ist prinzipiell auf allen Ebenen das Modell der Leistungseinheit, wobei drei spezifische Ebenen unterschieden werden: Elementare Leistungseinheiten der untersten Ebene müssen so definiert sein, dass ihnen ein eigenständiger Wertschöpfungsbeitrag zugeschrieben werden kann, und sie müssen im Sinne der Selbstähnlichkeit des Modells wandlungsfähig sein. Gleiches gilt für die mittlere Ebene der aggregierten Leistungseinheiten, die Netzwerke aus Leistungseinheiten untergeordneter Ebenen sind. Als Drittes wird die Ebene des Gesamtunternehmens als höchste aggregierte Leistungseinheit unterschieden.

Mit diesem selbstähnlichen Aufbau entspricht das Idealmodell des wandlungsfähigen Unternehmens einem wesentlichen Merkmal komplexer adaptiver Systeme. Da gefordert wird, dass Leistungseinheiten aller Ebenen Wandlungsfähigkeit besitzen, müssen elementare Leistungseinheiten, Netzwerke aus Leistungseinheiten und das Gesamtunternehmen aus der Perspektive der Komplexitätsforschung jeweils als komplexe adaptive Systeme gestaltet werden. Um auf jeder dieser Ebenen Wandlungsfähigkeit zu schaffen, wie es die Idealvorstellung des wandlungsfähigen Unternehmens fordert, müssen somit für Leistungseinheiten jeder Aggregationsstufe jeweils die Gestaltungsmöglichkeiten komplexer adaptiver Systeme in Bezug auf die in dieser Arbeit identifizierten Objekte □ Agenten und Zusammenschlüsse von Agenten, deren Merkmale, Diversität, Verhaltens- und Veränderungsregeln, ihre internen und externen Verknüpfungen sowie die Fitnesslandschaften, auf denen sie sich bewegen □ adäquat ausgeschöpft werden.

Damit in diesem Sinne ein Mehrebenenmodell entsteht, ist nicht nur eine integrierende Sichtweise der Ansätze für Selbstordnung und Erneuerung und damit eine simultane Nutzung aller genannten und in Abbildung 4.10 zusammengefassten Gestaltungsmöglichkeiten komplexer adaptiver Systeme erforderlich, wie sie in Kapitel 5.3.6 gefordert wurde, sondern es ist zudem eine Konkretisierung dieser Gestaltungsaspekte für jede Aggregationsebene des wandlungsfähigen Unternehmen nötig. Als generelle Ebenen werden dabei im Folgenden, entsprechend der Definition des wandlungsfähigen Unternehmens und wie in Kapitel 2.3.2 beschrieben, erstens die elementare Leistungseinheit, die sich durch einen eigenständigen Wertschöpfungsbeitrag definiert, zweitens das Netzwerk aus Leistungseinheiten und drittens das Gesamtunternehmen unterschieden.

Das Problem der Operationalisierbarkeit des Chaosrandes für Unternehmen wird, wie in Kapitel 5.3 gezeigt, in den Übertragungsansätzen der Komplexitätsforschung dergestalt gelöst, dass eine übergeordnete Führung, anstatt den Status des Unternehmens oder der Organisationseinheit zwischen Ordnung und Chaos messen zu können, die entstehenden emergenten Eigenschaften beobachten und daraufhin ggf. lenkende Eingriffe ableiten muss. Im Modell des wandlungsfähigen Unternehmens ist eine Leistungseinheit beliebiger Aggregationsstufe durch charakteristische Eigenschaften in Bezug auf ihre Aufgaben, ihre Struktur, ihre Führung sowie ihre technischen und Humanressourcen charakterisiert (vgl. Abbildung 2.2). Aus der Perspektive der Komplexitätsforschung ist es dann die Aufgabe der Führung jeder Leistungseinheit, diese (immer wieder) unter Nutzung des gesamten Spektrums an Eingriffsoptionen in komplexe adaptive Systeme so zu gestalten, dass die Leistungseinheit (erwünschte) emergente Qualitäten entwickeln kann. Das einzelne Individuum als potentielle erste Emergenzebene, auf der sich neue Ideen manifestieren, kann zwar ebenfalls als komplexes adaptives System aufgefasst werden, bleibt jedoch für gestaltende Eingriffe weitgehend unerreichbar, wie die Übertragungsansätze in Kapitel 5.3.2 gezeigt haben.

Beginnend mit der Ebene der elementaren Leistungseinheit werden die Implikationen der Komplexitätsforschung für die Gestaltung auf den drei verschiedenen Ebenen wandlungsfähiger Unternehmen im Weiteren skizziert und jeweils im Bild zusammengefasst.

Gestaltung auf Ebene einer elementaren Leistungseinheit

Als Agenten kommen in elementaren Leistungseinheiten prinzipiell technische Ressourcen und Personalressourcen in Betracht. Steht eine effiziente und störungsrobuste Erstellung des eigenen Wertschöpfungsbeitrags im Vordergrund, können Selbstordnungsansätze wie Ameisenalgorithmen oder agentenbasierte Systeme zum Einsatz kommen, die sich prinzipiell, wie in Kapitel 5.3.3.1 gezeigt, auf beide Ressourcenarten anwenden lassen. Die Effizienz eines Leistungsprozesses hängt dann wesentlich von der geeigneten Definition von Handlungsregeln ab.
In der elementaren Leistungseinheit ist aber u.U. der Leistungsprozess nicht sehr komplex, so dass hier möglicherweise auf konventionelle Steuerungsmethoden zurückgegriffen werden kann. Emergente Ergebnisse auf Ebene der elementaren Leistungseinheit sind dann einerseits im Bereich schrittweiser Verbesserungen der Leistungserstellung, andererseits aber vor allem im Bereich emergenter Neuerungen zu erwarten, die sich zunächst in abstrakter Form wie bspw. als neues Wissen, neue Produktideen oder neue Produktionsansätze äußern. In dieser Funktion ist die elementare Leistungseinheit als Keimzelle von Veränderungen zu sehen, welche die Merkmale der betreffenden Leistungseinheit wie Schnittstellen, externe Kopplungen, Produktmerkmale, Leistungsmerkmale oder auch Qualifikationsprofile des Personals modifizieren und dementsprechend im Netz der Leistungseinheiten weitere Veränderungen nach sich ziehen können.
Damit die Leistungseinheit jedoch innovative Veränderungen realisieren kann, muss zum einen im Sinne einer Fitnesslandschaft die Möglichkeit der Bewertung von Veränderungen in Merkmalen, Kopplungen, Verhalten etc. gegeben sein, zum anderen muss die Leistungseinheit selbständig diese Veränderungen in einem bestimmten Rahmen durchführen dürfen. Auslöser für Veränderungen können auch die übergeordneten Leistungseinheiten sein, endogene Anpassungen können jedoch nur die Ressourcen der jeweiligen Leistungseinheit initiieren. Veränderungen sind grundsätzlich zu evaluieren, wozu Bewertungssysteme im Sinne von Fitnesslandschaften erforderlich sind, die einerseits die internen Strukturen der Leistungseinheiten widerspiegeln und andererseits extern vorgegebene Ziele und Restriktionen beinhalten.
Obwohl wie dargestellt die Individuen als Träger der emergenten Neuerungen nicht direkt beeinflussbar sind, kann durch die Etablierung ungehinderter, vielfältiger Kommunikations- und Interaktionsprozesse innerhalb der Leistungseinheit und über deren Grenzen hinweg, welche die Beteiligung aller sicherstellen, und durch die För-

derung neuer Inhalte, die bei diesen Prozessen entstehen, emergente Neuerung auf der Ebene der Leistungseinheit unterstützt werden. Eine Kombination individueller und kollektiver Lernprozesse ermöglicht ferner die Entwicklung von neuem Wissen und von Diversität, die beide wiederum für weitere Innovationen grundlegend sind. Zu große Diversität der Individuen in einer Leistungseinheit kann jedoch Komplexitätskatastrophen verursachen. Dem können eine Basis aus geteiltem Wissen, die auch durch entsprechende technologische Unterstützung gepflegt wird, und eine stabilisierende Kultur der Leistungseinheit entgegenwirken.
Auch innerhalb einer Leistungseinheit können Substrukturen etabliert werden, indem bspw. Teams gebildet oder technische Ressourcen zu Bearbeitungseinheiten zusammengefasst werden. Wichtig ist, diesen Substrukturen im Sinne von Patches eigene Bewertungsmöglichkeiten zu verschaffen, damit aus den koevolutionären, auch konkurrierenden Verbindungen mehrerer solcher Substrukturen neue Qualitäten hervorgehen können.
Externe Beziehungen der elementaren Leistungseinheit benötigen definierte Schnittstellen für Kommunikations- und Interaktionsbeziehungen, aber auch für Materialfluss und Prozesskoordination. Welche dieser Interaktionsmöglichkeiten genutzt werden, muss zum Teil in der Entscheidungskompetenz der Leistungseinheit liegen. Sie ist einerseits in eine übergeordnete Prozesssteuerung eingebunden, in der Agententechnologien im Netzwerk der Leistungseinheiten für effiziente Leistungserstellung sorgen, andererseits sollte sie aber auch die Möglichkeit haben, ihre externe Vernetzung zu verändern, neue Beziehungen nach dem Win-Win-Prinzip einzugehen oder mit veränderten Leistungsmerkmalen eine andere Position im Wertschöpfungsprozess oder dessen Veränderung anzustreben. Die emergenten Ergebnisse der hiermit angestoßenen strategischen Prozesse bedürfen wiederum auf höherer Aggregationsebene der Evaluierung im Sinne einer Fitnesslandschaft.

In der Abbildung 6.1 werden analog zu den allgemeinen Gestaltungsmöglichkeiten komplexer adaptiver Systeme die genannten Aspekte einer Leistungseinheit aufgeführt.

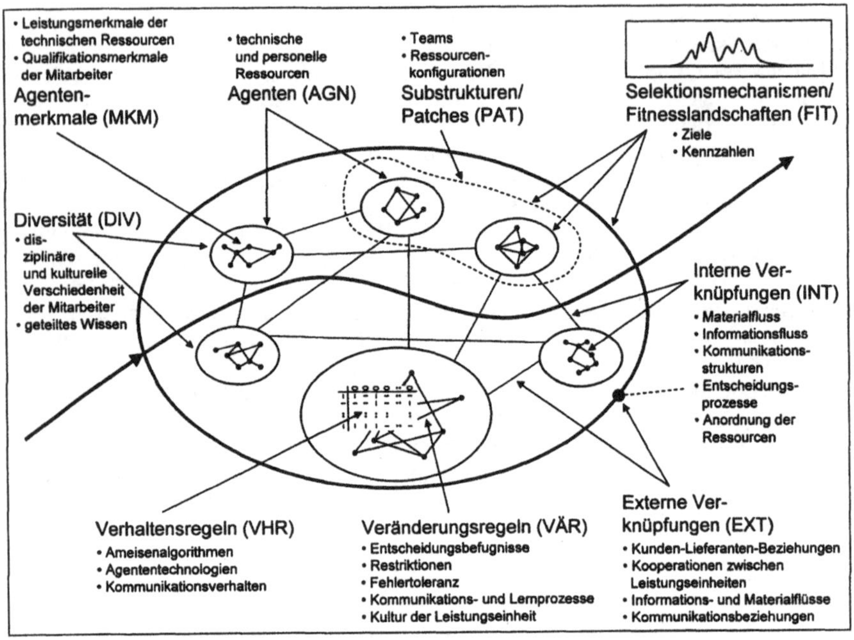

Abbildung 6.1: Gestaltungsmöglichkeiten komplexer adaptiver Systeme auf Ebene der Leistungseinheit
Quelle: eigene Darstellung

Gestaltung auf Ebene eines Netzwerks von Leistungseinheiten

Netzwerke aus Leistungseinheiten sind im Sinne der dargestellten Übertragungsansätze der Komplexitätsforschung zwar im Prinzip als Leistungseinheiten höherer Aggregationsebene ebensolche Organisationseinheiten wie die elementaren Leistungseinheiten des wandlungsfähigen Unternehmens. Dennoch müssen ihre Eigenschaften und damit die Gestaltungsmöglichkeiten zur Hervorbringung emergenter Qualitäten auf dieser Ebene differenziert betrachtet werden, da Netzwerke von Leistungseinheiten sich in mancher Hinsicht von den beiden anderen definierten Aggregationsebenen des wandlungsfähigen Unternehmens, der elementaren Leistungseinheit und dem Gesamtunternehmen, unterscheiden.

Der Netzwerkbegriff deckt ein breites Spektrum aggregierter Organisationseinheiten ab. So kann ein Netzwerk von Leistungseinheiten bspw. ein reines Produktionsnetzwerk sein oder auch einen ganzen Geschäftsbereich umfassen. Netzwerke aus Leistungseinheiten können aus Perspektive der Komplexitätsforschung entweder durch Patching-Aktivitäten der übergeordneten (Unternehmens-)Ebene oder aber durch selbstinitiierten Zusammenschluss von untergeordneten (elementaren oder aggregierten) Leistungseinheiten entstehen.
Diese sowohl intern als auch extern anstoßbaren Veränderungsmöglichkeiten machen Netzwerke von Leistungseinheiten zu flüchtigeren Strukturen als elementare Leistungseinheiten oder das Gesamtunternehmen. Eine Leistungseinheit auf Netzwerkebene kann bspw. durch eine nur temporär existierende momentane Konfiguration eines Produktionsprozesses entstehen. Dennoch müssen auch auf dieser Ebene

Eingriffsmöglichkeiten bestehen, um das Netzwerk aus Leistungseinheiten effektiv und effizient und damit wandlungsfähig zu machen.

Aus Effizienzgesichtspunkten ist wie bereits erwähnt der Einsatz von Agententechnologien zur Steuerung des Leistungserstellungsprozesses über die verschiedenen Leistungseinheiten hinweg denkbar, wobei wie in Kapitel 5.3.3.1 gezeigt sogar mobile Ressourcen mit situativ unterschiedlichen Anordnungen eingebunden werden können. Damit aber überhaupt die Agententechnologien sinnvoll genutzt werden können, sind gewisse redundante Leistungsmerkmale bei den konstituierenden Agenten, den untergeordneten Leistungseinheiten, unerlässlich.
Die Führung des Netzwerkes von Leistungseinheiten soll daher sicherstellen können, dass die Spezialisierung (Diversität) der Leistungseinheiten nicht so groß wird, dass keine alternativen Ressourcenallokation und damit keine Flexibilität mehr möglich ist. Auf Ebene des Netzwerks muss somit die Möglichkeit bestehen, Ziele der Leistungserstellung zu bestimmen und für die Agenten gewisse Leistungsmerkmale festzulegen, um die Selbstordnungsfähigkeiten komplexer adaptiver Systeme nutzen zu können. Hierfür ist weiterhin die Beachtung der Vernetzungsprinzipien komplexer adaptiver Systeme durch die Führungsfunktion des Netzwerkes zu überwachen. Diese Vernetzungsprinzipien beziehen sich im Zusammenhang mit der Leistungserstellung auf die erforderlichen Material- und Informationsströme. Deren Struktur muss den übergeordneten Anforderungen und Bewertungskriterien an die Leistungserstellung angemessen sein, die sich einerseits aus vorgegebenen Fitnesslandschaften, andererseits aus dem Verhältnis interner und externer Kopplungen des Netzwerks ergeben.

Während die effiziente Erstellung des Wertschöpfungsbeitrags durch Agententechnologien unterstützt und weitgehend automatisiert werden kann, ist die effektive Ausrichtung dieser Prozesse und die Zielbildung im Netzwerk von Leistungseinheiten mit Veränderungsprozessen verbunden, welche die Mitwirkung von Individuen erfordern. Das Agentenmodell muss dann über die Leistungseinheiten mit ihren Merkmalen hinaus auf Wissen, Produkte und Ziele und damit letztlich auf die menschlichen Repräsentanten der im Netzwerk vereinten Leistungseinheiten ausgeweitet werden. Durch deren Entscheidungs- und Lernprozesse können neues Wissen, veränderte Ziele und neue Konfigurationen oder Funktionen bzw. Leistungen des Netzwerks entstehen. Über den Erfolg dieser Veränderungsprozesse entscheiden nach den Erkenntnissen der Komplexitätsforschung wesentlich die internen Strukturen des Netzwerks von Leistungseinheiten, welche die Gestalt der eigenen Fitnesslandschaft dieser übergeordneten Leistungseinheit prägen.

Neben der internen Vernetzung, die hier außer dem Wertschöpfungsprozess vor allem auch die Entscheidungsprozesse betrachten muss, ist die Diversität ein Parameter, der die Beweglichkeit des Netzwerkes bestimmt. Hierzu wurde in den Kapiteln 5.3.3 und 5.3.4 festgestellt, dass diese von individuellen Lernprozessen und unterschiedlichen individuellen Qualifikationen der Mitarbeiter gesteigert wird, andererseits auch einer dämpfenden Komponente durch gemeinsame Werte und explizites, geteiltes Wissen bedarf. Für das Netzwerk als Zwischenebene zwischen Gesamtunternehmen und elementaren Leistungseinheiten kann es sinnvoll sein, die Führungsfunktion kollektiv mit Repräsentanten aller eingebundenen Leistungseinheiten zu gestalten. Im Idealfall sollten sich Leistungseinheiten aus einer Win-Win-Motivation zusammenschließen und sich koevolutionär weiterentwickeln können, wozu permanente Kommunikationsprozesse erforderlich sind. Treten hier allerdings wie in Kapitel 5.3.4.3 beschrieben relationale und kognitive Komplexität gemeinsam auf, d.h. wird

versucht, unscharf definierte Sachverhalte in großen Teams nach dem Konsensprinzip zu bearbeiten, kann dies eine Komplexitätskatastrophe im Sinne von Lähmung und Stillstand zur Folge haben. Der Beweglichkeit eines Netzwerks zuträglicher sind klar kommunizierte und auf wenige Aspekte reduzierte strategische Ziele im Sinne einer moderat zerklüfteten Fitnesslandschaft.
Auch Patching durch die Führungsfunktion des Netzes im Sinne der Bildung von internen Einheiten innerhalb des Netzwerks mit eigenen, gekoppelten Bewertungslandschaften kann die Verbesserungs- und Erneuerungsprozesse des Netzwerks von Leistungseinheiten auch bei konstanten externen Bedingungen in Bewegung halten. Durch korrigierende Eingriffe seitens der übergeordneten Unternehmensebene mit Aktivitäten wie Patching auf Netzwerkebene, veränderten Bewertungskriterien oder externen Verknüpfungen werden ebenfalls dem Netzwerk aus Leistungseinheiten Veränderungsimpulse gegeben, die im Extremfall bis zu seinem Zerfall führen können.

Abbildung 6.2 gibt einen Überblick über die Einflussmöglichkeiten in einem als komplexes adaptives System gestalteten Netzwerk von Leistungseinheiten im wandlungsfähigen Unternehmen.

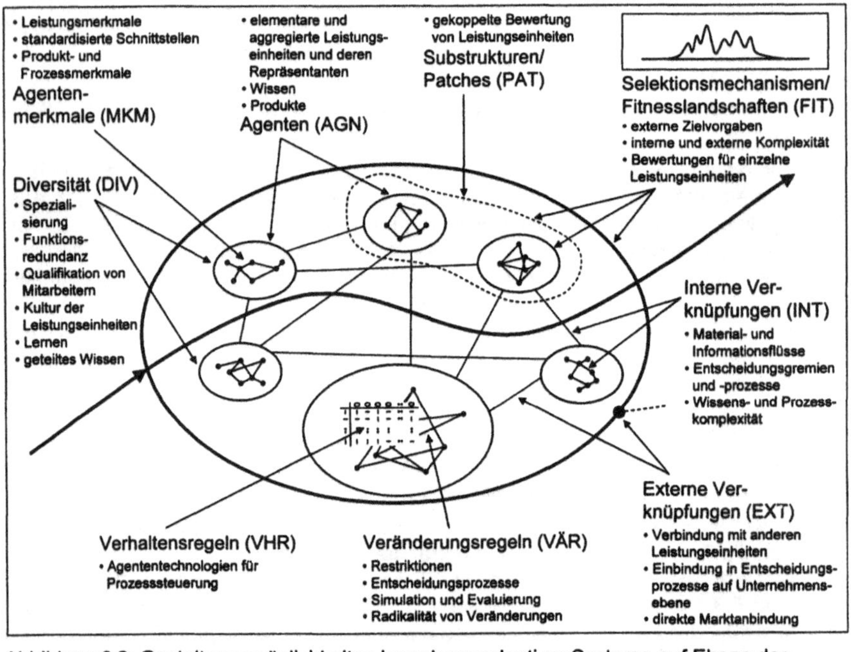

Abbildung 6.2: Gestaltungsmöglichkeiten komplexer adaptiver Systeme auf Ebene des Netzwerks aus Leistungseinheiten
Quelle: eigene Darstellung

Gestaltung auf Unternehmensebene

Die Leistungserstellung im wandlungsfähigen Unternehmen ist vornehmlich in Netzwerken von Leistungseinheiten organisiert, und entsprechend werden Effizienzaspekte größtenteils bereits auf dieser Ebene betrachtet. Auf Unternehmensebene kommt dagegen dem Effektivitätsaspekt verstärkte Bedeutung zu. Agentenmodelle können dabei, wie Kapitel 5.3.4 gezeigt hat, nicht nur auf technische oder personelle Ressourcen angewendet werden, die im Modell des wandlungsfähigen Unternehmens an Leistungseinheiten gekoppelt sind, sondern auch auf Strategien, Wissen, Produkte oder Produktionsprozesse. In diesem Sinne sind die Gestaltungsregeln komplexer adaptiver Systeme durch die Unternehmensführung in verschiedenen Kontexten anzuwenden. Nicht nur die Leistungsmerkmale der verschiedenen Unternehmenseinheiten und die realen Entscheidungsprozesse, Informations- und Materialflüsse sind in diese Überlegungen einzubeziehen, sondern bspw. ebenso die Merkmale und internen Strukturen von Strategien oder Wissensbeständen.

Aber nicht nur nach innen, sondern auch auf die Gestaltung der externen Unternehmensbeziehungen bietet die Komplexitätsforschung neue Perspektiven für die Führungsfunktion des Gesamtunternehmens. Wird dieses als Agent in einem übergeordneten System begriffen, so können wiederum sowohl Effizienz als auch Effektivität dieses Systems aktiv unterstützt werden.
Effizienz auf dieser Ebene erfordert die Definition von Verhaltensregeln zur Selbstordnung und deren Ziele in Bezug auf die Einbindung des Agenten ‚Unternehmen' in unternehmensübergreifende Leistungserstellungsprozesse, die mittels Agententechnologien unterstützt werden können.
Effektivität auf dieser Ebene dagegen kann sich auf den Koevolutionsansatz der Komplexitätsforschung stützen. Dieser impliziert ein aktives und adäquates Management der Außenbeziehungen des wandlungsfähigen Unternehmens, um Neuerungen, Wettbewerbsvorteile und letztlich Wandel im Einklang mit dem Umfeld erreichen zu können. Der aus Sicht der Komplexitätsforschung sehr wesentliche Aspekt der Gestaltung der externen Kopplungen, um Wandlungsfähigkeit und dauerhaften Erfolg zu erreichen, sollte im vorliegenden Modell des wandlungsfähigen Unternehmens noch stärker betont werden.

Veränderungsregeln, die vor allem Veränderungsbereitschaft signalisieren, die sich auf Individuen, elementare Leistungseinheiten und Netzwerke aus Leistungseinheiten gleichermaßen anwenden lassen, und die Entscheidungsfreiräume zusammen mit klaren Grenzen und Abstimmungsprozeduren festlegen, sind offenbar eine wesentliche Voraussetzung für das Bestehen permanenter Veränderungsprozesse in den Leistungseinheiten verschiedener Ebenen, aus denen sich der Wandel des Gesamtunternehmens speist. Veränderungen können nicht nur operative Aspekte wie Konfigurationen oder Merkmale von Leistungseinheiten betreffen, wozu unternehmensweit konsistente Bewertungs-, Anreiz- und Vergütungssysteme erforderlich sind, sondern auch Veränderungen und Innovationen bei Produkten, Prozessen, Wissen und Strategien.
Bei turbulenten Änderungen der Umfeldbedingungen sollen die Veränderungsregeln wie bei komplexen adaptiven Systemen zu einer raschen Anpassung führen, in vergleichsweise ruhigeren Phasen der Umfeldentwicklung sollen sie jedoch nicht ebenso ruhen, sondern weiterhin die dynamischen Veränderungsprozesse auf den unteren Ebenen aufrechterhalten, aus denen sich nach den Erkenntnissen der Komplexitätsforschung auch ohne externe Veränderungen Wandel auf Unternehmensebene ergeben kann. Dies entspricht der Forderung nach proaktivem Verhalten des wandlungsfähigen Unternehmens. Unterstützt wird die interne Dynamik auch bei externem Stillstand durch Patching-Aktivitäten der Unternehmensführung, bei denen immer wieder neue interne Koevolutionsmechanismen durch Eingriffe in die Anzahl oder die Gruppierung der untergeordneten Leistungseinheiten angestoßen werden.

Neben der Frage des prinzipiellen Vorgehens bei Veränderungen, die in den Veränderungsregeln beantwortet wird, kommt der Gestalt von Fitnesslandschaften auf Unternehmensebene besondere Bedeutung beim Erfolg von Veränderungsprozessen zu. In diesem Zusammenhang ist die Komplexität der eigenen Leistungserstellungsprozesse im Sinne von internen Abhängigkeiten und konfliktären Randbedingungen, aber auch die Komplexität der eigenen Strategien und des unternehmensinternen Wissens von großer Bedeutung. Wissensmanagement kann hier bewährte Building Blocks konservieren, mit denen sich auch unmittelbar größere Veränderungen bspw. bei technologischen Innovationen bewerkstelligen lassen.

Diversität im Sinne unterschiedlicher Qualifikations- und Leistungsmerkmale, unterschiedlicher Interpretationen strategischer Ziele oder unterschiedlicher Entscheidungsprozesse der untergeordneten (elementaren oder aggregierten) Leistungseinheiten speist die Veränderungsprozesse, deren Richtung sich an der aktuellen Fitnesslandschaft des Unternehmens orientieren soll. Aus den Transferansätzen des Landscape Design in Kapitel 5.3.4.4 wird deutlich, dass die Gestalt dieser Fitnesslandschaft zwar nicht wie beim Market-based View allein extern von der Branche determiniert wird, dass allerdings in Unternehmen auch nicht die tatsächlich existierenden Merkmale und deren interne Vernetzung, sondern vielmehr die wahrgenommenen Merkmale und die zwischen ihnen angenommenen Verbindungen, wie sie in Strategien und Bewertungssystemen expliziert werden, die Gestalt der Fitnesslandschaft prägen. Diese Problematik muss zu dem Bemühen führen, auf Unternehmensebene nicht nur in den internen Strukturen, sondern unabhängig davon auch mit der Formulierung von Strategien und Kennzahlensystemen für das Unternehmen und seine Substrukturen moderat zerklüftete Fitnesslandschaften zu erschaffen.

Abbildung 6.3 zeigt die genannten Eingriffsoptionen beim wandlungsfähigen Unternehmen für die Gestaltung eines komplexen adaptiven Systems auf Ebene des Gesamtunternehmens.

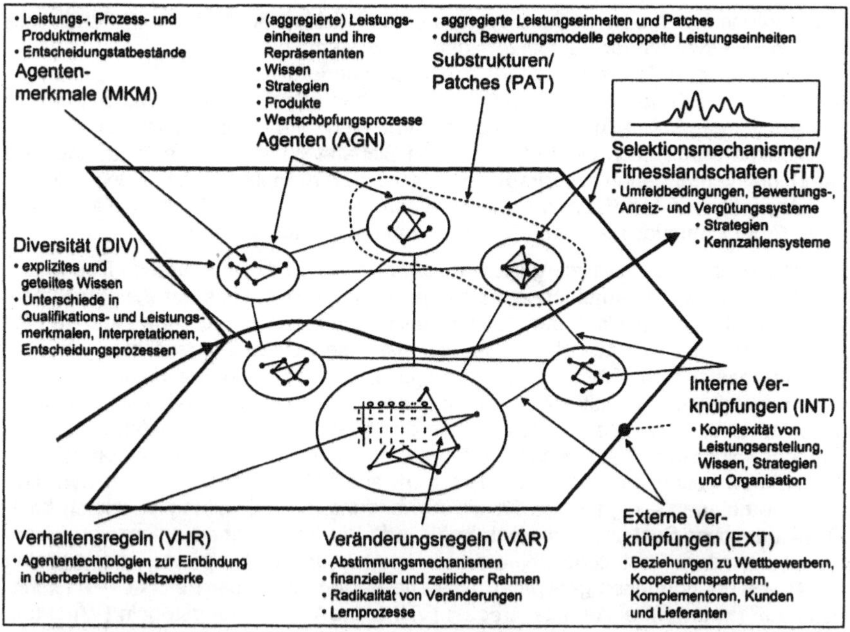

Abbildung 6.3: Gestaltungsmöglichkeiten komplexer adaptiver Systeme auf Ebene des Gesamtunternehmens
Quelle: eigene Darstellung

6.3 Fazit zur Gestaltung wandlungsfähiger Unternehmen als komplexe adaptive Systeme

Abschließend werden nun noch einmal zentrale Ergebnisse der Kapitel 5 und 6 herangezogen, um die übergeordnete Fragestellung der vorliegenden Arbeit zusammenfassend zu beantworten, welche Implikationen sich aus den Erkenntnissen der Komplexitätsforschung für die Gestaltung wandlungsfähiger Unternehmen ergeben.

Allgemein lässt sich festhalten, dass die Einsichten der Komplexitätsforschung über einen rein metaphorischen Transfer hinaus in vielen Aspekten auf Unternehmen anwendbar sind. In Kapitel 5.3 wurden bestehende Ansätze des Analogietransfers aus der Komplexitätsforschung auf Unternehmen dargestellt, mit Hilfe des in Kapitel 4 entwickelten generischen Modells komplexer adaptiver Systeme systematisiert und in einem zu diesem Zweck geschaffenen Ordnungsrahmen ausgewertet. Dabei wurden Transferansätze im gesamten Spektrum möglicher Betrachtungsebenen vom Individuum über die Organisationseinheit und das Gesamtunternehmen bis hin zum Unternehmensnetzwerk bzw. zur Branche analysiert.

Im Rahmen dieser Untersuchungen fiel u.a. auf, dass bestehende Transferansätze entweder ausschließlich auf Effizienzziele gerichtet sind und entsprechend die emergenten Selbstordnungseigenschaften komplexer adaptiver Systeme auf Unternehmen zu übertragen versuchen, oder aber ausschließlich auf Emergenz von Effektivi-

tät zielen und sich hierzu an den meistens durch NK-Modelle modellierten Adaptions- und Evolutionsvorgängen komplexer adaptiver Systeme orientieren.
Effizienzorientierte Übertragungsansätze, insbesondere Agententechnologien, werden z.T. bereits in der Praxis eingesetzt. Sie stehen dabei in Konkurrenz zu konventionellen Management- und Steuerungsinstrumenten für Produktionsprozesse. Für die wichtige Frage nach der Emergenz und Sicherstellung von Effektivität dagegen bieten die vorhandenen Übertragungsansätze der Komplexitätsforschung zumeist nur konzeptionelle Hinweise, die zudem jeweils auf spezifische Fragestellungen wie bspw. Produktinnovationen oder Strategiegestaltung fokussiert sind.

Gestaltungshinweise zur Emergenz von Effizienz und Effektivität für jede Ebene des wandlungsfähigen Unternehmens zusammenzuführen war eines der Ziele in Kapitel 6, in dem die Erkenntnisse der Komplexitätsforschung und ihrer Anwendungen für Unternehmen auf das Modell des wandlungsfähigen Unternehmens bezogen wurden. Grundsätzlich sind das wandlungsfähige Unternehmen und die damit verbundene Zielvorstellung nachhaltigen Unternehmenserfolgs mit der Modellvorstellung komplexer adaptiver Systeme kompatibel, und das Modell des wandlungsfähigen Unternehmens mit dem selbstähnlichen Aufbau in seinen drei Aggregationsebenen – der elementaren Leistungseinheit, dem Netzwerk aus Leistungseinheiten und dem Gesamtunternehmen – eignet sich für die Anwendung der Gestaltungsprinzipien komplexer adaptiver Systeme. Dies wurde für jede der drei Ebenen aufgezeigt, indem jeweils die neun Gestaltungsobjekte komplexer adaptiver Systeme – die Agenten (AGN) und die von ihnen gebildeten aggregierten Agenten oder Patches (PAT), ihre Merkmale (MKM), ihre Verhaltensregeln (VHR) und Veränderungsregeln (VÄR) und ihre Diversität (DIV), die internen (INT) und externen (EXT) Verknüpfungen sowie die Bewertungsmechanismen bzw. Fitnesslandschaften (FIT) – konkretisiert und ihre Zusammenhänge beschrieben wurden.

Das tatsächliche Funktionieren eines wandlungsfähigen Unternehmens als zugleich effektives und effizientes komplexes adaptives System erfordert auf allen seinen Ebenen und über die Ebenen hinweg ein koordiniertes Zusammenspiel dieser Gestaltungsobjekte. Dieses Zusammenspiel kann nach den Vorstellungen der Komplexitätsforschung jedoch nicht direktes Gestaltungsziel sein. Es kann nicht von außen koordiniert werden, sondern es muss sich in einem als komplexes adaptives System gestalteten wandlungsfähigen Unternehmen durch permanente inkrementale Veränderungs- und Abstimmungsprozesse weitgehend selbstorganisiert entwickeln. Das Ergebnis dieses permanenten zähen Ringens der Agenten miteinander sind emergente Effekte im Sinne von Effizienz und Effektivität auf höheren Ebenen, die damit ebenso wenig gezielt beeinflussbar sind.
Diese Erkenntnis der Komplexitätsforschung macht jedoch die Führungsfunktion auf den verschiedenen Ebenen wandlungsfähiger Unternehmen nicht überflüssig. Zum einen können Eingriffe seitens einer Führungsfunktion aufgrund der fehlenden Operationalisierung des Chaosrandes für Unternehmen erforderlich werden, zum anderen muss die Unwägbarkeit in der Evolution, die der generischen Vorstellung komplexer adaptiver Systeme zu eigen ist, und das damit verbundene Risiko bei der Entwicklung wandlungsfähiger Unternehmen durch Eingriffe seitens einer Führung eingegrenzt werden. Diese Eingriffe sollten sich jedoch auf die Rahmenbedingungen für emergente Ordnungs- und Innovationsbildung konzentrieren, und nicht die entsprechenden Ergebnisse selbst zum Ziel haben.

Die bisher geschilderten Implikationen der Komplexitätsforschung für die Gestaltung wandlungsfähiger Unternehmen, wie sie ausführlich in Kapitel 6.2 beschrieben wurden, lassen sich mit der Modellvorstellung wandlungsfähiger Unternehmen vereinbaren. Zwei wichtige Erkenntnisse aus dieser Arbeit decken sich jedoch nicht vollständig mit dem Modell des wandlungsfähigen Unternehmens und implizieren zumindest weiteren Forschungsbedarf:

Erstens konnte mit den Funktionsprinzipien komplexer adaptiver Systeme gezeigt werden, dass emergente Eigenschaften – Selbstordnung oder Neuerung – nicht durch systemweite einmalige fundamentale Veränderungen zustande kommen, sondern eher durch beständige Lern- und wechselseitige Anpassungsprozesse der einzelnen Agenten in kleinen Schritten, die zu einer permanenten kreativen Unruhe des Systems führen. Im Endeffekt und auf einer höheren Aggregationsebene können dann dieselben inkrementalen Veränderungsprozesse sowohl kleinere Änderungen als auch systemumwälzenden Wandel zur Folge haben. Grundlage für beide sind jedoch schrittweise Veränderungen der jeweils betroffenen Agenten. Aus Sicht der Komplexitätsforschung lässt sich somit die Forderung nach umfassender Wandelbarkeit der technischen Ressourcen eines wandlungsfähigen Unternehmens im Sinne der Definition in Kapitel 2.3.1 nicht vorbehaltlos unterstützen.

Zweitens legen die Erkenntnisse der Komplexitätsforschung nahe, dass es unerlässlich ist, beim Modell des wandlungsfähigen Unternehmens eine Ausweitung des Betrachtungsgegenstandes vorzunehmen. Die erfolgreiche Evolution eines komplexen adaptiven Systems hängt entscheidend von der Gestalt und der Dynamik seiner Fitnesslandschaft ab, die durch die Kombination interner und externer Kopplungsbeziehungen beeinflusst werden. Wandlungsfähig kann somit ein Unternehmen aus Sicht der Komplexitätsforschung nur dann sein, wenn seine Gestaltung nicht an der Unternehmensgrenze Halt macht. Daher ist es aus dieser Perspektive unbedingt erforderlich, die Betrachtung und damit das Modell wandlungsfähiger Unternehmen auf Netzwerk- bzw. Branchenebene auszudehnen.

Abschließend sei noch einmal auf die grundsätzliche Natur der gewonnen Erkenntnisse hingewiesen:
Mit den Überlegungen in Kapitel 6 wurde skizziert, welche Möglichkeiten der Gestaltung eines wandlungsfähigen Unternehmens als komplexes adaptives System bestehen und welche Bedingungen dabei zu beachten sind. Die Komplexitätsforschung kann dabei tiefere Einsichten in die Voraussetzungen für nachhaltigen Unternehmenserfolg liefern. Mit ihrer Hilfe lassen sich notwendige Bedingungen erkennen, ohne die kein dauerhafter Erfolg möglich sein kann. Hinreichende Bedingungen, mithin vermeintlich sichere Erfolgsrezepte für Unternehmen, lassen sich auf dieser Basis nicht formulieren. Das in dieser Arbeit entworfene Modell für die Gestaltung wandlungsfähiger Unternehmen als komplexe adaptive Systeme eignet sich jedoch als Integrationsrahmen, um Erklärungs- und Gestaltungswissen aus den verschiedensten Spezialdisziplinen der Management- und Wirtschaftswissenschaften aufzunehmen und zu verschmelzen, um letztlich zu einem ganzheitlichen Verständnis von Wandlungsfähigkeit und nachhaltigem Unternehmenserfolg zu gelangen.

7 Schlussbetrachtung: Zusammenfassung und Ausblick

Mit der vorliegenden Arbeit wurde der Frage nachgegangen, welchen Beitrag die Komplexitätsforschung zur Erklärung nachhaltigen Unternehmenserfolgs und zur Gestaltung nachhaltig erfolgreicher, wandlungsfähiger Unternehmen leisten kann. Ausgehend von den in der Einleitung formulierten Feststellungen, dass die vorhandenen Erkenntnisse der Unternehmens- und Managementforschung zu dauerhaftem Unternehmenserfolg in turbulenten Umfeldern noch fragmentiert und lückenhaft sind, dass ferner in der naturwissenschaftlich geprägten Komplexitätsforschung mit den komplexen adaptiven Systemen eine neue Art von Systemen erforscht wird, denen der erfolgreiche Umgang mit immer neuen Umgebungsverhältnissen offenbar dauerhaft gelingt, und dass schließlich die Einsichten der Komplexitätsforschung in den Wirtschaftswissenschaften bisher vornehmlich als assoziationsträchtige Schlagworte in kurzlebigen Management-Ratgebern Verwendung finden, wurde in dieser Arbeit eine intensive interdisziplinäre Annäherung an die Erkenntnisse der Komplexitätsforschung unternommen mit dem Ziel, daraus theoretisch fundiertes Erklärungs- und Gestaltungswissen für wandlungsfähige Unternehmen abzuleiten.

In Kapitel 2 wurden zunächst vorhandene Ansätze zur Erklärung von Wettbewerbsvorteilen und Unternehmenserfolg eingehend beleuchtet. Es konnte festgestellt werden, dass sowohl marktorientierte Erklärungsansätze wie auch ressourcenorientierte Erklärungsansätze, auch in ihren Weiterentwicklungen zu dynamischen Varianten und integrierenden Ansätzen, noch Defizite angesichts turbulenter Umfeldbedingungen aufweisen und somit zur Erklärung und Begründung dauerhaften Unternehmenserfolgs nur bedingt geeignet sind. Als Konzept zur Überwindung dieser Defizite wurde das Modell des wandlungsfähigen Unternehmens vorgestellt. Wandlungsfähigkeit wird darin als wesentliche Grundvoraussetzung für nachhaltigen Erfolg angesehen und als vorgedachte Grenzen überschreitendes, umfassendes Veränderungspotential definiert, das sowohl die Fähigkeit zu effizienter Leistungserstellung als auch die Fähigkeit zu effektiver Ausrichtung und grundlegender Erneuerung beinhaltet. Die Modellvorstellung des wandlungsfähigen Unternehmens zeichnet sich aus durch eine selbstähnliche Strukturierung in elementaren bzw. aggregierte Leistungseinheiten mit charakteristischen Merkmalen die in ihrem Zusammenspiel die erforderliche Balance des Unternehmens zwischen Stabilität und Beweglichkeit gewährleisten sollen. Das beschriebene Idealmodell des wandlungsfähigen Unternehmens bildete die Basis für die spätere Übertragung interdisziplinärer komplexitätswissenschaftlicher Erkenntnisse. Diesen Erkenntnissen wandten sich die Kapitel 3 und 4 zu.

In einem ersten Schritt wurde dabei in Kapitel 3 ausführlich auf die systemtheoretischen Fundamente der Komplexitätsforschung und deren interdisziplinären Übertragungen bzw. Entsprechungen in der Unternehmens- und Managementforschung eingegangen. Neben der Veranschaulichung systemtheoretischer Grundbegriffe, die auch für die Untersuchung komplexer adaptiver Systeme von fundamentaler Bedeutung sind, wurden hier im einzelnen die zentralen Eigenschaften von linearen Systemen, von nichtlinearen, insbesondere chaotischen und fraktalen Systemen sowie von Systemen mit dissipativen Strukturen fern vom Gleichgewicht vorgestellt, die zu den Wurzeln der Komplexitätsforschung zählen. Die jeweils zugehörige Betrachtung von Ansätzen zur Übertragung dieser systemtheoretischen Einsichten auf Vorstellungen von Unternehmensdynamik und -umbruch belegte zum einen, dass die interdisziplinäre Übertragung von Systemkonzepten auf Unternehmen, die auch diese Arbeit zum Ziel hat, bereits auf eine längere Forschungstradition zurückblicken kann. Zum anderen erlaubt es die Betrachtung der verschiedenen Systemarten und ihrer Einflüsse auf systemtheoretisch geprägte Konzepte der Management- und Unternehmensforschung, ihre Unterschiede untereinander und im nächsten Schritt die innovativen Aspekte der Komplexitätsforschung und den dadurch erzielten Erkenntnisfortschritt herauszuarbeiten.

In Kapitel 4 erfolgte zunächst eine eingehende Erörterung des Forschungsstandes zu komplexen adaptiven Systemen. Da die Komplexitätsforschung noch nicht über ein geschlossenes theoretisches Fundament verfügt, wurden Einblicke in naturwissenschaftliche, insbesondere evolutionsbiologische, spieltheoretische sowie informationswissenschaftliche Strömungen bei der Erforschung derartiger Systeme gegeben. In diesem Zusammenhang wurden grundlegende Eigenschaften komplexer adaptiver Systeme sowie gängige Beispiel- und Modellsysteme aus den verschiedenen Forschungsrichtungen erläutert, die verwendet werden, um die Fähigkeiten komplexer adaptiver Systeme zu emergenter Selbstordnung und Entwicklung zu untersuchen.
Ein Schlüssel zu diesen Fähigkeiten ist der Rand des Chaos, dessen Entdeckung und Erkundung eine wesentliche Errungenschaft der Komplexitätsforschung darstellt. Der Chaosrand charakterisiert einen Zustand komplexer adaptiver Systeme am Phasenübergang zwischen Ordnung und Chaos, in dem sie über größtmögliche Informationsverarbeitungskapazität und bestmögliches Weiterentwicklungspotential verfügen. Der Aufenthalt am Chaosrand wird komplexen adaptiven Systemen durch ihre grundlegenden Gestaltungsprinzipien ermöglicht: Komplexe adaptive Systeme bestehen aus individuellen Agenten, deren gekoppelte Interaktionen auf höherer Aggregationsebene emergente Eigenschaften hervorbringen. Bei ihrer Entwicklung folgen diese Agenten Prinzipien der Adaption und Evolution und bilden dabei im Zusammenwirken mit anderen Agenten koevolutionäre Systeme.
Auf Basis der in diesem Kapitel gewonnenen Erkenntnisse konnten neun Aspekte identifiziert werden, die zur Manövrierung eines Systems an den Chaosrand beitragen und die entsprechend Ansatzpunkte bei der aktiven Gestaltung komplexer adaptiver Systeme bieten können. Daraus wurde ein generisches Modell komplexer adaptiver Systeme und ihrer Gestaltungsmöglichkeiten entwickelt, das im weiteren Verlauf der Arbeit als Grundlage für die Analyse von vorhandenen Transferansätzen und für die Ableitung von Implikationen der Komplexitätsforschung für die Gestaltung wandlungsfähiger Unternehmen diente.

Die erarbeiteten theoretischen Erkenntnisse zur Gestaltung komplexer adaptiver Systeme wurden in Kapitel 5 zur Analyse und Bewertung solcher wirtschaftswissenschaftlicher Konzepte verwendet, die Parallelen zu Gestaltungsprinzipien komplexer adaptiver Systeme aufweisen oder die sich deren Übertragung ausdrücklich zum Ziel gesetzt haben. Mit der Betrachtung von Konzepten mit Ähnlichkeiten, aber ohne Bezug zur Erforschung komplexer adaptiver Systeme wurden Unterschiede zu Vorarbeiten in einer großen Bandbreite von Forschungsgebieten der Wirtschaftswissenschaften herausgearbeitet, aber auch bestehende Anknüpfungspunkte aufgezeigt, auf die ein interdisziplinärer Transfer in dieser Hinsicht zurückgreifen kann.
Besondere Aufmerksamkeit galt in einem nächsten Schritt der Untersuchung von Ansätzen des explizit beabsichtigten Transfers von Erkenntnissen der Komplexitätsforschung auf Unternehmen. Die Untersuchung konzentrierte sich auf Übertragungskonzepte in Analogieform, die für das gesamte Spektrum von Organisationsebenen – Individuum, Organisationseinheit, Unternehmen und Unternehmensnetzwerke bzw. Branche – betrachtet wurden. Auf Basis des in Kapitel 4 erstellten generischen Modells komplexer adaptiver Systeme und ihrer Gestaltungsmöglichkeiten wurde ein

Ordnungsrahmen für diese Betrachtung entwickelt, der eine Systematisierung und kritische Beurteilung von Transferkonzepten erlaubt und mit dessen Hilfe die Lücken und Defizite der betrachteten Übertragungskonzepte offenbart und Anregungen für deren Verwendung im wandlungsfähigen Unternehmen gegeben werden konnten.

Diese Erkenntnisse wurden im Kapitel 6 aufgegriffen und mit den theoretischen Einsichten aus Kapitel 4 verschmolzen, um Implikationen der Komplexitätsforschung für die Gestaltung wandlungsfähiger Unternehmen abzuleiten. Im Rückgriff auf das in Kapitel 2 vorgestellte Idealmodell des wandlungsfähigen Unternehmens wurden dessen geforderte Eigenschaften einer kritischen Würdigung aus der Sicht der Komplexitätsforschung unterzogen, und für jede seiner Aggregationsebenen – Leistungseinheit, Netzwerk aus Leistungseinheiten und Gesamtunternehmen – wurden anhand des generischen Modells komplexer adaptiver Systeme aus Kapitel 4 und unter Verwendung der Ergebnisse aus Kapitel 5 Gestaltungsimplikationen aufgezeigt. Das hier entworfene Modell eines wandlungsfähigen Unternehmens, welches in seinen verschiedenen Ebenen nach Art eines komplexen adaptiven Systems gestaltet ist und damit gute Voraussetzungen hat, unabhängig von der Art der Umfeldbedingungen langfristig immer wieder neue Entwicklungspotentiale hervorzubringen, ist generischer Art und bietet noch keine umsetzungsreifen Handlungsempfehlungen. Es legt die notwendigen Bedingungen dar, die aus Sicht der Komplexitätsforschung die Basis für dauerhaften Unternehmenserfolg darstellen.

Diese Sicht der Komplexitätsforschung bei der Betrachtung des wandlungsfähigen Unternehmens hat eine Reihe von Einsichten zutage gefördert, aus denen sich auch Hinweise auf weiteren Forschungsbedarf ergeben.

- Zu den Einsichten aus der vorliegenden Arbeit gehört zunächst wesentlich das fundierte Verständnis für die Grundmechanismen, die einem komplexen adaptiven System zu seiner Überlebens- und Wandlungsfähigkeit verhelfen, und für die Transfermöglichkeiten auf das wandlungsfähige Unternehmen. Die bestehenden Transferansätze sind allerdings noch sehr stark auf die abstrakten Grundmodelle der Komplexitätsforschung gestützt.
- Zu diesen Einsichten gehört ebenso die eher überraschende Feststellung, dass auch radikaler Wandel zumeist erfolgreicher ist, wenn er auf beständige kleine Schritte bauen kann und dass somit weniger die Ermöglichung umfangreicher Umgestaltungen und die Wandelbarkeit des technischen Teilsystems als vielmehr die Aufrechterhaltung einer permanenten Dynamik kleiner Änderungen im gesamten soziotechnischen System im Fokus der Gestaltung wandlungsfähiger Unternehmen liegen sollte.
- Zu den Einsichten aus der vorliegendon Arbeit gehört auch die Erkenntnis, dass die Gestaltung des wandlungsfähigen Unternehmens nicht auf das Unternehmen beschränkt bleiben darf. Gerade auch in der Gestaltung der Außenverbindungen oder externen Kopplungen liegt einer der Schlüssel zur Überlebensfähigkeit eines komplexen adaptiven Systems, so dass eine Ausweitung des Modells des wandlungsfähigen Unternehmens in diese Richtung gefordert werden muss.

Der resultierende weitere Forschungsbedarf zum wandlungsfähigen Unternehmen als komplexes adaptives System knüpft unmittelbar an diese Erkenntnisse an:
Aufgrund des hohen Abstraktionsgrades der momentan zur Verfügung stehenden Modellsysteme für die Simulation und Untersuchung komplexer adaptiver Systeme und ihrer Beschränkung auf Zweiebenen-Betrachtungen haben die daraus gewonnenen Empfehlungen für Unternehmen eine stark begrenzte Aussagekraft.

Eine wesentliche künftige Herausforderung betrifft daher die Modellierung von Systemen mit mehr als zwei Ebenen mit der Möglichkeit, die Betrachtung nicht nur auf mehrere unternehmensinterne Aggregationsebenen, sondern auch auf unternehmensübergreifende Ebenen auszuweiten. Hier besteht Forschungsbedarf im Hinblick auf die Erstellung echter Mehrebenenmodelle, die eine realitätsnähere Abbildung der Unternehmenswirklichkeit erlauben und bspw. als Experimentierumgebung zur Gewinnung weiterer Einsichten einzusetzen sind.
Weiterer Forschungsbedarf betrifft die Verringerung des Abstraktionsgrades der verwendeten Modelle und verstärkte interdisziplinäre Forschung zur Konkretisierung der aufgezeigten Übertragungsmöglichkeiten. Um die in dieser Arbeit gewonnenen Gestaltungshinweise entsprechend auszuarbeiten und tatsächlich konsistent anwendbar zu machen, muss aber nicht nur weiterhin der interdisziplinäre Austausch mit den Natur- und Informationswissenschaften gefördert werden, sondern es muss auch auf Erkenntnisse aus den in den Wirtschaftswissenschaften bestehenden, in Kapitel 5 dargestellten Fachdisziplinen und Forschungsrichtungen mit Anknüpfungspotential oder Parallelen zur Komplexitätswissenschaft zurückgegriffen werden, die bereits konkreterer Natur sind.

‚Patentrezepte' für dauerhaften Unternehmenserfolg sind jedoch, entgegen manchen Behauptungen, auch in der Zukunft von der Komplexitätsforschung als Strukturwissenschaft nicht zu erwarten, wohl aber ein für soziotechnische Systeme spezifiziertes, breiteres und zugleich weiter vertieftes Verständnis für Wandel von Unternehmen sowie Instrumente, mit denen sich die für wandlungsfähige Unternehmen charakteristische Effizienz und Erneuerungskraft unterstützen lassen, die Voraussetzungen für nachhaltigen Erfolg sind.

Mit dem in dieser Arbeit entwickelten generischen Modell komplexer adaptiver Systeme und ihrer Gestaltungsmöglichkeiten und dessen Anwendung auf wandlungsfähige Unternehmen wurde ein erster Schritt in diese Richtung getan. Damit wurde ein Integrationsrahmen geschaffen, mit dessen Hilfe sich weitere Forschungsbeiträge verschiedenster Disziplinen zur Wandlungsfähigkeit, die für die praktische Umsetzung der hier gewonnnen theoretischen Einsichten unerlässlich sind, überprüfen, eingliedern und vernetzen lassen werden, um sich schließlich zu einem aus der Perspektive der Komplexitätsforschung schlüssigen Gesamtbild nachhaltig erfolgreicher, wandlungsfähiger Unternehmen zu fügen.

Literaturverzeichnis

Abell, D. (1999), Competing Today While Preparing for Tomorrow, in: Sloan Management Review, 40, 1999, 3, S. 73-81

Abernathy, W.J., Utterback, J.M. (1978), Patterns of Industrial Innovation, in: Technology Review, 80, 1978, 7, S. 40-47

Abrahamson, E. (1996), Management Fashion, in: Academy of Management Review, 21, 1996, 1, S. 254-285

Acheson, D. (1997), From Calculus to Chaos: An Introduction to Dynamics, Oxford, New York u.a., 1997

Achleitner, A., Thoma, G.F. (Hrsg., 2001), Handbuch Corporate Finance, 2. Auflage, Köln, 2001

Adler, P.S., Goldoftas, B., Levine, D.I. (1999), Flexibility versus Efficiency? A Case Study of Model Changeovers in the Toyota Production System, in: Organization Science, 10, 1999, 1, S. 43-68

Afuah, A. (2000), How Much Do Your Co-opetitors' Capabilities Matter in the Face of Technological Change?, in: Strategic Management Journal, 21, 2000, 3, S. 387-404

Agazzi, E. (Hrsg., 1991), The Problem of Reductionism in Science, Dordrecht, Boston u.a., 1991

Ahlemeyer, H., Königswieser, R. (Hrsg., 1997), Komplexität managen: Strategien, Konzepte und Fallbeispiele, Frankfurt a. M., 1997

Albach, H. (1988), Geburt und Tod von Unternehmen, in: Hierholzer, K., Wittmann, H.G. (Hrsg., 1988), S. 39-63

Albach, H., Kaluza, B., Kersten, W. (Hrsg., 2002), Wertschöpfungsmanagement als Kernkompetenz, Wiesbaden, 2002

Al-Laham, A. (2003), Organisationales Wissensmanagement: Eine strategische Perspektive, München, 2003

Allen, P. (1998), Modelling Complex Economic Evolution, in: Schweitzer, F., Silverberg, G. (Hrsg., 1998), S. 47-75

Allen, P. (2000), Knowledge, Ignorance, and Learning, in: Emergence, 2, 2000, 4, S. 78-103

Allen, P. (2001), What Is Complexity Science? Knowledge of the Limits to Knowledge, in: Emergence, 3, 2001, 1, S. 24-42

Amelingmeyer, J. (2002), Wissensmanagement: Analyse und Gestaltung der Wissensbasis von Unternehmen, 2. Auflage, Wiesbaden, 2002

Anderson, P. (1999), Complexity Theory and Organization Science, in: Organization Science, 10, 1999, 3, S. 216-232

Anderson, P., Arrow, K.J., Pines, D. (Hrsg., 1988), The Economy As an Evolving Complex System, Redwood City u.a., 1988

Anderson, P., Meyer, A., Eisenhardt, K., Carley, K., Pettigrew, A. (1999), Introduction to the Special Issue: Applications of Complexity Theory to Organization Science, in: Organization Science, 10, 1999, 3, S. 233-236

Ansoff, H.I., Brandenburg, R.G. (1971), A Language for Organization Design: Part I, in: Management Science, 17, 1971, 12, S. 705-716

Appelhans, D. (1998), Unternehmensführung in chaotischen Umfeldern, Hamburg, 1998

Argyris, C., Schön, D.A. (1978), Organizational Learning: A Theory of Action Perspective, Reading, 1978

Arthur, W.B. (1988), Self-Reinforcing Mechanisms in Economics, in: Anderson, P.W., Arrow, K.J., Pines, D. (Hrsg., 1988), S. 9-31

Arthur, W.B. (1994a), Increasing Returns and Path Dependence in the Economy, Ann Arbor, 1994

Arthur, W.B. (1994b), Positive Feedbacks in the Economy, in: The McKinsey Quarterly, 1994, 1, S. 81-95

Arthur, W.B. (1996), Increasing Returns and the New World of Business, in: Harvard Business Review, 74, 1996, 7-8, S. 100-109

Ashby, R. (1974), Einführung in die Kybernetik, Frankfurt a.M., 1974

Ashmos, D.P., Duchon, D., McDaniel, R.R., Huonker, J.W. (2002), What a Mess! Participation As a Simple Managerial Rule to Complexify Organizations, in: Journal of Management Studies, 39, 2002, 2, S. 189-206

Auyang, S.Y. (1998), Foundations of Complex-System-Theories: In Economics, Evolutionary Biology, and Statistical Physics, Cambridge, 1998

Axelrod, R., Cohen, M.J. (1999), Harnessing Complexity: Organizational Implications of a Scientific Frontier, New York, London u.a., 1999

Bach, N., Homp, C. (1998), Objekte und Instrumente des Wissensmanagements, in: ZfO, 67, 1998, 3, S. 139-146

Bain, J.S. (1956), Barriers to New Competition: Their Character and Consequences in Manufacturing Industries, Cambridge, Mass, 1956

Bak, P. (1996), How Nature Works: The Science of Self-Organized Criticality, New York, 1996

Balve, P. (2002), Ein Rahmenkonzept zur Gestaltung wandlungsfähiger Auftragsmanagementsysteme, Heimsheim, 2002

Bamberger, I., Wrona, T. (1996), Der Ressourcenansatz im Rahmen des Strategischen Managements, in: WiSt, 25, 1996, 8, S. 386-391

Barnett, W.P., Hansen, M.T. (1996), The Red Queen in Organizational Evolution, in: Strategic Management Journal, 17, 1996, S. 139-157

Barney, J. (1991), Firm Resources and Sustained Competitive Advantage, in: Journal of Management, 17, 1991, 1, S. 99-120

Bar-Yam, Y. (1997), Dynamics of Complex Systems, Reading, 1997

Baskin, K. (2000), Corporate DNA: Organizational Learning, Corporate Co-Evolution, in: Emergence, 2, 2000, 1, S. 34-49

Battram, A. (1999), Navigating Complexity: The Essential Guide to Complexity Theory in Business and Management, London, 1999

Baum, J.A.C., McKelvey, B. (Hrsg., 1999), Variations in Organization Science: In honor of Donald T. Campbell, Thousand Oaks, London u.a., 1999

Baum, J.A.C., Singh, J.V. (Hrsg., 1994), Evolutionary Dynamics of Organizations, New York, Oxford, 1994

Baum, J.A.C., Singh, J.V. (1994), Organizational Hierarchies and Evolutionary Processes: Some Reflections on a Theory of Organizational Evolution, in: Baum, J.A.C., Singh, J.V. (Hrsg., 1994), S. 3-20

Bea, F.X., Göbel, E. (1999), Organisation: Theorie und Gestaltung, Stuttgart, 1999

Beck, T.C. (1998), Coopetition bei der Netzwerkorganisation, in: ZfO, 67, 1998, 5, S. 271-276

Becker, B., Herchenhein, N. (2001), Softwareagenten als Konzept zur Unterstützung überbetrieblicher Planung, in: Industrie Management, 17, 2001, 6, S. 29-32

Beer, S. (1966), Decision and Control: The Meaning of Operational Research and Management Cybernetics, London, 1966

Beer, S. (1973), Kybernetische Führungslehre, Frankfurt a.M., New York, 1973

Beinhocker, E. (1997), Strategy at the Edge of Chaos, in: The McKinsey Quarterly, 1997, 1, S. 25-39

Beinhocker, E. (1999a), On the Origin of Strategies, in: The McKinsey Quarterly, 1999, 4, S. 47-57

Beinhocker, E. (1999b), Robust Adaptive Strategies, in: Sloan Management Review, 40, 1999, 3, S. 95-106

Belardo, S., Otto, P. (2002), Managing in the New Economy: New Strategies, New Structures, New Leadership Skills, in: Berndt, R. (Hrsg., 2002), S. 3-14

Bellmann, K. (Hrsg., 2001), Kooperations- und Netzwerkmanagement: Festgabe für Gert v. Kortzfleisch zum 80. Geburtstag, Berlin, 2001

Bergmann Lichtenstein, B.M. (2000), Emergence As a Process of Self-Organizing: New Assumptions and Insights from the Study of Non-Linear Dynamic Systems, in: Journal of Organizational Change Management, 13, 2000, 6, S. 526-544

Berndt, R. (Hrsg., 2002), Management-Konzepte für die New Economy, Berlin u.a., 2002

Bertalanffy, L. v. (1969), General System Theory: Foundations, Development, Applications, New York, 1969

Bertalanffy, L. v. (1972), Zu einer allgemeinen Systemlehre, in: Bleicher, K. (Hrsg., 1972), S. 31-45

Bettis, R.A., Prahalad, C.K. (1995), The Dominant Logic: Retrospective and Extension, in: Strategic Management Journal, 16, 1995, 1, S. 5-14

Bickmann, R. (1999), Chance: Identität - Impulse für das Management von Komplexität, Berlin, Heidelberg u.a., 1999

Bieger, T., Bickhoff, N., Caspers, R., Knyphausen-Aufseß, D., Reding, K. (Hrsg., 2002), Zukünftige Geschäftsmodelle: Konzept und Anwendungen in der Netzökonomie, Berlin, Heidelberg, 2002

Bieger, T., Rüegg-Stürm, J. (2002), Net-Economy - Die Bedeutung der Gestaltung von Beziehungskonfigurationen, in: Bieger, T. u.a. (Hrsg., 2002), S. 15-33

Black, J.A., Farias, G. (2000), Dynamic Strategies: Emergent Journeys, in: Emergence, 2, 2000, 1, S. 101-113

Blackmore, S. (2000), Die Macht der Meme oder die Evolution von Kultur und Geist, Heidelberg, Berlin, 2000

Blackmore, S. (2001), Evolution and Memes: The Human Brain As a Selective Imitation Device, in: Cybernetics and Systems: An International Journal, 32, 2001, 1/2, S. 225-255

Blaseio, H. (1986), Das Kognos-Prinzip: zur Dynamik sich-selbst-organisierender wirtschaftlicher und sozialer Systeme, Berlin, 1986

Bleicher, K. (Hrsg., 1972), Organisation als System, Wiesbaden, 1972

Bleicher, K. (1996), Das Konzept Integriertes Management, 4. Auflage, Frankfurt a.M., New York, 1996

Bodendorf, F., Butscher, R., Zimmermann, R. (2001), Agentengestützte Auftragsüberwachung in Supply Chains, in: Industrie Management, 17, 2001, 6, S. 25-28

Boisot, M. (2000), Is There Complexity Beyond the Reach of Strategy?, in: Emergence, 2, 2000, 1, S. 114-134

Boisot, M., Child, J. (1999), Organizations As Adaptive Systems in Complex Environments: The Case of China, in: Organization Science, 10, 1999, 3, S. 237-252

Bolbrügge, G. (1997), Selbstorganisation und Steuerbarkeit sozialer Systeme, Weinheim, 1997

Bonabeau, E., Dorigo, M., Theraulaz, G. (1999), Swarm Intelligence: From Natural to Artificial Intelligence, Oxford, New York, 1999

Bonabeau, E., Meyer, C. (2001), Schwarm-Intelligenz: Unternehmen lernen von Bienen und Ameisen, in: Harvard Business Manager, 23, 2001, 6, S. 38-49

Börner, C.J. (2000a), Die Integration marktorientierter und ressourcenorientierter Strategien, in: WISU, 29, 2000, 6, S. 817-821

Börner, C.J. (2000b), Porter und der "Resource-based View", in: WISU, 29, 2000, 5, S. 689-693

Bossel, H. (1987), Systemdynamik: Grundwissen, Methoden und BASIC-Programme zur Simulation dynamischer Systeme, Braunschweig, Wiesbaden, 1987

Bossel, H. (1992), Simulation dynamischer Systeme: Grundwissen, Methoden, Programme, 2. Auflage, Braunschweig, Wiesbaden, 1992

Boutellier, R., Gassmann, O., Zedtwitz, M. v. (2000), Überlagerung von Organisationsstrukturen in globaler F+E, in: Wojda, F. (Hrsg., 2000), S. 343-368

Brabänder, E., Hilcher, I. (2001), Balanced Scorecard - Stand der Umsetzung, in: Controller Magazin, 26, 2001, 3, S. 252-260

Brandenburger, A., Nalebuff, B. (1995), The Right Game: Use Game Theory to Shape Strategy, in: Harvard Business Review, 73, 1995, 4, S. 57-71

Breuer, R. (Hrsg., 1993), Der Flügelschlag des Schmetterlings: ein neues Weltbild, Stuttgart, 1993

Briggs, J., Peat, F.D. (1993), Die Entdeckung des Chaos: Eine Reise durch die Chaos-Theorie, München, 1993

Brock, J.P. (2000), The Evolution of Adaptive Systems, San Diego, 2000

Brown, J., Duguid, P. (1999), Dem Unternehmen das Wissen seiner Menschen erschließen, in: Harvard Business Manager, 21, 1999, 3, S. 76-88

Brown, S.L., Eisenhardt, K.M. (1998), Competing on the Edge: Strategy As Structured Chaos, Boston, 1998

Brüggemann, W. (1995), Ausgewählte Probleme der Produktionsplanung: Modellierung, Komplexität und neuere Lösungsmöglichkeiten, Heidelberg, 1995

Brunner, J., Sprich, O. (1998), Performance Management und Balanced Scorecard, in: io Management Zeitschrift, 67, 1998, 6, S. 30-36

Buchanan, J.M. (1994), The Return to Increasing Returns: An Introductory Summary, in: Buchanan, J.M., Yoon, Y.J. (Hrsg., 1994), S. 3-13

Buchanan, J.M., Yoon, Y.J. (Hrsg., 1994), The Return to Increasing Returns, Ann Arbor, 1994

Buchner, H. (2002), Planung im turbulenten Umfeld: Konzeption idealtypischer Planungssysteme für Unternehmenskonfigurationen, München, 2002

Buchner, H., Krause, S., Weigand, A. (1998), Turbulenzgerechte Planung: Aktueller Stand in der Praxis und Herausforderung für das Controlling, in: Controller Magazin, 1998, 6, S. 451-457

Buckley, W. (Hrsg., 1968), Modern Systems Research for the Behavioural Scientist, Chicago, 1968

Buckley, W. (1968), Society as a Complex Adaptive System, in: Buckley, W. (Hrsg., 1968), S. 490-513

Bühner, R., Tuschke, A. (1999), Organisation - Entwicklungstendenzen und Zukunftsperspektiven, in: Die Unternehmung, 53, 1999, 6, S. 449-464

Bullinger, H.-J., Wagner, K., Ohlhausen, P. (2000), Intellektuelles Kapital als wesentlicher Bestandteil des Wissensmanagements, in: Krallmann, H. (Hrsg., 2000), S. 73-90

Bullinger, H.-J., Warschat, J., Dangelmaier, M., Leyh, J. (2002), Vernetzte Planung in den frühen Phasen der Produktentwicklung. Dargestellt am Konzept des 'Rapid Product Development', in: Wirth, S. (Hrsg., 2002), S. 83-104

Bullnheimer, B., Schmitz, J. (1996), Chaostheorie und Prognose der Unternehmensentwicklung, in: Zeitschrift für Planung, 7, 1996, 3, S. 233-252

Bund, M. (2000), Modulare Organisation, in: WiSt, 29, 2000, 6, S. 343-347

Bürgel, H.D. (Hrsg., 1998), Wissensmanagement: Schritte zum intelligenten Unternehmen, Berlin, 1998

Bürki, D.M. (1996), Der "resource based view" Ansatz als neues Denkmodell des strategischen Managements, Bamberg, 1996

Burmann, C. (2001), Strategische Flexibilität und Strategiewechsel in turbulenten Märkten, in: DBW, 61, 2001, 2, S. 169-188

Burr, W. (1998), Organisation durch Regeln, in: DBW, 58, 1998, 3, S. 312-331

Burr, W. (1999), Koordination durch Regeln in selbstorganisierenden Unternehmensnetzwerken, in: ZfB, 69, 1999, 10, S. 1159-1179

Büssow, T., Mainz, D. (2002), Erkenntnisse der Chaostheorie zur Unternehmenssteuerung, in: ZfB, 72, 2002, 1, S. 39-64

Cariani, P. (1992), Emergence and Artificial Life, in: Langton, C.G., Taylor, C., Farmer, J.D., Rasmussen, S. (Hrsg., 1992), S. 775-797

Carley, K.M., Gasser, L. (1999), Computational Organization Theory, in: Weiss, G. (Hrsg., 1999), S. 299-330

Carroll, L. (1974), Alice hinter den Spiegeln, Frankfurt, 1974

Chakravarthy, B. (1997), A New Strategy Framework for Coping with Turbulence, in: Sloan Management Review, 38, 1997, 2, S. 69-82

Child, J., Faulkner, D. (1998), Strategies of Cooperation: Managing Alliances, Networks, and Joint Ventures, New York, 1998

Chmielewicz, K., Schweitzer, M. (Hrsg., 1993), Handwörterbuch des Rechnungswesens, Stuttgart, 1993

Cilliers, P. (2000), What Can We Learn From a Theory of Complexity?, in: Emergence, 2, 2000, 1, S. 23-33

Clark, A. (1999), Leadership and Influence: The Manager as Coach, Nanny, and Artificial DNA, in: Clippinger, J.H. III (Hrsg., 1999), S. 47-66

Clippinger, J.H. III (Hrsg., 1999), The Biology of Business: Decoding the Natural Laws of Enterprise, San Francisco, 1999

Clippinger, J.H. III (1999), Order from the Bottom Up: Complex Adaptive Systems and Their Management, in: Clippinger, J.H. III (Hrsg., 1999), S. 1-30

Cockburn, I., Henderson, R., Stern, S. (2000), Untangling the Origins of Competitive Advantage, in: Strategic Management Journal, 21, 2000, 10-11, S. 1123-1145

Cohen, J., Stewart, I. (1994), Chaos - Antichaos: Ein Ausblick auf die Wissenschaft des 21. Jahrhunderts, München, 1994

Cohen, M. (1999), Commentary on the Organization Science Special Issue on Complexity, in: Organization Science, 10, 1999, 3, S. 373-376

Cohen, W.M., Levinthal, D.A. (1990), Absorptive Capacity: A New Perspective on Learning and Innovation, in: Administrative Science Quarterly, 35, 1990, 1, S. 128-152

Collins, R.J., Jefferson, D.R. (1992), AntFarm: Towards Simulated Evolution, in: Langton, C.G., Taylor, C., Farmer, J.D., Rasmussen, S. (Hrsg., 1992), S. 579-601

Collis, D., Montgomery, C.A. (1998), So können Konzerne Ressourcen optimal ausschöpfen, in: Harvard Business Manager, 20, 1998, 6, S. 26-37

Conner, D.R. (1998), Leading at the Edge of Chaos: How to Create the Nimble Organization, Chichester, 1998

Conner, K.R. (1991), A Historical Comparison of Resource-Based Theory and Five Schools of Thought within Industrial Organization Economics, in: Journal of Management, 17, 1991, 1, S. 121-154

Corsten, H. (Hrsg., 1995), Lexikon der Betriebswirtschaftslehre, 3. Auflage, München, Wien, 1995

Courtney, H. (2001), Making the Most of Uncertainty, in: The McKinsey Quarterly, 2001, 4, S. 38-47

Courtney, H., Kirkland, J., Viguerie, P. (1997), Strategy Under Uncertainty, in: Harvard Business Review, 75, 1997, 6, S. 67-79

Coveney, P., Highfield, R. (1995), Frontiers of Complexity: The Search for Order in a Chaotic World, London, 1995

Cummings, L.L., Staw, B.M. (Hrsg., 1985), Research in Organizational Behavior: An Annual Series of Analytical Essays and Critical Reviews, Vol. 7, Greenwich, London, 1985

Curzio, A.Q., Fortis, M. (Hrsg., 2002), Complexity and Industrial Clusters: Dynamics and Models in Theory and Practice, Heidelberg, New York, 2002

Cyert, R.M., March, J.G. (1963), A Behavioral Theory of the Firm, Englewood Cliffs, 1963

Czap, H. (Hrsg., 1990), Unternehmensstrategien im sozio-ökonomischen Wandel, Berlin, 1990

Dangelmaier, W., Franke, H., Pape, U., Rüther, M. (2002), Dezentrale, intelligente Multiagentensysteme, in: ZWF, 97, 2002, 12, S. 640-643

Dangelmaier, W., Pape, U., Rüther, M., Nixdorf, H. (2001), Multiagentensysteme für Produktionsnetzwerke in der Serienfertigung, in: Industrie Management, 17, 2001, 6, S. 21-24

Dangelmayr, G., Hettel, J. (1997), Chaos - Determiniertheit und Zufall, in: Krapp, H., Wägenbaur, T. (Hrsg., 1997), S. 19-42

Dannegger, C., Preuß, S., Schroff, T. (2001), Kollaborative Agenten eröffnen neue Möglichkeiten im Supply Chain Management, in: Industrie Management, 17, 2001, 6, S. 37-40

Dathe, J. (1999), Coopetition - mehr als eine Mode, in: Harvard Business Manager, 21, 1999, 6, S. 22-29

D'Aveni, R.A. (1995), Hyperwettbewerb: Strategien für die neue Dynamik der Märkte, Frankfurt a.M., New York, 1995

Davenport, T.H., Prusak, L. (1997), Information Ecology: Mastering the Information and Knowledge Environment, New York, 1997

Davidow, W.H., Malone, M.S. (1993), Das virtuelle Unternehmen, Frankfurt a.M., 1993

Dawkins, R. (1994), Das egoistische Gen, 2. Auflage, Heidelberg, Berlin u.a., 1994

De Geus, A. (1997), Das Geheimnis der Vitalität, in: Harvard Business Manager, 19, 1997, 3, S. 111-118

De Geus, A. (1998), Jenseits der Ökonomie: die Verantwortung der Unternehmen, Stuttgart, 1998

Deeg, J., Weibler, J. (2000), Organisationaler Wandel als konstruktive Destruktion, in: Schreyögg, G., Conrad, P. (Hrsg., 2000), S. 143-193

Denrell, J., March, J.G. (2001), Adaptation As Information Restriction: The Hot Stove Effect, in: Organization Science, 12, 2001, 5, S. 523-538

Deser, F. (1997), Chaos und Ordnung im Unternehmen: Chaosforschung als ein Beitrag zum besseren Verständnis von Unternehmen als nichtlinearen dynamischen Systemen, Heidelberg, 1997

Dijksterhuis, M.S., Van den Bosch, F.A.J., Volberda, H.W. (1999), Where Do New Organizational Forms Come from? Management Logics As a Source of Coevolution, in: Organization Science, 10, 1999, 5, S. 569-582

Dillerup, R. (1998), Strategische Optionen für vertikale Wertschöpfungssysteme, Frankfurt a.M., Berlin u.a., 1998

Disterer, G. (2001), Wissensmanagement bei Unternehmensberatungen, in: WiSt, 30, 2001, 12, S. 677-680

Dosi, G., Malerba, F. (Hrsg., 1996), Organization and Strategy in the Evolution of the Enterprise, Houndmills, Basingstoke, 1996

Drumm, H.J. (1996), Das Paradigma der Neuen Dezentralisation, in: DBW, 56, 1996, 1, S. 7-20

Dubinskas, F.A. (1994), On the Edge of Chaos - A Metaphor for Transformative Change, in: Journal of Management Inquiry, 3, 1994, 4, S. 355-366

Duden Fremdwörterbuch (2001), Duden Band 5: Fremdwörterbuch, Mannheim, Leipzig u.a., 2001

Duncan, R.B. (1972), Characteristics of Organizational Environments and Perceived Environmental Uncertainty, in: Administrative Science Quarterly, 17, 1972, 3, S. 313-327

Ebeling, W., Freund, J., Schweitzer, F. (1998), Komplexe Strukturen: Entropie und Information, Leipzig, 1998

Ebeling, W., Scharnhorst, A., Montano, M. (1999), Evolutions- und Innovationsdynamik als Suchprozeß in komplexen adaptiven Landschaften, in: Mainzer, K. (Hrsg., 1999), S. 446-473

Eisenhardt, K.M, Martin, J. (2000), Dynamic Capabilities: What Are They?, in: Strategic Management Journal, 21, 2000, 10-11, S. 1105-1121

Eisenhardt, K.M., Brown, S.L. (1999), Patching - Restitching Business Portfolios in Dynamic Markets, in: Harvard Business Review, 77, 1999, 3, S. 72-82

Eisenhardt, K.M., Galunic, C.D. (2000), Coevolving - At Last, a Way to Make Synergies Work, in: Harvard Business Review, 78, 2000, 1, S. 91-101

Eisenhardt, K.M., Sull, D.N. (2001), Strategy as Simple Rules, in: Harvard Business Review, 79, 2001, 1, S. 107-116

Eldredge, N., Gould, S.J. (1972), Punctuated Equilibria: An Alternative to Phyletic Gradualism, in: Schopf, T.J.M. (Hrsg., 1972), S. 82-115

Emery, F.E., Trist, E.L. (1965), The Causal Texture of Organizational Environments, in: Human Relations, 18, 1965, 1, S. 21-32

Eversheim, W., Schellberg, O., Terhaag, O. (2000), Gestaltung und Betrieb von Produktionsnetzwerken, in: Kaluza, B., Blecker, T. (Hrsg., 2000), S. 35-59

Evertsz, C., Hendrych, R., Singer, P., Peitgen, H.-O. (1999), Fraktale Geometrie von Börsenzeitreihen: Neue Perspektiven ökonomischer Zeitreihenanalysen, in: Mainzer, K. (Hrsg., 1999), S. 400-419

Falconer, K. (1993), Fraktale Geometrie: mathematische Grundlagen und Anwendungen, Heidelberg, Berlin u.a., 1993

Fandel, G., Backes-Gellner, U., Schlüter, M., Staufenbiel, J.E. (Hrsg., 2004), Modern Concepts of the Theory of the Firm, Berlin, Heidelberg, 2004

Feichtinger, G., Kopel, M. (1994), Nichtlineare dynamische Systeme und Chaos: Neue Impulse für die Betriebswirtschaftslehre?, in: ZfB, 64, 1994, 1, S. 7-34

Fein, H. (1996), Einige Bedingungen für Selbstorganisation in mikrosozialen Systemen, Linz, 1996

Feldman, M.P., Francis, J. (2002), The Entrepreneurial Spark: Individual Agents and the Formation of Innovative Clusters, in: Curzio, A.Q., Fortis, M. (Hrsg., 2002), S. 195-212

Fischer, T.M. (2000), Erfolgspotentiale und Erfolgsfaktoren im strategischen Management, in: Welge, M.K., Al-Laham, A., Kajüter, P. (Hrsg., 2000), S. 71-94

Flämig, M. (1998), Naturwissenschaftliche Weltbilder in Managementtheorien: Chaostheorie, Selbstorganisation, Autopoiesis, Frankfurt a.M., New York, 1998

Fleming, L., Sorenson, O. (2003), Navigating the Technology Landscape of Innovation, in: MIT Sloan Management Review, 44, 2003, 2, S. 15-23

Foerster, H. v. (1960), On Self-Organizing Systems and Their Environment, in: Yovits, M.C., Cameron, S. (Hrsg., 1960), S. 31-50

Fornahl, D., Brenner, T. (2001), Lokale Industrielle Cluster, in: WiSt, 30, 2001, 11, S. 621-623

Forrester, J.W. (1972), Grundzüge einer Systemtheorie, Wiesbaden, 1972

Foschiani, S., Habenicht, W., Schmid, U. (Hrsg., 2000), Strategisches Management im Zeichen von Umbruch und Wandel, Stuttgart, 2000

Freiling, J. (2000), Entwicklungslinien und Perspektiven des Strategischen Kompetenz-Managements, in: Hammann, P., Freiling, J. (Hrsg., 2000), S. 13-45

Fries, H.P. (1991), Betriebswirtschaftslehre des Industriebetriebes, 3. Auflage, München, Wien, 1991

Fritz, W. (1992), Marktorientierte Unternehmensführung und Unternehmenserfolg, Stuttgart, 1992

Fuller, T., Moran, P. (2001), Small Enterprises As Complex Adaptive Systems: A Methodological Question?, in: Entrepreneurship & Regional Development, 13, 2001, 1, S. 47-63

Gagsch, B. (2002), Wandlungsfähigkeit von Unternehmen: Konzept für ein kontextgerechtes Management des Wandels, Frankfurt a.M., Berlin u.a., 2002

Gardner, M. (1970), Mathematical Games - The Fantastic Combinations of John Conway's New Solitaire Game "Life", in: Scientific American, 223, 1970, 4, S. 120-123

Garrecht, M. (2002), Virtuelle Unternehmen: Entstehung, Struktur und Verbreitung in der Praxis, Frankfurt, Berlin u.a., 2002

Gebert, D. (2000), Zwischen Freiheit und Reglementierung, in: Schreyögg, G., Conrad, P. (Hrsg., 2000), S. 1-32

Gelfand, A.E., Walker, C.C. (1982), On the Character of and Distance Between States in a Binary Switching Net, in: Biological Cybernetics, 43, 1982, 2, S. 79-86

Gelfand, A.E., Walker, C.C. (1984), Ensemble Modeling: Inference from Small-Scale Properties to Large-Scale Systems, New York, 1984

Gell-Mann, M. (1994), Das Quark und der Jaguar: Vom Einfachen zum Komplexen - die Suche nach einer neuen Erklärung der Welt, München, 1994

Gell-Mann, M. (1995), Complex Adaptive Systems, in: Morowitz, H., Singer, J.L. (Hrsg., 1995), S. 11-23

Gell-Mann, M. (2002), What Is Complexity?, in: Curzio, A.Q., Fortis, M. (Hrsg., 2002), S. 13-24

Gersick, C.J.G. (1991), Revolutionary Change Theories: A Multilevel Exploration of the Punctuated Equilibrium Paradigm, in: Academy of Management Review, 16, 1991, 1, S. 10-36

Ghemawat, P. (1991), Commitment - The Dynamic of Strategy, New York, 1991

Ghemawat, P. (Hrsg., 1999), Strategy and the Business Landscape - Text and Cases, Reading, Menlo Park u.a., 1999

Ghemawat, P., Collis, D.J. (1999), Mapping the Business Landscape, in: Ghemawat, P. (Hrsg., 1999), S. 19-48

Ghemawat, P., del Sol, P. (1998), Commitment versus Flexibility?, in: California Management Review, 40, 1998, 4, S. 26-42

Ghoshal, S., Bartlett, C. (1998), The Individualized Corporation, London, 1998

Ghoshal, S., Bartlett, C., Moran, P. (1999), A New Manifesto for Management, in: Sloan Management Review, 40, 1999, 3, S. 9-20

Ghoshal, S., Gratton, L. (2002), Integrating the Enterprise, in: Sloan Management Review, 44, 2002, 1, S. 31-38

Glass, N. (1996), Chaos, Non-Linear Systems and Day-To-Day Management, in: European Management Journal, 14, 1996, 1, S. 98-106

Gleich, R. (2002), Performance Measurement: Grundlagen, Konzepte, und empirische Erkenntnisse, in: Controlling, 14, 2002, 8/9, S. 447-454

Gleick, J. (1988), Chaos - die Ordnung des Universums: Vorstoß in Grenzbereiche der modernen Physik, München, 1988

Göbel, E. (1998), Theorie und Gestaltung der Selbstorganisation, Berlin, 1998

Goffee, R., Jones, G. (1997), Kultur: Der Stoff, der Unternehmen zusammenhält, in: Harvard Business Manager, 19, 1997, 2, S. 41-54

Gomez, P. (1981), Modelle und Methoden des systemorientierten Managements: eine Einführung, Bern, Stuttgart, 1981

Goodwin, B. (2000), Out of Control into Participation, in: Emergence, 2, 2000, 4, S. 40-49

Grant, R. (1996), Towards a Knowledge-Based Theory of the Firm, in: Strategic Management Journal, 17, 1996, Winter Special Issue, S. 109-122

Green, D.G., Newth, D. (2001), Towards a Theory of Everything? - Grand Challenges in Complexity and Informatics, in: Complexity International, 8, 2001, S. 1-12

Greschner, J. (1996), Lernfähigkeit von Unternehmen, Frankfurt a.M., 1996

Großmann, S. (1999), Chaos(-Theorie) in der Physik: Wo stehen wir?, in: Mainzer, K. (Hrsg., 1999), S. 49-51

Grothe, M. (1997), Ordnung als betriebswirtschaftliches Phänomen: die Bedeutung von Koordination und Komplexität, Wiesbaden, 1997

Gulati, R., Nohria, N., Zaheer, A. (2000), Strategic Networks, in: Strategic Management Journal, 21, 2000, 3, S. 203-215

Haag, G. (1996), Modelle zur Stabilisierung chaotischer Prozesse in der Ökonomie, in: Küppers, G. (Hrsg., 1996), S. 229-256

Haeckel, S.H. (1995), Adaptive Enterprise Design: The Sense-and-Respond Model, in: Planning Review, 23, 1995, 5/6, S. 6-13

Haeckel, S.H. (1999), Adaptive Enterprise: Creating and Leading Sense-and-Respond Organizations, Boston, 1999

Häfliger, G.E., Meier, J.D. (Hrsg., 2000), Aktuelle Tendenzen im Innovationsmanagement. Festschrift für W. Popp zum 65. Geburtstag, Heidelberg, 2000

Hahn, D. (1999), Stand und Entwicklungstendenzen der strategischen Planung, in: Hahn, D., Taylor, B. (Hrsg., 1999), S. 1-27

Hahn, D., Simanek, A. (2000), Entwicklung strategischen Denkens im angloamerikanischen und deutschsprachigen Raum, in: Welge, M.K., Al-Laham, A., Kajüter, P. (Hrsg., 2000), S. 17-38

Hahn, D., Taylor, B. (Hrsg., 1999), Strategische Unternehmensplanung - strategische Unternehmensführung: Stand und Entwicklungstendenzen, 8. Auflage, Heidelberg, 1999

Haken, H. (1988), Erfolgsgeheimnisse der Natur: Synergetik: die Lehre vom Zusammenwirken, Frankfurt a.M., 1988

Haken, H. (1999), Synergetik: Vergangenheit, Gegenwart, Zukunft, in: Mainzer, K. (Hrsg., 1999), S. 30-46

Haken, H. (2000), Information and Self-Organization: A Macroscopic Approach to Complex Systems, 2. Auflage, Berlin, Heidelberg u.a., 2000

Haken, H., Wunderlin, A. (1991), Die Selbststrukturierung der Materie: Synergetik in der unbelebten Welt, Braunschweig, 1991

Hamel, G. (2000), Leading the Revolution, Boston, 2000

Hamel, G., Prahalad, C.K. (1994), Competing for the Future, Boston, 1994

Hamel, G., Prahalad, C.K., Thomas, H., O'Neal, D. (Hrsg., 1998), Strategic Flexibility - Managing in a Turbulent Environment, Chichester, New York, 1998

Hammann, P., Freiling, J. (Hrsg., 2000), Die Ressourcen- und Kompetenzperspektive des Strategischen Managements, Wiesbaden, 2000

Hannan, M.T., Freeman, J. (1977), The Population Ecology of Organizations, in: The American Journal of Sociology, 82, 1977, 5, S. 929-964

Hartmann, M. (1995), Merkmale zur Wandlungsfähigkeit von Produktionssystemen für die mehrstufige Serienfertigung bei turbulenten Aufgaben. Diss., Univ. Magdeburg, 1995

Haun, M. (2002), Handbuch Wissensmanagement: Grundlagen und Umsetzung, Systeme und Praxisbeispiele, Berlin, Heidelberg u.a., 2002

Hax, A., Wilde, D. II (1999), The Delta Model: Adaptive Management for a Changing World, in: Sloan Management Review, 40, 1999, 2, S. 11-28

Hayek, F.A. (1969), Freiburger Studien: gesammelte Aufsätze, Tübingen, 1969

Hedrich, R. (1994), Die Entdeckung der Komplexität: Skizzen einer strukturwissenschaftlichen Revolution, Frankfurt a.M., 1994

Heitger, B. (1993), Chaos-Management - zur Karriere eines Begriffs, in: Breuer, R. (Hrsg., 1993), S. 137-153

Henning, K., Isenhardt, I. (1994), Kybernetische Organisationsentwicklung - Gestaltungsprinzipien für komplexe, sozio-technische Systeme, in: Schiemenz, B. (Hrsg., 1994), S. 103-128

Herbst, C. (2002), Interorganisationales Schnittstellenmanagement: ein Konzept zur Unterstützung des Managements von Transaktionen, Frankfurt a.M., Berlin u.a., 2002

Herbst, C., Gagsch, B. (1999), Turbulenzen im Umfeld, in: Office Management, 47, 1999, 3, S. 42-44

Heuer, S. (2003), Ins Schwärmen geraten, in: McK Wissen, 2, 2003, 5, S. 104-109

Hierholzer, K., Wittmann, H.G. (Hrsg., 1988), Phasensprünge und Stetigkeit in der natürlichen und kulturellen Welt, Stuttgart, 1988

Hillis, D. (1992), Co-Evolving Parasites Improve Simulated Evolution As an Optimization Procedure, in: Langton, C.G., Taylor, C., Farmer, J.D., Rasmussen, S. (Hrsg., 1992), S. 313-324

Hinterhuber, H.H., Friedrich, S.A. (1999), Markt- und ressourcenorientierte Sichtweise zur Steigerung des Unternehmungswertes, in: Hahn, D., Taylor, B. (Hrsg., 1999), S. 990-1018

Hirsch, M.W., Smale, S. (1974), Differential Equations, Dynamical Systems, and Linear Algebra, New York, 1974

Hodgson, G.M. (2000), The Concept of Emergence in Social Science: Its History and Importance, in: Emergence, 2, 2000, 4, S. 65-77

Holland, J.H. (1988), The Global Economy As an Adaptive Process, in: Anderson, P.W., Arrow, K.J., Pines, D. (Hrsg., 1988), S. 117-124

Holland, J.H. (1995a), Hidden Order: How Adaptation Builds Complexity, Reading, 1995

Holland, J.H. (1995b), Can There Be a Unified Theory of Complex Adaptive Systems?, in: Morowitz, H., Singer, J.L. (Hrsg., 1995), S. 45-50

Holland, J.H. (1998), Emergence: From Chaos to Order, Reading, 1998

Holland, J.H. (2002), Complex Adaptive Systems and Spontaneous Emergence, in: Curzio, A.Q., Fortis, M. (Hrsg., 2002), S. 25-34

Holtbrügge, D. (2000), Entwicklung, Evolution oder Archäologie?, in: Schreyögg, G., Conrad, P. (Hrsg., 2000), S. 99-142

Holtbrügge, D. (2001), Neue Organisationsformen, in: ZfO, 70, 2001, 6, S. 338-345

Holzkämpfer, H. (1996), Management von Singularitäten und Chaos: außergewöhnliche Ereignisse und Strukturen in industriellen Unternehmen, Wiesbaden, 1996

Hommel, U., Pritsch, G. (2001), Investitionsbewertung und Unternehmensführung mit dem Realoptionsansatz, in: Achleitner, A., Thoma, G.F. (Hrsg., 2001), S. 1-68

Horváth, P., Gleich, R. (Hrsg., 2003), Neugestaltung der Unternehmensplanung: Innovative Konzepte und erfolgreiche Praxislösungen, Stuttgart, 2003

Hüning, C., Morath, J. (2002), Prozessoptimierung als strategischer Erfolgsfaktor, in: Diebold Management Report, 2002, 4, S. 10-13

Jahns, C. (2001), Unternehmensstrategie und Organisationsstruktur, in: Zeitschrift für Planung, 12, 2001, 3, S. 229-243

Jenner, T. (1999), Determinanten des Unternehmenserfolges, Stuttgart, 1999

Jenner, T. (2001), Beharrungstendenzen in der strategischen Unternehmensplanung, in: WISU, 30, 2001, 5, S. 695-700

Jetschke, G. (1989), Mathematik der Selbstorganisation: qualitative Theorie nichtlinearer dynamischer Systeme und gleichgewichtsferner Strukturen in Physik, Chemie und Biologie, Braunschweig, Wiesbaden, 1989

Kale, P., Singh, H., Perlmutter, H. (2000), Learning and Protection of Proprietary Assets in Strategic Alliances: Building Relational Capital, in: Strategic Management Journal, 21, 2000, 3, S. 217-237

Kaluza, B., Blecker, T. (Hrsg., 2000), Produktions- und Logistikmanagement in virtuellen Unternehmen und Unternehmensnetzwerken, Berlin, Heidelberg u.a., 2000

Kaluza, B., Blecker, T. (2000), Strategische Optionen der Unternehmung ohne Grenzen, in: Kaluza, B., Blecker, T. (Hrsg., 2000), S. 533-567

Kantz, H. (1999), Nichtlineare Zeitreihenanalyse in der Physik: Möglichkeiten und Grenzen, in: Mainzer, K. (Hrsg., 1999), S. 74-88

Kaplan, R.S., Norton, D.P. (1992), The Balanced Scorecard - Measures That Drive Performance, in: Harvard Business Review, 70, 1992, 1-2, S. 71-79

Kaplan, R.S., Norton, D.P. (1996), Strategic Learning and the Balanced Scorecard, in: Strategy & Leadership, 24, 1996, 9-10, S. 18-24

Kaplan, R.S., Norton, D.P. (1997a), Balanced Scorecard: Strategien erfolgreich umsetzen, Stuttgart, 1997

Kaplan, R.S., Norton, D.P. (1997b), Why Does Business Need a Balanced Scorecard?, in: Journal of Strategic Performance Measurement, 1, 1997, 2-3, S. 5-11

Kaplan, R.S., Norton, D.P. (1997c), Why Does Business Need a Balanced Scorecard?, in: Journal of Cost Management, 11, 1997, 5-6, S. 5-10

Kaplan, R.S., Norton, D.P. (2000), Having Trouble with Your Strategy? Then Map It, in: Harvard Business Review, 78, 2000, 9-10, S. 167-176

Kaplan, R.S., Norton, D.P. (2001), The Strategy-Focused Organization, in: Strategy & Leadership, 29, 2001, 3, S. 41-42

Kappelhoff, P. (2000a), Der Netzwerkansatz als konzeptueller Rahmen für eine Theorie interorganisationaler Netzwerke, in: Sydow, J., Windeler, A. (Hrsg., 2000), S. 25-57

Kappelhoff, P. (2000b), Komplexitätstheorie und Steuerung von Netzwerken, in: Sydow, J., Windeler, A. (Hrsg., 2000), S. 347-389

Kappelhoff, P. (2002), Komplexitätstheorie: Neues Paradigma für die Managementforschung?, in: Schreyögg, G., Conrad, P. (Hrsg., 2002), S. 49-101

Kauffman, S.A. (1988), The Evolution of Economic Webs, in: Anderson, P.W., Arrow, K.J., Pines, D. (Hrsg., 1988), S. 125-146

Kauffman, S.A. (1993), The Origins of Order: Self-Organization and Selection in Evolution, New York, 1993

Kauffman, S.A. (1995), Escaping the Red Queen Effect, in: The McKinsey Quarterly, 1995, 1, S. 119-129

Kauffman, S.A. (1998), Der Öltropfen im Wasser: Chaos, Komplexität, Selbstorganisation in Natur und Gesellschaft, München, 1998

Kauffman, S.A., Johnsen, S. (1992), Co-Evolution to the Edge of Chaos: Coupled Fitness Landscapes, Poised States, and Co-Evolutionary Avalanches, in: Langton, C.G., Taylor, C., Farmer, J.D., Rasmussen, S. (Hrsg., 1992), S. 325-369

Kauffman, S.A, Lobo, J., Macready, W.G. (2000), Optimal Search on a Technology Landscape, in: Journal of Economic Behavior and Organization, 43, 2000, 2, S. 141-166

Kaye, B.H. (1993), Chaos & Complexity: Discovering the Surprising Patterns of Science and Technology, Weinheim u.a., 1993

Kaye, B.H. (1994), A Random Walk through Fractal Dimensions, 2. Auflage, Weinheim u.a., 1994

Kelly, K. (1997), Das Ende der Kontrolle: Die biologische Wende in Wirtschaft, Technik und Gesellschaft, ohne Ortsangabe, 1997

Kelso, J.A.S., Mandell, A.J., Shlesinger, M.F. (Hrsg., 1988), Dynamic Patterns in Complex Systems, Singapur, New Jersey u.a., 1988

Kieser, A. (1994), Fremdorganisation, Selbstorganisation und evolutionäres Management, in: zfbf, 46, 1994, 3, S. 199-228

Kieser, A. (1996), Moden & Mythen des Organisierens, in: DBW, 56, 1996, 1, S. 21-39

Kieser, A. (Hrsg., 2001), Organisationstheorien, Stuttgart, 4. Auflage, Berlin u.a., 2001

Kieser, A. (2002), Evolutorische Ansätze in der Organisationstheorie - eine kritische Bestandsaufnahme, in: ZfB, 72, 2002, 2, S. 67-74

Kieser, A., Koch, U., Woywode, M. (1999), Wie man Bürokratien das Lernen beibringt, in: ZfO, 68, 1999, 3, S. 128-133

Kieser, A., Woywode, M. (2001), Evolutionstheoretische Ansätze, in: Kieser, A. (Hrsg., 2001), S. 253-285

Kim, D. (1993), The Link Between Individual and Organizational Learning, in: Sloan Management Review, 35, 1993, 1, S. 37-50

Kirchmann, E.M.W. (2000), Antizipative Organisationsentwicklung am Fallbeispiel des Technologiekonzerns ABB, in: Die Unternehmung, 54, 2000, 3, S. 189-198

Kirsch, W. (1991), Unternehmenspolitik und strategische Unternehmensführung, 2. Auflage, München, 1991

Kirsch, W. (1997a), Beiträge zu einer Evolutionären Führungslehre, Stuttgart, 1997

Kirsch, W. (1997b), Kommunikatives Handeln, Autopoiese, Rationalität: Kritische Aneignungen im Hinblick auf eine evolutionäre Organisationstheorie, 2. Auflage, München, 1997

Klein, S., Loebbecke, C. (Hrsg., 2001), Interdisziplinäre Managementforschung und -lehre: Herausforderungen und Chancen, Wiesbaden, 2001

Klimecki, R., Laßleben, H., Thomae, M. (2000), Organisationales Lernen, in: Schreyögg, G., Conrad, P. (Hrsg., 2000), S. 63-98

Koch, H. (1993), Erfolgsrechnung, in: Chmielewicz, K., Schweitzer, M. (Hrsg., 1993), S. 553-562

Kopel, M. (1994), Komplexe Unternehmensdynamik: Chaotische dynamische Systeme in der Betriebswirtschaftslehre, Wiesbaden, 1994

Kopel, M. (1996), Kontrolliertes Chaos: Ein Ausweg aus der Unternehmenskrise, in: ZfB, 66, 1996, 4, S. 487-503

Kopel, M. (1998), Möglichkeiten und Grenzen der Chaossteuerung in Unternehmen, in: ZfB, 68, 1998, 4, S. 423-433

Kraatz, M.S., Zajac, E.J. (2001), How Organizational Resources Affect Strategic Change and Performance in Turbulent Enviroments: Theory and Evidence, in: Organization Science, 12, 2001, 5, S. 632-657

Krabs, W. (1998), Dynamische Systeme: Steuerbarkeit und chaotisches Verhalten, Leipzig, 1998

Krallmann, H. (Hrsg., 2000), Wettbewerbsvorteile durch Wissensmanagement: Methodik und Anwendungen des Knowledge Management, Stuttgart, 2000

Krapp, H., Wägenbaur, T. (Hrsg., 1997), Komplexität und Selbstorganisation - "Chaos" in den Natur- und Kulturwissenschaften, München, 1997

Krey, A. (2003), "Wunderwaffe" BSC im Spiegel der Branchen, in: CM Controller Magazin, 28, 2003, 4, S. 325-333

Krogh, G. v., Nonaka, I., Aben, M. (2001), Making the Most of Your Company's Knowledge: A Strategic Framework, in: Long Range Planning, 34, 2001, 4, S. 421-439

Krogh, G. v., Roos, J. (1995), A Perspective on Knowledge, Competence and Strategy, in: Personnel Review, 24, 1995, 3, S. 56-76

Krogh, G. v., Roos, J. (1996), Five Claims on Knowing, in: European Management Journal, 14, 1996, 4, S. 423-426

Krystek, U., Redel, W., Reppegather, S. (1996), Paradoxien fluider Netzwerkstrukturen, in: Gablers Magazin, 10, 1996, 8, S. 17-21

Krystek, U., Redel, W., Reppegather, S. (1997), Grundzüge virtueller Organisationen: Elemente und Erfolgsfaktoren, Chancen und Risiken, Wiesbaden, 1997

Kulesza, C.S. (2002), From Scandals to Debacles: A View of the Enron Collapse, in: Journal of Cost Management, 16, 2002, 5, S. 44-46

Küpper, U. (1989), Erfolgsplanung, in: Szyperski, N., Winand, U. (Hrsg., 1989), Sp. 433-439

Küppers, G. (Hrsg., 1996), Chaos und Ordnung: Formen der Selbstorganisation in Natur und Gesellschaft, Stuttgart, 1996

Küppers, G. (1996a), Chaos: Unordnung im Reich der Gesetze. Wissenschaftsphilosophische Betrachtungen zur Chaosforschung, in: Küppers, G. (Hrsg., 1996), S. 149-175

Küppers, G. (1996b), Selbstorganisation: Selektion durch Schließung, in: Küppers, G. (Hrsg., 1996), S. 122-148

Lambertz, M., Grzenia, K.-H., Langhorst, P. (2000), Prinzipien dynamischer Organisation - Netzwerke in Neurophysiologie und Betriebswirtschaftslehre, in: ZfB, 70, 2000, 9, S. 959-982

Lane, D.A. (2002), Complexity and Local Interactions: Towards a Theory of Industrial Districts, in: Curzio, A.Q., Fortis, M. (Hrsg., 2002), S. 65-82

Langton, C.G. (Hrsg., 1989), Artificial Life: The Proceedings of an Interdisciplinary Workshop on the Synthesis and Simulation of Living Systems Held September, 1987 in Los Alamos, New Mexico, Redwood City, Menlo Park u.a., 1989

Langton, C.G. (1989), Artificial Life, in: Langton, C.G. (Hrsg., 1989), S. 1-47

Langton, C.G. (1992), Life at the Edge of Chaos, in: Langton, C.G., Taylor, C., Farmer, J.D., Rasmussen, S. (Hrsg., 1992), S. 41-91

Langton, C.G., Taylor, C., Farmer, J.D., Rasmussen, S. (Hrsg., 1992), Artificial Life II: The Proceedings of an Interdisciplinary Workshop on the Synthesis and Simulation of Living Systems Held 1990 in Los Alamos, New Mexico, Redwood City, 1992

Leonard-Barton, D. (1992), Core Capabilities and Core Rigidities: A Paradox in Managing New Product Development, in: Strategic Management Journal, 13, 1992, Special Issue, S. 111-125

Leonard-Barton, D. (1995), Wellsprings of Knowledge: Building and Sustaining the Sources of Innovation, Boston, 1995

Levinthal, D. (1994), Surviving Schumpeterian Environments: An Evolutionary Perspective, in: Baum, J.A.C., Singh, J.V. (Hrsg., 1994), S. 167-178

Levinthal, D. (1996), Learning and Schumpeterian Dynamics, in: Dosi, G., Malerba, F. (Hrsg., 1996), S. 27-41

Levinthal, D. (1997), Adaptation on Rugged Landscapes, in: Management Science, 43, 1997, 7, S. 934-950

Levinthal, D., March, J.G. (1993), The Myopia of Learning, in: Strategic Management Journal, 14, 1993, Winter Special Issue, S. 95-112

Levinthal, D., Warglien, M. (1999), Landscape Design: Designing for Local Action in Complex Worlds, in: Organization Science, 10, 1999, 3, S. 342-357

Levitt, B., March, J.G. (1988), Organizational Learning, in: Annual Review of Sociology, 14, 1988, S. 319-340

Levy, S. (1993), KL - Künstliches Leben aus dem Computer, München, 1993

Lewin, A.Y., Long, C.P., Carroll, T.N. (1999), The Coevolution of New Organizational Forms, in: Organization Science, 10, 1999, 5, S. 535-550

Lewin, A.Y., Volberda, H.W. (1999), Prolegomena on Coevolution: A Framework for Research on Strategy and New Organizational Forms, in: Organization Science, 10, 1999, 5, S. 519-534

Lewin, R. (1993), Die Komplexitätstheorie, Hamburg, 1993

Lewin, R. (1999), Complexity: Life at the Edge of Chaos, Chicago, 1999

Lewin, R., Regine, B. (1999), Afterword: On the Edge in the World of Business, in: Lewin, R. (1999), S. 197-211

Liehr, T. (1999), Determinismus oder Zufall? Chaostheorie und Neuronale Netze in der nichtlinearen Analyse ökonomischer Zeitreihen, Stuttgart, 1999

Liening, A. (1999), Komplexe Systeme zwischen Ordnung und Chaos: Neuere Entwicklungen in der Theorie nicht-linearer dynamischer Systeme und die Bedeutung für die Wirtschaftswissenschaft und ihre Didaktik, Münster, 1999

Lissack, M.R. (1999), Complexity: The Science, It's Vocabulary, and It's Relation to Organizations, in: Emergence, 1, 1999, 1, S. 110-126

Lissack, M.R. (2000), Knowledge Management Redux: Reframing a Consulting Fad into a Practical Tool, in: Emergence, 2, 2000, 3, S. 78-89

Loistl, O., Betz, I. (1996), Chaostheorie: zur Theorie nichtlinearer dynamischer Systeme, 3. Auflage, München, Wien, 1996

Lomi, A., Larsen, E.R. (1996), Interacting Locally and Evolving Globally: A Computational Approach to the Dynamics of Organizational Populations, in: Academy of Management Journal, 39, 1996, 4, S. 1287-1321

Lomi, A., Larsen, E.R. (1999), Evolutionary Models of Local Interaction: A Computational Perspective, in: Baum, J.A.C., McKelvey, B. (Hrsg., 1999), S. 255-278

Lorenz, E.N. (1963), Deterministic Nonperiodic Flow, in: Journal of the Atmospheric Sciences, 20, 1963, 2, S. 130-141

Lorenz, E.N. (1993), The Essence of Chaos, Seattle, 1993

Lorenz, H.-W. (1999), Nichlineare Dynamik in der Ökonomie, in: Mainzer, K. (Hrsg., 1999), S. 375-399

Luhmann, N. (1987), Soziale Systeme: Grundriß einer allgemeinen Theorie, Frankfurt a.M., 1987

Macready, W.G., Meyer, C. (1999), Adaptive Operations: Creating Business Processes That Evolve, in: Clippinger, J.H. III (Hrsg., 1999), S. 181-213

Madhok, A., Phene, A. (2001), The Co-Evolutional Advantage: Strategic Management Theory and the Eclectic Paradigm, in: International Journal of the Economics of Business, 8, 2001, 2, S. 243-256

Maguire, S., McKelvey, B. (1999), Complexity and Management: Moving from Fad to Firm Foundations, in: Emergence, 1, 1999, 2, S. 19-61

Mainzer, K. (Hrsg., 1999), Komplexe Systeme und Nichtlineare Dynamik in Natur und Gesellschaft: Komplexitätsforschung in Deutschland auf dem Weg ins nächste Jahrhundert, Berlin, Heidelberg u.a., 1999

Mainzer, K. (1999), Komplexe Systeme und Nichtlineare Dynamik in Natur und Gesellschaft, in: Mainzer, K. (Hrsg., 1999), S. 3-29

Malik, F. (1996), Strategie des Managements komplexer Systeme, 5. Auflage, Bern, 1996

Malik, F. (2000), Systemisches Management, Evolution, Selbstorgansiation: Grundprobleme, Funktionsmechanismen und Lösungsansätze für komplexe Systeme, 2. Auflage, Bern, Stuttgart u.a., 2000

Mandelbrot, B.B. (1991), Die fraktale Geometrie der Natur, Basel, Boston u.a., 1991

Manville, B. (1999), Complex Adaptive Knowledge Management, in: Clippinger, J.H. III (Hrsg., 1999), S. 89-111

March, J.G. (1991), Exploration and Exploitation in Organizational Learning, in: Organization Science, 2, 1991, 1, S. 71-87

March, J.G. (1994), The Evolution of Evolution, in: Baum, J.A.C., Singh, J.V. (Hrsg., 1994), S. 39-49

March, J.G. (1996), Continuity and Change in Theories of Organizational Action, in: Administrative Science Quarterly, 41, 1996, 2, S. 278-287

March, J.G., Olsen, J.P. (Hrsg., 1976), Ambiguity and Choice in Organizations, Bergen, Oslo u.a., 1976

March, J.G., Olsen, J.P. (1976), Organizational Learning and the Ambiguity of the Past, in: March, J.G., Olsen, J.P. (Hrsg., 1976), S. 54-68

Marion, R. (1999), The Edge of Organization: Chaos and Complexity Theories of Formal Social Systems, Thousand Oaks, 1999

Markides, C. (1998), Strategic Innovation in Established Companies, in: Sloan Management Review, 39, 1998, 3, S. 31-42

Markides, C. (1999), A Dynamic View of Strategy, in: IEEE Engineering Management Review, 27, 1999, Winter, S. 65-72

Mason, E.S. (1939), Price and Production Policies of Large-Scale Enterprise, in: The American Economic Review, 29, 1939, 1, Supplement, S. 61-74

Mathews, J.A. (2001), Competitive Interfirm Dynamics within an Industrial Market System, in: Industry and Innovation, 8, 2001, 1, S. 79-107

Maturana, H., Varela, F. (1987), Der Baum der Erkenntnis: Die biologischen Wurzeln des menschlichen Erkennens, Bern, 1987

McKelvey, B. (1997), Quasi-Natural Organization Science, in: Organization Science, 8, 1997, 4, S. 352-380

McKelvey, B. (1999a), Avoiding Complexity Catastrophe in Coevolutionary Pockets: Strategies for Rugged Landscapes, in: Organization Science, 10, 1999, 3, S. 294-321

McKelvey, B. (1999b), Complexity Theory in Organization Science: Seizing the Promise or Becoming a Fad?, in: Emergence, 1, 1999, 1, S. 5-28

McKelvey, B. (1999c), Self-Organization, Complexity Catastrophe, and Microstate Models at the Edge of Chaos, in: Baum, J.A.C., McKelvey, B. (Hrsg., 1999), S. 279-307

McKelvey, B. (2001), What Is Complexity Science? It Is Really Order-Creation Science, in: Emergence, 3, 2001, 1, S. 137-157

McKelvey, B., Aldrich, H. (1983), Populations, Natural Selection, and Applied Organizational Science, in: Administrative Science Quarterly, 28, 1983, 1, S. 101-128

McNamara, G. Vaaler, P.M., Devers, C. (2003), Same As It Ever Was: The Search for Evidence of Increasing Hypercomptetition, in: Strategic Management Journal, 24, 2003, 3, S. 261-278

Meffert, H., Burmann, C. (2000), Strategische Flexibilität und Strategiewechsel in turbulenten Märkten, in: Häfliger, G.E., Meier, J.D. (Hrsg., 2000), S. 173-215

Meier, K.-J. (2003), Wandlungsfähigkeit von Unternehmen: Stand der Diskussion, in: ZWF, 98, 2003, 4, S. 153-159

Merry, U. (2000), The Information Age, New Science, and Organizations, in: Emergence, 2, 2000, 3, S. 19-39

Miles, R., Snow, C., Mathews, J., Miles, G., Coleman, H. Jr. (1997), Organizing in the Knowledge Age: Anticipating the Cellular Form, in: Academy of Management Executive, 11, 1997, 4, S. 7-20

Milling, P. (Hrsg., 2002), Entscheiden in komplexen Systemen, Berlin, 2002

Miner, A., Mezias, S. (1996), Ugly Duckling No More: Pasts and Futures of Organizational Learning Research, in: Organization Science, 7, 1996, 1, S. 88-99

Mintzberg, H. (1994), That's Not "Turbulence" Chicken Little, It's Really Opportunity, in: Planning Review, 22, 1994, 11/12, S. 7-9

Mintzberg, H. (1998), The Innovative Organization, in: Mintzberg, H., Quinn, J.B., Ghoshal, S. (Hrsg., 1998), S. 707-721

Mintzberg, H., Ahlstrand, B., Lampel, J. (1998), Strategy Safari: A guided Tour through the Wilds of Strategic Management, London, New York u.a., 1998

Mintzberg, H., Quinn, J.B., Ghoshal, S. (Hrsg., 1998), The Strategy Process, Revised European Edition, London, 1998

Mönch, L., Gmilkowsky, P. (2001), Steuerung des Waferfertigungsprozesses: Ein agentenorientierter Ansatz, in: Industrie Management, 17, 2001, 6, S. 17-20

Moon, F.C. (1992), Chaotic and Fractal Dynamics: An Introduction for Applied Scientists and Engineers, New York u.a., 1992

Morowitz, H., Singer, J.L. (Hrsg., 1995), The Mind, the Brain, and Complex Adaptive Systems, Reading, 1995

Mußmann, F. (1995), Komplexe Natur - Komplexe Wissenschaft: Selbstorganisation, Chaos, Komplexität und der Durchbruch des Systemdenkens in den Naturwissenschaften, Opladen, 1995

Nakamura, E., Mori, T. (1999), Was ist Komplexität?, in: Mainzer, K. (Hrsg., 1999), S. 89-100

Nalebuff, B., Brandenburger, A. (1996), Co-Opetition, London, 1996

Nalebuff, B., Brandenburger, A. (1997), Co-Opetition: Competitive and Cooperative Business Strategies for the Digital Economy, in: Strategy & Leadership, 25, 1997, 11-12, S. 28-36

Nedeß, C., Jacob, U. (2000), Das Knowledge Warehouse vor der Gefahr der Komplexitätsfalle, in: Krallmann, H. (Hrsg., 2000), S. 91-116

Nelson, R.R., Winter, S.G. (1982), An Evolutionary Theory of Economic Change, Cambridge, Mass., 1982

Nitecki, M.H. (Hrsg., 1983), Coevolution, Chicago, London, 1983

Nonaka, I., Takeuchi, H. (1997), A New Organzational Structure, in: Prusak, L. (Hrsg., 1997), S. 99-133

Norton, D.P., Kappler, F. (2000), Balanced Scorecard Best Practices: Trends and Research Implications, in: Controlling, 12, 2000, 1, S. 15-22

Oeser, E. (1990), Der Mensch als Motor und Objekt des sozio-ökonomischen Wandels, in: Czap, H. (Hrsg., 1990), S. 19-33

Oliver, D., Roos, J. (2000), Striking a Balance: Complexity and Knowledge Landscapes, London, Burr Ridge u.a., 2000

Ortmann, G., Sydow, J. (Hrsg., 2001), Strategie und Strukturation: Strategisches Management von Unternehmen, Netzwerken und Konzernen, Wiesbaden, 2001

Orton, J.D., Weick, K.E. (1990), Loosely Coupled Systems: A Reconceptualization, in: Academy of Management Review, 15, 1990, 2, S. 203-223

Packard, N. (1988), Adaptation to the Edge of Chaos, in: Kelso, J.A.S., Mandell, A.J., Shlesinger, M.F. (Hrsg., 1988), S. 293-301

Papmehl, A., Siewers, R. (Hrsg., 1999), Wissen im Wandel: die lernende Organsation im 21. Jahrhundert, Wien, 1999

Parker, D., Stacey, R. (1995), Chaos, Managment and Economics: The Implications of Non-Linear Thinking, St. Leonards, 1995

Pascale, R. (1999), Surfing the Edge of Chaos, in: Sloan Management Review, 40, 1999, 3, S. 83-94

Pascale, R., Millemann, M., Gioja, L. (2000), Surfing the Edge of Chaos: The Laws of Nature and the New Laws of Business, New York, Toronto u.a., 2000

Paslack, R. (1991), Urgeschichte der Selbstorganisation: zur Archäologie eines wissenschaftlichen Paradigmas, Braunschweig, Wiesbaden, 1991

Peitgen, H.-O., Jürgens, H., Saupe, D. (1992), Chaos and Fractals: New Frontiers of Science, New York, Berlin u.a., 1992

Peitgen, H.-O., Jürgens, H., Saupe, D. (1994), Chaos: Bausteine der Ordnung, Berlin, Heidelberg u.a., 1994

Penrose, E.T. (1959), The Theory of the Growth of the Firm, Oxford, 1959

Perich, R. (1992), Unternehmungsdynamik: Zur Entwicklungsfähigkeit von Organisationen aus zeitlich-dynamischer Sicht, Bern, Stuttgart u.a., 1992

Peteraf, M.A. (1993), The Cornerstones of Competitive Advantage, in: Strategic Management Journal, 14, 1993, 3, S. 179-192

Pettigrew, A.M., Woodman, R.W., Cameron, K.S. (2001), Studying Organizational Change and Development: Challenges for Future Research, in: Academy of Management Journal, 44, 2001, 4, S. 697-713

Picot, A., Reichwald, R. (1994), Auflösung der Unternehmung? Vom Einfluß der IuK-Technik auf Organisationsstrukturen und Kooperationsformen, in: ZfB, 64, 1994, 5, S. 547-570

Picot, A., Reichwald, R., Wigand, R.T. (2001), Die grenzenlose Unternehmung: Information, Organisation und Management, Wiesbaden, 2001

Pinkwart, A. (1998), Möglichkeiten und Grenzen der Chaossteuerung in Unternehmen, in: ZfB, 68, 1998, 4, S. 409-422

Polanyi, M. (1997), The Tacit Dimension, in: Prusak, L. (Hrsg., 1997), S. 135-146

Porter, M.E. (1980), Competitive Strategy: Techniques for Analyzing Industries and Competitors, New York, 1980

Porter, M.E. (1981), The Contributions of Industrial Organization to Strategic Management, in: Academy of Management Review, 6, 1981, 4, S. 609-620

Porter, M.E. (1985), Competitive Advantage. Creating and Sustaining Superior Performance, New York, London, 1985

Porter, M.E. (1996), What Is Strategy?, in: Harvard Business Review, 74, 1996, 11-12, S. 61-78

Porter, M.E. (1999), Wettbewerbsstrategie: Methoden zur Analyse von Branchen und Konkurrenten, Frankfurt, 1999

Porter, M.E. (2000), Wettbewerbsvorteile: Spitzenleistungen erreichen und behaupten, Frankfurt, New York, 2000

Potts, J.D. (2000), The New Evolutionary Microeconomis: Complexity, Competence, and Adaptive Behaviour, Cheltenham, Northhampton, 2000

Priesmeyer, H.R. (1992), Organizations and Chaos: Defining the Methods of Nonlinear Management, Westport, London, 1992

Prigogine, I. (1992), Vom Sein zum Werden - Zeit und Komplexität in den Naturwissenschaften, München, 1992

Prigogine, I. (1995), Die Gesetze des Chaos, Frankfurt a.M., New York, 1995

Probst, G. (1987), Selbstorganisation: Ordnungsprozesse in sozialen Systemen aus ganzheitlicher Sicht, Berlin, Hamburg, 1987

Probst, G., Raub, S., Romhardt, K. (1997), Wissen managen: wie Unternehmen ihre wertvollste Ressource optimal nutzen, Wiesbaden, 1997

Proff, H. (2000), Ableitung ressourcenorientierter Wettbewerbsvorteile und -strategien aus einem "Modell der Ressourcenveredelung", in: Hammann, P., Freiling, J. (Hrsg., 2000), S. 137-166

Prusak, L. (Hrsg., 1997), Knowledge in Organizations, Oxford, 1997

Quinn, J.B. (1980), Strategies for Change: Logical Incrementalism, Homewood, 1980

Raimond, P. (1998), Where Do Strategic Ideas Come From?, in: Hamel, G., Prahalad, C.K., Thomas, H., O'Neal, D. (Hrsg., 1998), S. 235-253

Rasche, C. (2000), Der Resource Based View im Lichte des hybriden Wettbewerbs, in: Hammann, P., Freiling, J. (Hrsg., 2000), S. 69-125

Ray, T.S. (1992), An Approach to the Synthesis of Life, in: Langton, C.G., Taylor, C., Farmer, J.D., Rasmussen, S. (Hrsg., 1992), S. 371-408

Reed, R., DeFillippi, R.J. (1990), Causal Ambiguity, Barriers to Imitation, and Sustainable Competitive Advantage, in: Academy of Management Review, 15, 1990, 1, S. 88-102

Reinhart, G. (1999), Vom Wandel der Zeit, in: ZWF, 94, 1999, 1-2, S. 14

Reinhart, G., Dürrschmidt, S., Hirschberg, A., Selke, C. (1999), Reaktionsfähigkeit für Unternehmen: Eine Antwort auf turbulente Märkte, in: ZWF, 94, 1999, 1/2, S. 21-24

Reiß, M. (2004), A Complexity-Based Approach to Production Management in the New Economy, in: Fandel, G., Backes-Gellner, U., Schlüter, M., Staufenbiel, J.E. (Hrsg., 2004), S. 264-284

Reiß, M., Beck, T.C. (2000), Netzwerkorganisation im Zeichen der Koopkurrenz, in: Foschiani, S., Habenicht, W., Schmid, U. (Hrsg., 2000), S. 315-340

Reitmann, V. (1996), Reguläre und chaotische Dynamik, Stuttgart, Leipzig, 1996

Reynolds, C.W. (1987), Flocks, Herds, and Schools: A Distributed Behavioral Model, in: ACM SIGGRAPH Computer Graphics, 21, 1987, 4, S. 25-34

Richardson, K., Cilliers, P. (2001), Special Editors' Introduction: What Is Complexity Science? A View from Different Directions, in: Emergence, 3, 2001, 1, S. 5-23

Richardson, K., Cilliers, P., Lissack, M. (2001), Complexity Science: A "Gray" Science for the "Stuff in Between", in: Emergence, 3, 2001, 2, S. 6-18

Richter, K., Rost, J.-M. (2002), Komplexe Systeme, Frankfurt a.M., 2002

Riedl, R. (2000), Strukturen der Komplexität: Eine Morphologie des Erkennes und Erklärens, Berlin, Heidelberg, 2000

Rivkin, J.W. (2001), Reproducing Knowledge: Replication without Imitation at Moderate Complexity, in: Organization Science, 12, 2001, 3, S. 274-293

Rowley, T., Behrens, D., Krackhardt, D. (2000), Redundant Governance Structures: An Analysis of Structural and Relational Embeddedness in the Steel and Semiconductor Industries, in: Strategic Management Journal, 21, 2000, 3, S. 369-386

Rüegg-Stürm, J., Achtenhagen, L. (2000), Management-Mode oder unternehmerische Herausforderung: Überlegungen zur Entstehung netzwerkartiger Organisations- und Führungsformen, in: Die Unternehmung, 54, 2000, 1, S. 3-21

Rüegg-Stürm, J., Young, M. (2001), Die Bedeutung neuer netzwerkartiger Führungs- und Organisationsformen für die Dynamisierung von Unternehmungen, in: Die Unternehmung, 55, 2001, 3, S. 187-213

Rugirok, W., Pettigrew, A., Peck, S., Whittington, R. (1999), Corporate Restructuring and New Forms of Organizing: Evidence from Europe, in: mir Management International Review, 39, 1999, 2, S. 41-64

Rühli, E., Schmidt, S. (2001), Strategieprozessforschung, in: ZfB, 71, 2001, 5, S. 531-549

Rullani, E. (2002), The Industrial Cluster As a Complex Adaptive System, in: Curzio, A.Q., Fortis, M. (Hrsg., 2002), S. 35-61

Rumelt, R.P. (1984), Towards a Strategic Theory of the Firm, in: Lamb, R.B. (Hrsg., 1984), S. 556-570

Saatkamp, J. (2002), Business Process Reengineering von Marketingprozessen: Theoretischer Bezugsrahmen und explorative empirische Untersuchung, Nürnberg, 2002

Sanchez, R. (1997), Managing Articulated Knowledge in Competence-Based Competition, in: Sanchez, R., Heene, A. (Hrsg., 1997), S. 163-187

Sanchez, R., Heene, A. (Hrsg., 1997), Strategic Learning and Knowledge Management, Chichester, New York, 1997

Sanchez, R., Mahoney, J.T. (1996), Modularity, Flexibility, and Knowledge Management in Product and Organization Design, in: Strategic Management Journal, 17, 1996, Winter Special Issue, S. 63-76

Scheurer, S. (1997a), Bausteine einer Theorie der strategischen Steuerung von Unternehmen, Berlin, 1997

Scheurer, S. (1997b), Strategische Steuerung zwischen Planung und Selbstorganisation, in: Die Unternehmung, 51, 1997, 3, S. 215-236

Schiemenz, B. (Hrsg., 1994), Wirtschaftskybernetik und Systemanalyse, Berlin, 1994

Schierenbeck, H. (2003), Grundzüge der Betriebswirtschaftslehre, 16. Auflage, München, Wien, 2003

Schmitt, J., Werres, T. (2002), ABB - Sicherung durchgebrannt, in: Manager-Magazin, 32, 2002, 7, S. 52-60

Scholz-Reiter, B., Höhns, H. (2001), Reaktive Planung und Steuerung von logistischen Prozessen mit Multiagentensystemen (MAS), in: Industrie Management, 17, 2001, 6, S. 33-36

Schopf, T.J.M. (Hrsg., 1972), Models in Paleobiology, San Francisco, 1972

Schreyögg, G. (1993), Umfeld der Unternehmung, in: Wittmann, W., Kern, W., Köhler, R., Küpper, H.U., Wysocki, K. (Hrsg., 1993), S. 4231-4247

Schreyögg, G. (2000), Strategisches Management im Lichte der neuen Steuerungstheorie, in: Welge, M.K., Al-Laham, A., Kajüter, P. (Hrsg., 2000), S. 389-405

Schreyögg, G. (2002), Komplexität und Organisation. Kommentar zu Peter Kappelhoffs "Komplexitätstheorie: Neues Paradigma für die Managementforschung?", in: Schreyögg, G., Conrad, P. (Hrsg., 2002), S. 103-111

Schreyögg, G., Conrad, P. (Hrsg., 2000), Organisatorischer Wandel und Transformation, Wiesbaden, 2000

Schreyögg, G., Conrad, P. (Hrsg., 2002), Theorien des Managements, Wiesbaden, 2002

Schreyögg, G., Noss, C. (2000), Von der Episode zum fortwährenden Prozeß, in: Schreyögg, G., Conrad, P. (Hrsg., 2000), S. 33-62

Schreyögg, G., Sydow, J. (Hrsg., 2003), Strategische Prozesse und Pfade, Wiesbaden, 2003

Schreyögg, G., Sydow, J., Koch, J. (2003), Organisatorische Pfade - Von der Pfadabhängigkeit zur Pfadkreation?, in: Schreyögg, G., Sydow, J. (Hrsg., 2003), S. 257-294

Schuh, G., Wiendahl, H-P. (Hrsg., 1997), Komplexität und Agilität: Steckt die Produktion in der Sackgasse?, Berlin, Heidelberg u.a., 1997

Schumpeter, J.A. (1950), Kapitalismus, Sozialismus und Demokratie, München, 1950

Schüppel, J. (1996), Wissensmanagement: Organisatorisches Lernen im Spannungsfeld von Wissens- und Lernbarrieren, Wiesbaden, 1996

Schuster, H.G. (1994), Deterministisches Chaos: eine Einführung, Weinheim, 1994

Schuster, H.G. (2001), Complex Adaptive Systems: An Introduction, Saarbrücken, 2001

Schwaninger, M. (1994), Managementsysteme, Frankfurt a.M., 1994

Schwaninger, M. (1999), Intelligente Organsiationen: Strukturen für organisationale Intelligenz und Kreativität, in: Papmehl, A., Siewers, R. (Hrsg., 1999), S. 317-360

Schweitzer, F., Silverberg, G. (Hrsg., 1998), Evolution und Selbstorganisation in der Ökonomie, Berlin, 1998

Schwuchow, K., Gutmann, J. (Hrsg., 1997), Jahrbuch Weiterbildung 1997, Düsseldorf, 1997

Scott Morton, M.S. (2001), From Decision Support Systems to Corporate Strategy: The Insights from Interdisciplinary Work, in: Klein, S., Loebbecke, C. (Hrsg., 2001), S. 17-26

Seiler, W. (1994), Was ist und was soll die Chaostheorie?, in: WiSt, 23, 1994, 11, S. 563-567

Senge, P. (1990), The Fifth Discipline: The Art and Practice of the Learning Organization, New York, London u.a., 1990

Senge, P. (1994), The Fifth Discipline Fieldbook - Strategies and Tools for Building a Learning Organization, New York, 1994

Servatius, H.-G. (1991), Vom strategischen Management zur evolutionären Führung: auf dem Wege zu einem ganzheitlichen Denken und Handeln, Stuttgart, 1991

Servatius, H.-G. (2000), Wachstum in Knowledge Ecosystems, in: Foschiani, S., Habenicht, W., Schmid, U. (Hrsg., 2000), S. 215-241

Shaw, P. (1997), Intervening in the Shadow Systems of Organizations - Consulting from a Complexity Perspective, in: Journal of Organizational Change Management, 10, 1997, 3, S. 235-250

Simon, H.A. (1994), Die Wissenschaft vom Künstlichen, 2. Auflage, Wien, New York, 1994

Simons, R. (1994), Levers of Control: How Managers Use Innovative Control Systems to Drive Strategies Renewal, Boston, 1994

Simons, R. (1997), Steuerungsarchitektur für komplexe Organisationen, in: Ahlemeyer, H., Königswieser, R. (Hrsg., 1997), S. 249-267

Smith, A. (1910), The Wealth of Nations, Bd. I, Nachdruck 1964, London, 1910

Smith, J.M. (1982), Evolution and the Theory of Games, Cambridge, London u.a., 1982

Spender, J.-C. (1996), Making Knowledge the Basis of a Dynamic Theory of the Firm, in: Strategic Management Journal, 17, 1996, Winter Special Issue, S. 45-62

Staber, U. (2000), Steuerung von Unternehmensnetzwerken: Organisationstheoretische Perspektiven und soziale Mechanismen, in: Sydow, J., Windeler, A. (Hrsg., 2000), S. 58-87

Stacey, R.D. (1991), The Chaos Frontier: Creative Strategic Control for Business, Oxford, 1991

Stacey, R.D. (1996), Emerging Strategies for a Chaotic Environment, in: Long Range Planning, 29, 1996, 2, S. 182-189

Stacey, R.D. (1997), Unternehmen am Rande des Chaos: Komplexität und Kreativität in Organisationen, Stuttgart, 1997

Stacey, R.D. (2000a), Strategic Management and Organizational Dynamics: The Challenge of Complexity, 3. Auflage, Harlow, London u.a., 2000

Stacey, R.D. (2000b), The Emergence of Knowledge in Organizations, in: Emergence, 2, 2000, 4, S. 23-39

Stacey, R.D. (2001), Complex Responsive Processes in Organizations: Learning and Knowledge Creation, London, 2001

Stacey, R.D., Griffin, D., Shaw, P. (2000), Complexity and Management: Fad or Radical Challenge to Systems Thinking?, London, New York, 2000

Staehle, W.H. (1999), Management: eine verhaltenswissenschaftliche Perspektive, 8. Auflage, München, 1999

Sterman, J., Wittenberg, J. (1999), Path Dependence, Competition, and Succession in the Dynamics of Scientific Revolution, in: Organization Science, 10, 1999, 3, S. 322-341

Stewart, I. (2002), Das Rätsel der Schneeflocke: die Mathematik der Natur, Heidelberg, 2002

Stewart, T.A. (1998), Der vierte Produktionsfaktor: Wachstum und Wettbewerbsvorteile durch Wissensmanagement, München, Wien, 1998

Stimpert, J.L., Wassermann, M.E., Jayaram, M. (1998), Strategic Trajectories and Patterns of Innovation, in: Hamel, G., Prahalad, C.K., Thomas, H., O'Neal, D. (Hrsg., 1998), S. 51-73

Stöckler, M. (1991), History of Emergence and Reductionism, in: Agazzi, E. (Hrsg., 1991), S. 71-90

Stüttgen, M. (1999), Strategien der Komplexitätsbewältigung in Unternehmen: ein transdisziplinärer Bezugsrahmen, Bern, Stuttgart u.a., 1999

Stüttgen, M. (2002), Komplexe adaptive Systeme - oder was wir von der Komplexitätstheorie für die Organisation von Unternehmen lernen können, in: Milling, P. (Hrsg., 2002), S. 333-348

Sydow, J. (1992), Strategische Netzwerke - Evolution und Organisation, Wiesbaden, 1992

Sydow, J., Ortmann, G. (2001), Vielfalt an Wegen und Möglichkeiten: Zum Stand des strategischen Managements, in: Ortmann, G., Sydow, J. (Hrsg., 2001), S. 3-23

Sydow, J., Windeler, A. (Hrsg., 2000), Steuerung von Netzwerken, Wiesbaden, 2000

Sydow, J., Windeler, A. (2000), Steuerung von und in Netzwerken - Perspektiven, Konzepte, vor allem aber offene Fragen, in: Sydow, J., Windeler, A. (Hrsg., 2000), S. 1-24

Szyperski, N., Winand, U. (Hrsg., 1989), Handwörterbuch der Planung, Stuttgart, 1989

Taylor, F.W. (1913), Die Grundsätze wissenschaftlicher Betriebsführung, Reprint der autorisierten Ausgabe München 1913, Weinheim, 1995

Teece, D. (1992), Competition, Cooperation, and Innovation: Organizational Arrangements for Regimes of Rapid Technological Progress, in: Journal of Economic Behavior and Organization, 18, 1992, 1, S. 1-25

Teece, D. (1998), Capturing Value from Knowledge Assets: The New Enonomy, Markets for Know-How, and Intangible Assets, in: California Management Review, 40, 1998, 3, S. 55-79

Teece, D. (2000), Managing Intellectual Capital: Organizational, Strategic, and Policy Dimensions, Oxford, Athen u.a., 2000

Teece, D., Pisano, G. (1994), The Dynamic Capabilities of Firms: An Introduction, in: Industrial and Corporate Change, 3, 1994, 3, S. 56-75

Teece, D., Pisano, G., Shuen, A. (1997), Dynamic Capabilities and Strategic Management, in: Strategic Management Journal, 18, 1997, 7, S. 509-533

Teece, D., Rumelt, R., Dosi, G., Winter, S. (1994), Understanding Corporate Coherence, in: Journal of Economic Behavior and Organization, 23, 1994, 1, S. 1-30

Thompson, J.M.T., Stewart, H.B. (1986), Nonlinear Dynamics and Chaos: Geometrical Methods for Engineers and Scientists, Chichester, 1986

Thompson, J.N. (1994), The Coevolutionary Process, Chicago, London, 1994

Thro, E. (1994), Künstliches Leben - Eine spielerische Entdeckungsreise: Einführung in Theorie und Praxis einer neuen Wissenschaft, Bonn, Paris u.a., 1994

Tilebein, M., Schindera, F., Schwarz, C. (1998), Konzeption eines Führungssystems für wandlungsfähige Unternehmen, in: Controlling, 10, 1998, 4, S. 218-225

Timm, I.J., Herzog, O., Tönshoff, H.K., Woelk, P.O. (2001), Fortschritt durch Transparenz und Standardisierung?, in: Industrie Management, 17, 2001, 6, S. 13-16

Tsoukas, H. (2000), Knowledge As Action, Organization As Theory: Reflections on Organizational Knowledge, in: Emergence, 2, 2000, 4, S. 104-112

Tushman, M.L., Romanelli, E. (1985), Organizational Evolution: A Metamorphosis Model of Convergence and Reorientation, in: Cummings, L.L., Staw, B.M. (Hrsg., 1985), S. 171-222

Ulich, E. (1994), Arbeitspsychologie, Zürich, Stuttgart, 1994

Ulrich, H. (1970), Die Unternehmung als produktives soziales System, 2. Auflage, Stuttgart, 1970

Van Valen, L. (1973), A New Evolutionary Law, in: Evolutionary Theory, 1, 1973, 1, S. 1-30

Van Valen, L. (1983), How Pervasive is Coevolution?, in: Nitecki, M.H. (Hrsg., 1983), S. 1-19

Vester, F. (1980), Neuland des Denkens: Vom technokratischen zum kybernetischen Zeitalter, Stuttgart, 1980

Volberda, H. (1998), Building the Flexible Firm: How to Remain Competitive, Oxford, 1998

Volberda, H., Baden-Fuller, C. (1998), Strategic Renewal and Competence Building: Four Dynamic Mechanisms, in: Hamel, G., Prahalad, C.K., Thomas, H., O'Neal, D. (Hrsg., 1998), S. 371-389

Waldrop, M.M. (1993), Inseln im Chaos: die Erforschung komplexer Systeme, Reinbek bei Hamburg, 1993

Walleczek, J. (Hrsg., 2000), Self-Organized Biological Dynamics and Nonlinear Control: Toward Understanding Complexity, Chaos and Emergent Function in Living Systems, Cambridge, 2000

Walleczek, J. (2000), The Frontiers and Challenges of Biodynamics Research, in: Walleczek, J. (Hrsg., 2000), S. 1-11

Warnecke, H.J. (1992), Die Fraktale Fabrik: Revolution der Unternehmenskultur, Berlin, Heidelberg, 1992

Warnecke, H.J. (Hrsg., 1995), Aufbruch zum Fraktalen Unternehmen: Praxisbeispiele für neues Denken und Handeln, Berlin, Heidelberg u.a., 1995

Warnecke, H.J. (1995), Das Fraktale Unternehmen - Antwort auf ein turbulentes Umfeld, in: Warnecke, H.J., Bullinger, H.-J. (Hrsg., 1995), S. 9-25

Warnecke, H.J. (1999), Unternehmensmanagement im Wandel, in: Warnecke, H.J., Braun, J. (Hrsg., 1999), S. 3-39

Warnecke, H.J., Braun, J. (Hrsg., 1999), Vom Fraktal zum Produktionsnetzwerk, Berlin, Heidelberg u.a., 1999

Warnecke, H.J., Bullinger, H.-J. (Hrsg., 1995), Fraktales Unternehmen: Gewinnen im Wettbewerb - Impulse und Erfahrungsaustausch, Berlin, Heidelberg u.a., 1995

Weber, M. (1947), Wirtschaft und Gesellschaft, 2. Halbband (Grundriss der Sozialökonomik, III. Abteilung), 3. Auflage, Tübingen, 1947

Weibler, J., Deeg, J. (1999), Und noch einmal: Darwin und die Folgen für die Organisationstheorie, in: DBW, 59, 1999, 3, S. 297-315

Weick, K.E. (1976), Educational Organizations as Loosely Coupled Systems, in: Administrative Science Quarterly, 21, 1976, 1, S. 1-19

Weick, K.E. (1995), Der Prozeß des Organisierens, Frankfurt a.M., 1995

Weinberg, G.M. (1975), An Introduction to General Systems Thinking, New York, 1975

Weiss, G. (Hrsg., 1999), Multiagent Systems: A Modern Approach to Distributed Artificial Intelligence, Cambridge, 1999

Welge, M.K., Al-Laham, A. (2003), Strategisches Management. Grundlagen - Prozess - Implementierung, 4. Auflage, Wiesbaden, 2003

Welge, M.K., Al-Laham, A., Kajüter, P. (Hrsg., 2000), Praxis des strategischen Managements, Wiesbaden, 2000

Welge, M.K., Häring, K., Voss, A. (Hrsg., 2000), Management Development: Praxis, Trends und Perspektiven, Stuttgart, 2000

Wernerfelt, B. (1984), A Resource-Based View of the Firm, in: Strategic Management Journal, 5, 1984, 2, S. 171-180

Westkämper, E. (1997), Produktion in Netzwerken, in: Schuh, G., Wiendahl, H-P. (Hrsg., 1997), S. 275-291

Westkämper, E., Zahn, E., Balve, P., Tilebein, M. (2000), Ansätze zur Wandlungsfähigkeit von Produktionsunternehmen. Ein Bezugsrahmen für die Unternehmensentwiicklung im turbulenten Umfeld, in: wt Werkstattstechnik, 90, 2000, 1/2, S. 22-26

Wiendahl, H.P., Harms, T. (2001), Selbstorganisierte Strukturadaption auf Basis von Produktionsagenten, in: Industrie Management, 17, 2001, 6, S. 8-12

Wildemann, H. (1998), Die modulare Fabrik: kundennahe Produktion durch Fertigungssegmentierung, 5. Auflage, München, 1998

Williams, R. (2000), The Business of Memes: Memetic Possibilities for Marketing and Management, in: Management Decision, 38, 2000, 4, S. 272-279

Willke, H. (1993), Systemtheorie: eine Einführung in die Grundprobleme der Theorie sozialer Systeme, 4. Auflage, Stuttgart, Jena, 1993

Wirth, S. (Hrsg., 2002), Vernetzt planen und produzieren: Neue Entwicklungen in der Gestaltung von Forschungs-, Produktions- und Dienstleistungsnetzen, Stuttgart, 2002

Wittmann, W., Kern, W., Köhler, R., Küpper, H.U., Wysocki, K. (Hrsg., 1993), Handwörterbuch der Betriebswirtschaft, 5. Auflage, Stuttgart, 1993

Wöhe, G., Döring, U. (1993), Einführung in die Allgemeine Betriebswirtschaftslehre, 18. Auflage, München, 1993

Wohlhart, K. (1998), Dynamik: Grundlagen und Beispiele, Braunschweig, Wiesbaden, 1998

Wojda, F. (Hrsg., 2000), Innovative Organisationsformen: Neue Entwicklungen in der Unternehmensorganisation, Stuttgart, 2000

Wolfram, S. (1984), Universality and Complexity in Cellular Automata, in: Physica D, 10, 1984, 1-2, S. 1-35

Wolfram, S. (Hrsg., 1994), Cellular Automata and Complexity: Collected Papers, Reading, 1994

Wolfram, S. (1994a), Cellular Automata, in: Wolfram, S. (Hrsg., 1994), S. 411-437

Wolfram, S. (1994b), Computation Theory of Cellular Automata, in: Wolfram, S. (Hrsg., 1994), S. 159-202

Wolfram, S. (1994c), Statistical Mechanics of Cellular Automata, in: Wolfram, S. (Hrsg., 1994), S. 3-69

Wolfram, S. (2002), A New Kind of Science, Champaign, 2002

Wolstenholme, E.F. (2003), Towards the Definition and Use od a Core Set of Archetypal Structures in System Dynamics, in: System Dynamics Review, 19, 2003, 1, S. 7-26

Wright, S. (1982), Character Change, Speciation, and the Higher Taxa, in: Evolution, 36, 1982, 3, S. 427-443

Youngblood, M. (1997), Leadership at the Edge of Chaos: From Control to Creativity, in: Strategy & Leadership, 25, 1997, 9-10, S. 8-14

Yovits, M.C., Cameron, S. (Hrsg., 1960), Self-Organizing Systems, Oxford, 1960

Zahn, E. (Hrsg., 1986), Technologie- und Innovationsmanagement, Berlin, 1986

Zahn, E. (1986), Innovations- und Technologiemanagement - Eine strategische Schlüsselaufgabe der Unternehmen, in: Zahn, E. (Hrsg., 1986), S. 11-51

Zahn, E. (1995), Unternehmensführung im Fraktalen Unternehmen, in: Warnecke, H.J., Bullinger, H.-J. (Hrsg., 1995), S. 151-165

Zahn, E. (1998), Wissen und Strategie, in: Bürgel, H.D. (Hrsg., 1998), S. 41-52

Zahn, E. (1999), Strategiekompetenz - Voraussetzung für maßgeschneiderte Strategien, in: Zahn, E., Foschiani, S. (Hrsg., 1999), S. 1-22

Zahn, E. (2000a), Innovative Strategien für die "New Economy", in: Zahn, E., Foschiani, F. (Hrsg., 2000), S. 1-20

Zahn, E. (2000b), Strategische Innovationen für den dynamischen Wettbewerb, in: Häfliger, G.E., Meier, J.D. (Hrsg., 2000), S. 155-171

Zahn, E. (2001a), Lernen in Allianzen, in: Bellmann, K. (Hrsg., 2001), S. 11-29

Zahn, E. (2001b), Wertorientierung mit dynamischen Strategien, in: Zahn, E., Foschiani, S. (Hrsg., 2001), S. 1-24

Zahn, E. (2003), Strategien beurteilen und erneuern, in: Zahn, E., Foschiani, S. (Hrsg., 2003), S. 1-29

Zahn, E., Dillerup, R., Tilebein, M. (1997), Organisationales Lernen im Fraktalen Unternehmen, in: Schwuchow, K., Gutmann, J. (Hrsg., 1997), S. 184-188

Zahn, E., Foschiani, S. (Hrsg., 1999), Maßgeschneiderte Strategien - der Weg zur Alleinstellung im Wettbewerb, Stuttgart, 1999

Zahn, E., Foschiani, S. (Hrsg., 2000), Erfolgsstrategien für den Wandel, Stuttgart, 2000

Zahn, E., Foschiani, S. (2000a), Strategien und Strukturen für den Hyperwettbewerb, in: Wojda, F. (Hrsg., 2000), S. 89-113

Zahn, E., Foschiani, S. (2000b), Wettbewerbsfähigkeit durch interorganisationale Kooperation, in: Kaluza, B., Blecker, T. (Hrsg., 2000), S. 493-532

Zahn, E., Foschiani, S. (Hrsg., 2001), Geschäftsstrategien im dynamischen Wettbewerb, Aachen, 2001

Zahn, E., Foschiani, S. (2001), Strategiekompetenz und Strategieinnovation für den dynamischen Wettbewerb, in: Controlling, 13, 2001, 8/9, S. 413-418

Zahn, E., Foschiani, S. (2002a), Logik und Dynamik von Unternehmensnetzwerken, in: Wirth, S. (Hrsg., 2002), S. 65-79

Zahn, E., Foschiani, S. (2002b), Wertgenerierung in Netzwerken, in: Albach, H., Kaluza, B., Kersten, W. (Hrsg., 2002), S. 265-275

Zahn, E., Foschiani, S. (Hrsg., 2003), Strategien auf dem Prüfstand: Innovative Antworten auf neue Herausforderungen, Aachen, 2003

Zahn, E., Foschiani, S., Tilebein, M. (2000), Wissen und Strategiekompetenz als Basis für die Wettbewerbsfähigkeit von Unternehmen, in: Hammann, P., Freiling, J. (Hrsg., 2000), S. 47-68

Zahn, E., Schmid, U. (1996), Produktionswirtschaft I: Grundlagen und operatives Produktionsmanagement, Stuttgart, 1996

Zahn, E., Schön, M. (2003), Dynamische Strategien, in: Horváth, P., Gleich, R. (Hrsg., 2003), S. 167-183

Zahn, E., Tilebein, M. (1998), Führung wandlungsfähiger Unternehmen - eine Herausforderung in neuen Dimensionen, in: Industrie Management, 14, 1998, 6, S. 49-52

Zahn, E., Tilebein, M. (2000), Lernprozesse in Organisationen: Implikationen für die Management-Weiterbildung, in: Welge, M.; Häring, K., Voss, A. (Hrsg., 2000), S. 117-137

Zahra, S.A., George, G. (2002), Absorptive Capacity: A Review, Reconceptualization, and Extension, in: Academy of Management Review, 27, 2002, 2, S. 185-203

SCHRIFTEN ZUR UNTERNEHMENSPLANUNG

Band 1 Bernhard Früh: Entscheidungsträgermodelle bei Planungstechniken. 1984.

Band 2 Ekbert Hering: Planung neuer Produkt-Marktbereiche unter besonderer Berücksichtigung der Realisierung in Klein- und Mittelbetrieben. 1984.

Band 3 Thomas Hintsch: Geschäftsfeldsteuerung in Kreditinstituten. Eine Konzeption für die strategische Planung in Banken. 1984.

Band 4 Rainer Mager: Investitions- und Steuerplanung mit Systemsimulation. 1984.

Band 5 August Zimmermann: Evolutionsstrategische Modelle bei einstufiger, losweiser Produktion. Simultane Programm-, Losgrößen- und Lossequenzplanung mit Hilfe der Simulation auf der Basis biologischer Evolutionsfaktoren. 1985.

Band 6 Paul Bäuerle: Finanzielle Planung mit Hilfe heuristischer Kalküle. Ein Beitrag zur Methodologie modellgestützter Entscheidungsfindung, konkretisiert am Beispiel der Investitions- und Finanzplanung in Klein- und Mittelbetrieben. 1987.

Band 7 Hans-Jürgen Hillmer: Planung der Unternehmensflexibilität. Eine allgemeine theoretische Konzeption und deren Anwendung zur Bewältigung strategischer Flexibilitätsprobleme. 1987.

Band 8 Wilfried H. Schwarz: Systeme der Entscheidungsunterstützung im Rahmen der strategischen Planung. 1987.

Band 9 Horst Michael: Steigerung der Effektivität betriebswirtschaftlicher Planungsprozesse durch das Leitbild des kritischen Rationalismus. Zu den Möglichkeiten eines Methodentransfers zwischen realwissenschaftlicher Forschung und betriebswirtschaftlicher Planung. 1988.

Band 10 Reiner Beutel: Unternehmensstrategien international tätiger mittelständischer Unternehmen. 1988.

Band 11 Andreas Bunz: Strategieunterstützungsmodelle für Montageplanungen. System Dynamics-Modelle zur Analyse und Gestaltung der Flexibilität von Montagesystemen. 1988.

Band 12 Lienhard Hopfmann: Flexibilität im Produktionsbereich. Ein dynamisches Modell zur Analyse und Bewertung von Flexibilitätspotentialen. 1989.

Band 13 Andreas M. Kleinhans: Wissensverarbeitung im Management. Möglichkeiten und Grenzen wissensbasierter Managementunterstützungs-, Planungs- und Simulationssysteme. 1989.

Band 14 Klaus J. Enßlin: Technologische Spin-off-Effekte aus der Raumfahrt. Vom staatspolitischen Anspruch zum unternehmenspolitischen Problem. 1989.

Band 15 Günther Unterkofler: Erfolgsfaktoren innovativer Unternehmensgründungen. Ein gestaltungsorientierter Lösungsansatz betriebswirtschaftlicher Gründungsprobleme. 1989.

Band 16 Wolfgang Kömpf: Unternehmensführung in erfolgreichen Klein- und Mittelbetrieben. Eine empirische Untersuchung. 1989.

Band 17 Wolfgang Brandt: Strategien für Rundfunkanstalten. Strategische Entwicklungsmöglichkeiten der öffentlich-rechtlichen Rundfunkanstalten. 1989.

Band 18 Uwe Schmid: Umweltschutz - Eine strategische Herausforderung für das Management. 1989.

Band 19 Josef Röhrle: Unternehmensführung und Unternehmensentwicklung. Ein Führungskonzept zur ganzheitlichen Steuerung der Unternehmensentwicklung. 1990.

Band 20 Harald W. Sondhof: Finanzdienstleistungsmärkte im Wandel. Eine industrieökonomische Branchenanalyse für strategische Zwecke. 1990.

Band 21 Ulrich Kreutle: Die Marketing-Konzeption in deutschen Chemieunternehmen – eine betriebswirtschaftlich-historische Analyse am Beispiel der BASF Ludwigshafen. 1992.

Band 22 Dieter Schmidt: Strategisches Management komplexer Systeme. Die Potentiale computergestützter Simulationsmodelle als Instrumente eines ganzheitlichen Managements – dargestellt am Beispiel der Planung und Gestaltung komplexer Instandhaltungssysteme. 1992.

Band 23 Heinrich Huber: Wettbewerbsorientierte Planung des Informationssystem (IS)-Einsatzes. Theoretische und konzeptionelle Grundlagen zur Entwicklung eines integrierten Planungsmodells. 1992.

Band 24 Wolfram Anders: Strategische Einkaufsplanung. Kernbereich eines strategischen Einkaufsmanagements. 1992. 2. Aufl. 1994.

Band 25 Maria Barth-Renz: Planungs- und Kontrollsysteme öffentlich-rechtlicher Rundfunkanstalten. Anpassung des Planungsverhaltens an neue strategische Herausforderungen. 1992.

Band 26 Ottmar Schneck: Finanzmanagement von Rundfunkanstalten. Ein Finanzplanungs-, -kontroll- und -organisationskonzept für öffentlich-rechtliche Rundfunkanstalten. 1993.

Band 27 Ralf Bertram: Informations- und Kommunikationsmanagement im Marketing mittelständischer Unternehmen der Investitionsgüterindustrie. Eine empirische Untersuchung. 1993.

Band 28 Thomas Keiser: Absatzprognosen für modeabhängige Unternehmen. Ein zweistufiges Absatzprognosesystem für Unternehmen mit modisch orientiertem Sortiment. 1993.

Band 29 Thomas Gumsheimer: Informationspartnerschaften. Konzeptionelle Grundlagen für die Gestaltung von Partnerschaften im Informationsmanagement. 1994.

Band 30 Dino Ivan Dogan: Strategisches Management der Logistik. Der logistische Kreis als Antwort auf die neuen logistischen Herausforderungen 'Umweltschutz' und 'Zeit'. 1994.

Band 31 Stefan Foschiani: Strategisches Produktionsmanagement. Ein Modellsystem zur Unterstützung produktionsstrategischer Entscheidungen. 1995.

Band 32 Jan Schäfer-Kunz: Strategische Allianzen im deutschen und europäischen Kartellrecht. 1995.

Band 33 Frank-Jürgen Richter: Die Selbstorganisation von Unternehmen in strategischen Netzwerken. Bausteine zu einer Theorie des evolutionären Managements. 1995.

Band 34 Udo Wupperfeld: Management und Rahmenbedingungen von Beteiligungsgesellschaften auf dem deutschen *Seed-Capital*-Markt. Empirische Untersuchung. 1996.

Band 35 Hartmut Feucht: Implementierung von Technologiestrategien. 1996.

Band 36 Hans-Jürgen Reichardt: Sachstand und Probleme umweltorientierter Unternehmensführung in der mittelständischen Industrie. Ergebnisse und Lösungsansätze aus einer empirischen Untersuchung. 1996.

Band 37 Jürgen Bruck: Entwicklung einer Gesamtkonzeption für das Management strategischer Allianzen im F&E-Bereich. 1996.

Band 38 Jürgen Greschner: Lernfähigkeit von Unternehmen. Grundlagen organisationaler Lernprozesse und Unterstützungstechnologien für Lernen im strategischen Management. 1996.

Band 39 Stefan Hagemann: Strategische Unternehmensentwicklung durch Mergers & Acquisitions. Konzeption und Leitlinien für einen strategisch orientierten Mergers & Acquisitions-Prozeß. 1996.

Band 40 Uwe Schmid: Ökologiegerichtete Wertschöpfung in Industrieunternehmungen. Industrielle Produktion im Spannungsfeld zwischen Markterfolg und Naturbewahrung. 1996.

Band 41 Bernhard Leitermann: Wahl der Zusammenschlußform von Unternehmen. Eine transaktionsökonomische Entscheidungskonzeption. 1996.

Band 42 Andreas Seebach: Betriebswirtschaftliche Systemanalyse des Fahrzeug-Recyclings in der Bundesrepublik Deutschland. Eine System-Dynamics-Studie. 1996.

Band 43 Nicole Karle-Komes: Anwenderintegration in die Produktentwicklung. Generierung von Innovationsideen durch die Interaktion von Hersteller und Anwender innovativer industrieller Produkte. 1997.

Band 44 Andreas Weidler: Entwicklung integrierter Innovationsstrategien. 1997.

Band 45 Frank Braun: Strategische Wettbewerbsforschung. Ein Simulationsmodell zur Erforschung der möglichen Wirkungen des EG-Binnenmarktes auf den Wettbewerb in der PKW-Branche. 1997.

Band 46 Jürgen Haas: Die Entwicklungsfähigkeit von Unternehmungen. Eine theoretische und pragmatische Analyse. 1997.

Band 47 Franz Xaver Bea / Alfred Kötzle / Kuno Rechkemmer / Alexander Bassen: Strategie und Organisation der Daimler-Benz AG. Eine Fallstudie. 1997.

Band 48 Klaus Zehender: Unternehmensführung in fraktalen Unternehmungen. Aufgaben, Architektur und Funktionsweise. 1998.

Band 49 Markus Göltenboth: Global Sourcing und Kooperationen als Alternativen zur vertikalen Integration. 1998.

Band 50 Richard M. Hesch: Das Management der Verlagerung von Wertschöpfungsstufen. Ein phasenorientiertes Modell, dargestellt am Beispiel Deutschland und Mittelosteuropa. 1998.

Band 51 Ralf Dillerup: Strategische Optionen für vertikale Wertschöpfungssysteme. 1998.

Band 52 Rainer Schmidbauer: Konzeption eines unternehmenswertorientierten Beteiligungs-Controlling im Konzern. 1998.

Band 53 Lars Gierke: Instrumentarium zur Planung und Umsetzung von Zulieferer-Hersteller-Netzwerken. 1999.

Band 54 Florian Kall: Controlling im Turnaround-Prozeß. Theoretischer Bezugsrahmen, empirische Fundierung und handlungsorientierte Ausgestaltung einer Controlling-Konzeption für den Turnaround-Prozeß. 1999.

Band 55 Klemens Berktold: Strategien zur Revitalisierung von strategischen Geschäftseinheiten. Eine empirische Untersuchung zur Ermittlung einer Typologie von Unternehmenskrisen und von typischen Strategien zu deren Bewältigung. 1999.

Band 56 Claus J. Kathke: Handlungsziele und Gestaltungsmöglichkeiten des Insolvenzverwalters im neuen Insolvenzrecht. 2000.

Band 57 Susanne Thissen: Strategisches Desinvestitionsmanagement. Entwicklung eines Instrumentariums zur Bewertung ausgewählter Desinvestitionsformen. 2000.

Band 58 Iris K. Weber: Das Planungs- und Kontrollsystem der mittelständischen Unternehmung. Gestaltungsmöglichkeiten in Abhängigkeit von der Unternehmensentwicklungsphase. 2000.

Band 59 Hermann Schnaitmann: Prozeßorientierte Unternehmensführung. 2000.

Band 60 Ulrike Suhr: Gestaltungsempfehlungen für interne Dienstleistungs-Anbieter. 2002.

Band 61 Claus Herbst: Interorganisationales Schnittstellenmanagement. Ein Konzept zur Unterstützung des Managements von Transaktionen. 2002.

Band 62 Andreas Hertweck: Strategische Erneuerung durch integriertes Management industrieller Dienstleistungen. 2002.

Band 63 Cyrus B. Bark: Integrationscontolling bei Unternehmensakquisitionen. Ein Ansatz zur Einbindung der Post-Merger-Integration in die Planung, Steuerung und Kontrolle von Unternehmensakquisitionen. 2002.

Band 64 Bernd Gagsch: Wandlungsfähigkeit von Unternehmen. Konzept für ein kontextgerechtes Management des Wandels. 2002.

Band 65 Tilmann Barth: Outsourcing unternehmensnaher Dienstleistungen. Ein konfigurierbares Modell für die optimierte Gestaltung der Wertschöpfungstiefe. 2003.

Band 66 Steffen Kinkel: Dynamische Standortbewertung und strategisches Standortcontrolling. Erfolgsmuster, kritische Faktoren, Instrumente. 2003.

Band 67 Jochen Schellinger: Konzeption eines wertorientierten strategischen Personalmanagements. 2004.

Band 68 Martin Weinmann: Wertorientiertes Management von Unternehmenszusammenschlüssen. 2004.

Band 69 Meike Tilebein: Nachhaltiger Unternehmenserfolg in turbulenten Umfeldern. Die Komplexitätsforschung und ihre Implikationen für die Gestaltung wandlungsfähiger Unternehmen. 2005.

www.peterlang.de

Mirko Degener

Unternehmenserfolg und soziale Verantwortung

Unternehmenskultur und Human Resource Management und deren Einfluss auf den ökonomischen Erfolg und das subjektive Erleben der Beschäftigten

Frankfurt am Main, Berlin, Bern, Bruxelles, New York, Oxford, Wien, 2004.
XVIII, 156 S., zahlr. Abb. und Tab.
Europäische Hochschulschriften: Reihe 5, Volks- und Betriebswirtschaft.
Bd. 3061
ISBN 3-631-52575-3 · br. € 39.–*

Für die Beschreibung von Unternehmenserfolg bzw. von Unternehmenserfolgsfaktoren wird in den letzten Jahren zunehmend mehr die soziale Verantwortung von Unternehmen thematisiert. Ziel eigener Untersuchungen war es, Erfolgsfaktoren am Beispiel von kleinen und mittleren IT- und Softwareunternehmen unter besonderer Fokussierung des Human Resource Management und der Unternehmenskultur für den ökonomischen Erfolg und das subjektive Erleben der Beschäftigten zu untersuchen. Auf der Grundlage von Dokumentenanalysen, Interviews und Befragungen der Beschäftigten (N=1700) in 28 Unternehmen der IT- und Softwarebranche im Rahmen einer Querschnittsuntersuchung liegen Ergebnisse vor, die Erfolgsfaktoren in ökonomisch erfolgreichen Unternehmen beschreiben, das subjektive Erleben der Beschäftigten differenziert charakterisieren und auf die herausragende Stellung des Human Resource Management in diesen Unternehmen verweisen.

Aus dem Inhalt: Unternehmenserfolg · Human Resource Management · Subjektives Erleben · Soziale Verantwortung · Unternehmenskultur

Frankfurt am Main · Berlin · Bern · Bruxelles · New York · Oxford · Wien
Auslieferung: Verlag Peter Lang AG
Moosstr. 1, CH-2542 Pieterlen
Telefax 00 41 (0) 32 / 376 17 27

*inklusive der in Deutschland gültigen Mehrwertsteuer
Preisänderungen vorbehalten

Homepage http://www.peterlang.de

Kolibri 360 GmbH
Ferdinand-Jühlke-Straße 7
99095 Erfurt, Deutschland
produktsicherheit@kolibri360.de

Druck:
CPI Druckdienstleistungen GmbH
im Auftrag der
Kolibri 360 GmbH
Ferdinand-Jühlke-Str. 7
99095 Erfurt